Alev Tekinay

GÜNAYDIN – Einführung in die moderne türkische Sprache

Teil 1

Alev Tekinay

GÜNAYDIN

Einführung in die moderne türkische Sprache

unter Mitwirkung von Osman Tekinay

Teil 1

Ein Lehrgang mit vielen Illustrationen, Karikaturen, Gedichten, Anekdoten und Liedern

DR. LUDWIG REICHERT VERLAG WIESBADEN

CIP-Kurztitelaufnahme der Deutschen Bibliothek

Tekinay, Alev:
Günaydın : Einf. in d. moderne türk. Sprache ; e. Lehrgang mit vielen Ill., Karikaturen, Gedichten, Anekdoten u. Liedern / Alev Tekinay. Unter Mitw. von Osman Tekinay. – Wiesbaden : Reichert

Teil 1.
[Hauptbd.]. [Zeichn. von Michaela Wein]. – 1985.
ISBN 3-88226-263-X

Zeichnungen von Michaela Wein

Gesamtherstellung: Hubert & Co., Göttingen
Printed in Germany

Inhaltsverzeichnis

Zum Aufbau dieses Buches

Diese Einführung in die moderne türkische Sprache eignet sich sowohl für Gruppen- als auch für Selbstunterricht. Der vorliegende erste Band beinhaltet eine ausführliche Einführungslektion mit wichtigen Informationen über das Türkische und 15 Lektionen, die die Grund- und Mittelstufe der türkischen Grammatik und einen reichen Wortschatz vermitteln. In diesem Band finden Sie auch ausführliche Grammatiktabellen und ein umfangreiches Sachregister zum Nachschlagen. Darüber hinaus liegt ein Begleitheft vor, in dem Sie die Übersetzung aller Texte und Dialoge, den Schlüssel der Übungen und eine Gesamtwörterliste (über 2000 Wörter und Wendungen) finden.

Jede Lektion besteht aus vier Teilen:

A. Dialog- und Textteil in türkischer Sprache

Dialoge und/oder Texte in türkischer Sprache stellen den grammatischen Stoff der betreffenden Lektion vor- und dar. Sie spielen in konkreten Situationen des täglichen Lebens und vermitteln die lebendige türkische Umgangs- und Schriftsprache zusammen mit vielen landeskundlichen Informationen. Die grammatischen Formen werden zuerst in Minidialogen, ‚Strukturen' (Abkürzung S), gezeigt, dann in Form von längeren Dialogen (Abkürzung D) und/oder Texten (Abkürzung T; Abkürzung für Text und Dialog T/D) vertieft. Die Texte, die meistens die Handlung der Dialoge zusammenfassend darstellen, eignen sich besonders für Nacherzählung und/oder Diktat.
In Teil A finden Sie auch manchmal Karikaturen, Lieder, Gedichte, Rätsel, Sprichwörter und Anekdoten, die die grammatischen Formen der betreffenden Lektionen enthalten.

B. Übungen (Abkürzung Ü)

Die vielfältigen Übungen vertiefen den grammatischen Stoff der Lektionen. Nach schriftlichen Übungen finden sich auch Sprech- und Bilderübungen (Abkürzung S/Ü, B/Ü).

C. Grammatische Erklärungen in deutscher Sprache mit methodischen Hinweisen

Die Grammatik ist sehr übersichtlich und meistens mit der deutschen Sprache vergleichend dargestellt. In manchen Lektionen ist Teil C durch einen Anhang ‚Grammatik zum Weiterlernen' erweitert, in dem grammatische Erscheinungsformen gezeigt werden, die in den Lektionstexten nicht oder nicht ausführlich dargestellt sind, die aber in den Themenbereich der Lektion gehören.
Die Erklärungen zur Grammatik enthalten vorwiegend lateinische, aber teilweise auch deutsche Ausdrücke; im Sachregister sind beide aufgeführt (z. B.: Mehrzahl: s. Plural).

W. Wörter und Wendungen der betreffenden Lektion, ‚Wörterkiste' genannt

W 1 enthält Wörter und Wendungen aus Teil A. und B. und Beispielwörter aus Teil C. in alphabetischer Reihenfolge.
W 2 enthält grammatische Termini aus Teil C. In der 1. Lektion finden Sie unter W 2 auch die grammatischen Ausdrücke der Einführungslektion.
W 3 enthält den Aufbauwortschatz, d. h. die zum Themenbereich der Lektion gehörenden, aber nicht in Lektionstexten aufgeführten Wörter (z. B. Lebensmittel; Wetter; Kleidungsstücke usw.). Der Aufbauwortschatz ergänzt die Sprechsituationen jeder Lektion und regt zum selbständigen Weiterlernen an.
W 4 (Umgangssprachliches): umgangssprachliche Wendungen, die die Formen der Lektionsgrammatik enthalten.

Weitere Abkürzungen sind:

Altw.: Altwort (das veraltete oder veraltende Synonym eines Wortes)
E: Einführungslektion
Neuw.: Neuwort (das neue Synonym eines Wortes)
Z/M: Zusatzmaterial

Danksagung

Dieses Buch entstand aus der Praxis verschiedener Türkischkurse seit 1979. Grundlage dafür sind Texte, Dialoge, Skripten und Arbeitspapiere, die ich aus Mangel an ausreichenden Unterrichtsmaterialien angefertigt habe.
Meine Studenten an der Universität Augsburg, die jahrelang geduldig mit „losen Blättern“ Türkisch gelernt haben, und Fachkollegen, die mir wichtige Denkanstöße gaben, haben direkt und indirekt an dem Programm mitgewirkt. Ihnen allen möchte ich nun herzlich danken.
Mein Dank gilt auch meinem Mann, Dr. Osman Tekinay, der direkt an der Entstehung des Buches mitgewirkt hat, sowie meiner Schwester Dipl.-Architektin Birgül Konuşur für ihre Anregungen.

Einführungslektion

1. Die Bedeutung des Türkischen

Türkisch ist die Muttersprache von 2 Millionen Menschen in Westeuropa; 1,5 Millionen davon leben in Deutschland. Als zweithäufigste Muttersprache ist das Türkische auf deutschem Gebiet eine wichtige Verkehrssprache geworden.
Darüber hinaus spielt das Türkische aufgrund seiner Struktur, die vom Indogermanischen sehr stark abweicht, eine Rolle für die moderne vergleichende Sprachwissenschaft.

2. Sprachraum, Sprachgruppe, Sprachgeschichte

Das Türkische ist die Staatssprache der Türkei (ca. 50 Mill. Einwohner). Da es die Amtssprache des Osmanischen Reiches war und deshalb in großen Teilen des Balkans und teilweise auch in einigen arabischen Ländern eine wichtige Rolle spielte, wird es außerhalb der Türkei auch heute noch in manchen Gebieten der folgenden Länder von einem Teil der Bevölkerung gesprochen: Albanien, Bulgarien (Südosten), Griechenland (Nordosten), Jugoslawien (hauptsächlich Makedonien), sowie auf Zypern und in manchen Gebieten im Norden der Arabischen Halbinsel.
Das Türkeitürkische und die Sprache der anderen Turkvölker (die Uiguren in der VR China, vier türkische Republiken in der Sowjetunion, die Turkmenen in Afghanistan, die Aserbaidschaner im Iran) weisen trotz morphologischer Unterschiede aber wegen des nahezu einheitlichen Satzbaus große Ähnlichkeiten auf, so daß diese Sprachen z.T. gegenseitig verständlich sind.
Das Türkeitürkische und die damit eng verwandten Turksprachen werden von über 100 Mill. Menschen gesprochen.
Das in diesem Buch dargestellte Türkische ist das Türkeitürkische, die Schriftsprache der heutigen Türkei, die einen breiten Raum innerhalb der Turksprachen einnimmt.

Die Turksprachen gehören zur ural-altaischen Sprachgruppe, die sich wiederum in zwei Gruppen, in die finno-ugrische und altaische gliedern läßt:

Ural-altaische Sprachen

Finno-ugrische Sprachen	*Altaische Sprachen*
Ostseefinnisch:	Turksprachen:
Finnisch Estnisch	(Türkei-)Türkisch Aserbaidschanisch u. a. Turksprachen
Wolgasprachen	Mongolische Sprachen
Ugrische Sprachen Chantisch Ungarisch	(mit Vorbehalt:) Koreanisch Japanisch

Die charakteristischen Merkmale (vgl. unter 3) des Türkischen weisen alle ural-altaischen Sprachen auf.
Die Sprachgeschichte des Türkischen läßt sich wie die Geschichte der Türken bis in das 7. Jahrhundert zurückverfolgen.
Althochtürkisch (oder Göktürkisch): Die ersten schriftlichen Zeugnisse sind die Inschriften am Orchun und Jennisej in Zentralasien. Im 9. Jahrhundert trat an die Stelle des Göktürkischen das Uigurische infolge der Vorherrschaft des Turkstamms der Uiguren. Während Göktürken und Uiguren ihre eigenen Schriftzeichen hatten, die sich mit germanischen Runen vergleichen lassen, übernahmen die Turkvölker das arabische Alphabet nach ihrem Übertritt zum Islam im 11. Jahrhundert. So begann die Periode des *Mittelhochtürkischen.*
Da nicht alle Turkstämme sich an die Westwanderung anschlossen, gliedert sich das Mittelhochtürkische in zwei Gruppen: Die Sprache der in Zentralasien gebliebenen Turkvölker wird ‚Osttürkisch' oder ‚Tschagataisch' genannt; die Sprache der nach dem Westen gewanderten Turkvölker wird ‚Westtür-

kisch‘ oder ‚Oghusisch‘ genannt. Letztere bildet die Basis des heutigen Türkeitürkischen.
Im Jahre 1071 kamen die Oghusen in Anatolien an und gründeten das Seldschukische Reich (Hauptstadt Konya). Nach dessen Untergang im 14. Jahrhundert entstanden viele kleine Fürstentümer, unter denen das Osmanische Fürstentum die Macht ergriff und das Reich gründete, das sich von der Arabischen Halbinsel bis zu den Toren Wiens erstreckte.
Die offizielle Schriftsprache wurde *Osmanisch.*
Während der Wortschatz dieser hochentwickelten künstlichen Hochsprache in großem Maße arabische und persische Elemente enthielt, war deren grammatische Struktur zum größten Teil türkisch geblieben. Das Osmanische war die Verkehrs- und die Dichtungssprache des Hofes, während die breite Masse der Bevölkerung weiterhin das Türkische pflegte.
Nach dem Untergang des Osmanischen Reiches nach dem 1. Weltkrieg und dem darauf folgenden Befreiungskrieg unter der Führung Kemal Atatürks (1919–1922) wurde am 29. Oktober 1923 die Türkische Republik ausgerufen.
Mit der Gründung der modernen Türkei durch Kemal Atatürk begann mit anderen Reformen auch die Sprachreform. Am 3. November 1928 wurde das arabische Alphabet abgeschafft, an dessen Stelle das lateinische trat. Es begann die Periode des *Türkeitürkischen,* das im folgenden ‚Türkisch‘ genannt wird.

3. Charakteristische Merkmale des Türkischen

Türkisch ist eine logische und systematisch aufgebaute Sprache, die nur sehr wenige Ausnahmen und keine unregelmäßigen Formen kennt. Deshalb steht sie in dem Ruf, leicht erlernbar zu sein.

3.1. Vokalharmonie (Ses (oder Ünlü) Uyumu)

Auf der lautlichen Ebene wird das Türkische durch die *Vokalharmonie* charakterisiert. D. h. die Vokale innerhalb eines Wor-

tes werden nach bestimmten Regeln aneinander angeglichen. Dunklen Vokalen folgen dunkle, hellen Vokalen folgen helle (vgl. unten 4.2.). Es gibt aber zahlreiche Wörter im Türkischen, die sich nicht nach dem Gesetz der Vokalharmonie richten. Diese sind entweder Lehn- oder zusammengesetzte Wörter.
Ein weiteres charakteristisches Merkmal auf der lautlichen Ebene ist, daß das Türkische keine Konsonantenhäufungen duldet. Aber auch hier bilden Lehnwörter (z. B. *tr*en (Zug), *sp*or (Sport), fi*lm* (Film)) eine Ausnahme.

3.2. Fehlen des grammatischen Geschlechts; Bestimmtheit-Unbestimmtheit

Im Türkischen gibt es kein grammatisches Geschlecht, d. h. weder männliche, noch weibliche, noch sächliche Substantive.
Den bestimmten Artikel (der, die, das) gibt es nicht, auch der Gebrauch des unbestimmten Artikels ‚bir', der mit dem Zahlwort ‚eins' identisch ist, ist relativ selten.
Das türkische Substantiv sagt nichts über Bestimmtheit und Unbestimmtheit aus, und der Singular kann für den Plural gebraucht werden, der dann eine Kollektivbedeutung erhält.;
‚ev' kann z. B. je nach Satzkontext ‚das Haus', ‚ein Haus' und ‚Häuser' bedeuten.
Aufgrund des Fehlens des grammatischen Geschlechts sind auch Berufsbezeichnungen geschlechtslos. ‚Doktor' kann z. B. sowohl ‚Arzt' als auch ‚Ärztin' bedeuten.
Um den Unterschied klarzumachen, kann das Geschlecht bei weiblichen Berufsbezeichnungen durch die Ergänzung ‚bayan' (oder ‚kadın') (Frau) gezeigt werden, z. B.: kadın doktor (Ärztin).

3.3. Agglutination (Bitişkenlik)

Auf der morphologischen Ebene herrscht das agglutinierende Prinzip, d. h. alle grammatischen Formen werden durch eine eigene, eindeutige Endung (sonek) angezeigt. Die Endungen werden in einer bestimmten Reihenfolge aneinander gehängt, also „agglutiniert“, z. B.:

ev-ler-im-de: in meinen Häusern

Häus
er
mein
in

Als eine agglutinierende Sprache funktioniert das Türkische durch Suffixe, kennt aber – im Gegensatz zum Deutschen – keine Präfixe (önek), abgesehen von einigen Neuschöpfungen bzw. Lehnübersetzungen, die nach dem Muster europäischer Sprachen gebildet sind:

z. B. önsöz

Vor-wort

3.4. Satzbau (Cümle yapısı)

Auf der syntaktischen Ebene wird das Türkische durch die S-O-V (Subjekt-Objekt-Verb)-Reihenfolge charakterisiert.

Özne
tümleç
yüklem

Der einfache Aussagesatz hat also die Struktur des deutschen Nebensatzes:

Ali kitap okuyor
Ali ein Buch liest …

Allerdings ist zu bemerken, daß die S-O-V-Reihe in der schnell gesprochenen Umgangssprache, aber vorwiegend in der Dich-

tungssprache nicht immer beachtet wird. Der Satz, der nicht mit dem Verb abgeschlossen wird, wird ‚devrik cümle' (wörtlich: umgekippter Satz) genannt.
Eine weitere Eigenschaft auf der syntaktischen Ebene sind die nachgestellten Verhältniswörter. Im Türkischen gibt es also keine Präpositionen, sondern Postpositionen (edatlar):

çocuk için

Kind für: für das Kind

Selten gibt es diese Struktur aber auch im Deutschen:

des Kindes wegen

Nebensätze wie im Deutschen kennt das Türkische nicht. Im Türkischen folgen Hauptsätze nicht Nebensätzen, sondern sie werden als Hauptsätze in die Nebensätze eingeordnet, z. B.:

Geldiğini gördüm: Dein Gekommensein ich habe gesehen
(Ich habe gesehen, daß du gekommen bist.)

4. Lautlehre (Sesbilgisi)

4.1. Das Alphabet und die Aussprache

Phonetisch sind sich Deutsch und Türkisch sehr ähnlich. Fast alle Laute des Türkischen kennt das Deutsche auch. Deshalb ist es für den Deutschsprachigen leichter, Türkisch zu lernen als für die Lernenden mit anderer Muttersprache
Im folgenden das türkische Alphabet (alfabe) mit Klein- und Großbuchstaben, der türkischen Bezeichnung und der türkischen Aussprache bzw. dem Lautwert:

Das türkische Alphabet

großer und kleiner Buchstabe	die türkische Bezeichnung	Aussprache
A, a	a	meistens kurz und dunkel
B, b	be	wie im Deutschen
C, c	ce (dsche) (dʒ)	stimmhaftes ‚dsch' wie in ‚Dschungel'
Ç, ç	çe (tsche) (tʃ)	stimmloses ‚tsch' wie in ‚Tscheche'
D, d	de	wie im Deutschen
E, e	e	meistens kurz und offen
F, f	fe	wie im Deutschen
G, g	ge	wie im Deutschen
Ğ, ğ	yumuşak g (weiches g)	dient zur Dehnung von dunklen Vokalen; zwischen hellen Vokalen wird es als ‚j' ausgesprochen; steht nie im Anlaut
H, h	he	im Anlaut wie im Deutschen; im Auslaut manchmal wie ein schwaches ‚ch'
I, ı	ı (i)	kurzes, sehr dumpfes i, ein dunkler Schwalaut wie das e in unbetonter Infinitivendung (z. B. in ‚mach*e*n')
İ, i	i	meistens kurz und offen
J, j	je (ʒ)	wie das französische j in ‚Journalist'
K, k	ke	wie im Deutschen
L, l	le	in Verbindung mit hellen Vokalen und vor a wie im Deutschen, in Verbindung mit dunklen Vokalen ziemlich dunkel
M, m	me	wie im Deutschen
N, n	ne	wie im Deutschen
O, o	o	meistens kurz und offen
Ö, ö	ö	meistens kurz und offen
P, p	pe	wie im Deutschen
R, r	re	Im An- und Inlaut ein gerolltes Zungenspitzen-r, im Auslaut stimmlos

großer und kleiner Buchstabe	die türkische Bezeichnung	Aussprache
S, s	se	stimmloses s, wie das Doppel-s (la*ss*en)
Ş, ş	şe(sche) (ʃ)	wie ‚sch‘ im Deutschen
T, t	te	wie im Deutschen
U, u	u	meistens kurz und offen
Ü, ü	ü	meistens kurz und offen
V, v	ve (we)	wie das deutsche ‚w‘
Y, y	ye (je) (ĭ)	wie das deutsche ‚j‘
Z, z	ze	stimmhaftes s wie in ‚Sonne‘

Die Aussprache

Die Aussprache des Türkischen ist genauso leicht wie seine Orthographie. Die Regel heißt: Schreib, wie du sprichst, bzw. sprich, wie du schreibst.
Unterschiedliche Zeichen im Deutschen und Türkischen sind:

Nur im Deutschen, aber nicht im Türkischen vorhandene Buchstaben (harfler):

ä, q, w, x, ß

Nur im Türkischen verwendet werden die Buchstaben:

ç, ğ, ı (I), ş.

Als Laut sind ‚ç‘ und ‚ş‘ auch im Deutschen vorhanden, nämlich als ‚tsch‘ (z. B. Tscheche) und ‚sch‘ (z. B. Schule).
Da ‚ğ‘ (weiches g, türkische Bezeichnung ‚yumuşak g) nie im Anlaut steht, dient es in der Umgebung von dunklen Vokalen zur Dehnung etwa wie das Dehnungs-h im Deutschen, z. B. ‚dağ‘ (a wird lang gesprochen). Zwischen hellen Vokalen wird ‚ğ‘ wie ‚j‘ im Deutschen ausgesprochen, z. B. ‚eğe‘ (eje).
Das ‚ı‘, d. h. ‚i‘ ohne Punkt, ist ein dumpfer i-Laut, der im Deutschen nur eine annähernde Entsprechung findet z. B. in der unbetonten Infinitivendung (‚sag*en*‘, ‚mach*en*‘, ‚komm*en*‘ usw.). Man spreche ‚ı‘ mit zurückgezogener Zunge!

Für die Unterscheidung zwischen ‚ı' und ‚i' wird das ‚i' auch als Großbuchstabe mit Punkt geschrieben, z. B. İzmir.
Auch die Buchstaben c, j, s, v, y, z werden unterschiedlich ausgesprochen. ‚c' ist stimmhaft, im Deutschen als Laut vorhanden (als ‚dsch' wiedergegeben, oder in Fremdwörtern wie ‚Job'). Der Laut entspricht dem englischen ‚j' wie in ‚John', ‚June', ‚July' usw.
Das ‚j' wird wie das französische ‚j' ausgesprochen, im Deutschen in Fremd- und Lehnwörtern vorhanden wie ‚*J*alousie', ‚Gara*g*e' oder ‚Oran*g*e'.
Das ‚s' ist im Türkischen stimmlos wie das Doppel-s im Deutschen, z. B. ‚Ma*ss*e', ‚Ka*ss*e', ‚la*ss*en' usw. Aber ‚z' hingegen ist stimmhaft. Es ist kein ts-Laut wie in ‚Zug', ‚Zeitung' usw., sondern ein stimmhafter Laut wie das anlautende ‚s' im Deutschen (z. B. wie in ‚Saal', ‚Sonne', ‚Sahne' usw.). Man vergleiche:

sabun	zaman
|	|
Seife	Zeit.

Das türkische ‚v' ist stimmhaft und entspricht dem ‚w' im Deutschen: ve (we).
‚y' wird im Türkischen wie ‚j' im Deutschen ausgesprochen: ya (ja), und ‚a' und ‚y' wie ‚ei': ay (ei).
Die Aussprache der restlichen Buchstaben weicht vom Deutschen nicht ab. Zu bemerken ist noch, daß das ‚h' im Türkischen auch im Anlaut ausgesprochen wird und niemals zur Dehnung dient. Im An-, In- und Auslaut wird es wie das Anlaut-h im Deutschen (wie in ‚Hahn', ‚holen', ‚Hütte' usw.) ausgesprochen, im Auslaut bei arabischen und persischen Lehnwörtern etwas stärker (z. B. ‚sabah'), niemals aber als ‚ch'. Kehllaute wie im Arabischen oder Schweizerdeutschen kennt die türkische Schriftsprache nicht.
Trotz der vielen französischen Lehnwörter gibt es im Türkischen auch keine Nasalierung, und das ‚r' ist niemals ein Gaumen-, sondern stets ein Zungen-r.

4.2. Vokale und Konsonanten (ünlüler ve ünsüzler)

Das türkische Alphabet weist 29 Buchstaben auf, darunter acht Vokale und 21 Konsonanten.

Vokale:

	flache Vokale	runde Vokale
vordere Reihe	e, i	ö, ü
hintere Reihe	a, ı	o, u

Die Vokale der vorderen Reihe (e, i, ö, ü) sind helle Vokale, die Vokale der hinteren Reihe sind (a, ı, o, u) dunkle Vokale.

Vokalharmonie (ses uyumu)

Die kleine Vokalharmonie (küçük ses uyumu):

Ist der letzte Vokal ein heller, enthält die Endung ein ‚e‘;
ist der letzte Vokal ein dunkler, enthält die Endung ein ‚a‘.

Die Pluralendung unterliegt z. B. der kleinen Vokalharmonie:

ev ev*ler* / kitap kitap*lar*.

Die große Vokalharmonie (büyük ses uyumu):

Ist der letzte Vokal ein ‚e‘ oder ein ‚i‘, enthält die Endung ein ‚i‘ /
ist der letzte Vokal ein ‚a‘ oder ein ‚ı‘, enthält die Endung ein ‚ı‘ /
ist der letzte Vokal ein ‚ö‘ oder ein ‚ü‘, enthält die Endung ein ‚ü‘ /
ist der letzte Vokal ein ‚o‘ oder ein ‚u‘, enthält die Endung ein ‚u‘.

Der Akkusativ unterliegt z. B. der großen Vokalharmonie:

ev ev*i* / bal bal*ı* / göz göz*ü* / okul okul*u*.

Bei der Behandlung jeder grammatischen Form wird immer angegeben, welcher Vokalharmonie sie unterliegt.
Diphthonge (au, ei, ie, eu) gibt es im Türkischen nicht, Doppelvokale nur selten in Lehnwörtern wie ‚m*aa*lesef' oder ‚tab*ii*'.

Konsonanten (ünsüzler)

stimmhafte Konsonanten:

b, c, d, g (ğ), j, l, m, n, r, v, y, z.

Im Auslaut wird ‚r' jedoch stimmlos und in der gesprochenen Sprache gänzlich weggelassen (z. B. ‚bi' statt ‚bir').

stimmlose Konsonanten:

Um die stimmlosen Konsonanten zu lernen, die wegen lautlicher Änderungen in Verbindung mit vokalischen Endungen (s. unten Konsonantenwandel) sehr wichtig sind, kann man sich den scherzhaften Ausdruck ‚Haifischpostkutsche' merken, indem alle stimmlosen Konsonanten vorhanden sind:

h, f, ş, p, s, t, k, ç.

Konsonantenwandel:

p, k, ç, (mit Vorbehalt) t werden stimmhaft (b, ğ, c, d), wenn eine vokalische Endung angefügt wird:

kita*p* kita*bı* / çocu*k* çocu*ğu* / ağa*ç* ağa*cı* / kâğı*t* kâğı*dı*.

Für einsilbige Wörter hingegen trifft diese Regel meistens nicht zu (vgl. Lektion 9: Deklinationsübersicht und Besonderheiten der Deklination).

Doppelkonsonanten:

Bei Doppelkonsonanten wird – im Gegensatz zum Deutschen – jeder Bestandteil ausgesprochen:

eli, aber elli (man spreche el-li);
biti, aber bitti (man spreche bit-ti).

4.3. Die Hilfszeichen

Das Zeichen ‚^‘, Zirkumflex (uzatma işareti), das die Länge des Vokals angibt, meistens um zwei mit den gleichen Buchstaben geschriebene Wörter voneinander zu unterscheiden, wird in der neuen Rechtschreibung fast nicht mehr benutzt.

Z. B.:	hala	hâlâ,	oder:	adet	âdet
	(Tante)	(noch)		(Anzahl)	(Gewohnheit),

Aber immer häufiger nur ‚hala‘ oder ‚adet‘, wobei der Bedeutungsunterschied nur aus dem Satzkontext abgeleitet werden kann.
Das ‚i‘ mit Zirkumflex, ‚î‘ wird ebenso immer seltener gebraucht:

‚ciddî‘, aber auch ‚ciddi‘.

Aber der Zirkumflex, der die Palatalisierung der Konsonanten ‚g‘ und ‚k‘ angibt, was ohnehin bei wenigen Lehnwörtern begegnet, wird nach wie vor verwendet (Aussprache wie ‚kj‘ oder ‚gj‘):

z. B.: kâğıt, rüzgâr, sükût …

4.4. Silbentrennung (hece ayırımı)

Die Silbentrennung erfolgt im Türkischen nach Sprechsilben:

prog-ram (im Gegensatz zum Deutschen also nicht pro-gram!), oder Mus-ta-fa.

5. Betonung (vurgulama)

Im Türkischen wird im allgemeinen auf der letzten Silbe betont:

kap̀ı, elm̀a, atèş …

Fremdwörter hingegen haben ihren ursprünglichen Akzent beibehalten:

gaz̀ete, ràdyo, lokànta …

Städte und Ortsnamen werden meistens auf der vorletzten Silbe betont: İstànbul, Antàlya, Bandìrma ... Doch gibt es aber eine Reihe von Städte- und Ortsnamen, die auf der ersten Silbe betont werden: Ànkara, Ìzmir ...
Wenn Suffixe antreten, kann der Akzent auf das Suffix übergehen, aber auch im Stamm bleiben.
In jeder Lektion wird die Betonung der betreffenden Suffixe angegeben.
Im allgemeinen ist der Unterschied zwischen betonter und unbetonter Silbe im Türkischen relativ gering. Der Akzent verteilt sich fast gleichmäßig über alle Silben, deshalb wird diese Art der Betonung „dezentralisierend" genannt.

6. Großschreibung

Mit großen Anfangsbuchstaben werden geschrieben:

* Wörter, die am Satzanfang stehen;
* Eigennamen (özel isimler)
  a) Vor- und Nachnamen von Personen: Ali Özer
  b) Völker- und Sprachenbezeichnungen: Türk, Türkçe; Alman, Almanca
  c) Länder, Städte, Orts- und allgemeine geographische Namen (Seen, Flüsse usw.):
  Türkiye, İstanbul, Taksim, Kızılırmak, Van Gölü ...
* Titel (Bücher, Zeitungen, Zeitschriften usw.) und Kapitelüberschriften:
  Fikrimin İnce Gülü (Roman von Adalet Ağaoğlu),
  Milliyet (türkische Tageszeitung),
  Hayat (türkische Wochenzeitschrift) usw.
* Anredetitel auch mit Berufsbezeichnung:
  Mehmet Bey, Ayşe Hanım, Profesör Tunalı, General Evren
* Bezeichnungen von Ämtern und Institutionen:
  İstanbul Üniversitesi (Universität Istanbul),
  Kültür Bakanlığı (Kultusministerium),
  Dış Ticaret Bankası (Außenhandelsbank) ...

* Monatsnamen und Wochentage werden in der Regel klein, aber wenn es sich um ein bestimmtes Datum handelt, groß geschrieben:
  ekim (Oktober), aber:
  29. *E*kim 1923 (Gründung der Republik) ...

7. Interpunktion: (noktalama işaretleri)

Der Gebrauch der Satzzeichen ist zum größten Teil im Deutschen und Türkischen gleich. Allerdings nimmt der Gebrauch des Apostrophs (kesme işareti) in der türkischen Interpunktion eine wichtige Stelle ein:

Er trennt Eigennamen von Suffixen:

z.B.: Ankara'dan aus Ankara.

Ferner wird er auch nach Abkürzungen oder Zahlen gebraucht, wenn Suffixe antreten:

z.B.: TRT'de: in der Türkischen Rundfunk- und Fernsehanstalt;
1984'te (im Jahre 1984); oder 3'üncü (der dritte).

Die Kommaregeln sind im Türkischen nicht so stark ausgeprägt wie im Deutschen, weil es im Türkischen keine Nebensätze gibt.

Fehlen darf das Komma allerdings nicht bei:

* Aufzählungen:
  bir kitap, bir defter, iki kalem ... (ein Buch, ein Heft, zwei Stifte);
* bei aufeinanderfolgenden Sätzen:
  eve geldi, çay içti ... (er kam nach Hause, trank einen Tee ...);
* bei zwei Hauptsätzen mit Konjunktion;
* nach der direkten Rede mit oder ohne Anführungszeichen:
  „Eve geliyorum", dedi / Eve geliyorum, dedi („Ich komme nach Hause", sagte er).

Außerdem wird das Komma oft bei längeren Sätzen nach dem Subjekt gebraucht:

Ali, yemekten sonra arkadaşlarıyla buluştu: Ali traf sich nach dem Essen mit seinen Freunden ...

Oder aber in kurzen Sätzen, um Mißverständnisse zu vermeiden:

Bu, kitap: Das ist ein Buch. (Weil sonst ohne Komma ‚bu kitap' ‚dieses Buch' heißen würde, vgl. Lektion 1.)

8. Lehnwörter und Neologismen

Die Sprachreform, die mit der Gründung der Republik einsetzte (vgl. oben S. III) und das Ziel verfolgte, arabische und persische Lehnwörter des Osmanischen durch türkische Wörter zu ersetzen, dauert heute noch an. Vom im Jahre 1932 in Ankara gegründeten Sprachverein (Türk Dil Kurumu) werden noch immer neue Wörter abgeleitet; der Spracherneuerungsprozeß ist in der Türkei noch nicht abgeschlossen.
Die Neologismen sind entweder ‚Rückneubildungen', d.h. Wörter, die in anderen zentralasiatischen Turkdialekten oder anatolischen Dialekten schon immer vorhanden waren und in die Schriftsprache neu eingeführt werden, oder Neuschöpfungen, die nach türkischen Wortbildungsregeln abgeleitet werden.
Die arabischen und persischen Lehnwörter sind dadurch zum größten Teil verdrängt worden (sie machen heute ca. 15% des gesamten Wortschatzes aus), aber viele, die sowohl in der Umgangs- als auch in der Schriftsprache fest verankert waren, bestehen noch entweder ohne ein türkisches Pendant, oder werden gleich häufig gebraucht mit dem türkischen Synonym.
Bei solchen Wörtern werden in ‚Wörterkisten' der betreffenden Lektionen beide Entsprechungen angeführt (Neuw. als Abkürzung für Neuwort, Altw. als Abkürzung für veraltetes Synonym).

Während arabische Lehnwörter – wie die lateinischen im Deutschen – im religiösen Bereich oder im Bildungswesen einen breiten Platz einnehmen, begegnen im Türkischen auch Lehnwörter aus europäischen Sprachen, die sich mit gegenseitigen Kulturbeziehungen seit dem Anfang des 20. Jahrhunderts eingebürgert haben: Im technischen Bereich französische und deutsche (televizyon – Fernseher, asansör – Lift, şalter – Schalter), bei Kleidungsstücken wiederum französische (jüpon – Unterrock, pantalon – Hose ...) bei Sportausdrücken englische (futbol – Fußball, maç – Match ...) und im Bank- und Finanzwesen italienische (banka – Bank, sigorta – Versicherung ...) Lehnwörter.

1

Lektion 1: Merhaba, Nasılsın?

Grammatik:

1. Entsprechung für das Hilfsverb ‚sein' (3. Pers. Sing.) und der Fragesatz; Fragewörter: ne, kim
2. bu-şu-o als Subjekt- und Demonstrativpronomen
3. Die Fragepartikel ‚mi'
4. Bejahung und Verneinung
5. Der Plural
6. Gruß und Abschied

Sprechsituationen:

1. Fragen nach Sachen und Personen, Benennung von Sachen und Personen
2. Begrüßen und Verabschieden

1 A

S

a) Bu ne ?
Bu, kitap.
Ya şu ne ?
O, gazete.

b) Bu kim ?
Bu, Arzu Ersoy.
Ya şu kim ?
O, Metin Gürpınar.

c) Bu, bisiklet mi ?
Evet, bu bisiklet.
Bu, radyo mu ?
Hayır, bu radyo değil, bu, televizyon.

d) Bu, Arzu Ersoy mu ?
Hayır, bu Arzu Ersoy değil,
bu Metin Gürpınar

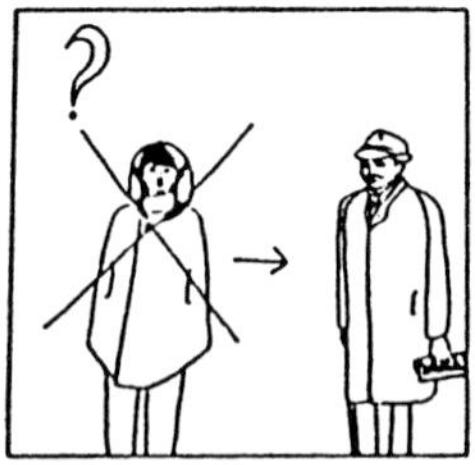

e) Bunlar kim ?
Bunlar Emine ve Hüseyin Yılmaz.

f) Bunlar ne ?
Bunlar gazete.
Bu gazeteler Türkçe mi ?
Evet, bu gazeteler Türkçe.
Ya şu gazeteler ?
Onlar Türkçe değil, Almanca.

D 1

Günaydın.
Günaydın.
Nasılsınız ?
Teşekkür ederim, iyiyim. Ya siz ?
Teşekkürler. Ben de iyiyim.
Allaha ısmarladık.
Güle güle.

D 2

Merhaba.
Merhaba.
Nasılsın ?
Sağ ol, iyiyim. Ya sen ?
Sağ ol, ben de iyiyim.
Allaha ısmarladık.
Güle güle. (Yarın görüşmek üzere.)

1 B

Ü 1 a) Sprechen Sie diese Wörter aus!

can çan cam çam cin Çin
kıl kil sızı sizi sakız sekiz
sil zil sor zor saman zaman
yağlı yalı bağrı barı sağrı sarı
iğri iri düğmen dümen
yağmur ağa uğur doğan boğa doğa
eğe beğen öğlen yeğen meğer eğer
ağa eğe öğlen oğlan yeğen yağan
eli elli kese kesse katı kattı batı battı
ılık kılık sığır sağır ağır
kâğıt rüzgâr imkân dükkân
yok yol yolcu yine yağmur
jilet jüpon Jale
ay Gülay aydın Ayhan Şenay
şu su şen sen şeker seker

b) Buchstabieren Sie diese Wörter!

Ü 2 Übernehmen Sie die Rolle des 2. Sprechers!

a) 1. S.: Günaydın.
2. S.: ...
1. S.: Nasılsınız ?
2. S.: ...
1. S.: Teşekkür ederim, ben de iyiyim.
2. S.: ...
1. S.: Güle güle.

b) 1. S.: Merhaba.
2. S.: ...
1. S.: Nasılsın ?
2. S.: ...
1. S.: Sağ ol, ben de iyiyim.
2. S.: ...
1. S.: Güle güle.

Ü 3 kitap/defter: Bu kitap mı? Evet, bu kitap./Hayır, bu kitap değil, bu, defter.

1. radyo/televizyon
2. sigara/çakmak
3. Arzu Ersoy/Metin Gürpınar
4. otomobil/bisiklet
5. kalem/kâğıt
6. kapı/pencere
7. sandalye/masa
8. gözlük/lamba
9. pantalon/ceket
10. dolap/sandalye
11. otobüs/araba
12. tahta/tebeşir
13. kitap/çanta
14. gazete/dergi
15. manto/ceket

Ü 4 Bunlar ne ? (kitap-Türkçe): Bunlar kitap. Bu kitaplar Türkçe.

1. Şunlar ne ? (gazete-Almanca)
2. Bunlar ne ? (dergi-Türkçe)
3. Şunlar ne ? (kalem-kırmızı)

4. Onlar ne ? (televizyon-renkli)
5. Bunlar ne ? (radyo-yeni)
6. Bunlar ne ? (telefon-kırmızı)

Ü 5 Welche Antwort paßt zu welcher Frage? (A: 1, B: ? ...)

A. Nasılsın ?
B. Bu ne ?
C. Bu Arzu Ersoy mu ?
D. Ya siz nasılsınız ?
E. Bu gazeteler Türkçe mi ?
F. Bu kitap mı ?
G. Bunlar ne ?
1. Teşekkür ederim, iyiyim.
2. Bunlar kalem.
3. Evet, bu gazeteler Türkçe.
4. Bu, sandalye.
5. Hayır, bu Arzu Ersoy değil.
6. Teşekkürler, ben de iyiyim.
7. Hayır, bu kitap değil, bu dergi.

Ü 6 Geben Sie die türkische Entsprechung dieser Wörter an und setzen Sie sie in den Plural!

Buch	Autobus	Stuhl
Radio	Hose	Fenster
Fernseher	Tür	Tasche
Fahrrad	Zeitung	Tisch

S/Ü a) Spielen Sie mit Ihrem Lernpartner einen Dialog und benutzen Sie die Alternativantworten!

Merhaba. → Merhaba.
→ İyi günler.

Nasılsın? → Sağ ol, iyiyim.
→ Teşekkür ederim, iyiyim.
→ İyiyim. Ya sen?

b) Sagen Sie den Gegengruß je nach Tageszeiten!

Merhaba.

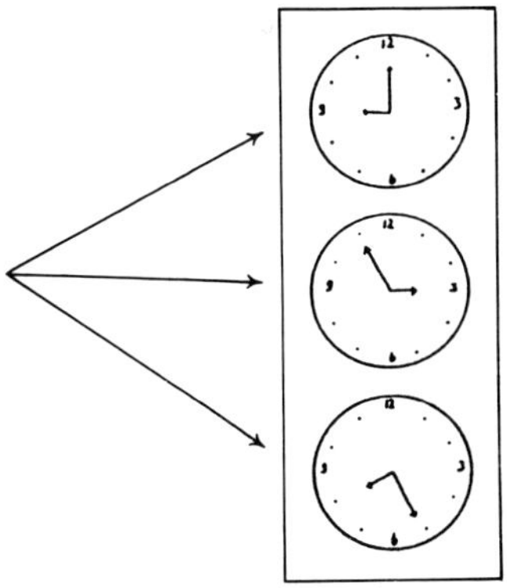

....
....
....

B/Ü 1 Spielen Sie mit Ihrem Lernpartner den Dialog zwischen Arzu Ersoy und Emine Yılmaz!

B/Ü 2 Stellen Sie Ihrem Lernpartner Fragen, wer diese Personen sind oder um welche Gegenstände es sich handelt und hören Sie seine Antwort!

1 c

1. Entsprechung vom Hilfsverb (yardımcı fiil) ‚sein' (3. Pers. Sing.) und der Fragesatz

Um nach der Benennung von Sachen zu fragen, bilden wir den Fragesatz (soru cümlesi):

Bu ne ?

Was ist das?

In der 3. Pers. Sing. (und manchmal auch im Plural, vgl. Lektion 2) fehlt im Türkischen in der gesprochenen Sprache die Hilfsverbform ‚ist', die Kopula, die im Türkischen eine Endung (ekfiil) ist und nur in bestimmten Situationen (vgl. Lektion 13) gebraucht wird.

Die Antwort auf den Fragesatz ‚Bu ne?' lautet:

Bu, kitap.

Das ist ein Buch.

Nach ‚bu' (:das), das in diesem Satz das Subjektpronomen ist, ist ein Komma erforderlich, weil ‚bu' auch ein Demonstrativpronomen ist (s. unt. 2) und ‚bu kitap' (ohne Komma) ‚dieses Buch' bedeutet.
In diesem Antwortsatz fehlt auch der unbestimmte Artikel, der im Türkischen mit dem Zahlwort ‚eins' (bir) identisch ist.
Der unbestimmte Artikel kann auch angeführt werden:

Bu bir kitap.

‚Das ist ein Buch', hebt aber auch zusätzlich hervor, daß es sich um genau *einen* Gegenstand handelt.
In der gesprochenen Sprache kann auch das Subjektpronomen ‚bu' weggelassen werden:

Bu ne ?	Kitap.
Was ist das?	(Das ist ein) Buch.

Nach Personen fragen wir mit ‚kim' (wer) (vgl. S b):

Bu kim ?

Wer ist das?

Aufgabe: Machen Sie die B/Ü 2!

2. bu-şu-o als Subjekt- und Demonstrativpronomen

Die drei Subjekt- und Demonstrativpronomen (işaret zamirleri) bu-şu-o unterscheiden sich durch die räumliche Entfernung. ‚Bu' und ‚şu' sind als Demonstrativpronomen als ‚dieser, diese, dieses' zu übersetzen, während ‚bu' als Subjektpronomen die unmittelbare Nähe (das hier), ‚şu' hingegen eine geringe Entfernung (das da) ausdrückt. Bei ‚o' (als Demonstrativpronomen etwa jener, jene, jenes) ist die räumliche Entfernung größer (das dort), ‚O' kann aber auch als Synonym für ‚şu' gebraucht werden, um Wiederholungen zu vermeiden wie in S a und b.
Das Subjekt- und Demonstrativpronomen ‚bu' kann auch als Ersatz des bestimmten Artikels gebraucht werden:

kitap	bu kitap
ein Buch	das Buch

3. Die Fragepartikel (Soru eki):

Die Fragepartikel ist unbetont und wird vom Bezugswort getrennt geschrieben. Sie unterliegt der großen Vokalharmonie und weist die Varianten auf:

nach e oder i: mi	Bu gazete mi?
nach a oder ı: mı	Bu kitap mı?
nach ö oder ü: mü	Bu gözlük mü?
nach o oder u: mu	Bu radyo mu?

Wir unterscheiden somit zwei Arten von Fragesätzen:

a) mit Fragewort: Bu *ne*?, Bu *kim*?
b) mit Fragepartikel: Bu kitap *mı*?

Merken Sie: * Wenn in einem Fragesatz bereits ein Fragewort vorhanden ist (z. B. ‚ne', ‚kim'), gibt es keine Fragepartikel!

4. Bejahung und Verneinung (olumlu ve olumsuz cümle)

Bu kitap mı?	Evet, bu kitap.
Ist das ein Buch?	Ja, das ist ein Buch. (vgl. S c)
Bu kitap mı?	Hayır, bu kitap değil.
Ist das ein Buch?	Nein, das ist kein Buch. (vgl. S c und d)

Bei der Entsprechung des Hilfsverbs ‚sein' lautet das Verneinungswort ‚*değil*' (kein, keine, nicht). Beim negativen Aussagesatz bildet es das letzte Satzglied.

Aufgabe: Machen Sie Übung 3!

Bei einem negativen Fragesatz erscheint die Fragepartikel nach dem Verneinungswort ‚değil':

Bu kitap değil mi?
Ist das kein Buch?

5. Der Plural (çoğul)

Die Pluralendung ist im Türkischen – im Gegensatz zum Deutschen – einheitlich. Sie unterliegt der kleinen Vokalharmonie und weist die Varianten ‚-ler' und ‚-lar' auf:

gazete*ler*, kitap*lar*
Zeitungen, Bücher

Durch Anhängen von ‚-ler‘ oder ‚-lar‘ wird aus Einzahl (tekil) Mehrzahl (çoğul) gemacht.
Das Pluralsuffix ist betont.

Aufgabe: Machen Sie Übung 6!

Auch die Subjekt- und Demonstrativpronomen ‚bu‘–‚şu‘-‚o‘ werden in den Plural gesetzt: bunlar, şunlar, onlar (vgl. S. 3e und f) und ersetzen dadurch das fehlende Hilfsverb ‚sind‘:

Bunlar gazete.

Das sind Zeitungen.

Da die Mehrzahlendung bereits im Subjektpronomen vorhanden ist (bun*lar*), fehlt sie am Bezugswort (nur gazete, statt gazete*ler*), da die Verwendung von Endungen gleicher Art innerhalb eines Satzes im Türkischen nicht üblich ist.
Vergleichen Sie (S. 3f.):

Bunlar gazete.	aber:	bu gazeteler
Das sind Zeitungen.		diese Zeitungen

Aufgabe: Machen Sie Übung 4!

6. Gruß und Abschied

Für Anfangsdialoge sind Gruß- und Abschiedsformeln sehr wichtig (vgl. D 1, D 2).
Die Grußwörter werden im Türkischen – wie im Deutschen – nach Tageszeiten benutzt, z. B. ‚günaydın‘ (guten Morgen) vormittags, ‚iyi günler‘ (guten Tag) nachmittags usw. Nur ‚merhaba‘ (etwa: grüß Gott) kann zu jeder Tageszeit gebraucht werden.

Beim Abschiedsgruß müssen Sie sich folgendes merken: ‚Allaha ısmarladık' sagt der, der geht. Der Gegengruß lautet ‚güle güle', den der Bleibende sagt.
Finden Sie die Gruß- und Abschiedsformeln in der ‚Wörterkiste' und spielen Sie mit Ihrem Lernpartner die Dialoge D 1 (Sie-Ebene) und D 2 (Du-Ebene). Die Ergänzung der Gruß- und Abschiedsformeln finden Sie im Aufbauwortschatz.

Aufgabe: Machen Sie den Lückentest (Ü 2), Übung 5, die Sprechübung (S/Ü) und die Bilderübung B/Ü 1!

Wie Sie sicherlich schon gemerkt haben, weisen die Grußformeln (‚iyi gün*ler*', ‚iyi akşam*lar*' usw.) die Pluralendung auf. Obwohl der Gebrauch des Plurals im Türkischen relativ selten ist (vgl. Lektion 3), werden Gruß- und Glückwunschformeln mit der Mehrzahlendung gebildet.
In der Wörterkiste (W 4) finden Sie einige Glückwunschformeln. Lernen Sie sie und erweitern Sie Ihren Wortschatz! Auch das Grußwort ‚merhaba' kann in der Umgangssprache im Plural gebraucht werden: merhabalar.
Zusätzlich können Sie Übung 1 machen, um ihre Kenntnisse der türkischen Aussprache von der Einführungslektion zu verfestigen.

1 Wörterkiste

W 1

Allaha ısmarladık	Auf Wiedersehen (sagt der, der geht)
Almanca	Deutsch (hier: in deutscher Sprache)
araba	Wagen (umgangsspr.: Auto)
ben de iyiyim	mir geht es auch gut
bir	ein(e); eins
bisiklet	Fahrrad
bu	das (ist); dieser, diese, dieses
bunlar	das sind
ceket	Jacke
çakmak	Feuerzeug
çanta	Tasche
değil	nicht, kein(e)
defter	Heft
dergi (Altw. mecmua)	Zeitschrift
dolap	Schrank
evet	ja
gazete	Zeitung
gözlük	Brille
güle güle	Auf Wiedersehen (sagt der, der bleibt)
günaydın	Guten Morgen
hayır	nein
iyiyim	es geht mir gut
kâğıt	Papier, Blatt, Zettel
kalem	Schreibzeug, Stift
kapı	Tür
kırmızı	rot
kim	wer
kitap	Buch
lamba	Lampe
manto	Mantel
masa	Tisch
merhaba	grüß Gott
merhabalar	(lässiger als ‚merhaba')
nasılsın?	wie geht es dir?
nasılsınız?	wie geht es Ihnen
ne	was
o	das (dort ist); jener, jene, jenes
onlar	das (da) sind
otobüs	Autobus
otomobil	Auto
pantalon	Hose
pencere	Fenster
radyo	Radio
renkli	in Farbe, farbig
sağ ol	danke (Du-Ebene)
sandalye	Stuhl
sigara	Zigarette
şu	das (da ist); dieser, diese, dieses
şunlar	das (da sind)
tahta	(hier:) Tafel
tebeşir	Kreide
telefon	Telefon
televizyon	Fernsehapparat
teşekkür ederim	danke
teşekkürler	danke
Türkçe	Türkisch (hier: in türkischer Sprache)
ve	und
ya	und (in der Gegenfrage)
ya sen	(hier:) und dir?
ya siz	(hier:) und Ihnen?
yarın görüşmek üzere	bis morgen (Abschiedsgruß)
yeni	neu

W 2 (grammatische Termini, auch von der Einführungslektion)

alfabe	Alphabet
bitişkenlik	Agglutination
büyük ses uyumu	große Vokalharmonie
cümle (Neuw.: tümce)	Satz
cümle yapısı	Satzbau
çoğul	Plural, Mehrzahl
edat (Neuw.: ilgeç)	(hier:) Verhältniswort
ekfiil	Kopula, Endungsverb
harf	Buchstabe
hcce	Silbe
hece ayırımı	Silbentrennung
işaret zamiri	Demonstrativpronomen
kesme işareti	Apostroph
küçük ses uyumu	kleine Vokalharmonie
noktalama işareti	Satzzeichen
olumlu cümle	positiver Satz, Bejahung
olumsuz cümle	negativer Satz, Verneinung
önek	Präfix
özel isim	Eigenname
özne	Subjekt
ses uyumu (Neuw.: ünlü uyumu)	Vokalharmonie
sesbilgisi	Lautlehre
sonek	Suffix
soru	Frage
soru cümlesi	Fragesatz
soru eki	Fragepartikel
tekil	Singular, Einzahl
tümleç	Objekt
uzatma işareti	Zirkumflex
ünlü	Vokal
ünsüz	Konsonant
vurgulama	Betonung
yan cümle	Nebensatz
yardımcı fiil	Hilfsverb
yüklem	Prädikat
zamir (Neuw.: adıl)	Pronomen

W 3 (Aufbauwortschatz)

çok teşekkür ederim	vielen Dank
çok teşekkürler	vielen Dank
eyvallah	Danke; Servus (volkstümlich oder Jugendjargon)
hoşça kal	mach's gut, servus
hoşça kalın	Mehrzahl oder höfliche Form zu ‚hoşça kal'
iyi akşamlar	guten Abend; (auch als Abschiedsgruß:) schönen Abend noch
iyi geceler	gute Nacht
hayırlı geceler	gute Nacht
iyi günler	guten Tag; (auch als Abschiedsgruß:) schönen Tag noch; alles Gute
(çok) mersi	danke (sehr)
ne haber? (Aussprache: n'aber)	gibt's was neues? (als Grußwort)
sağ olun	höfliche Form von ‚sağ ol' (vgl. W 1)
selamünaleyküm	veraltete Grußformel, heute nur von älteren Leuten oder in ländlichen Gebieten verwendet (Friede über euch!)
aleykümselam	formelhafter Gegengruß
şöyle böyle	es geht, so là là (als Antwort auf ‚nasılsın?')

W 4 (Umgangssprachliches)

başarılar	viel Erfolg
(von: başarı)	Erfolg
bol şanslar	viel Glück
(von: şans)	Glück, Chance

2

Lektion 2: Adım Arzu Ersoy

Grammatik:

1. (Selbst-)Vorstellung
2. Personalpronomen
3. Entsprechung für das Hilfsverb ‚sein‘ (alle Personen)
4. Das Fragewort ‚nereli‘; Die Wortbildungsendung: ‚-li‘
5. Die Partikel ‚de‘ (auch)
6. Die Frage ‚... ne demek‘ (was heißt ...)
7. Anredetitel; Anwendung der Anredeformen „du“ und „Sie“

Sprechsituationen:

Selbstvorstellung; Angaben zu anderen Personen erfragen; Angaben zur eigenen Person und zu anderen Personen machen

Zusatzmaterial:

Landkarte der Türkei

2 A

S 1

Adınız ne ?
Adım Arzu Ersoy. Türküm, Ankaralıyım.
Öğretmenim. Evliyim.
Memnun oldum, hanımefendi. Adım Metin Gürpınar.
Ben de Türküm. Avukatım. Bekârım.
Ben de memnun oldum, beyefendi.

S 2

a) Adın ne ?
Adım Ferdi Eder.
Öğrenci misin ?
Evet, öğrenciyim.
Türk müsün ?

b) Hayır, Türk değilim, Almanım.
Evli misin ?
Hayır, evli değilim, nişanlıyım. Ya sen ?
Ben de öğrenciyim ve bekârım.
Adın ne ?
Adım Sinan Özdemir.
Türksün, değil mi ?
Evet, Türküm.
Nerelisin ?
Karslıyım. Ya sen ?
Augsburgluyum.

T

Bu, Arzu Ersoy. Arzu Hanım Türk, Ankaralı. Öğretmen. Evli. Bu, Metin Gürpınar. Metin Bey de Türk, İzmirli. Avukat. Bekâr. Bunlar Ferdi ve Sinan. Ferdi Alman, Sinan Türk. Ferdi ve Sinan öğrenci. Ferdi Augsburglu, Sinan Karslı. Ferdi nişanlı, Sinan bekâr. Bunlar Emine ve Hüseyin Yılmaz. Bay ve Bayan Yılmaz Erzurumlu.

D 1

Sinan: Tanıştırayım, efendim, bu Ferdi Eder, bu Arzu Ersoy.
Ferdi: Tanıştığımıza memnun oldum, Bayan Ersoy. Türksünüz, değil mi ?
Arzu: Evet, Türküm, Bay Eder.
Ferdi: Nerelisiniz ?
Arzu: Ankaralıyım. Ya siz ?
Ferdi: Ben Augsburgluyum.
Sinan: Aa, merhaba Sabine.
Sabine: Selam, arkadaşlar.
Sinan: Tanıştırayım, bu Arzu Ersoy, bu Sabine Huber.
Arzu: Siz de Augsburglu musunuz, Sabine Hanım ?
Sabine: Hayır, Augsburglu değilim, Kölnlüyüm.

D 2

Ferdi: Sinan, Türkçe ‚Schrank' ne demek ?
Sinan: Türkçe ‚Schrank' dolap demek.
Ferdi: Efendim ? Bir kere daha, lütfen.
Sinan: Do-lap.
Ferdi: Tamam. Türkçc ‚Schrank' dolap demek.

2 B

Ü 1 (sen)-/Alman: Almansın.

a. (biz)-/yorgun
b. (ben)-/evli
c. Arzu Ersoy/öğretmen
d. Sinan/öğrenci
e. (siz)-/hasta
f. (sen)-/çalışkan
g. (ben)-/Serap
h. (biz)-/aç
ı. (ben)-/tok
i. öğrenciler/Alman
j. profesör/Türk
k. çocuklar/çalışkan

Ü 2 sen/hasta: Hasta mısın? Evet, hastayım. / Hayır, hasta değilim.

1. Erol/yorgun
2. biz/tok
3. öğrenciler/çalışkan
4. Aydın Bey/profesör
5. Martin/şoför
6. siz/evli
7. Orhan/bekâr

8. sen/yorgun
9. siz/doktor
10. biz/üzgün

Ü 3 (sen)-Türk: Türksün, değil mi? / Evet, Türküm.

1. Ferdi-Alman
2. Arzu Hanım-öğretmen
3. Metin Bey-avukat
4. (siz)-hasta
5. Sabine-Kölnlü
6. çocuklar-çalışkan
7. Erol-tembel
8. Sinan-Karslı
9. (siz)-doktor
10. (biz) Augsburglu

Ü 4 Hans/sen-Alman: Hans Alman, sen de Almansın.

1. Nilgün/Erol-Türk
2. biz/siz-çalışkan
3. Ahmet/Yaşar-işsiz
4. ben/sen-hasta
5. Arzu Hanım/Helga Hanım-öğretmen
6. Metin Bey/Franz Bey-avukat
7. bu kitaplar/şu kitaplar-Türkçe
8. bu gazeteler/şu gazeteler-Almanca
9. siz/biz-üzgün
10. Sinan/Ferdi-öğrenci

Ü 5 Geben Sie jeweils die deutsche oder türkische Entsprechung an!

1. Almanım.
2. Türksün.
3. Du bist Student.
4. Er ist Professor.
5. Evli.
6. Wir sind ledig.
7. Hastayız.
8. Şoförsünüz.
9. Çalışkanlar.
10. Erol tembel.
11. Ich bin Rechtsanwalt.
12. Du bist krank.
13. Deli misiniz ?
14. Onlar işsiz.
15. Polis değiller.
16. Sind Sie Arzt ?
17. Wir sind nicht traurig.
18. Er ist nicht fleißig.
19. Die Studenten sind fleißig.
20. Sind Sie verheiratet ?
21. Ferdi bekâr mı ?
22. Sabine öğrenci değil mi ?
23. Ist er nicht krank ?
24. Üzgün değil misiniz ?
25. Hasta değiller mi ?

Ü 6 (sen)-nereli/Kars: Nerelisin? – Karslıyım.

1. (siz)-nereli/Ürgüp
2. Akın-nereli/Gaziantep
3. Sinan-nereli/Kars
4. Metin Bey-nereli/İzmir
5. (sen)-nereli/Frankfurt
6. Sabine-nereli/Köln
7. (biz)-nereli/Münih
8. Arzu Hanım-nereli/Ankara
9. (ben)-nereli/İstanbul
10. öğrenciler/nereli/Augsburg

Ü 7 Beantworten Sie die Fragen!

1. Ferdi Eder Alman mı ?
2. Sinan Özdemir Türk mü ?
3. Sinan öğretmen mi ?
4. Ferdi evli mi ?
5. Sinan nişanlı mı ?
6. Arzu Ersoy öğrenci mi ?
7. Arzu Ersoy nereli ?
8. Metin Gürpınar avukat mı ?
9. Sabine Huber Augsburglu mu ?
10. Metin Gürpınar Karslı mı ?

S/Ü a) Stellen Sie sich bitte vor (Name, Nationalität, Heimatstadt, Beruf und Familienstand) und fragen Sie Ihren Lernpartner oder einen Kursteilnehmer nach gleichen Angaben!

b) Fragen Sie Ihren Lernpartner, ‚Türkçe Schrank ne demek', aber ‚Almanca öğretmen ne demek'? Hören Sie seine Antworten und lassen Sie sich auch befragen!

	1	2	3	4
A	Schrank	Bus	Buch	Feuerzeug
B	öğretmen	öğrenci	Arzt	Rechtsanwalt
C	Papier	Fahrer	Kinder	Mantel
D	çalışkan	hasta	evli	nişanlı
E	kalem	müde	bekâr	üzgün

c) Spielen Sie mit Ihrem Lernpartner einen Dialog und benutzen Sie die Alternativantworten!

Türk müsün?
→ Evet, Türküm.
→ Hayır, Türk değilim.
→ Türk değilim, Almanım.

Evli misiniz?
→ Evet, evliyim. Ya siz?
→ Hayır, evli değilim, bekârım.
→ Evli değilim, nişanlıyım.

Ankaralı mısın?
→ Evet, Ankaralıyım. Siz de Ankaralısınız, değil mi?
→ Hayır, Ankaralı değilim. Ya siz?
→ Ankaralı değil, Samsunluyum.

B/Ü 1 **Stellen Sie bitte diese Personen Ihrem Lernpartner vor, fangen Sie mit ‚Tanıştırayım, bu...' an und machen Sie Angaben über Nationalität, Beruf, Heimatstadt und Familienstand dieser Personen!**

B/Ü 2 **Spielen Sie mit Ihrem Lernpartner den Vorstellungsdialog zwischen Arzu Ersoy und Sinan Özdemir!**

B/Ü 3, Z/M Sie sehen eine Landkarte der Türkei, auf der die Heimatstädte der Personen, die Sie aus Lektionstexten kennen, gezeigt sind.
Teilen Sie bitte Ihrem Lernpartner mündlich (oder auch schriftlich) mit, woher diese Personen stammen. Erzählen Sie ihm bitte auch, aus welchen Städten Ihre eigenen türkischen Freunde stammen.

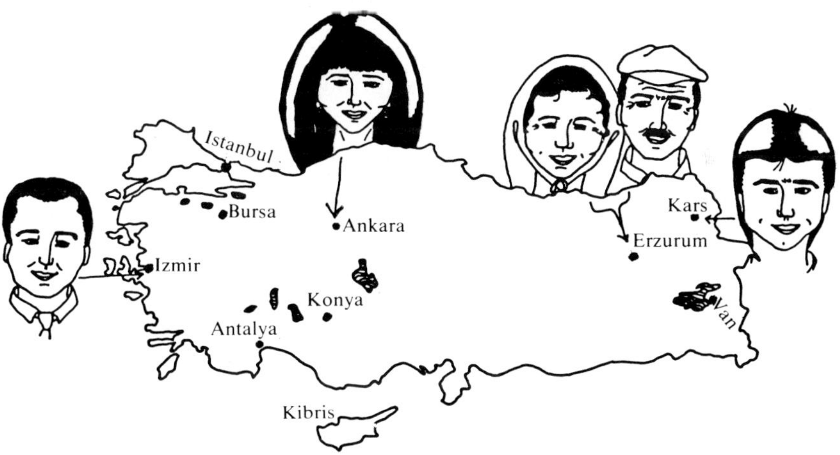

2 c

1. Vorstellung

Um sich selbst vorzustellen braucht man als erstes den Satz ‚Mein Name ist ...‘. Er lautet im Türkischen ‚Adım ...‘, z.B. ‚Adım Arzu Ersoy‘ (Mein Name ist Arzu Ersoy). Als Synonym für ‚Adım ...‘ sagt man auch İsmim ...‘ (z.B.: İsmim Hans Lehmann). Wenn wir den Namen des Dialogpartners erfahren wollen, fragen wir auf der Du-Ebene: ‚Adın ne?‘ (oder: İsmin ne?) (Wie heißt du, wie ist dein Name?, vgl. S.2a), auf der Sie-Ebene: ‚Adınız ne?‘ (oder: İsminiz ne?) (Wie heißen Sie, wie ist Ihr Name?, vgl. S.1)
Die grammatische Struktur, die diesen Fragen und Antworten zugrunde liegt, nämlich die Possessivform, lernen Sie in der 9. Lektion. Lernen Sie diese Formen nun als feststehende Ausdrücke, da sie für Alltagsdialoge sehr wichtig sind.
Wenn sich Ihnen jemand vorstellt, sagen Sie ‚memnun oldum‘ (hat mich gefreut, vgl. S.1), oder in der längeren und höflicheren Form ‚tanıştığımıza memnun oldum‘ (hat mich gefreut, Sie kennenzulernen, vgl. D 1). Wenn Sie eine andere Person vorstellen, sagen Sie einfach ‚tanıştırayım‘ (darf ich vorstellen, ich stelle vor; vgl. D 1). Auch diese Formeln lernen Sie vorläufig als feststehende Ausdrücke.

2. Personalpronomen (Şahıs Zamirleri)

Die Personalpronomen lauten im Türkischen:

ben	ich
sen	du
o	er, sie, es
biz	wir
siz	ihr, Sie
onlar	sie

Merken Sie: * Die 3. Pers. Sing. ist zugleich er, sie und es, da es im Türkischen kein grammatisches Geschlecht gibt (vgl. Einführungslektion).
* Die 2. Pers. Plur. ist zugleich die höfliche Anredeform (Sie) wie im Französischen.

Bei der Konjugation werden aber die Personalpronomen in der Regel weggelassen, da die Person durch die Personalendungen (şahıs ekleri) ausgedrückt wird.

Personalpronomen werden dann benutzt,

a) wenn sie betont werden müssen;
b) wenn es sich um zwei verschiedene Personen und Tätigkeiten handelt, dann als Gegenüberstellung:
   sen Türksün, ben Almanım
   Du bist Türke, ich bin Deutscher;
c) Bei der Benutzung der Partikel ‚de' (s. unten 5):
   ben de
   ich auch.

3. Entsprechung des Hilfsverbs ‚sein'

3.1. Aussageform

Im heutigen Türkischen gibt es keinen Infinitiv, der dem deutschen Hilfsverb ‚sein' entspricht. Die ursprüngliche Form ‚imek' (sein) existiert im heutigen Sprachgebrauch nicht.
Das Hilfsverb ‚sein' wird durch Personalendungen ausgedrückt, die der großen Vokalharmonie unterliegen und unbetont sind.

Konjugationsschema:

nach e oder i:

öğretmen*im*	ich bin Lehrer
ögretmen*sin*	du bist Lehrer
öğretmen	er ist Lehrer (sie ist Lehererin)
öğretmen*iz*	wir sind Lehrer
öğretmen*siniz*	ihr seid Lehrer (Sie sind Lehrer, Lehrerin)
öğretmen(*ler*)	sie sind Lehrer

nach a oder ı:

Alman*ım*	ich bin Deutsche (Deutscher)
Alman*sın*	du bist Deutsche (Deutscher)
Alman	er ist Deutscher (sie ist Deutsche)
Alman*ız*	wir sind Deutsche
Alman*sınız*	ihr seid Deutsche (Sie sind Deutsche, Deutscher)
Alman(*lar*)	sie sind Deutsche

nach ö oder ü:

Türk*üm*	ich bin Türke (Türkin)
Türk*sün*	du bist Türke (Türkin)
Türk	er ist Türke (sie ist Türkin)
Türk*üz*	wir sind Türken
Türk*sünüz*	ihr seid Türken (Sie sind Türke, Türkin)
Türk(*ler*)	sie sind Türken

nach o oder u:

doktor*um*	ich bin Arzt (Ärztin)
doktor*sun*	du bist Arzt (Ärztin)
doktor	er ist Arzt (sie ist Ärztin)
doktor*uz*	wir sind Ärzte
doktor*sunuz*	ihr seid Ärzte (Sie sind Arzt, Ärztin)
doktor(*lar*)	sie sind Ärzte

Jetzt erkennen Sie auch die Formen, mit denen Grußwörter wie ‚nasılsın(ız)' und ‚iyiyim' gebildet sind. Im Türkischen fragt man für ‚wie geht es dir/Ihnen' ‚wie bist du/sind Sie': nasıl*sın*, nasıl*sınız* (nasıl: wie) und für ‚es geht mir gut' sagt man ‚ich bin gut': iyi-y-*im* (iyi: gut).

Merken Sie:

* Wie in diesem Beispiel (‚iyi-y-im') wird ‚y' als Füllkonsonant (kaynaştırma harfi) eingeschoben, wenn das Bezugswort einen vokalischen Auslaut hat und die Endung auch vokalisch ist. Diese Regel ist allgemein gültig (auch bei der Deklination); bei der Entsprechung vom Hilfsverb ‚sein' ist dies bei der 1. Pers. im Singular und Plural der Fall:

evli-*y*-im	evli-*y*-iz
ich bin verheiratet	wir sind verheiratet

* Die stimmlosen Konsonanten ç, k, p und (mit Vorbehalt) t werden zu c, ğ, b und d, wenn eine vokalische Endung angehängt wird, z. B.: çocu*k* (Kind), çocu*ğ*um: ich bin (ein) Kind. Bei Personennamen (und eigentlich auch Nationalitätsbezeichnungen, da diese auch als Eigennamen gelten, aber hier wird die Regel nicht so streng beachtet) wird die Personalendung durch einen Apostroph getrennt, und die Konsonanten ç, k, p, t verändern sich nicht in der Orthographie, werden aber weich ausgesprochen:

Boğaç'ım (gesprochen: Boğacım): ich bin Boğaç
Arap'ım (gesprochen: Arabım): ich bin Araber
Ahmet'im (gesprochen: Ahmedim): ich bin Ahmet

Bei einsilbigen Wörtern jedoch trifft diese Regel nicht zu (vgl. Einführungslektion):

Tür*k*üm (od. Türk'üm)
ich bin Türke

Sepp'im
ich bin Sepp

açım
ich bin hungrig

tokum
ich bin satt

*Bei der 3. Pers. Plural fällt die Personalendung meistens aus, wenn das Subjekt bereits im Plural steht:

Çocuklar çalışkan.
Die Kinder sind fleißig.

Auch dann, wenn das Subjekt als Personalpronomen im Plural ist:

Onlar çalışkan.
Sie sind fleißig.

Aber wenn kein Subjekt oder Personalpronomen als Subjekt vorhanden ist, muß die Personalendung, die in dem Fall identisch mit dem Pluralsuffix (‚-ler', ‚-lar') ist, angeführt werden:

Çalışkan*lar*.
Sie sind fleißig.

Die unterschiedlichen Strukturen ‚Onlar çalışkan' und ‚çalışkanlar' sind sinngemäß identisch.

Aufgabe: Machen Sie Übung 1!

3.2. Frage, Bejahung, Verneinung

Sie kennen bereits die Fragepartikel ‚mi'. Sie wird vom Bezugswort getrennt, aber mit der angefügten Personalendung zusammengeschrieben:

Türk müsün?	Alman mısınız?
Bist du Türke?	Sind Sie Deutsche(r)?

Konjugationsschema:

öğretmen miyim?
öğretmen misin?
öğretmen mi?
öğretmen miyiz?

öğretmen misiniz?
öğretmenler mi? (oder: onlar öğretmen mi?)

Alman mıyım?
Alman mısın?
Alman mı?
Alman mıyız?
Alman mısınız?
Almanlar mı? (od. onlar Alman mı ?)

Türk müyüm?
Türk müsün?
Türk mü?
Türk müyüz?
Türk müsünüz?
Türkler mi? (od. onlar Türk mü?)

doktor muyum?
doktor musun?
doktor mu?
doktor muyuz?
doktor musunuz?
doktorlar mı? (od. onlar doktor mu?)

Die positive Antwort auf diese Fragen kennen Sie bereits:

Evet, Almanım.	Evet, Türküm.
Ja, ich bin Deutscher.	Ja, ich bin Türke.

Bei der Verneinung brauchen wir wieder das Verneinungswort ‚değil'. Die Personalendung wird an ‚değil' angehängt; sie bildet immer das letzte Satzglied:

Alman değil*im*.	Türk değil*im*.
Ich bin nicht Deutsche(r).	Ich bin nicht Türke (Türkin).

Da die Personalendung in der Verneinung immer nach ‚değil' steht (der letzte Vokal ist ‚i'), ist sie vokalharmonisch bedingt konstant:

… değilim	ich bin nicht …
… değilsin	du bist nicht …
… değil	er (sie, es) ist nicht …
… değiliz	wir sind nicht …
… değilsiniz	ihr seid (Sie sind) nicht …
… değiller	sie sind nicht …

Um Endungen gleicher Art innerhalb eines Satzes zu vermeiden, kann die Personalendung an ‚değil' wegfallen, wie z. B. in dem Satz ‚Ankaralı değil, Samsunluyum' (statt ‚Ankaralı değilim', vgl. S/Ü c).

Aufgabe: Machen Sie Übung 2!

3.3. nicht wahr?

In Übung 3 begegnen Sie der Frage ‚değil mi?' (nicht wahr?, wörtlich: ist es nicht?)

Türksün, değil mi?
Du bist Türke, nicht wahr?

Aufgabe: Machen Sie Übung 3!

3.4. Verneinende Frage

Mit der Form ‚değil mi' können Sie auch verneinende Fragen konstruieren:

Ali Türk değil mi?
Ist Ali nicht Türke?
aber: Ali Türk, değil mi?
Ali ist Türke, nicht wahr?

Konjugationsschema:

… değil miyim?	bin ich nicht …

... değil misin?	bist du nicht ...
... değil mi?	ist er (sie, es) nicht ...
... değil miyiz?	sind wir nicht ...
... değil misiniz?	seid ihr (sind Sie) nicht ...
... değiller mi?	sind sie nicht ...

Aufgabe: Machen Sie Übung 5!

4. Das Fragewort ‚nereli'

Im Türkischen gibt es ein Fragewort ‚nere' (wörtlich: welcher Ort), an das verschiedene Endungen angefügt und dadurch Fragewörter wie ‚woher' (s. Lektion 5) ‚wohin' (s. Lektion 6) usw. abgeleitet werden. In dieser Lektion lernen Sie die Endung ‚-li', die an das Fragestammwort ‚nere-' angehängt, nach dem Heimatort fragt:

‚nereli' heißt also ‚woher stammend'.

Wenn man jemanden fragen will, woher er kommt, wo sein Heimatort ist, braucht man das Fragewort ‚nereli' mit der betreffenden Personalendung:

nereli*sin*:	woher kommst (stammst) du?
nereli*siniz*:	woher kommen (stammen) Sie?

Die Endung ‚-li', die im Deutschen der Endung ‚-er' bei einer Stadtangehörigkeit (z.B. Münih*li*: Münchn*er*) entspricht, unterliegt der großen Vokalharmonie:

	Nere*li*sin?	
nach e oder i:	İzmir*li*yim	(ich bin aus İzmir)
nach a oder ı:	Ankara*lı*yım	(ich bin aus Ankara)
nach ö oder ü:	Köln*lü*yüm	(ich bin aus Köln, ich bin Kölner)
nach o oder u:	Augsburg*lu*yum	(ich bin aus Augsburg, ich bin Augsburger).

Aufgabe: Lesen Sie T und spielen Sie mit Ihrem Lernpartner die Dialoge S 1, S 2 und D 1; machen Sie die Übungen 6 ,7, S/Ü a, S/Ü c, B/Ü 1,2 und 3!

5. Die Partikel ‚de'

Im Grunde kennen Sie die Partikel ‚de' auch schon. In dem Satz ‚ben de iyiyim' (es geht mir auch gut, wörtlich: ich bin auch gut) haben Sie sie oft benutzt.
Die Partikel ‚de' bedeutet ‚auch', unterliegt der kleinen Vokalharmonie (hat also noch die Variante ‚da'), wird dem Bezugswort nachgestellt und nicht mit ihm zusammengeschrieben, sie ist unbetont.
Die veraltete Form ‚dahi' (ben dahi: ich auch) beherrschen Sie nur passiv.

Aufgabe: Machen Sie Übung 4!

6. ... ne demek?

In Lektion 1 haben Sie gelernt, ‚was ist das?' zu fragen, nun können Sie auch nach Sachen mit ‚was heißt das auf Türkisch?' fragen: Türkçe bu ne demek?
Sie können auch ‚bu' (das) mit einem Bezugswort austauschen, z. B.: Türkçe Schrank ne demek? (Was heißt ‚Schrank' auf Türkisch?)
Oder: Almanca dolap ne demek? (Was heißt dolap auf Deutsch?)
Bei der Antwort bildet ‚demek' das letzte Satzglied:
Türkçe ‚Schrank' dolap demek. (Schrank heißt auf Türkisch ‚dolap'.)

Aufgabe: Spielen Sie mit Ihrem Lernpartner den Dialog D 2 und machen Sie S/Ü b!

7. Anredetitel und Anwendung der Anredeformen „du" und „Sie"

7.1. Anredetitel

Die Anrede mit dem Familiennamen ist im Türkischen relativ selten, sie wird hauptsächlich als offizielle Briefanrede und bei Anschriften gebraucht. In der Regel wird die Anrede mit dem Vornamen benutzt, selbst wenn man sich siezt.
Die Anrede mit dem Nachnamen wird wie im Deutschen dem Familiennamen vorangestellt:

Bayan Ersoy	Frau Ersoy
Bay Gürpınar	Herr Gürpınar.

Die Anrede mit dem Vornamen wird dem Vornamen nachgestellt:

Arzu Hanım	Frau Arzu
Metin Bey	Herr Metin

Diese Anredetitel können auch mit Berufsbezeichnungen gebraucht werden: Doktor Bey (Herr Doktor), Doktor Hanım (Frau Doktor).
Wenn man den Vornamen nicht kennt, benutzt man die höflichen Anredeformen für Damen ‚hanımefendi' (gnädige Frau, klingt aber nicht so förmlich wie im Deutschen, ist etwa wie die Anrede ‚Madame' im Französischen), für Herren ‚beyefendi' (gnädiger Herr, aber nicht so förmlich wie im Deutschen, sondern etwa wie ‚Sir' im Englischen).
Die höfliche Anrede ‚efendim' ist geschlechtslos, wird also sowohl für Damen als auch für Herren benutzt.
Für ‚Fräulein' gibt es keine spezielle Anrede im Türkischen.
Als Briefanrede und bei Anschriften benutzt man ebenfalls ‚bayan', mit dem Vornamen ‚hanım', ohne Namen kann die höfliche Anredeform ‚küçük hanım' (kleine Dame) benutzt werden.
Üblich ist auch die Bezeichnung ‚sayın' (geehrt, verehrt) als Anrede oder wenn man in der 3. Pers. von jemandem spricht:

Sayın Profesör (verehrter Herr Professor), ‚sayın meslektaşlar' (verehrte Kollegen) usw.
Die höfliche Anrede einer Gruppe (‚meine Damen und Herren') lautet: Bayanlar, baylar ...

7.2. Bezeichnungen für Menschen

Für ‚Mann' gibt es zwei Bezeichnungen:
‚erkek' (drückt stärker das Geschlecht aus) und ‚adam' (drückt eher den Menschen aus).
Für ‚Frau' gibt es den Ausdruck ‚kadın', der das Geschlecht angibt, während ‚hanım' (Dame) auch die Anredeform ist.
Den Ausdruck ‚çocuk' für ‚Kind' kennen Sie bereits. Wenn man betonen will, daß es sich um ein männliches Kind (Junge, Bub, Knabe) handelt, sagt man ‚erkek çocuk'; das weibliche Kind (Mädchen) ist ‚kız' oder ‚kız çocuk'.
Der Oberbegriff (Mensch) ist ‚insan' (Leute: insanlar).

7.3. Anwendung der Anredeformen „du" und „Sie"

In der Türkei wird in Städten vorwiegend die ‚Sie'-Form benutzt. Die Anrede mit ‚du' ist unter Freunden üblich. Gleichaltrige und Gleichgestellte duzen sich nur dann, wenn sie sich länger kennen oder die ‚Du'-Form für angebracht halten.
Ältere Leute duzen oft jüngere. Auch Bedienstete werden von sozial bessergestellten Menschen manchmal geduzt.
Die Mitglieder einer Familie duzen sich in der Regel. Obwohl es immer seltener begegnet, gibt es aber immer noch Familien, in denen sich die Eheleute oder die Kinder ihre Eltern und älteren Geschwister siezen.
In vielen ländlichen Gebieten wird nur die ‚Du'-Form benutzt, was keineswegs ein Zeichen der Respektlosigkeit ist, denn im Sprachgebrauch mancher Regionen ist die ‚Sie'-Form nicht bekannt.

8. Grammatik zum Weiterlernen

8.1. Der 2. Pers. Plur. kann die Mehrzahlendung angefügt werden: siz*ler*, um die Unterscheidung zwischen der 2. Pers. Plur. und der höflichen Form zu zeigen. ‚Sizler' kann aber auch ‚ihr alle' heißen. In Anlehnung an ‚sizler wird manchmal auch die 1. Pers. Plur. (biz) in Plural gesetzt: biz*ler* (wir alle).

8.2. Wenn man die Entsprechung vom Hilfsverb ‚sein' ohne ein Bezugswort wiedergibt, z. B. ‚ich bin's', ‚du bist's' usw., wird die Personalendung an das Personalpronomen angehängt:

benim, sensin …

8.3. Bei Betonung (z. B.: Ahmet, der bin ich) wird das Personalpronomen mit der Personalendung dem Vornamen nachgestellt:
Ahmet benim!

Auch als Fragesatz:
Doktor siz misiniz? (Sind Sie der Arzt?)
aber: Doktor musunuz? (Sind Sie Arzt?)

8.4. Wenn Sie sich vorstellen oder am Telefon melden, benutzen Sie das Personalpronomen, aber nicht die Personalendung: Ben, Ahmet: Ich bin der Ahmet, oder: hier ist Ahmet.

Mit grammatischen Formen, die Sie bereits kennen, gibt es häufig gebrauchte Ausdrücke in der Umgangssprache. Finden Sie sie im Aufbauwortschatz und lernen Sie sie!

2 Wörterkiste

W 1

aç	hungrig
adam	Mann (s. C.7.)
adım ...	mein Name ist ...
adın ne?	wie heißt du?
adınız ne?	wie heißen Sie?
Alman	Deutsche(r)
Ankaralı	aus Ankara (stammend)
Arap	Araber
arkadaş	Freund(in)
Augsburglu	aus Augsburg (stammend), Augsburger
avukat	Rechtsanwalt
bay	Herr (s. C.7.)
bayan	Frau (s. C.7.)
bayanlar, baylar	meine Damen und Herren
bekâr	ledig
ben (de)	ich (auch)
ben de memnun oldum	hat mich auch gefreut
bey	Herr (s. C.7.)
beyefendi	s. C.7.
bir kere daha	noch einmal
biz	wir
çalışkan	fleißig
çocuk	Kind
dahi (Altw.)	auch
de	auch
değil mi?	nicht wahr?
deli	verrückt
doktor	Arzt
efendim	s. C.7.
efendim?	wie bitte?
erkek	Mann (s. C.7.)
erkek çocuk	Junge, Knabe (s. C.7.)
Erzurumlu	aus Erzurum (stammend)
evli	verheiratet
hanım	Frau, Dame (s. C. 7.)
hanımefendi	s. C.7.
hasta	krank
insan	Mensch
insanlar	Leute
ismim ...	mein Name ist ...
ismin ne?	wie heißt du?
isminiz ne?	wie heißen Sie?
işsiz	arbeitslos
İzmirli	aus İzmir (stammend)
kadın	Frau (s. C.7.)
Karslı	aus Kars (stammend)
kız (çocuk)	Mädchen
Kölnlü	aus Köln (stammend), Kölner
küçük hanım	Anrede für Fräulein (s. C.7.)
lütfen	bitte
memnun oldum	hat mich gefreut
meslektaş	Kollege
... ne demek?	was heißt ...?
nereli	woher stammend (s. C.4.)
nerelisin?	woher kommst du?
nerelisiniz?	woher kommen Sie?
nişanlı	verlobt
o	er, sie, es
onlar	sie (Plural)
öğrenci	Schüler(in), Student(in)
öğretmen	Lehrer(in)
polis	Polizist

profesör	Professor(in)	tanıştığımıza memnun oldum	hat mich gefreut, Sie kennenzulernen
sayın	verehrt, geehrt	tanıştırayım	darf ich vorstellen
selam	Gruß, (hier:) Hallo, Servus	tembel	faul
sen	du	tok	satt
siz	ihr; Sie	Türk	Türke, Türkin
şoför	Fahrer	üzgün	traurig
tamam	in Ordnung, alles klar	yorgun	müde

W 2 (grammatische Termini)

kaynaştırma harfi	Füll-, Bindekonsonant	şahıs ekleri	Personalendungen
		şahıs zamirleri	Personalpronomen

W 3 (Aufbauwortschatz)

öyle mi?	so?	üzgünüm	es tut mir leid (auch wörtlich: ich bin traurig)
sahi mi?	wirklich?, echt?		

3

Lektion 3: Sende Kitap Var mı?

Grammatik:

1. Der Lokativ (Fragewörter: nerede, kimde)
2. Grundzahlen
3. Das Alter
4. Noch einmal zum Plural (Fragewörter: kaç, kaç tane)
5. Die Strukturwörter ‚var' und ‚yok'
6. Entsprechung für das Hilfsverb ‚haben'

Sprechsituationen:

1. Den Standort von Sachen und Personen erfragen und angeben
2. Angaben zur eigenen Person und zu anderen Personen mit dem Alter erweitern
3. Besitzverhältnisse ausdrücken

Aufbauwortschatz:

Entsprechungen für ‚Entschuldigung' und ‚bitte'

3 A

T

Şimdi Arzu Hanım okulda, Metin Bey büroda. Baba da büroda, anne mutfakta, çocuklar bahçede. Ferdi ve Sinan üniversitede. Sabine sınıfta. Ayşe evde, Mehmet fabrikada. Semra komşuda. Gençler sinemada. Nuray doktorda. Selim Türkiye'de. Oya ise Ulm'da.

S 1

a) Defter nerede ?
Defter burada.
Kalem nerede ?
Kalem şurada.
Çanta nerede ?
Çanta orada.

b) Ayşe nerede ?
Ayşe evde.
Mehmet nerede ?
Mehmet fabrikada.
Öğrenciler nerede ?
Onlar üniversitede.
Profesör nerede ?
O da üniversitede.

c) Bugün evde misiniz ?
Hayır, bugün evde değilim, Ayşe'deyim.
Ya siz ?
Ben bugün evdeyim, yarın bürodayım.

S 2

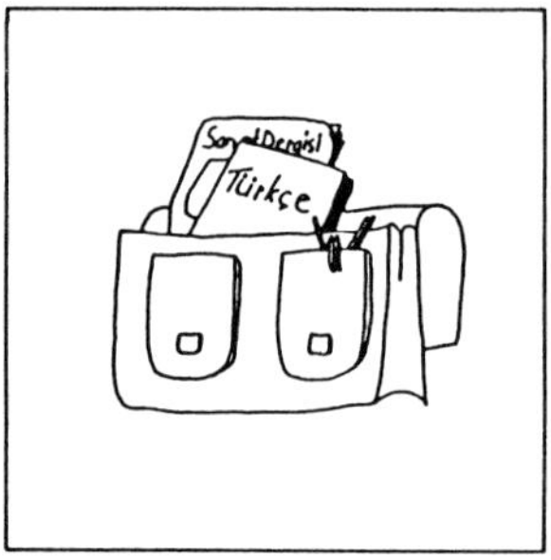

Kitap nerede ?
Kitap çantada.
Çantada başka neler var ?
Beş tane kalem, iki tane silgi, üç tane kalemtıraş ve dört tane dergi var.
Çantada kaç tane cetvel var ?
Çantada cetvel yok.

D 1

a) Kaç yaşındasın, Sinan ?
Yirmi iki yaşındayım.
Arzu Hanım kaç yaşında ?
Arzu Hanım otuz üç yaşında.

b) Kaç yaşındasınız, Metin Bey ?
Kırk dört yaşındayım, efendim. Ya siz ?
Ben yirmi dokuz yaşındayım.

c) Sinan, derste kaç kişisiniz ?
On altı kişiyiz.
Metin Bey, büroda kaç kişisiniz ?
Dört kişiyiz.
Arzu Hanım, sınıfta kaç kişisiniz ?
Yirmi kişiyiz, on dokuz öğrenci ve ben.

D 2

a) Sende kitap var mı?
Evet, bende kitap var. Sende para var mı ?
Maalesef bende para yok.
Ne ? Sende para yok mu ?

b) Türkçe kitabı sende mi ?
Evet, Türkçe kitabı bende. Defter sende mi ?
Hayır, defter bende değil.
Defter kimde ?
Her halde Sabine'de.

Karikatur (karikatür)

(aus: Hürriyet)

3 B

Ü 1 (sen)/nerede- ev: Neredesin? – Evdeyim

1. (siz)/nerede-okul
2. çocuklar/nerede-sinema
3. Nuray/nerede-doktor
4. (sen)/nerede-büro
5. (biz)/nerede-üniversite
6. Yaşar/nerede-Bremen
7. Hans/nerede-Erzurum
8. (biz)/nerede-Almanya
9. Bayan Özer/nerede-Türkiye
10. (siz)/nerede-bahçe

Ü 2 Sagen Sie bitte die Telefonnummern auf türkisch!

22 48 35	46 39 07	35 29 63	51 83 57
59 14 02	71 44 98	67 12 55	
33 51 03	82 90 06	59 87 26	

Ü 3 (sen)-kaç yaşında (24): Kaç yaşındasın ?
Yirmi dört yaşındayım.

1. (siz)-kaç yaşında (36)
2. Akın-kaç yaşında (18)
3. çocuklar-kaç yaşında (9)
4. baba-kaç yaşında (52)
5. anne-kaç yaşında (48)
6. (sen)-kaç yaşında (25)
7. Semra-kaç yaşında (35)
8. Sabine-kaç yaşında (21)

Ü 4 **ders-kaç kişi (28): Derste kaç kişisiniz ?**
Yirmi sekiz kişiyiz.

1. sınıf-kaç kişi (15)
2. kurs-kaç kişi (21)
3. ev-kaç kişi (5)
4. okul-kaç kişi (750)
5. büro-kaç kişi (6)
6. fabrika-kaç kişi (580)

Ü 5 **Beantworten Sie die Fragen zum Text und zu den Dialogen:**

1. Çantada kaç tane kalemtıraş var ?
2. Şimdi Metin Bey nerede ?
3. Semra nerede ?
4. Ferdi ve Sinan nerede ?
5. Şimdi siz neredesiniz ?
6. Arzu Hanım kaç yaşında ?
7. Sinan kaç yaşında ?
8. Siz kaç yaşındasınız ?

Ü 6 **siz-para/var-yok: Sizde para var mı ?**
Evet, bende para var.
Hayır, bende para yok.

1. sen-kitap/var-yok
2. Nihat-bisiklet/var-yok
3. Semra-domates/var-yok
4. anne-ekmek/var-yok
5. siz-çakmak/var-yok
6. Nuri-sigara/var-yok
7. çocuklar-top/var-yok
8. sen-kalem/var-yok
9. Sinan/-televizyon/var-yok
10. biz-radyo/var-yok

Ü 7 Geben Sie jeweils die deutsche oder türkische Entsprechung an!

1. Hast du eine Tasche ?
2. Haben Sie den Bleistiftspitzer ?
3. Bugün evde misiniz ?
4. Profesör bugün üniversitede değil.
5. Wer hat das Fahrrad ?
6. Die Kinder sind jetzt im Kino.
7. Sabine yarın üniversitede.
8. Seid ihr morgen nicht im Büro ?
9. Im Schrank gibt es eine Tasche.
10. Çanta dolapta.

Ü 8 Welche Antwort paßt zu welcher Frage ?
(A:1, B: ? ...)

A. Ayşe bugün nerede ?
B. Çantada ne var ?
C. Selim Türkiye'de mi ?
D. Kaç yaşındasın ?
E. Nerelisiniz ?
F. Bugün neredesiniz ?
G. Baba şimdi nerede ?
H. Gazete sende mi ?

1. Ayşe bugün evde.
2. Baba şimdi büroda.
3. Bugün okuldayım.
4. Sivaslıyım.
5. Evet, gazete bende.
6. Yirmi dört yaşındayım.
7. Evet, Selim Türkiye'de.
8. Çantada beş tane silgi var.

S/Ü Spielen Sie mit Ihrem Lernpartner einen Dialog und benutzen Sie die Alternativantworten!

a)

Yarın evde misin? → Evet, yarın evdeyim.
→ Hayır, yarın evde değilim (yokum).
→ Yarın mı? Yarın her halde bürodayım.

b)

Sende kalem var mı? → Evet, bende kalem var.
→ Hayır, bende kalem yok.
→ Maalesef, bende kalem yok.

c)

Sözlük sende mi? → Evet, sözlük bende.
→ Hayır, sözlük bende değil.
→ Sözlük bende değil, Karl'da.

B/Ü

1. **Fragen Sie Ihren Lernpartner, wo sich diese Personen befinden. Hören Sie seine Antworten und lassen Sie sich dann von ihm befragen!**

2. Fragen Sie Ihren Lernpartner, was sich alles in der Tasche, auf dem Tisch usw. befindet. Hören Sie seine Antworten und lassen Sie sich dann von ihm befragen!

3. Fragen Sie Ihren Lernpartner, ob diese Personen die in der mittleren Spalte abgebildeten Sachen besitzen oder nicht! Bei Pluszeichen erwarten Sie eine positive, bei Minuszeichen eine negative Antwort. Dann lassen Sie sich von ihm befragen!

		+
		—
		—
		+
	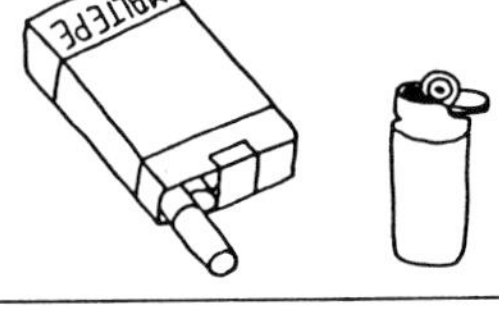	—

3 c

1. Der Lokativ (de-hali: kalma durumu)

Der Lokativ, die Ortsform, die im Deutschen mit verschiedenen Verhältniswörtern wie ‚in' (in der Tasche), ‚auf' (auf dem Tisch), ‚zu' (zu Hause), ‚an' (an Weihnachten) usw. ausgedrückt wird, ist im Türkischen viel einheitlicher.
Die Lokativ(Orts-)endung lautet ‚-de', unterliegt der kleinen Vokalharmonie (Variante: ‚-da') und ist betont:

ev*de*	okul*da*
zu Hause	in der Schule

Nach Eigennamen mit Apostroph:

İzmir'*de*	Ankara'*da*
in Izmir	in Ankara

auch bei Personennamen:

Ali'*de*	Fatma'*da*
bei Ali	bei Fatma

Nach stimmlosen Konsonanten (vgl. Einführungslektion, S. XXIX) im Auslaut wird ‚d' in der Regel zu ‚t', und die Lokativendung lautet: ‚-te' oder „-ta':

Münih'*te*	Kars'*ta*
in München	in Kars

Das entsprechende Fragewort (wo) ist ‚nerede'; wichtige Ortsadverbien sind ‚burada' (hier), „şurada' (dort, da) und ‚orada' (dort, größere Entfernung), die sich von Demonstrativpronomen ‚bu-şu-o' (vgl. 1. Lektion) ableiten: Neredesin? (Wo bist du?) – Buradayım. (Ich bin hier.)
Beim Fragewort ‚nerede' und den Ortsadverbien ‚burada-şurada-orada' ist jeweils die erste Silbe betont.

Bei der gesprochenen Sprache fallen die mittleren Vokale weg. Man schreibt zwar ‚nerede', ‚burada', ‚şurada', ‚orada', aber man spricht ‚nerde', ‚burda', ‚şurda' und ‚orda'.
Die Lokativendung kann auch an das Fragewort ‚kim' (wer) angehängt werden: kimde (bei wem?)
Den Unterschied zwischen der Lokativendung und der Partikel ‚de' (vgl. Lektion 2) können Sie sich leicht merken: Die Ortsendung wird mit dem Bezugswort zusammengeschrieben und betont, die Partikel ‚de' wird vom Bezugswort getrennt geschrieben und ist unbetont:

Ali de evde: Ali ist auch zu Hause.

Merken Sie:

* Bei deutschen Städtenamen mit g-Auslaut klingt das ‚g' in der Aussprache wie ‚k', also stimmlos. Deshalb heißt es in der türkischen Aussprache ‚Augsburg'ta', ‚Hamburg'ta' usw. In der Orthographie begegnen beide Formen: Augsburg'da – Augsburg'ta. Das gleiche gilt auch bei deutschen Ortsnamen mit d-Auslaut: Dortmund'da – Dortmund'ta.

Aufgabe: Lesen Sie T und versuchen Sie mit Hilfe der ‚Wörterkiste' ihn zu verstehen. Spielen Sie mit Ihrem Lernpartner den Dialog S 1 a, auch auf Deutsch!

Reihenfolge der Endungen:

Die Personalendung bildet stets das letzte Satzglied. Sie wird der Fallendung angefügt:

ev-de-y-im: ich bin zu Hause; okul-da-sın: Du bist in der Schule usw.

Personalendung

Füllkonsonant

Fallendung (hier Lokativ)

Bezugswort

Bei der Mehrzahl wird die Pluralendung der Fallendung vorangestellt:

ev-ler-de: in den Häusern; ev-ler-de-sin: du bist in den Häusern

Aufgabe: Spielen Sie mit Ihrem Lernpartner die Dialoge S 1 b und c, auch auf Deutsch! Machen Sie Übung 1 und B/Ü 1.

2. Grundzahlen (asal sayılar)

Das System der Grundzahlen ist im Türkischen leicht zu lernen. Sie müssen nur von 1 bis 10 und von 10 bis 100 zehn und zehn auswendiglernen. Die übrigen Zahlen können Sie dann selber ableiten:

0	sıfır				
1	bir	11	on bir	20	yirmi
2	iki	12	on iki	21	yirmi bir
3	üç	⋮		⋮	
4	dört	19	on dokuz	29	yirmi dokuz
5	beş			⋮	
6	altı			30	otuz
7	yedi			⋮	
8	sekiz			35	otuz beş
9	dokuz			⋮	
10	on			40	kırk
50	elli	101	yüz bir	300	üç yüz
60	altmış	⋮		⋮	
70	yetmiş	150	yüz elli	400	dört yüz
80	seksen	⋮		⋮	
90	doksan	195	yüz doksan beş		
100	yüz	⋮			
		200	iki yüz	1000	bin
				1000.000	milyon

Die größere Zahl wird immer zuerst genannt, man sagt also z. B. nicht fünfzehn, sondern ‚zehnfünf': on beş.

Merken Sie:

* Die Zahlwörter werden im Türkischen – im Gegensatz zum Deutschen – getrennt geschrieben: on bir (11), iki yüz (200) usw.
* Man sagt im Türkischen nie ‚ein hundert' oder ‚ein tausend', sondern nur ‚hundert' (yüz) und ‚tausend' (bin), doch aber ‚eine Million': bir milyon.
* Im Türkischen ist es nicht üblich ‚neunzehnhundert …' zu sagen, man sagt immer ‚eintausendneunhundert …', z. B.: 1985 (bin dokuz yüz seksen beş).

Aufgabe: Machen Sie Übung 2!

3. Das Alter

Nun können Sie die Angaben zur eigenen Person und zu anderen Personen mit dem Alter erweitern.

Sie fragen:
Kaç yaşındasın: Wie alt bist du? Kaç yaşındasınız: Wie alt sind Sie?

Bei der Antwort wird zuerst die Zahl genannt, die Personalendung wird an die Konstruktion ‚yaşında' (wörtlich: im Alter von) angehängt:

25 (yirmi beş) yaşındayım: Ich bin 25 Jahre alt.

Mit Zahlwörtern können Sie auch weitere Sätze bilden, z. B.:

Derste kaç kişisiniz?	On altı kişiyiz.
Wieviel Personen seid ihr im Unterricht?	Wir sind sechzehn Personen.

Aufgabe: Spielen Sie mit Ihrem Lernpartner die Dialoge D 1 a, b und c, auch auf Deutsch! Machen Sie die Übungen 3 und 4!

4. Noch einmal zum Plural

Die Pluralendung ‚-ler/-lar' fällt aus, wenn ein Zahlwort (sayı sıfatı) vor dem Bezugswort steht, z. B.:

beş kitap (fünf Buch, statt fünf Bücher).

Dies gilt auch für das Fragewort ‚kaç' (wieviel):

kaç kitap? (wieviel Buch, statt Bücher).

Als Ersatz für die fehlende Mehrzahlendung benutzt man im Türkischen oft das Wort ‚tane' (Stück):

beş tane kitap: fünf Bücher (wörtlich: fünf Stück Buch).

Auch das Fragewort ‚kaç' wird dementsprechend erweitert:

kaç tane: wieviel (wörtlich: wieviel Stück; benutzt wird dieses Fragewort für zählbare Dinge, vgl. Lektion 5).

Merken Sie:

* Auch die Fragewörter ‚ne' (was) und ‚kim' (wer) können in den Plural gesetzt werden: neler (etwa: was alles), kimler (etwa: wer alles?).
* Darüber hinaus kann das Pluralsuffix auch Vornamen angefügt werden: Ahmet'ler (Ahmet und seine Angehörigen, Ahmet und seine Familie). Dies ist zwar auch im Deutschen üblich, aber nur bei Familiennamen, z. B. in einem Satz wie ‚Wir haben gestern die Meyers besucht'. Trotz Zahlwörtern wird die Pluralendung nur in seltenen Fällen angefügt, z. B. im Titel von einigen berühmten Märchen und Sagen (Ali Baba ve Kırk Harami*ler*: Ali Baba und die 40 Räuber) oder bei wenigen Ortsnamen (Beş Ev*ler*: Ort bei Ankara).

5. Die Strukturwörter ‚var' und ‚yok'

Im Türkischen gibt es zwei wichtige Strukturwörter: var und yok.
‚var': es gibt, es ist vorhanden, es existiert
‚yok': es gibt nicht, es ist nicht vorhanden, es existiert nicht.

Beim Gebrauch von ‚var' und ‚yok' als ‚es gibt' und ‚es gibt nicht' wird im Türkischen – im Gegensatz zum Deutschen – *nicht* der Akkusativ, sondern die Grundform verwendet:

Çantada kalem var: In der Tasche gibt es (ist) ein Stift.

Die Frage ‚was gibt es ...' lautet: ... ne var?

Z. B.: Çantada ne var?
Was gibt es in der Tasche?
Oder mit dem Fragewort im Plural:
Çantada neler var?
Was gibt es alles in der Tasche?

Aufgabe: Spielen Sie mit Ihrem Lernpartner den Dialog S 2, auch auf Deutsch! Machen Sie Übung Ü 5 und B/Ü 2!

Merken Sie:

* Die Angabe, die die Strukturwörter ‚var' und ‚yok' machen, ist stets unbestimmt:

  Masada kitap var (yok).
  Auf dem Tisch gibt es (k)ein Buch.

Oder aber auch: ‚Auf dem Tisch gibt es (keine) Bücher', da das Substantiv im Singular auch den Plural bedeuten kann (vgl. Einführungslektion 3.2.).
Um die Bestimmtheit auszudrücken, ist im Satz eine Umstellung nötig. Das betonte Subjekt bildet dann das erste Satzglied, und das Strukturwort ‚var' fällt aus:

Kitap masada.
Das Buch ist auf dem Tisch.

* Das verneinende Strukturwort ‚yok' wird in der Umgangssprache auch als Synonym für ‚hayır' (nein) gebraucht.

6. Entsprechung des Hilfsverbs ‚haben'

Die Personalpronomen werden wie Substantive dekliniert. Die Lokativendung kann also auch an Personalpronomen angefügt werden:

bende	bei mir
sende	bei dir
onda	bei ihm (ihr)
bizde	bei uns
sizde	bei euch (Ihnen)
onlarda	bei ihnen

Mit dem Personalpronomen im Lokativ und mit dem Strukturwort ‚var' wird das Hilfsverb ‚haben' ausgedrückt:

Bende kitap var. Ich habe ein Buch.
(wörtlich: bei mir gibt es (ist) ein Buch)

Sende para var. Du hast Geld.
(wörtlich: bei dir gibt es (ist) Geld)

Bei der Frageform wird die Fragepartikel dem Strukturwort ‚var' angefügt:

Sende kitap var mı? Hast du ein Buch?
(wörtlich: gibt es (ist) bei dir ein Buch?)

Sizde para var mı? Haben Sie (habt ihr) Geld?
(wörtlich: Gibt es bei Ihnen (euch) Geld?)

positive Antwort:
Evet, bende para var. Ja, ich habe Geld.
(wörtlich: Ja, bei mir gibt es Geld)

negative Antwort:
Hayır, bende para yok. Nein, ich habe kein Geld.
(wörtlich: Nein, bei mir gibt es kein Geld.)

verneindende Frage:
Sizde para yok mu? Haben Sie kein Geld?
(wörtlich: Gibt es bei Ihnen (euch) kein Geld?)

In der gesprochenen Sprache können auch die Personalpronomen im Lokativ wegfallen, und man fragt (vor allem beim Einkaufen) nur mit ‚var mı?', z. B.:

Domates var mı?	Haben Sie (wörtlich: gibt es) Tomaten?

Merken Sie:

* Bei der Entsprechung des Hilfsverbs ‚sein' wird das Verneinungswort ‚değil' gebraucht, bei der Entsprechung vom Hilfsverb ‚haben' lautet das Verneinungswort ‚yok' (vgl. Lektion 4, Verneinungsübersicht).
  aber: Bei Ortsangaben in der Verneinung kann ‚yok' in der Umgangssprache als Synonym für ‚değil' gebraucht werden:

  Evde yokum (statt ‚evde değilim'):
  Ich bin nicht zu Hause (vgl. S/Ü a).

Aufgabe: Spielen Sie mit Ihrem Lernpartner den Dialog D 2 a, auch auf Deutsch! Machen Sie Übung 6 und B/Ü 3!

Bei der Bestimmtheit wird das Vorhandene bzw. Nicht-Vorhandene an den Satzanfang gerückt, und ‚var' oder ‚yok' fallen aus:

Kitap bende. Ich habe das Buch.
(wörtlich: Das Buch ist bei mir).

Vergleichen Sie:

	Kimde para var ?	Wer hat Geld?
aber:	Para kimde?	Wer hat das Geld?

Aufgabe: Spielen Sie mit Ihrem Lernpartner den Dialog D 2 a, auch auf Deutsch! Machen Sie die Übungen 7, 8 und S/Ü a, b und c!

Diese Entsprechung für das Hilfsverb ‚haben' (Personalpronomen im Lokativ ... var/yok) wird für alltägliche Gebrauchsgegenstände gebraucht, sowie für Geld und Lebensmittel. Sie drückt etwa aus ‚etwas bei sich oder dabei haben'. Es gibt auch

eine andere Entsprechung für das Hilfsverb ‚haben', die ohne Einschränkung gebraucht wird und die Sie in der 9. Lektion lernen werden.
In W 4 (Umgangssprachliches) lernen Sie einige Wendungen, die mit den Strukturwörtern ‚var', ‚yok' und mit der Lokativendung gebildet sind. Lernen Sie und gebrauchen Sie sie. Verstehen Sie die Karikatur? Wenn nicht, finden Sie ja die Übersetzung im ‚Schlüssel'. In W 3 (Aufbauwortschatz) finden Sie wichtige Formeln für ‚bitte' und ‚Entschuldigung'. Lernen Sie diese und lernen Sie bitte dazu die in der Umgangssprache sehr häufig gebrauchten Ausdrücke: ‚inşallah' (hoffentlich, hoffen wir's), ‚maşallah' (toi toi toi als Ausruf der Freude oder Bewunderung oder Abwehrformel gegen den bösen Blick), ‚vallahi' (Beteuerungsformel, etwa: ich schwöre, ehrlich, echt) ausgesprochen: valla).

3 Wörterkiste

W 1

anne	Mutter
Almanya	Deutschland
baba	Vater
bahçe	Garten
başka	(hier:) sonst noch, außerdem
bende	s. C.6
bin	tausend
bugün	heute
burada	hier
büro	Büro
cetvel	Lineal
ders	Unterricht
domates	Tomate
ekmek	Brot
ev	Haus, Wohnung
fabrika	Fabrik
gençler (pl)	Jugendliche (pl)
(genç:)	junger Mensch, Jugendliche(r)
her halde	wahrscheinlich
inşallah	hoffentlich (s.a. C.6. unten)
ise	hingegen
iyilik güzellik	s. W 4
kaç (tane)	wieviel
... kaç yaşında?	wie alt (ist) ...
kaç yaşındasın(ız)?	wie alt bist du (sind Sie)?
kalemtıraş	Bleistiftspitzer
karikatür	Karikatur
kimde	s. C.1, C.6
kimler	s. C.4
kişi	Person
komşu	Nachbar
kurs	Kurs
maalesef	leider
maşallah	toi toi toi (s.a. C.6 unten)
milyon	Million
mutfak	Küche
... ne var?	was gibt es ...?
ne var ne yok?	s. W4
neler	was (alles) (s. C.4.)
nerede	wo
okul	Schule
on	zehn
orada	dort
para	Geld
sade sadece	nur
sende	s. C.6
sınıf	Klasse(nzimmer)
silgi	Radiergummi
sinema	Kino
sözlük	Wörterbuch
şimdi	jetzt
şurada	da, dort
tane	Stück
top	Ball
Türkçe kitabı	Türkischbuch
Türkiye	Türkei
üniversite	Universität
vallahi	ich schwöre (s. a. C.6. unten)
var	es gibt, es ist vorhanden (s. C.5.)
yarın	morgen
... yaşında	er (sie) ist ... Jahre alt
... yaşındayım	ich bin ... Jahre alt
yok	es gibt nicht (s.C.5.)
yüz	hundert

W 2 (grammatische Termini)

asal sayılar	Grundzahlen
‚-de' hali kalma durumu	Lokativ, Ortsform
sayı; sayı sıfatı	Zahl; Zahlwort (als Adjektiv)

W 3 (Aufbauwortschatz)

Formeln zur *Entschuldigung:*

Affedersin(iz)!	Entschuldige(n Sie), Entschuldigung!
özür dilerim	ich bitte um Entschuldigung
pardon!	Verzeihung!

Entsprechung für *‚bitte':*

lütfen	bitte (wenn man um etwas bittet)
bir şey değil	nicht zu danken, keine Ursache
rica ederim	ich bitte dich (Sie); s. estağfurullah a, b
buyurun (ausgesprochen: buyrun; Du-Form: buyur)	ja bitte, hier bitte (allgemein höfliche Aufforderung: treten Sie ein, greifen Sie zu usw.)
efendim?	wie bitte? (wenn man etwas nicht verstanden hat)
estağfurullah	a) bitte sehr, keine Ursache (veraltend); b) aber ich bitte doch (Antwort auf rühmende Worte als Selbsterniedrigung)

W 4 (Umgangssprachliches)

ne var ne yok?	etwa: gibt's was neues (wörtlich: was gibt es, was gibt es nicht); umgangssprachliche Formel, mit der man nach dem Befinden fragt. Die formelhafte Antwort darauf lautet:
iyilik güzellik oder iyilik sağlık	etwa: alles bestens (wörtlich: Güte und Schönheit, oder Güte und Gesundheit)
sıra kimde?	wer ist dran? (wörtlich: an wem ist die Reihe)
sıra bende (bizde)	ich bin (wir sind) dran (wörtlich: die Reihe ist an mir/uns)

4

Lektion 4: Peter Türkçe Öğreniyor

Grammatik:

1. Das bestimmte Präsens
2. Der unbestimmte Akkusativ
3. Stellung der Fragepartikel
4. Nationalitäten- und Sprachenbezeichnungen, einige Ländernamen
5. Verneinungsübersicht

(Bindewort: ama; Funktionswort: olarak;
Wortbildungsendung: ‚-ce')

Sprechsituationen:

Gegenwärtige Handlungen beschreiben;

Angaben zur eigenen Person und zu anderen Personen mit dem Wohn- und Arbeitsort und gegebenfalls mit dem Studienfach ergänzen

4 A

T 1

Bu, Peter Ruf. Bay Ruf Bremenli. Münih'te oturuyor ama, Augsburg'ta çalışıyor. Asistan. Nişanlı. Yirmi yedi yaşında. Bunlar Emine ve Hüseyin Yılmaz. Bay ve Bayan Yılmaz Almanya'da işçi olarak çalışıyorlar. Dortmund'da oturuyorlar. Bu, Ünal Akyiğit. Ünal Antalyalı ama, şimdi Augsburg'ta oturuyor. Bekâr, yirmi dört yaşında. Üniversitede pedagoji okuyor. Sabine Huber de Augsburg'ta öğrenci. İktisat okuyor.

S 1

a) Ne yapıyorsun ?
Ben mi ? Mektup yazıyorum.
Ayşegül ne yapıyor ?
Kitap okuyor.

b) Nerede oturuyorsunuz, Peter Bey ?
Münih'te oturuyorum ama, Augsburg'ta çalışıyorum.
Ne iş yapıyorsunuz ?
Üniversitede asistan olarak çalışıyorum.

S 2

Sigara içiyor musun ?
Hayır, sigara içmiyorum.
Rakı içiyor musun ?
Hayır, rakı içmiyorum.
Dans ediyor musun ?
Hayır, dans etmiyorum.
Sen çok aptalsın.
Efendim ? Anlamadım.

T 2

Şu anda evde telefon çalıyor. Ali parkta saz çalıyor; hırsız para çalıyor. Anne mutfakta yemek pişiriyor, baba büroda telefon ediyor, çocuklar odada oturuyor ve televizyon seyrediyor. Gül ütü yapıyor. Gençler müzik dinliyor ve dans ediyor. Nuri rakı içiyor, Süleyman sigara içiyor. Fahri çorba içiyor. Özcan bahçede top oynuyor.

D

a) Türkçe biliyor musunuz ?
Evet, biraz Türkçe biliyorum.
Max Türkçe biliyor mu ?
Evet, Max çok az Türkçe biliyor.
Gisela Türkçe konuşuyor mu ?
Evet, az çok.
Profesör Türkçe konuşuyor mu ?
Bay Weber mi ? O çok iyi Türkçe konuşuyor.

b) Peter Türkçe öğreniyor mu ?
Evet, Peter Türkçe öğreniyor.
Andrea da mı Türkçe öğreniyor ?
Hayır, o Türkçe öğrenmiyor, İtalyanca öğreniyor.
Ayşegül nece öğreniyor ?
O lisan öğrenmiyor.

Karikatur

(aus: Fırt)

4 B

Ü 1 **(sen)- / ne yapmak / mektup yazmak:**
Ne yapıyorsun? – Mektup yazıyorum.

1. Peter / ne yapmak / Türkçe öğrenmek
2. Ayşegül / ne yapmak / kitap okumak
3. Ali / ne yapmak / saz çalmak
4. anne / ne yapmak / yemek pişirmek
5. (siz)- / ne yapmak / televizyon seyretmek
6. Selma / ne yapmak / ütü yapmak
7. gençler / ne yapmak / dans etmek
8. Fahri / ne yapmak / domates almak

Ü 2 **(siz)- / nerede oturmak / Münih:**
Nerede oturuyorsunuz? – Münih'te oturuyorum.

1. Bayan Özer / nerede oturmak / İstanbul
2. Ünal / nerede oturmak / Augsburg
3. (sen)- / nerede oturmak / Zonguldak
4. Kemal Bey / nerede oturmak / Edirne
5. Profesör / nerede oturmak / Göggingen

Ü 3 **(biz)- / oturmak- çalışmak / Münih–Augsburg:**
Münih'te oturuyoruz ama, Augsburg'ta çalışıyoruz.

1. Hüseyin / oturmak-çalışmak / Dortmund–Duisburg
2. (ben)- / oturmak-çalışmak / Üsküdar–Taksim
3. Demir Bey / oturmak-çalışmak / Orhangazi–Bursa
4. (siz)- / oturmak-çalışmak / İzmir–Bornova

Ü 4 (siz)- ne iş yapmak / öğretmen:
Ne iş yapıyorsunuz? – Öğretmenim / Öğretmen olarak çalışıyorum.

1. Metin Bey- ne iş yapmak / avukat
2. (sen)- ne iş yapmak / doktor
3. (siz)- ne iş yapmak / profesör
4. Emine ve Hüseyin Yılmaz- ne iş yapmak / işçi
5. Peter- ne iş yapmak / asistan

Ü 5 Bilden Sie sinnvolle Sätze, z. B.: Öğretmen kitap okuyor.

öğretmen	mektup	çalmak
baba	ekmek	dinlemek
anne	gazete	yazmak
biz	müzik	almak
gençler	saz	okumak
Ali	kitap	içmek
sen	rakı	okumak

Ü 6 baba-rakı içmek / evet-hayır:
Baba rakı içiyor mu ?
Evet, içiyor. / Hayır, içmiyor.

1. Hakan-domates yemek / evet-hayır
2. (siz)-İngilizce konuşmak / evet-hayır
3. (sen)-İtalyanca bilmek / evet-hayır
4. Gül-kitap okumak / evet-hayır
5. Selma-ütü yapmak / evet-hayır
6. (biz)-televizyon seyretmek / evet-hayır
7. Ünal-pedagoji okumak / evet-hayır
8. çocuklar-bahçede-futbol oynamak / evet-hayır

Ü 7: sen-mektup yazmak / ben-kitap okumak:
Sen mektup yazıyorsun, ben kitap okuyorum.

1. sen-gülmek / ben-ağlamak
2. Ali-saz çalmak / Fritz-gitar çalmak
3. siz-İspanyolca öğrenmek / biz-Türkçe öğrenmek
4. sen-Almanca bilmek / ben-Türkçe bilmek
5. anne-kahve pişirmek / baba-kahve içmek
6. Nesrin-müzik dinlemek / Faruk film seyretmek

Ü 8 Hans-Türkçe bilmemek: Hans Türkçe bilmiyor mu ? – Hayır, bilmiyor.

1. anne- dans etmemek
2. (sen)- çay içmemek
3. gençler-kitap okumamak
4. (siz)-gitar çalmamak
5. şu anda-telefon çalmamak
6. (sen)-ütü yapmamak
7. Tamer-film seyretmemek
8. (biz)-dondurma yememek

Ü 9 Beantworten Sie die Fragen zu Texten und Dialogen!

1. Peter ne iş yapıyor, nerede çalışıyor, nerede oturuyor ?
2. Hüseyin ve Emine Yılmaz ne iş yapıyorlar, nerede oturuyorlar ?
3. Siz ne iş yapıyorsunuz, nerede çalışıyorsunuz, nerede oturuyorsunuz ?
4. Ünal ne okuyor, Sabine ne okuyor ?
5. Siz ne okuyorsunuz ?
6. Peter Türkçe öğreniyor mu ?
7. Ayşegül nece öğreniyor ?
8. Siz nece öğreniyorsunuz ?

Ü 10 (ben) Rus-değil: Rus değilim, Rusça bilmiyorum.

1. (sen) İngiliz-değil
2. Tom-Alman-değil
3. (siz)-Macar-değil
4. (biz)-İspanyol-değil
5. Peter-Fransız-değil
6. Ünal-İtalyan-değil
7. (ben) Arap-değil
8. (sen) Türk-değil

Ü 11 Setzen Sie die Sätze in Verneinung!

Hastayım: Hasta değilim.
1. Sende Türkçe kitabı var.
2. Hakan rakı içiyor.
3. Delisiniz.
4. Bugün evdeyiz.
5. Sizde televizyon var.
6. Selma ütü yapıyor.
7. Fahri ekmek alıyor.

Ü 12 Bilden Sie verschiedene Fragesätze, indem Sie das Fragewörtchen an verschiedene Satzglieder anhängen, nach dem Beispiel:
Metin Bey bugün büroda çalışıyor.

a) Metin Bey mi bugün büroda çalışıyor ?
b) Metin Bey bugün mü büroda çalışıyor ?
c) Metin Bey bugün büroda mı çalışıyor ?
d) Metin Bey bugün büroda çalışıyor mu ?

1. Peter Türkçe öğreniyor.
a)
b)
c)

2. Ünal üniversitede pedagoji okuyor.
a)
b)
c)
d)

3. Baba bugün evde gazete okuyor.
a)
b)
c)
d)
e)

4. Anne şimdi mutfakta yemek pişiriyor.
a)
b)
c)
d)

Ü 13 Übersetzen Sie ins Türkische bzw. ins Deutsche!

1. Wir wohnen in Üsküdar, aber wir arbeiten in Taksim.
2. Die Kinder spielen im Garten.
3. Anne ütü yapıyor, baba gazete okuyor.
4. Öğrenciler kantinde çay içiyor.
5. Lernt Hans auch Türkisch?
6. Nein, er lernt nicht Türkisch, er lernt Arabisch.

S/Ü 1. Stellen Sie sich vor! (Ergänzen Sie die Angaben zur eigenen Person – Name, Nationalität, Beruf, Familienstand – mit Alter, Wohn- und Arbeitsort und gegebenfalls mit dem Studienfach.)

2. Spielen Sie mit Ihrem Lernpartner einen Dialog und benutzen Sie die Alternativantworten!

a) Türkçe biliyor musun?
- → Evet, biraz Türkçe biliyorum.
- → Evet, çok iyi Türkçe konuşuyorum.
- → Maalesef Türkçe bilmiyorum.

b) Ne yapıyorsunuz?
- → Ben mi? Gazete okuyorum.
- → Mektup yazıyorum.
- → Ben çay içiyorum. Ya siz?

c) Sigara içiyor musun?
- → Evet, sigara içiyorum.
- → Hayır, sigara içmiyorum.
- → Sigara içmiyorum, pipo içiyorum.

B/Ü Fragen Sie Ihren Lernpartner, was diese Personen machen und hören Sie seine Antworten! Lassen Sie sich dann von ihm befragen!

4 c

1. Das Präsens (Şimdiki Zaman)

Im Türkischen gibt es – wie im Englischen – zwei Formen für die Gegenwart: die bestimmte, die die augenblicklich geschehende Handlung ausdrückt und deshalb ‚şimdiki zaman' (jetzige Zeit) genannt wird, und die unbestimmte, die eine allgemeine Tatsache oder Gewohnheit ausdrückt (vgl. Lektion 13). In dieser Lektion lernen Sie das bestimmte Präsens, das durch das Tempussuffix (Zeitformendung) ‚-yor' gekennzeichnet ist.

1.1. Die Aussageform

Sie haben bis jetzt die Entsprechung von Hilfsverben gelernt. Bei Vollverben ist das Verb (fiil) in seiner Grundform ein Infinitiv (mastar). Die Infinitivendung (mastar eki) ist im Türkischen ‚-mek' (oder ‚-mak', kleine Vokalharmonie):

komm-en	gel-mek
les-en	oku-mak

Bei der Tempusbildung brauchen wir den Verbstamm (fiil kökü), an den das Tempussuffix und die Personalendung angehängt werden. Das Tempussuffix ‚-yor' ist stets betont:

oku-yor-um — ich lese

↓ Personalendung

↓ Tempussuffix

↓ Verbstamm

Die Personalpronomen werden nach denselben Regeln wie bei der Entsprechung für das Hilfsverb „sein" weggelassen oder gebraucht.

Konjugation (Fiil Çekimi)

okuyor*um*	ich le*se*
okuyor*sun*	du lie*st*
okuyor	er (sie, es) lie*st*
okuyo*ruz*	wir les*en*
okuyor*sunuz*	ihr les*t* (Sie les*en*)
okuyor*lar*	sie les*en*

Wenn der Verbstamm auf Konsonant auslautet, wird ein Bindevokal eingeschoben, der der großen Vokalharmonie unterliegt:

	öğren-mek	
nach e oder i:	öğren-i-yor	Tempussuffix: **-iyor**
	↑	
	çalış-mak	
nach a oder ı:	çalış-ı-yor	Tempussuffix: **-ıyor**
	↑	
	gül-mek	
nach ö oder ü:	gül-ü-yor	Tempussuffix: **-üyor**
	↑	
	otur-mak	
nach o oder u:	otur-u-yor	Tempussuffix: **-uyor**
	↑	

Konjugationsschema:

öğreniyorum	çalışıyorum	gülüyorum	oturuyorum
öğreniyorsun	çalışıyorsun	gülüyorsun	oturuyorsun
öğreniyor	çalışıyor	gülüyor	oturuyor
öğreniyoruz	çalışıyoruz	gülüyoruz	oturuyoruz
öğreniyorsunuz	çalışıyorsunuz	gülüyorsunuz	oturuyorsunuz
öğreniyorlar	çalışıyorlar	gülüyorlar	oturuyorlar

Nun können Sie auch Ihren Wohnort auf Türkisch angeben:

Münih'te oturuyorum; İstanbul'da oturuyorum.

Ich wohne in München; Ich wohne in İstanbul.

Oder den Wohnort von anderen erfragen:

Nerede oturuyor*sun*(uz)?

Wo wohnst du (wohnen Sie)?

Sie können nun auch Ihren Beruf mit dem Arbeitsort angeben und den Beruf von anderen erfragen:

– Ne iş yapıyor*sun*(uz)?

  Was machst du (machen Sie) beruflich?
– Üniversitede asistan olarak çalışıyorum.

  Ich arbeite als Assistent an der Universität.

Die Partikel ‚olarak' (als, wörtlich ‚seiend') wird dem Bezugswort nachgestellt: öğretmen olarak (als Lehrer), doktor olarak (als Arzt) ... Außer bei Schüler und Student (öğrenci) können Sie ‚olarak' bei allen Berufsbezeichnungen benutzen.

Sie können nun auch gegebenfalls das Studienfach angeben:

Pedagoji okuyorum.
Ich studiere Pädagogik.

Aufgabe: Lesen Sie T 1 und versuchen Sie ihn mit Hilfe der Grammatik und der ‚Wörterkiste' zu verstehen. Lesen Sie T 1 mehrmals und erzählen Sie ihn Ihrem Lernpartner nach! Spielen Sie mit Ihrem Lernpartner den Dialog S 1 b, auch auf Deutsch!
Machen Sie die Übungen 2, 3, 4 und S/Ü 1.

Das Bindewort ‚ama'

In diesen Texten und Übungen begegnen Sie auch dem Bindewort (bağlaç) ‚ama' (aber). In der Regel gehört es im Türkischen zum ersten Hauptsatz, das Komma wird nach ‚ama' gesetzt:

Münih'te oturuyorum ama, Augsburg'ta çalışıyorum.

Doch begegnet manchmal aber auch die Struktur wie im Deutschen:

Münih'te oturuyorum, ama Augsburg'ta çalışıyorum.
Ich wohne in München, aber ich arbeite in Augsburg.

Das Synonym von ‚ama' ist ‚fakat'.

1.2. Frageform

Bei der Frageform wird die Fragepartikel, die in diesem Fall als ‚mu' konstant bleibt (weil sie immer dem Tempussuffix ‚-yor' folgt), vom Verbstamm und Tempussuffix getrennt, aber mit der Personalendung zusammengeschrieben; in der 3. Person Plural aber wird sie der Verbform nachgestellt und lautet ‚mı', weil sie der Pluralendung ‚-lar' folgt (s. Konjugationsschema).

Reihenfoge der Endungen:

öğren-**i-yor** mu-sun?: lernst du?

Personalendung

Fragepartikel

Tempussuffix

Bindevokal

Verbstamm

Konjugationsschema:

öğreniyor muyum?	lerne ich?
öğreniyor musun?	lernst du?
öğreniyor mu?	lernt er?
öğreniyor muyuz?	lernen wir?
öğreniyor musunuz?	lernt ihr (lernen Sie)?
öğreniyorlar mı?	lernen sie?

1.3. Lautliche Besonderheiten

a) Bei zwei Verben, ‚demek' (sagen) und ‚yemek' (essen), wird das ‚e' am Verbstamm zu ‚i':
d*e*mek d*i*yor (er sagt), d*i*yor mu (sagt er)?
y*e*mek y*i*yor (er ißt), y*i*yor mu (ißt er)?

b) Bei drei Verben, ‚gitmek' (gehen, fahren), ‚tatmak' (schmekken, kosten) und ‚etmek' (machen, tun) sowie bei allen Verbindungen mit ‚etmek' (s. u. 1.5. a) wird das ‚t' am Verbstamm zu ‚d':

gi*t*mek	gi*d*iyor; gi*d*iyor mu?
ta*t*mak	ta*d*ıyor; ta*d*ıyor mu?
e*t*mek	... e*d*iyor; e*d*iyor mu?

Die Regeln a und b gelten im Aussage- und Fragesatz für alle Modus- und Zeitformen mit vokalisch anlautendem Suffix.

c) Bei Verbstämmen, die auf ‚e' oder ‚a' auslauten, gleicht sich dieser Auslautvokal nach der großen Vokalharmonie an den vorhergehenden Vokal an:

ist*e*mek	(wollen)	ist*i*yor; ist*i*yor mu?
ağl*a*-mak	(weinen)	ağl*ı*yor; ağl*ı*yor mu?
söyl*e*mek	(sagen)	söyl*ü*yor; söyl*ü*yor mu?
oyn*a*-mak	(spielen)	oyn*u*yor; oyn*u*yor mu?

Diese Regel können Sie sich auch so merken, daß Sie den Auslautvokal ganz wegfallen lassen und die Zeitform regelrecht mit den Varianten ‚-iyor', ‚-ıyor', ‚-üyor', ‚-uyor' nach Konsonantauslaut bilden:

ist-iyor
ağl-ıyor
söyl-üyor
oyn-uyor

1.4. Verneinung

Das Verneinungssuffix ist ‚-me' (oder ‚-ma', kleine Vokalharmonie). Es wird zwischen Verbstamm und Infinitivendung eingeschoben:

gel-me-mek nicht kommen
↑
oku-ma-mak nicht lesen
↑

Dadurch entsteht ein negativer Verbstamm:

gelme]-mek
okuma]-mak

Bei der Konjugation gilt die oben angeführte Regel (1.3.c):

Das auslautende ‚e' oder ‚a' gleichen sich vokalharmonisch an den letzten Vokal an:

gelm*e*-mek: gelm*i*yorum (ich komme nicht),
okum*a*-mak: okum*u*yorum (ich lese nicht).

Auf diese Weise leiten sich die Verneinungsendungen für das bestimmte Präsens ab:

nach e oder i:	**-miyor:**	öğren*miyor*um
nach a oder ı:	**-mıyor:**	çalış*mıyor*um
nach ö oder ü:	**-müyor:**	gül*müyor*um
nach o oder u:	**-muyor:**	otur*muyor*um

Konjugationsschema:

öğrenmiyorum	çalışmıyorum
öğrenmiyorsun	çalışmıyorsun
öğrenmiyor	çalışmıyor
öğrenmiyoruz	çalışmıyoruz
öğrenmiyorsunuz	çalışmıyorsunuz
öğrenmiyorlar	çalışmıyorlar

gülmüyorum	oturmuyorum
gülmüyorsun	oturmuyorsun
gülmüyor	oturmuyor
gülmüyoruz	oturmuyoruz
gülmüyorsunuz	oturmuyorsunuz
gülmüyorlar	oturmuyorlar

Bei der Verneinung liegt die Betonung auf dem Verbalstamm:

gélmiyorum

Aufgabe: Machen Sie S/Ü 2a!

1.5. Verneinende Frage

Bei der verneinenden Frage gilt auch die allgemeine Reihenfolge der Endungen: gelmiyor musun (kommst du nicht), nur in der 3. Person im Plural wird das Fragewörtchen nachgestellt (s. Konjugationsschema).

gel-miyor mu-sun: kommst du nicht?

↓ Personalendung

↓ Fragepartikel

↓ negatives Tempussuffix

↓ Verbstamm

Konjugationsschema:

gelmiyor muyum?	çalışmıyor muyum?
gelmiyor musun?	çalışmıyor musun?
gelmiyor mu?	çalışmıyor mu?
gelmiyor muyuz?	çalışmıyor muyuz?
gelmiyor musunuz?	çalışmıyor musunuz?
gelmiyorlar mı?	çalışmıyorlar mı?

gülmüyor muyum?	okumuyor muyum ?
gülmüyor musun?	okumuyor musun?
gülmüyor mu?	okumuyor mu?
gülmüyor muyuz?	okumuyor muyuz?
gülmüyor musunuz?	okumuyor musunuz?
gülmüyorlar mı?	okumuylorlar mı?

Merken Sie:

* Sowohl in der Aussage- und Frageform als auch bei der Verneinung und der negativen Frage gilt die Regel für die 3. Pers. Plural von der Entsprechung vom Hilfsverb ‚sein': Wenn das Subjekt (auch als Personalpronomen ‚onlar') im Plural steht, fällt die Personalendung am Verb aus: Çocuk*lar* odada oturuyor(!) (vgl. T 2), aber: Odada oturuyor*lar*.

* Die Regeln a und b bei lautlichen Besonderheiten (vgl. oben 1.3.) gelten in der Verneinung und im negativen Fragesatz nicht:
  y*e*mek: y*e*miyor; y*e*miyor mu?
  gi*t*mek: gi*t*miyor; gi*t*miyor mu?

Aufgabe: Machen Sie die Ü 6 und Ü 8!

1.6. Zu einigen besonderen Verben

* Die Hilfsverben ‚yapmak' und ‚etmek'

  Die Hilfsverben ‚yapmak' (machen) und ‚etmek' (machen, tun) leiten (vorwiegend ‚etmek') aus Substantiven (meistens Lehnwörtern) Verben ab: (vgl. T 2)

ütü: Bügeleisen	ütü yapmak: bügeln
dans: Tanz	dans etmek: tanzen
telefon: Telefon	telefon etmek: telefonieren

(Bei allen Verben mit ‚etmek' (auch ‚televizyon seyr*etmek*' wird das ‚t' am Verbstamm im Aussage- und Fragesatz zu ‚d' erweicht.

Diese Regel gilt für alle Modus- und Zeitformen mit vokalisch anlautendem Suffix.

* Die Verben ‚çalmak', ‚içmek', ‚okumak' (lesen; studieren) und ‚oturmak' (wohnen; sitzen) haben verschiedene Bedeutungen, die in Dialogen und Texten der Lektion deutlich gezeigt worden sind.
Das Verb ‚çalmak' bedeutet ‚klingeln', ‚spielen' (Instrument, Radio usw., aber *kein* Spiel!) und ‚stehlen' (vgl. T 2).
Das Verb ‚içmek' bedeutet zwar ‚trinken', aber in Verbindung mit ‚sigara' (sigara içmek) heißt es ‚rauchen'. Sie können aber ‚sigara' mit anderen Rauchobjekten austauschen, z. B. ‚pipo' (Pfeife) oder ‚puro' (Zigarre), dann heißt ‚pipo içmek' ‚Pfeife rauchen', ‚puro içmek' ‚Zigarre rauchen' usw.
Auch Suppe wird im Türkischen „getrunken": çorba içmek (Suppe essen, wörtlich: Suppe trinken).

Aufgabe: Spielen Sie mit Ihrem Lernpartner den Dialog S 2, auch auf Deutsch! Machen Sie die S/Ü c! Lesen Sie T 2 und versuchen Sie ihn mit Hilfe der Grammatik und der ‚Wörterkiste' zu verstehen! Lesen Sie T 2 mehrmals und erzählen Sie ihn Ihrem Lernpartner nach!

* Das Verb ‚yemek' (essen) als allgemeine Tätigkeit muß mit dem Substantiv ‚Essen' (yemek) gebraucht werden:

Ali yemek yiyor. Ali ißt (wörtlich: Ali ißt Essen).

Aber wenn der Satz ein Akkusativobjekt hat, fällt das Substantiv ‚yemek' weg:

Ali domates yiyor. Ali ißt Tomaten.

Dies gilt auch für ‚pişirmek' (kochen). Als allgemeine Tätigkeit muß ‚pişirmek' mit dem Substantiv ‚yemek' (Essen) gebraucht werden:

Anne yemek pişiriyor. Die Mutter kocht.
(wörtlich: Die Mutter kocht Essen).

Wenn aber der Satz ein Akkusativobjekt hat, fällt ‚yemek' weg:

Anne çorba pişiriyor. Die Mutter kocht Suppe.

2. Der unbestimmte Akkusativ

Wie Sie in Dialogen, Texten und Beispielsätzen der Übungen sicherlich schon gemerkt haben, gibt es beim unbestimmten Akkusativ keine Fallendung im Türkischen (vgl. den bestimmten Akkusativ, Lektion 7). Bei der Unbestimmtheit wird das Akkusativobjekt in der Grundform gebraucht:

Mektup yazıyorum. (vgl. S 1 a)
Ich schreibe einen Brief.

oder: Kitap okuyor. (vgl. S 1 a)
Sie liest ein Buch.

Aufgabe: Spielen Sie mit Ihrem Lernpartner den Dialog S 1a, auch auf Deutsch! Machen Sie die Ü 1, 5, 7 und B/Ü!

3. Die Stellung der Fragepartikel

Die Fragepartikel muß nicht unbedingt am Verb stehen, sondern sie kann an jedem Satzglied (Subjekt, Objekt) stehen je nachdem, welcher Satzteil betont werden muß, wie z. B. in S 1a, D a und b:

Ben *mi*? Ich?
Bay Weber *mi*? Herr Weber?
Andrea da mı Türkçe öğreniyor? Lernt auch Andrea Türkisch?

Oder wie im Beispielsatz der Ü 12. Aus dem Aussagesatz ‚Metin Bey bugün büroda çalışıyor' können Sie vier Fragesätze bilden:

Metin Bey mi bugün büroda çalışıyor?	(Subjekt betont)
Metin Bey bugün mü büroda çalışıyor?	(Zeitangabe betont)
Metin Bey bugün büroda mı çalışıyor?	(Ortsangabe betont)
Metin Bey bugün büroda çalışıyor mu?	(Tätigkeit betont)

Die deutsche Übersetzung dieser Fragesätze ist zwar gleich, aber die Betonung liegt jeweils auf einem verschiedenen Satzglied.

Aufgabe: Machen Sie Übung 12 und S/Ü b!

4. Nationalitäten- und Sprachenbezeichnungen

Da es in dieser Lektion u.a. auch um ‚Sprachen lernen' geht (‚Peter Türkçe öğreniyor'!), können Sie nun dazu lernen, wie Sprachbezeichnungen im Türkischen abgeleitet werden:
Die Endung, die Sprachenbezeichnungen ableitet, lautet ‚-ce', die der kleinen Vokalharmonie (Variante ‚-ca') unterliegt und unbetont ist (nur schwacher Hochton). Nach stimmlosen Konsonanten (vgl. Einführungslektion) lautet sie ‚-çe' (‚-ça'). An Nationalitätsbezeichnung angehängt, leitet sie Sprachenbezeichnungen ab:

İngiliz (Engländer)	Alman (Deutscher)
İngiliz*ce* (Englisch)	Alman*ca* (Deutsch)
Türk (Türke)	Arap (Araber)
Türk*çe* (Türkisch)	Arap*ça* (Arabisch)

Die Endung ‚-ce' kann auch dem Fragewort ‚ne' (was) angefügt werden:
nece: welche Sprache (oder: in welcher Sprache)?

Aufgabe: Spielen Sie mit Ihrem Lernpartner den Dialog D a, b; auch auf Deutsch! Machen Sie die Übungen 9, 10 und 13!

Merken Sie:

* Bei manchen Nationalitätsbezeichnungen gibt es die Endung ‚-li' (vgl. Lektion 2), die den Heimatort angibt, z. B.:

Avusturya: Österreich; Avusturyalı: Österreicher(in)
Bavyera: Bayern; Bavyeralı: Bayer(in)

Bei solchen Beispielen wird die Endung ‚-ce' bei der Ableitung von Sprachenbezeichnungen nicht der Nationalitätsbezeichnung, sondern dem Ländernamen angefügt: Avusturyaca (Österreichisch), Bavyeraca (Bayerisch).
Aber: Amerika, Amerikalı (Amerikaner), Amerikan (oder Amerikanca): Amerikanisch!

Im Aufbauwortschatz finden Sie einige Ländernamen und Nationalitätenbezeichnungen. Lernen Sie sie und versuchen Sie die entsprechenden Sprachenbezeichnungen abzuleiten!

5. Verneinungsübersicht

Bei Hilfsverben:

a) Entsprechung für ‚sein': Verneinung mit ‚değil':
Hasta değilim. Ich bin nicht krank.

b) Entsprechung für ‚haben': Verneinung mit ‚yok':
Bende para yok. Ich habe kein Geld.

Bei Vollverben: mit der Negationsendung ‚-me/-ma', im Präsens:
negatives Tempussuffix ‚-miyor (mıyor, -müyor, -muyor):
Çalışmıyorum. Ich arbeite nicht.

Aufgabe: Machen Sie Übung 11!
Versuchen Sie mit Hilfe der Grammatik und der ‚Wörterkiste' die Karikatur zu verstehen!
Schauen Sie sich auch in der ‚Wörterkiste' W 4 an!

4 Wörterkiste

W 1

ağlamak	weinen
almak	(hier:) kaufen
ama (Altw. fakat)	aber
Amerika	Amerika
Amerikalı	Amerikaner(in)
Amerikan(ca)	Amerikanisch
anlamadım	ich habe nicht verstanden
aptal	dumm
Arapça	Arabisch
asistan	Assistent(in)
Avusturya	Österreich
Avusturyaca	Österreichisch
Avusturyalı	Österreicher(in)
az	wenig
az çok	einigermaßen
Bavyera	Bayern
Bavyeraca	Bayerisch
Bavyeralı	Bayer(in)
bilmek	wissen, kennen, (hier:) können
biraz	ein wenig, etwas
Bornova	Stadtteil in İzmir
çalışmak	arbeiten
çalmak	klingeln; spielen (Instrument); stehlen
çay	Tee
çok	sehr, viel
çok az	sehr wenig
çorba	Suppe
dans	Tanz
dans etmek	tanzen
demek	sagen
dinlemek	hören
dil	(hier:) Sprache
dondurma	Speiseeis
ekmek	Brot
etmek	machen, tun (s. C.1.6.)
fakat	aber
film (oder filim)	Film
Fransız	Franzose, Französin
futbol	Fußball
gelmek	kommen
gitar	Gitarre
gitmek	gehen, fahren
gülmek	lachen
gürültü	Geräusch, Lärm
hırsız	Dieb
içmek	trinken; rauchen (s. C.1.6.b)
iktisat	Volkswirtschaft
İngiliz	Engländer(in)
İngilizce	Englisch
İspanyol	Spanier(in)
İspanyolca	Spanisch
istemek	wollen, mögen
işçi	Arbeiter(in)
İtalyan	Italiener(in)
İtalyanca	Italienisch
iyi	gut
kahve	Kaffee
kantin	Kantine
konuşmak	sprechen
lisan (Neuw. dil)	Sprache
Macar	Ungar(in)
mektup	Brief
Münih	München
müzik	Musik
ne iş yapıyorsun(uz)?	s. W4
nece	welche Sprache, in welcher Sprache
oda	Zimmer

okumak	lesen; studieren	söylemek	sagen
olarak	als	şu anda	in diesem Augenblick
Orhangazi	Ort bei Bursa	Taksim	Stadtviertel in Istanbul (euorpäischer Teil)
oturmak	wohnen; sitzen	tatmak	kosten, schmecken
oynamak	spielen	telefon etmek	telefonieren
öğrenmek	lernen	televizyon seyretmek	fernschauen, fernsehen
önemli	wichtig	Türkçe biliyor musun(uz?)	s. W4
park	Park	yapmak	machen
pedagoji	Pädagogik	yazmak	schreiben
pipo	Pfeife	yemek	Essen
pişirmek	kochen	(yemek) yemek	essen (s. C 1.6.c)
puro	Zigarre	yemek pişirmek	kochen (s. C 1.6.c)
rakı	Raki: türkischer Anisschnaps	Üsküdar	Stadtviertel in Istanbul (asiatischer Teil)
Rus	Russe (Russin)	ütü	Bügeleisen
Rusça	Russisch	ütü yapmak	bügeln
saz	türkisches Musikinstrument, Laute		
seyretmek	zu-, an- schauen		
sigara içmek	(Zigarette) rauchen		

W 2: (grammatische Termini)

fiil (Neuw. eylem)	Verb	mastar	Infinitiv
fiil çekimi	Konjugation	mastar eki	Infinitivendung
fiil kökü	Verbstamm	şimdiki zaman	(bestimmtes) Präsens

W 3: (Aufbauwortschatz)

Afrika	Afrika	Brezilyalı	Brasilianer(in)
Afrikalı	Afrikaner(in)	Bulgar	Bulgare, Bulgarin
Arabistan	Arabien	Bulgaristan	Bulgarien
Asya	Asien	Cezayir	Algerien
Asyalı	Asiate, Asiatin	Cezayirli	Algerier(in)
Avrupa	Europa	Çek(oslavakyalı)	Tscheche, Tschechin
Avrupalı	Europäer(in)	Çekoslavakya	Tschechoslowakei
Avustralya	Australien	Çin	China
Avustralyalı	Australier(in)	Çinli	Chinese, Chinesin
Belçika	Belgien	Danimarka	Dänemark
Belçikalı	Belgier(in)	Danimarkalı	Däne, Dänin
Brezilya	Brasilien		

Fas	Marokko	Kanada	Kanada
Faslı	Marokkaner(in)	Kanadalı	Kanadier
Finlandiya	Finland	Macaristan	Ungarn
Finli	Finne, Finnin	Mısır	Ägypten
Fransa	Frankreich	Mısırlı	Ägypter(in)
Hindistan	Indien	Norveç	Norwegen
Hintli	Inder(in)	Norveçli	Norweger, Norwegerin
Hollanda	Holland	Polonya	Polen
Hollandalı	Holländer(in)	Polonyalı	Pole, Polin
Irak	Irak	Portekiz	Portugal
Iraklı	Iraker(in)	Portekizli	Portugiese, Portugiesin
İngiltere	England	Romanya	Rumänien
İran	Persien	Romanyalı	Rumäne, Rumänin
İranlı	Perser(in)	Rusya	Rußland
İspanya	Spanien	Suriye	Syrien
İsrail	Israel	Suriyeli	Syrer(in)
İsrailli	Israeli	Tunus	Tunesien
İsveç	Schweden	Tunuslu	Tunesier(in)
İsveçli	Schwede, Schwedin	Yugoslav	Jugoslawe, Jugoslawin
İsviçre	Schweiz	Yugoslavya	Jugoslawien
İsviçreli	Schweizer(in)	Yunanistan	Griechenland
İtalya	Italien	Yunanlı	Grieche, Griechin
Japon	Japaner(in)		
Japonya	Japan		

W 4 (Umgangssprachliches)

Ne iş yapıyorsun(uz)?	Was machst (machen Sie) beruflich?	Türkçe konuşuyor musun(uz)	Sprichst du (sprechen Sie) Türkisch?
Türkçe biliyor musun(uz)?	Kannst du (können Sie) Türkisch?		

5

Lektion 5: Gönül Hanım Bakkaldan Alışveriş Ediyor

Grammatik:

1. Der Ablativ (Fragewörter: nereden, kimden)
2. Gewichte und Währung
3. yarım-buçuk
4. kaç tane- ne kadar
5. Adjektiv und Adverb
6. Postpositionen mit dem Ablativ (başka, beri, itibaren, önce, sonra)
7. Ablativ als Wortbildungsendung (‚-den')

(Fragewörter: kaç tane / ne kadar / kaça-kaç para-ne kadar / ne zaman- ne zamandan beri / nasıl / neden (woraus); Wortbildungsendung: ‚-den')

Sprechsituationen:

Lokale und temporale Angaben machen; Sachen beschreiben; Lebensmittel einkaufen; Rechnen

Aufbauwortschatz:

1. Maßeinheiten
2. Lebensmittel und Getränke
3. Essen und Trinken

Zusatzmaterial:

Türkische Banknoten

5 A

S 1

Nereden geliyorsun ?
Kurstan geliyorum.
Kursta ne yapıyorsun ?
Türkçe öğreniyorum. Ya sen
nereden geliyorsun ?
Bürodan geliyorum.
Büroda ne yapıyorsun ?
Sekreter olarak çalışıyorum.
Gönül Hanım nereden geliyor ?
Bakkaldan geliyor.

S 2

Ünal Augsburg'tan memnun mu ?
Evet, Ünal Augsburg'tan memnun.
Ya sen Münih'ten memnun musun ?
Hayır, pek memnun değilim. Münih çok
büyük bir şehir, ben küçük şehir seviyorum.
Bay Braun yeni evden memnun mu ?
Hayır, pek memnun değil, o eski ev seviyor.

D 1

Gönül Hanım bakkaldan alışveriş ediyor

G.: Merhaba.
B.: Merhaba, efendim, buyurun.
G.: Sizde domates var mı ?
B.: Var, efendim.

G.: Domates bugün nasıl ?
B.: Domates bugün çok taze.
G.: Kaça ?
B.: Kilosu 70 Lira.
G.: Bir kilo domates, lütfen.
B.: Peki, efendim. Başka bir şey istiyor musunuz ?
G.: Kavun veya karpuz var mı ?
B.: Karpuz yok ama, kavun var. Tanesi 250 Lira.
G.: Pahalı ama, neyse. İki tane de kavun istiyorum.
B.: Peki, efendim.
G.: Beyaz peynir ne kadar ?
B.: Kilosu 700 Lira.
G.: Yarım kilo da beyaz peynir istiyorum.
B.: Evet, buyurun, yarım kilo beyaz peynir.
G.: Zeytin var mı ?
B.: Bugün zeytin yok maalesef.
G.: O halde 250 gram pastırma, 750 gram sucuk ve bir buçuk kilo şeker lütfen, bir tane de ekmek.

B.: Peki, efendim. Başka ?
G.: Üç şişe de soğuk bira istiyorum. Hepsi bu kadar. Hepsi ne kadar ediyor ?
B.: Bir dakika, efendim, hesaplıyorum. Bir kilo domates 70 Lira, iki tane kavun 500 Lira ... hepsi 1985 Lira.
G.: Buyurun, 2000 Lira.
B.: Teşekkürler, efendim. İşte paranın üstü. Gene buyurun.
G.: Allaha ısmarladık. Hayırlı işler.
B.: Sağ olun, efendim. İyi günler.

D 2

a) Gönül Hanım domatesten başka ne alıyor ?
Çok şey alıyor. Mesela kavun ve beyaz peynir de alıyor.
Sen Türkçe'den başka dil biliyor musun ?
Evet, biraz İngilizce de biliyorum.
Metin Bey rakıdan başka ne içiyor ?
Bira da içiyor.

b) Ne zamandan beri Türkçe öğreniyorsun ?

Bir aydan beri Türkçe öğreniyorum.
Ben de yarından itibaren Türkçe öğreniyorum.

Yemekten sonra ne yapıyorsunuz ?
Yemekten sonra kahve içiyoruz.

Dersten önce ne yapıyorsunuz ?

Dersten önce kantinde sigara içiyoruz.

D 3

Bugün hava sıcak mı ?
Hayır, bugün hava sıcak değil, soğuk.
Sinan yaşlı mı ?
Hayır, Sinan yaşlı değil, genç.

Öğrenciler tembel mi ?
Hayır, onlar tembel değil, çalışkan.
Kavun ucuz mu ?
Hayır, kavun ucuz değil, pahalı.
Ayten, çirkin mi ?
Hayır, Ayten çirkin değil, güzel.

T

Bugün Gönül Hanım bakkaldan alışveriş ediyor. Bir kilo domates, iki tane kavun, yarım kilo beyaz peynir ve başka şeyler de alıyor. Gönül Hanım bakkaldan çok memnun. Beş yıldan beri bu bakkaldan alışveriş ediyor.
Hans yarından itibaren Volkshochschule'de Türkçe öğreniyor. Kurstan önce bir Türkçe kitabı ve iki tane sözlük satın alıyor. Hüseyin ve Emine Yılmaz on yedi yıldan beri Almanya'da çalışıyorlar. Hüseyin Almanca biliyor ama, Emine Almanca bilmiyor. Şimdi o da Dortmund'da bir kursta Almanca öğreniyor. Kurstan sonra Supermarkt'tan alışveriş ediyor ve evde yemek pişiriyor.

Sprichwort (Atasözü)

Gözden ırak, gönülden ırak
Aus den Augen, aus dem Sinn

Karikatur

YAĞMUR YAĞIYOR

Türkische Banknoten

TÜRKİYE CUMHURİYET MERKEZ BANKASI
B02754752
BEŞYÜZ
TÜRK LİRASI
14 OCAK 1970 TARİH VE 1211 SAYILI
KANUNA GÖRE ÇIKARILMIŞTIR
BAŞKAN
BAŞKAN YARDIMCISI
500
500
B02754752

TÜRKİYE CUMHURİYET MERKEZ BANKASI
500
500
BEŞYÜZ
TÜRK LİRASI

TÜRKİYE CUMHURİYET
MERKEZ BANKASI
50
J23 317142
14 OCAK 1970 TARİH VE 1211 SAYILI
KANUNA GÖRE ÇIKARILMIŞTIR
BAŞKAN
BAŞKAN YARDIMCISI
50
50
ELLİ
TÜRK LİRASI
J23 317142

5 B

Ü 1 (sen)- / okul: Nereden geliyorsun? / Okuldan geliyorum.

a. (siz)- / doktor
b. Ayşe / ev
c. Gönül Hanım / bakkal
d. öğrenciler / üniversite
e. baba / İzmir
f. Filiz / mutfak
g. Emine / kurs
h. (siz)- / Arzu Hanım
ı. Hüseyin / fabrika
i. Fatma / Sivas

Ü 2 Bilden Sie sinnvolle Sätze, z.B. ‚Anne bakkaldan ekmek alıyor.'

anne	kitaplık / ekmek	almak
Filiz	mutfak / kâğıt	getirmek
Can	bakkal / kitap	getirmek
öğrenciler	kasap / bira	almak
biz	büro / çay	almak
ben	kantin / et	getirmek

Ü 3 öğretmen-öğrenciler / memnun: Öğretmen öğrencilerden memnun mu ? Evet, memnun.

a. baba-çocuklar
b. Gönül Hanım-bakkal
c. (siz)-yeni ev
d. (sen)-yeni araba
e. Emine-kurs
f. (sen)-arkadaşlar
g. öğrenciler-profesör
h. (siz)-yeni televizyon
ı. (siz)-biz
i. şef-işçiler

Ü 4 Füllen Sie aus!

– Merhaba.

– ...

– ...

– Evet, efendim. Domates var.

– ...

– Domates bugün çok taze.

– ...

– Evet efendim, kavun da var.

– ...

– Tanesi 250 Lira.

– ...

– Maalesef bugün sucuk yok.

Ü 5 Rechnen Sie laut auf türkisch:
1 kg domates 70 TL, 3 kg domates ... TL:
Bir kilo domates 70 Lira, üç kilo domates 210 Lira.

1. 1 tane kavun 250 TL, 4 tane kavun ... TL
2. 1 kg zeytin 400 TL, 100 gr. zeytin ... TL
3. 1 kg pastırma 1200 TL, 1/2 kg pastırma ...
4. 1 kg beyaz peynir 750 TL, 2 kg beyaz peynir ... TL

Ü 6 Bilden Sie zu den Aussagesätzen Fragesätze mit passenden Fragewörtern ‚ne', ‚kim', ‚nerede', ‚kimde', ‚nereden', ‚kimden' und ‚nasıl', z. B.: Ayşe evden geliyor: Ayşe nereden geliyor, aber: Kim evden geliyor? usw.

1. Emine kursta Almanca öğreniyor.
2. Gül bakkaldan ekmek alıyor.
3. Ekmek taze.

4. Filiz mutfaktan bira getiriyor.
5. Bira soğuk.
6. Mektup Salih'ten geliyor.
7. Çakmak Ali'de.
8. Ünal üniversitede pedagoji okuyor.

Ü 7 ‚kaç tane' oder ‚ne kadar':

Dört öğrenci Türkçe öğreniyor: Kaç tane öğrenci Türkçe öğreniyor?
aber: Gönül Hanım bir kilo domates alıyor: Ne kadar domates alıyor?

1. Mutfakta iki şişe bira var.
2. Mutfakta iki tane de ekmek var.
3. Gönül Hanım 750 gram pastırma alıyor.
4. Sınıfta altı öğrenci var.
5. Burhan beş kilo şeker alıyor.
6. Emine bir sözlük ve iki defter alıyor.
7. Fahri iki domates yiyor.
8. Çocuklar bir kilo muz yiyor.

Ü 8 Setzen Sie ein: başka, beri, itibaren, önce, sonra mit der richtigen Endung!

1. Yemek--- ----- çay içiyoruz.
2. Hüseyin ve Emine on yedi yıl-------- Almanya'da çalışıyorlar.
3. Peter Türkçe--- ----- biraz Arapça da biliyor.
4. Öğrenciler ders--- ----- bahçede top oynuyor.
5. Emine yarın--- ----- bir kursta Almanca öğreniyor.
6. Emine kurs--- ----- Almanca-Türkçe sözlük alıyor.
7. Emine sözlük--- ----- defter ve kalem de alıyor.
8. Gönül Hanım on dokuz yıl--- ----- Taksim'de oturuyor.

Ü 9 Finden Sie die passenden Antworten zu den Fragesätzen: A: 1, B: ?, C: ? ...

A. Nereden geliyorsun?	1. Okuldan geliyorum.
B. Ne zamandan beri Türkçe öğreniyorsunuz?	2. Taksim'de oturuyoruz.
C. Başka bir şey istiyor musunuz?	3. Sekreter olarak çalışıyorum.
D. Nerede oturuyorsunuz?	4. Mektup Fatma'dan geliyor.
E. Büroda ne yapıyorsun?	5. Bir aydan beri Türkçe öğreniyorum.
F. Dersten sonra ne yapıyoruz?	6. Bir kilo da muz istiyorum.
G. Mektup kimden geliyor?	7. Kantinde çay içiyoruz.

Ü 10 hava-sıcak: Hava sıcak mı? – Hayır, soğuk.

a. ev-büyük
b. kavun-ucuz
c. ekmek-bayat
d. baba-yaşlı
e. (siz)-tembel
f. bisiklet-eski
g. üniversite-uzak
h. (sen)- iyi
ı. radyo-bozuk
i. cümle-doğru
j. (siz)- aç
k. Türkçe-zor
l. çanta-ağır
m. yol-uzun
n. pencere-açık
o. Ali-fakir
ö. sepet-boş

Ü 11 Übersetzen Sie ins Türkische!

1. Der Vater kauft ein neues Auto.
2. Das neue Auto ist rot.

3. Herr Braun wohnt in einem neuen Haus.
4. Gül kauft ein frisches Brot.
5. Filiz holt aus der Küche ein kaltes Bier.
6. Hans lernt ab morgen Türkisch.
7. Emine und Hüseyin Yılmaz wohnen seit 17 Jahren in Dortmund.

Ü 12 Beantworten Sie die Fragen zu Dialogen und Texten!

1. Gönül Hanım bakkaldan neler alıyor?
2. Domates taze mi?
3. Bakkalda bugün zeytin var mı?
4. Kavun kaça?
5. Beyaz peynir kaça?
6. Gönül Hanım ne zamandan beri bu bakkaldan alışveriş ediyor?
7. Ünal Augsburg'tan memnun mu?
8. Bay Braun yeni evden memnun mu?
9. Hans nerede Türkçe öğreniyor?
10. Hans kurstan önce neler satın alıyor?

S/Ü Spielen Sie mit Ihrem Lernpartner einen Dialog mit Alternativantworten!

a)

Nereden geliyorsun?
→ Üniversiteden geliyorum.
→ Bakkaldan geliyorum.
→ Adana'dan geliyorum.

b)

Yemekten sonra ne yapıyorsunuz?
→ Kahve içiyorum.
→ Televizyon seyrediyorum.
→ Yemekten sonra mı? Kitap okuyorum.

c)

Ne zamandan beri Türkçe öğreniyorsun? → Bir aydan beri.
→ İki yıldan beri.
→ Türkçe mi? Üç aydan beri.

B/Ü Fragen Sie Ihren Lernpartner, woher diese Menschen gerade kommen, hören Sie seine Antworten und lassen Sie sich dann befragen!

5 c

1. Der Ablativ (‚-den' hali: uzaklaşma durumu)

Der Ablativ, der im Deutschen mit den Präpositionen ‚von' und ‚aus' ausgedrückt wird, wird im Türkischen durch das Anhängen der Endung ‚-den' gebildet. Sie unterliegt der kleinen Vokalharmonie (Variante ‚-dan') und ist betont. Nach stimmlosen Konsonanten (vgl. Einführungslektion) wird sie zu ‚-ten' und ‚-tan'; nach Eigennamen wird sie vom Bezugswort durch einen Apostroph getrennt:

ev*den* vom, aus dem Haus	okul*dan* von, aus der Schule
Münih'ten von, aus München	Sivas'tan von, aus Sivas
Ali'den von Ali	Fatma'dan von Fatma

Die entsprechenden Fragewörter sind:
nereden (woher), kimden (von wem).
Die entsprechenden Ortsadverbien sind ‚buradan' (von hier), ‚şuradan' (von dort), ‚oradan' (von dort, größere Entfernung), die sich von den Demonstrativpronomen ‚bu-şu-o' ableiten.
Das Fragewort ‚nereden' und die Ortsadverbien ‚buradan', ‚şuradan' und ‚oradan' sind jeweils auf der ersten Silbe betont.

Nereden geliyorsun? Woher kommst du?	Okuldan geliyorum. Ich komme von (aus) der Schule.

Mit dem Ablativ wird nicht der Heimatort ausgedrückt, sondern der Ort, woher man gerade kommt.
„Ankara'dan" geliyorum bedeutet z. B. nicht, daß man aus Ankara ist (d. h. nämlich ‚Ankaralıyım', vgl. Lektion 2), sondern gerade aus Ankara kommt.

Auch Personalpronomen werden wie Substantive dekliniert:

benden	von mir
senden	von dir
ondan	von ihm
bizden	von uns
sizden	von euch (Ihnen)
onlardan	von ihnen

Konstruktionen mit dem Ablativ:

a) Das Adjektiv ‚memnun' (zufrieden), das im Deutschen mit dem Verhältniswort ‚mit' gebraucht wird, verlangt im Türkischen den Ablativ:

„Yeni ev*den* memnunum": Ich bin *mit* der neuen Wohnung zufrieden.

Die Verwendung des Adjektivs ‚memnun' mit dem Ablativ kann neben ‚mit etwas zufrieden sein' auch ‚gefallen' bedeuten, z. B.:

Ünal Augsburg'tan memnun: Ünal gefällt es in Augsburg.

Aufgabe: Spielen Sie mit Ihrem Lernpartner die Dialoge S 1 und S 2, auch auf Deutsch! Machen Sie Übung 1, Übung 3, S/Ü a und B/Ü!

b) Das Verb ‚almak', das Sie in Lektion 4 als ‚kaufen' gelernt haben, hat verschiedene Bedeutungen, z. B. ‚nehmen', ‚bekommen', ‚holen'.
Speziell ‚kaufen' heißt eigentlich ‚satın almak' (vgl. T: Hans sözlük satın alıyor), es wird aber oft statt ‚satın almak' nur ‚almak' verwendet. Wenn man etwas kauft, wird ‚almak' wie im Deutschen mit Akkusativ verwendet, z. B.: Anne ekmek alıyor (Die Mutter kauft Brot). Aber wenn man bei jemandem etwas kauft, wird zusätzlich der Ablativ gebraucht:

Anne bakkal*dan* ekmek alıyor: Die Mutter kauft Brot beim Lebensmittelhändler.

Das Verb ‚alışveriş etmek' (einkaufen, einkaufen gehen) hingegen, braucht kein Akkusativobjekt, aber wenn man ‚bei jemandem' einkauft, den Ablativ; wie die Überschrift des D 1:

Gönül Hanım bakkal*dan* alışveriş ediyor:
Frau Gönül kauft beim Lebensmittelhändler ein.

Das Verb ‚getirmek' (holen, herbringen) wird wie ‚almak' mit Akkusativobjekt und Ablativ gebraucht wie in den Sätzen der Ü 2:

Anne bakkaldan ekmek alıyor usw.

Aufgabe: Machen Sie Übung 2!

2. Einkaufen, Gewichte und Währung

In D 1 lernen Sie wichtige Ausdrücke, die Sie beim Einkaufen in einem türkischen Lebensmittelgeschäft brauchen. Für die Frage ‚was kostet ...' gibt es im Türkischen drei Ausdrücke:

kaça? / kaç para? / ne kadar?

Finden Sie die wichtigen Ausdrücke, die Sie in einer solchen Sprechsituation gebrauchen können in der ‚Wörterkiste', lernen Sie und verwenden Sie sie!

Die Gewichtseinheiten sind wie im Deutschen:

gram (Gramm, Abkürzung gr.) und kilo(gram) (Kilo(gramm), Abkürzung kg). Für ‚Pfund' gibt es keinen bestimmten Ausdruck, man sagt dafür ‚halbes Kilo': yarım kilo.

Im Aufbauwortschatz finden Sie noch andere in der Türkei gebräuchliche Maßeinheiten. Lernen Sie sie!

Die türkische Währung ist ‚Türk Lirası', Abkürzung TL, in der gesprochenen Sprache sagt man nur ‚Lira'. Die kleinere Währungseinheit, kuruş, (Entsprechung von ‚Pfennig') ist nach letzten Abwertungen nicht mehr im Gebrauch. Deshalb gibt es fast keine Münzen mehr, sondern nur Banknoten.

Auf Seite 92/93 finden Sie Abbildungen von türkischen Banknoten. Schauen Sie sie genau an.

In D 1 ist von Lebensmitteln die Rede. Im Aufbauwortschatz finden Sie noch weitere Lebensmittelbezeichnungen, die in D 1 nicht vorkommen. Lernen Sie sie dazu!

Wenn in D 1 Gönül Hanım nach dem Preis fragt, antwortet der ‚Bakkal' mit ‚kilosu' (ein Kilo, wörtlich sein Kilo) oder ‚tanesi' (ein Stück, wörtlich sein Stück). Betrachten Sie diese Formen vorläufig als feststehende Ausdrücke; Sie werden sie in Lektion 9 lernen.

Aufgabe: Spielen Sie mit Ihrem Lernpartner den Dialog D 1, auch auf Deutsch! Am besten gehen Sie gleich in ein türkisches Lebensmittelgeschäft und kaufen Sie dort ein!
Machen Sie die Übungen 4 und 5!

3. yarım-buçuk

In D 1 lernen Sie für ‚Pfund' ‚yarım kilo' (halbes Kilo) zu sagen. Gönül Hanım kauft aber auch ‚bir *buçuk* kilo şeker' (einein*halb* Kilo Zucker). Merken Sie den Unterschied zwischen ‚yarım' und ‚buçuk'? ‚yarım' steht adjektivisch vor dem Bezugswort:

yarım elma: halber Apfel; yarım ekmek: halbes Brot.

‚buçuk' steht stets nach einem Zahlwort und ist mathematisch:
iki buçuk kilo elma: zweieinhalb Kilo Äpfel, üç buçuk ay: dreieinhalb Monate usw.

4. kaç tane – ne kadar

Das Fragewort ‚kaç tane' (wieviel, wieviel Stück) kennen Sie bereits von Lektion 3. Auch das Fragewort ‚ne kadar' bedeutet u. a. (vgl. Lektion 8) ‚wieviel', wird aber für unzählbare Dinge gebraucht, während ‚kaç tane' für zählbare Dinge verwendet wird:

Gönül Hanım kaç tane kavun alıyor? aber: Gönül Hanım ne kadar şeker alıyor?

Auch bei ‚kilo' und ‚gram'-Angaben müssen wir mit ‚ne kadar' fragen:

Gönül Hanım bir buçuk kilo şeker alıyor- Frage: Gönül Hanım ne kadar şeker alıyor?

Aufgabe: Machen Sie Übung 7!

5. Adjektiv (sıfat) und Adverb (zarf)

In S 2 und D 1 begegnen Sie Adjektiven ‚*büyük* bir şehir', ‚*küçük* şehir', domates bugün çok *taze.*
Im Türkischen ist der Gebrauch des Adjektivs wie im Deutschen:

a) attributiv:
güzel kız das schöne Mädchen

Da es im Türkischen kein grammatisches Geschlecht gibt, wird das Adjektiv nicht dekliniert, es bleibt ohne Endung, auch im Plural:

güzel kızlar (die) schöne(n) Mädchen

Bei Unbestimmtheit wird der unbestimmte Artikel zwischen Adjektiv und Bezugswort eingeschoben:

güzel bir kız

ein schönes Mädchen

Die mit der deutschen Konstruktion identische Form

bir güzel kız

ein schönes Mädchen

existiert auch, wird aber selten gebraucht.

b) prädikativ:

Kız güzel. Das Mädchen ist schön.

c) adverbial:

Kız güzel yazıyor. Das Mädchen schreibt schön.

Wie im Deutschen sind auch im Türkischen Adjektiv und Adverb – wie im letzten Beispielsatz – im allgemeinen formgleich. Das Fragewort für Adjektive lautet ‚nasıl' (wie), wie Gönül Hanım in D 1 den ‚Bakkal' fragt: Domates bugün nasıl / Domates bugün çok taze.
In D 3 finden Sie Adjektivgegensatzpaare:

sıcak-soğuk / yaşlı-genç usw.

Aufgabe: Spielen Sie mit Ihrem Lernpartner D 3, auch auf Deutsch! Finden Sie die gegensätzlichen Adjektive in der ‚Wörterkiste' und machen Sie Übung 10; machen Sie auch Übung 6!

6. Postpositionen mit dem Ablativ

Im Türkischen gibt es keine Präpositionen, sondern Postpositionen (vgl. Einführungslektion), d. h. dem Bezugswort nachgestellte Verhältniswörter. In D 2a und b finden Sie solche, die den Ablativ verlangen:

başka: außer
Gönül Hanım domates*ten* başka ne alıyor?
Was kauft Frau Gönül außer Tomaten?

beri: seit
Emine ve Hüseyin Yılmaz 17 yıl*dan* beri Almanya'da çalışıyorlar.
Emine und Hüseyin Yılmaz arbeiten seit 17 Jahren in Deutschland.

Das Fragewort ‚ne zaman' (wann, vgl. Lektion 8) wird auch mit dem Ablativ gebraucht, um ‚seit wann' auszudrücken:

Ne zaman*dan* beri Türkçe öğreniyorsun?
Seit wann lernst du Türkisch?

itibaren: ab
Yarın*dan* itibaren Türkçe öğreniyorum.
Ab morgen lerne ich Türkisch.
Fragewort: Ne zaman*dan* itibaren: ab wann?

önce: vor (temporal) (Altw.: evvel)
Ders*ten* önce kantinde oturuyoruz.
Vor dem Unterricht sitzen wir in der Kantine.

sonra: nach (temporal)
Yemek*ten* sonra kahve içiyoruz.
Nach dem Essen trinken wir Kaffee.

Aufgabe: Spielen Sie mit Ihrem Lernpartner die Dialoge D 2a und b, auch auf Deutsch! Lesen Sie T und versuchen Sie ihn mit Hilfe der Grammatik und der ‚Wörterkiste' zu verstehen. Lesen Sie ihn mehrmals und erzählen Sie ihn Ihrem Lernpartner nach. Übersetzen Sie ihn schriftlich ins Deutsche, dann diktieren Sie ihn ihrem Lernpartner und korrigieren Sie seine Fehler! Machen Sie die Übungen 8, 9, 11, 12, S/Ü b und c!

Merken Sie:

* Die Verhältniswörter ‚önce' und ‚sonra' verlangen zwar bei Substantiven den Ablativ, bei Zeitbegriffen aber (Minute, Stunde, Tag, Woche, Monat Jahr ..., vgl. Lektion 8) die Grundform:

  bir ay önce: vor einem Monat
  iki yıl sonra: nach zwei Jahren.

* Diese Verhältniswörter sind zugleich Zeitadverbien:

  önce (Altw.: evvela): zuerst; sonra: dann, danach, nachher
  Önce yemek yiyoruz, sonra kahve içiyoruz.
  Zuerst essen wir, dann trinken wir Kaffee.

Aufgabe: Lernen Sie das Sprichwort und das Lied! Können Sie es singen? Versuchen Sie die Karikatur zu verstehen: Ein Türke geht in ein Lebensmittelgeschäft in Deutschland und möchte Bananen kaufen. Das Wort ‚Banane' fällt ihm aber in diesem Augenblick nicht ein ...

7. Grammatik zum Weiterlernen:

7.1 An Substantive angehängt drückt die Endung ‚-den' das Material aus, aus dem der betreffende Gegenstand ist:

kâğıt (Papier) ⟶ kâğıt*tan*: aus Papier
taş (Stein) ⟶ taş*tan*: aus Stein, steinern
tahta (Holz) ⟶ tahta*dan*: aus Holz, hölzern

Das Fragewort ‚woraus' ist ‚neden' (vgl. Lektion 5).

7.2 Die Ablativendung leitet auch Adverbien ab. Sie kann Substantiven, Adjektiven und Adverbien angefügt werden:

gerçek (Wirklichkeit) ⟶ gerçekten: wirklich, tatsächlich
hakikat (Altw. für gerçek) ⟶ hakikaten: wirklich, tatsächlich
sahi (wirklich, wahr) ⟶ sahiden: wirklich, wahrhaftig
eski (alt) ⟶ eskiden: früher
yeni (neu) ⟶ yeniden: von neuem, wieder
biraz (etwas, ein wenig) ⟶ birazdan: etwas später
önce (zuerst) ⟶ önceden: früher, vorher
sonra (dann) ⟶ sonradan: später, danach
şimdi (jetzt) ⟶ şimdiden: jetzt schon

7.3 Zur Betonung werden manche Adverbien verdoppelt. Lernen Sie vorläufig die zwei gebräuchlichsten Adverbien mit Inhaltswiederholung:

çabuk çabuk: ganz schnell (auch als Befehl: bißchen Tempo, wird's bald);
yavaş yavaş: ganz langsam (auch: allmählich; auch als Aufforderung: alles mit der Ruhe).

5 Wörterkiste

W 1

açık	(hier:) offen
ağır	schwer
alışveriş	Einkauf
alışveriş etmek	einkaufen (s. C. 1.b)
almak	kaufen, nehmen, bekommen, holen (s. C. 1.b.)
ay	Monat
bakkal	Lebensmittelhändler; Lebensmittelgeschäft
başka	sonst (noch), außerdem; außer (s. C. 6.)
bayat	nicht frisch, altbacken
beri	seit (s. C. 6.)
beyaz peynir	Schafskäse
bir dakika	(hier:) einen Moment
bir şey	etwas
bira	Bier
birazdan	(s. C. 7.b.)
boş	(hier:) leer
bozuk	kaputt
buçuk	halb (s. C.3.)
buradan	von hier
büyük	groß
cümle (Neuw. tümce)	Satz
çabuk	schnell
çabuk çabuk	ganz schnell (s. a. C. 7.3.)
çirkin	häßlich
doğru	(hier:) richtig
dolu	voll
elma	Apfel
eski	alt (für Sachen)
eskiden	s. C. 7.b.
et	Fleisch
evvel (Altw. für önce)	vor (temporal)
evvela (Altw. für önce)	zuerst
fakir	arm
genç	jung
gene buyurun	kommen Sie wieder
gerçek, gerçekten	s. C. 7.b.
getirmek	herbringen, holen
gram	Gramm
güzel	schön, hübsch
hafif	leicht (zum Tragen)
hakikat, hakikaten	s. C. 7.b.
hava	(hier:) Wetter
hayırlı işler	gutes Geschäft (wird beim Verlassen eines Ladens gesagt)
hepsi	alle(s)
hepsi bu kadar	das ist alles
hepsi ne kadar ediyor?	was macht alles zusammen?
hesaplamak	(zusammen-)rechnen
ihtiyar (Altw. zu yaşlı)	
işte	hier ist ..., da ist ...
itibaren	ab (temporal, lokal)
iyi	(hier:) gesund
... kaç para? ... kaça?	was kostet ...?
kapalı	geschlossen
kasap	Metzger
karpuz	Wassermelone
kavun	Honigmelone
kent (Neuw. zu şehir)	
kısa	kurz

kilo	Kilo(gramm)
kilosu	ein Kilo davon (s. C.2)
kimden	von wem
kitaplık	Bücherei; Bücherregal
kolay	leicht
küçük	klein
Lira	Türk. Pfund, Türk. Lira (s. C.2.)
memnun	zufrieden (s. C.1.a.)
mesela (Neuw. örneğin)	zum Beispiel
muz	Banane
nasıl	wie
ne kadar	was kostet; wieviel (s. C.4.)
ne zaman	wann
ne zamandan beri	seit wann
neden	(hier:) woraus
nereden	woher
neyse	na ja
o halde o zaman	(also) dann
oradan	von dort, dorther
önce	vor (temporal); zuerst
önceden	s. C.7.
örneğin	zum Beispiel
pahalı	teuer
paranın üstü	Restgeld, Wechselgeld
pastırma	türk. geräucherte Knoblauchwurst
pek	sehr
sağlam	(hier:) heil, nicht kaputt
sahi, sahiden	s. C.7.
satın almak	kaufen
sekreter	Sekretär
sepet	Korb
sevmek	lieben, mögen, gern haben
sıcak	warm, heiß
soğuk	kalt
sonra	nach (temporal); dann, danach, nachher
sonradan	s. C.7.b.
sucuk	türk. Knoblauchwurst
şef	Chef
şehir	Stadt
şeker	Zucker
şey	Sache, Ding
şimdiden	s. C.7.b.
şişe	Flasche
şuradan	von dort, dorther
tahta	Holz
tanesi	ein Stück (davon) (s. C.2.)
taş	Stein
taze	frisch
TL	Abkürzung für Türk. Lira
tümce	Satz
ucuz	billig
uzak	weit, fern
uzun	lang
yakın	nah
yanlış	falsch
yarım	halb (s. C.3)
yarım kilo	(ein) Pfund
yaşlı	alt (für Menschen)
yavaş	langsam
yavaş yavaş	ganz langsam (s. a. C.7.3.)
yeniden	s. C.7.2.
yıl	Jahr
yoksul (Neuw.)	arm
yol	Weg
zengin	reich
zeytin	Olive
zor	schwer, schwierig

W 2 (grammatische Termini)

-den-hali uzaklaşma durumu	Ablativ, Ableitungsform	sıfat	Adjektiv
		zarf	Adverb

W 3 (Aufbauwortschatz)

a) Maßeinheiten

kilometre (Abk. km)	Kilometer
kilometrekare	Quadratkilometer
litre	Liter
metre (Abk. m)	Meter
metrekare (Abk. m²)	Quadratmeter
milimetre (Abk. mm)	Milimeter
santim(etre) (Abk. cm)	Zentimeter

b) Lebensmittel und Getränke

armut	Birne
bal	Honig
balık	Fisch
çikolata	Schokolade
maden suyu	Mineralwasser
meyve	Obst, Frucht
meyve suyu	Fruchtsaft
pasta	Kuchen
patates	Kartoffel
peynir	Käse
portakal	Orange
reçel	Marmelade
salam	Salami
salatalık	Gurke
sebze	Gemüse
sosis	Wurst
su	Wasser
süt	Milch
şarap	Wein
tereyağ	Butter
un	Mehl
yağ	Öl, Margarine
yiyecek	Lebensmittel
yoğurt	Joghurt
yumurta	Ei

c) Essen und Trinken

bardak	Glas
bıçak	Messer
çatal	Gabel
çatal bıçak (kaşık)	Besteck
kaşık	Löffel
peçete	Serviette
tabak	Teller
tuzluk	Salzstreuer

6

Lektion 6: Almanya'ya Telgraf Çekmek İstiyorum

Grammatik:

1. Der Dativ (Fragewörter: nereye, kime)
2. Die Postpositionen ‚için' und ‚ile'
3. Entsprechung für ‚brauchen'
4. neden-çünkü (warum-weil); Bindewort: çünkü
5. ‚wollen'
6. Der Imperativ
7. Adverbien mit ‚-le'

Sprechsituationen:

Richtung angeben; Bedürfnisse ausdrücken; Fragen stellen und Gründe angeben; Befehle erteilen;
Post und Bank

Aufbauwortschatz:

Post und Bank

Zusatzmaterial:

Türkische Briefmarken

6 A

S 1

a) Nereye gidiyorsun ?
Sinemaya gidiyorum.
İyi eğlenceler !
Sağ ol. Sen nereye gidiyorsun ?
Türkiye'ye tatile gidiyorum.
O halde iyi yolculuklar ve iyi tatiller !

b) Nereye gidiyorsun ?
İşe gidiyorum.
Neyle işe gidiyorsun ?
Taşıtla gitmiyorum, yürüyerek gidiyorum.
Ayşe ile Ali nereye gidiyor ?
Bisikletle parka gidiyorlar.

T

Baba her gün arabayla işe gidiyor

Baba her gün arabayla işe gidiyor. Çocuklar bisikletle okula gidiyor. Gisela her hafta trenle Köln'den Düsseldorf'a gidiyor. Metin Bey her ay Ankara'ya gidiyor. Bazen trenle ama, genellikle uçakla gidiyor. Anne bugün kasaba gidiyor, et alıyor. Sonra manava gidiyor, sebze ve meyve alıyor. Sonra da fırına gidiyor ve taze ekmek alıyor. Bu akşam misafirler geliyor. Anne konuklar için iyi bir yemek hazırlamak istiyor.

S 2

Bana kalem lazım. Sende kalem var mı ?
Maalesef bende kalem yok ama, Türkçe kitabı var.
Türkçe kitabı bana lazım değil, ben kalem arıyorum.
Neden kalem arıyorsun ?
Çünkü mektup yazmak istiyorum.
Kime yazmak istiyorsun ?
Ali'ye.

S 3

Nereye gidiyorsun ?
Kasaba gidiyorum.
Neden kasaba gidiyorsun ?
Çünkü bana et lazım. Sen nereye gidiyorsun ?
Manava gidiyorum.
Neden manava gidiyorsun ?
Çünkü bana meyve ve sebze lazım.
Akın nereye gidiyor ?
Fırına gidiyor.
Neden fırına gidiyor ?
Çünkü ona ekmek lazım.
Peter nereye gidiyor ?
Postaneye gidiyor.
Neden postaneye gidiyor ?
Çünkü Almanya'ya telgraf çekmek istiyor.

S 4

a) Türkçe öğren !
Peki, Türkçe öğreniyorum.
Türkçe konuşun !
Peki, Türkçe konuşuyoruz.

b) Lütfen yüksek sesle konuşunuz, anlamıyorum.
Peki, yüksek sesle konuşuyorum.

D 1

Postanede
(küçük bir oyun; kişiler: Peter, memur)

P.: Almanya'ya telgraf çekmek istiyorum.
M.: Kaç kelime ?
P.: On kelime.
M.: Bin Lira ödeyin lütfen.
P.: Almanya'ya mektup ve kart ne kadar ?
M.: Mektup 100 Lira, kart 70 Lira.
P.: Sizde posta pulu var mı ?
M.: Hayır. Yandaki gişeye gidin lütfen.
P.: Bana jeton da lazım. Sizde jeton var mı ?
M.: Neden jeton istiyorsunuz ?
P.: Çünkü Almanya'ya telefon etmek istiyorum.
M.: Bizde yurt dışı için jeton yok, yurt içi için jeton var. Yandaki gişeye sorun lütfen.
P.: Bir de paket göndermek istiyorum.
M.: Nereye ?
P.: Erzurum'a, bir arkadaşa.

D 2

Size bir mektup var
(küçük bir oyun; kişiler: postacı, Peter)

postacı: Size bir mektup var.
Peter: Nereden ?
postacı: Almanya'dan.
Peter: Gönderen kim ?
postacı: Johannes Weber.
Peter: Bu mektup bana değil. Zarfa bakın, adres yanlış.
postacı: Alıcı siz değil misiniz ?
Peter: Alıcı ben değilim. Mektup her halde Martin Bey için.
postacı: Martin Bey mi ? O kim ?
Peter: Bir Alman komşu. O da bu sokakta oturuyor. Kapıcıya sorun.

D 3

Bankada
(küçük bir oyun; kişiler: Peter, Fikret, memur)

M.: Buyurun ? Hesap mı açtırmak istiyorsunuz ?
F.: Hayır, ben para çekmek istiyorum.
M.: Para mı yatırmak istiyorsunuz ?
F.: Hayır, para çekmek istiyorum. Bu arkadaş Alman, ona yardım ediyorum.

M.: Sprechen Sie Deutsch ?
P.: Ben Türkçe biliyorum. 100 D-Mark bozdurmak istiyorum.
M.: Bir formüler doldurun ve kambiyoya gidin.
P.: Çek de bozuyor musunuz ?
M.: Hayır, biz çek bozmuyoruz. Büyük bir bankaya gidin.

Türkische Briefmarken

6 B

Ü 1 **(sen)-nereye gitmek İstanbul:**
Nereye gidiyorsun? / İstanbul'a gidiyorum.

1. (siz)- nereye gitmek / Ankara
2. Gönül Hanım- nereye gitmek / bakkal
3. Peter- nereye gitmek / postanc vc banka
4. öğrenciler- nereye gitmek / üniversite
5. (biz)- nereye gitmek / sinema

Ü 2 **Suchen Sie in der rechten Spalte die Orte aus, wohin die betreffenden Personen gehen, z. B.: Öğretmen okula gidiyor.**

işçi	doktor
profesör	lokanta
hasta	postane
garson	okul
sekreter	üniversite
postacı	fabrika
öğrenci	büro
anne	iş
baba	manav

Ü 3 **Bilden Sie Sätze: Günter-bu akşam-Ünal-uğramak:**
Günter bu akşam Ünal'a uğruyor.

1. öğretmen-öğrenci- bir şey-sormak
2. öğrenci-öğretmen- cevap vermek
3. baba- çocuklar-para-vermek
4. postacı-zarf-bakmak
5. Ayşegül-ayna-bakmak
6. misafirler-çocuklar-hediye-getirmek

7. Peter-arkadaş-paket-göndermek
8. Sabine-Sinan-telefon etmek
9. polis-yaşlı kadın- yardım etmek

Ü 4 baba- otomobil ile- iş- gitmek: Baba otomobille işe gidiyor.

1. (biz)- bisiklet ile- üniversite- gitmek
2. Hüseyin- otobüs ile- fabrika- gitmek
3. Metin Bey- uçak ile- Ankara- gitmek
4. (ben)- gemi ile- İzmir- gitmek
5. Turhan- uçak ile- Antalya- gitmek
6. (siz)- tren ile- Edirne- gitmek

Ü 5 Setzen Sie die Postpositionen ein: için oder ile?

1. Anne misafirler ----- çay pişiriyor.
2. Baba gözlük ----- gazete okuyor.
3. Emine kurs ----- sözlük alıyor.
4. Süleyman bisiklet ----- bakkala gidiyor.
5. Hüseyin ekmek ----- zeytin yiyor.

Ü 6 Setzen Sie die fehlenden Fallendungen ein: Lokativ, Ablativ oder Dativ?

1. Gönül Hanım Taksim'--- oturuyor, her gün bakkal... gidiyor ve bakkal--- alışveriş ediyor.
2. Peter banka--- gidiyor.
3. Fatma bugün Kars'--- geliyor, yarın Erzurum'--- gidiyor.
4. Emine kurs--- Almanca öğreniyor.
5. Metin Bey büro--- ev--- geliyor, ev--- çay içiyor ve müzik dinliyor.
6. Öğrenciler kantin--- oturuyor ve kahve içiyor.

Ü 7 Kreuzen Sie die richtigen Wörter an!

1. Akın mektup yazmak istiyor. Ona ne lazım ?
sebze et kâğıt kalem ekmek zarf
2. Anne yemek pişirmek istiyor. Ona ne lazım ?
sebze defter silgi kâğıt et
3. Küçük Özcan okula gidiyor. Ona ne lazım ?
çanta domates televizyon telgraf defter
radyo kalem

Ü 8 Bilden Sie Fragesätze und geben Sie jeweils eine positive und negative Antwort: sen-Türkçe kitabı-lazım / evet-hayır:
Sana Türkçe kitabı lazım mı? /
Evet, bana Türkçe kitabı lazım.
Hayır, bana Türkçe kitabı lazım değil.

1. biz-bisiklet-lazım / evet-hayır
2. siz-araba-lazım / evet-hayır
3. Ankara-metro / lazım / evet-hayır
4. çocuklar-top-lazım / evet-hayır
5. Ayla-televizyon-lazım / evet-hayır
6. sen-kibrit-lazım / evet-hayır
7. Emel-çakmak-lazım / evet-hayır

Ü 9 Martin neden Türkçe öğreniyor? (Türkiye-gitmek-istemek):
Martin Türkçe öğreniyor, çünkü Türkiye'ye gitmek istiyor.

1. Gülten neden Almanca öğreniyor? (Almanya-çalışmak-istemek)
2. Peter neden postaneye gidiyor? (Almanya-telgraf çekmek-istemek)
3. Ruth'a neden Türkçe kitabı lazım? (Türkçe öğrenmek-istemek)

4. Neden postaneye gidiyorsun? (Türkiye-kart atmak-istemek)
5. Ali neden Almanca öğrenmiyor? (Türkiye-dönmek-istemek)

Ü 10 **Bilden Sie sinnvolle Sätze, z. B.:**
‚Saz çalmak istiyorum', oder ‚Rakı içmek istiyor musun?' usw.

(ben)	saz çalmak	istemek
(sen)	rakı içmek	
Peter	kitap okumak	
çocuklar	alışveriş etmek	
(biz)	Türkiye'de oturmak	
Gönül Hanım	top oynamak	
(siz)	fabrikada çalışmak	
öğrenciler	Türkiye'ye gitmek	

Ü 11 **a) Bilden Sie Imperativsätze!**
(sen) – ben-mutfak-bira getirmek: Bana mutfaktan bira getir!

1. (siz)-öğrenciler için-Türkçe kitabı-almak
2. (sen)-postane-gitmek-Türkiye-telgraf çekmek
3. (sen)-çocuklar için-bisiklet-almak
4. (sen)-ben-para-vermek
5. (siz)-Tamer-uğramak
6. (sen)-Fuat-telefon etmek
7. (siz)-uçak ile-Türkiye-gitmek
8. (sen)-Emel-sigara-vermek

b) Setzen Sie die Sätze in Verneinung!
Bana mutfaktan bira getirme!

Ü 12 Beantworten Sie die Fragen zu Texten und Dialogen!

1. Baba her gün neyle işe gidiyor ?
2. Metin Bey her ay nereye gidiyor ?
3. Anne bugün nereye gidiyor ?
4. Peter neden postaneye gidiyor ?
5. Almanya'ya mektup ve kart ne kadar ?
6. Peter neden jeton istiyor ?
7. Peter nereye ve kime paket göndermek istiyor ?
8. Fikret neden Peter'le bankaya gidiyor ?

Ü 13 Übersetzen Sie ins Deutsche oder ins Türkische!

1. Anne çocuklar için bir hediye arıyor.
2. Bring mir bitte eine Flasche Bier aus der Küche.
3. Hans lernt Türkisch, denn er möchte in den Ferien in die Türkei fahren.
4. Sinan bazen otobüsle üniversiteye gidiyor ama, çoğunlukla bisikletle gidiyor.
5. Ich brauche keine Briefmarke, ich suche einen Briefumschlag.
6. Emine kurstan sonra eve gidiyor ve çocuklar için yemek pişiriyor.
7. Brauchst du das Fahrrad? (Brauchst du kein Fahrrad?)
8. Möchten Sie ein Konto eröffnen?
9. Peter und Fikret fahren mit dem Zug in die Türkei.
10. Almanya'ya bir paket göndermek istiyorum.

S/Ü Spielen Sie einen Dialog mit Ihrem Lernpartner und benutzen Sie die Alternativantworten!

a)

Nereye gidiyorsun? → Üniversiteye gidiyorum.
→ Eve gidiyorum.
→ İşe gidiyorum.

b)

Neyle üniversiteye gidiyorsun? — Taşıtla gitmiyorum, yürüyerek gidiyorum.

(eve) — Otobüsle eve gidiyorum.

(işe) — Bisikletle işe gidiyorum.

c)

Sana sözlük lazım mı?
→ Evet, bana sözlük lazım.
→ Hayır, bana sözlük değil, gözlük lazım.
→ Bana sözlük lazım değil, ben bir kalem arıyorum.

d)

Neden Türkçe öğreniyorsunuz?
→ Çünkü tatilde Türkiye'ye gitmek istiyoruz.
→ Çünkü Türk komşularla konuşmak istiyoruz.
→ Çünkü Türkçe gazete okumak istiyoruz.

B/Ü 1 Kim neyle nereye gidiyor?

B/Ü 2 **Spielen Sie den Dialog bei der Post!**

B/Ü 3 **Spielen Sie den Dialog in der Bank!**

6 c

1. Der Dativ (e-hali: yönelme durumu)

Die Dativendung, die der kleinen Vokalharmonie unterliegt und betont ist, lautet ‚-e' oder ‚-a':

öğretmen*e* (dem Lehrer) / memur*a* (dem Beamten).

Nach Vokalauslaut wird ein ‚y' als Füllkonsonant eingeschoben:

öğrenci*ye* (dem Schüler) / postacı*ya* (dem Briefträger).

Personennamen werden auch in den Dativ gesetzt:

Gül'e (der Gül) / Hans'a (dem Hans) /
Ayşe'ye (der Ayşe) / Udo'ya (dem Udo).

Neben der Dativfunktion gibt der Dativ im Türkischen auch die Richtung an, er bildet also die Richtungsform und steht für die deutschen Präpositionen ‚nach', ‚zu', ‚in (den, die, das)' usw.

Münih'e (nach München) / İstanbul'a (nach Istanbul),
ev*e* (nach Hause) / okul*a* (in die Schule).

Die entsprechenden Fragewörter sind:

nere*ye*: wohin; kim*e* (wem, zu wem).

Die Ortsadverbien für Dativ, die sich aus den Demonstrativpronomen ‚bu-şu-o' ableiten, lauten:

buraya (hierher), şuraya (dorthin),
oraya (dorthin, größere Entfernung).

Mit dem Fragewort ‚nereye' sind diese Ortsadverbien in der ersten Silbe betont.

Die stimmlosen Konsonanten ç, k, p, t im Auslaut (der letztere mit Vorbehalt) werden weich, wenn die Dativendung angefügt wird:

ağa*ç* (Baum)	----→	ağa*c*a (auf den Baum),
çocu*k*	----→	çocu*ğ*a (dem Kind),
kita*p*	----→	kita*b*a (ins Buch),
kâğı*t*	----→	kâğı*d*a (ins Blatt, auf das Blatt).

Bei Personennamen, die mit einem Apostroph von der Endung getrennt werden, bleiben diese stimmlosen Konsonanten in der Orthographie unverändert, werden aber weich gesprochen, z. B.:

Serap'a (gesprochen: Seraba, der Serap).

Die Rektion der Verben ist zum größten Teil im Deutschen und Türkischen gleich. Nur bei einigen Verben trifft dies nicht zu. Typische Dativverben im Türkischen – manche im Gegensatz zum Deutschen – sind: bakmak, sormak, uğramak, telefon etmek (vgl. ‚Wörterkiste').

Aufgabe: Spielen Sie mit Ihrem Lernpartner den Dialog S 1a, auch auf Deutsch! Machen Sie die Übungen 1, 2, 3, 6 und S/Ü a!

2. Die Postpositionen ‚için' und ‚ile'

Die nachgestellten Verhältniswörter ‚için' (für) und ‚ile' (mit) werden mit dem Nominativ gebraucht (vgl. Lektion 9), das Bezugswort bekommt also keine Endung:

çocuk için: für das Kind; çocuklar için: für die Kinder.

Das Verhältniswort ‚için' kann – wie im Deutschen – durch den Dativ ersetzt werden:

Anne çocuklar için (oder çocuklara) hediye alıyor. (Die Mutter kauft für die Kinder (oder den Kindern) ein Geschenk).

tren ile: mit dem Zug; uçak ile: mit dem Flugzeug

Die Postposition ‚ile' wird aber meistens dem Bezugswort angehängt, indem das anlautende ‚i' ausfällt und die Endung dann der kleinen Vokalharmonie unterliegt:

tren*le*; uçak*la* ...

Nach Vokalauslaut wird ein ‚y' als Füllkonsonant eingeschoben:

gemi ----→ gemi ile ----→ gemi*y*le

(Obwohl die Endung ‚-le' nicht vokalisch anlautet, steht ein ‚y' als Füllkonsonant da, in Anlehnung an die ursprüngliche -vokalisch anlautende- Form der Endung ‚*i*le')

Nach Personennamen trennt ein Apostroph die Endung vom Bezugswort:

Gül'le (mit Gül), Peter'le (mit Peter), Hans'la (mit Hans), Ali'yle (mit Ali) ...

Zwischen zwei Personennamen bedeutet ‚ile' auch ‚und':

Ayşe *ile* Ali (Ayşe *und* Ali)

Das entsprechende Fragewort für die Postposition ‚ile' lautet: neyle (womit).

Aufgabe: Spielen Sie mit Ihrem Lernpartner den Dialog S 2b, auch auf Deutsch! Lesen Sie T und versuchen Sie, ihn mit Hilfe der ‚Wörterkiste' zu verstehen. Lesen Sie ihn mehrmals und erzählen Sie ihn Ihrem Lernpartner nach. Dann übersetzen Sie T schriftlich ins Deutsche. Machen Sie die Übungen 4, 5, S/Ü b und B/Ü 1!

3. Personalpronomen im Dativ; Entsprechung für ‚brauchen'

Die Personalpronomen im Dativ lauten:

bana	mir	bize	uns
sana	dir	size	euch, Ihnen
ona	ihm, ihr	onlara	ihnen

Auch ein Personalpronomen im Dativ kann das Verhältniswort ‚için' ersetzen, z. B. ‚sana' kann auch ‚für dich' bedeuten, oder wie in D 2: ‚*Size* bir mektup var' (Es ist ein Brief *für Sie*).
Um das Verb ‚brauchen' auszudrücken, brauchen wir die Personalpronomen im Dativ, denn statt ‚ich brauche' sagt man im Türkischen ‚mir ist ein ... nötig' (vgl. Lektion 11).

Z. B.:

Bana kitap lazım.	Ich brauche ein Buch; wörtlich: Mir ist ein Buch notig.
Sana sözlük lazım.	Du brauchst ein Wörterbuch; wörtlich: Dir ist ein Wörterbuch nötig. Usw.

Das Strukturwort ‚lazım' (nötig) bleibt unverändert, die Person erkennt man am Personalpronomen im Dativ.
In der Frageform wird die Fragepartikel, die in diesem Fall unverändert ‚mı' ist (weil sie nach ‚lazım' kommt) nachgestellt:

Sana para lazım mı?	Brauchst du Geld?
Size televizyon lazım mı?	Braucht ihr/Brauchen Sie einen Fernseher?

Die Verneinung erfolgt mit ‚değil':

Bana para lazım değil.	Ich brauche kein Geld; wörtlich: Mir ist kein Geld nötig.

Verneinende Frage:

Sana para lazım değil mi?	Brauchst du kein Geld; wörtlich: Ist dir kein Geld nötig?

Auch die Frage- und negative Frageform bleibt bei allen Personen konstant.

Bei der Bestimmtheit ist eine Umstellung nötig:

Kitap bana lazım.	Ich brauche das Buch.
Kitap bana lazım değil.	Ich brauche das Buch nicht.

Vergleichen Sie:

Bize televizyon lazım.	Televizyon bize lazım.
Wir brauchen einen Fernseher.	Wir brauchen den Fernseher.

Aufgabe: Machen Sie die Übungen 7 und 8!

4. neden-çünkü

Das Fragewort ‚warum' heißt im Türkischen ‚neden' oder ‚niçin' (aus ‚ne için': wofür, für was) oder ‚niye'. Die Antwort erfolgt mit ‚çünkü' (denn, weil): ‚çünkü' ist ein Bindewort zwischen zwei Hauptsätzen.

Neden Türkçe öğreniyorsun? Warum lernst du Türkisch?
Türkçe öğreniyorum, çünkü tatilde Türkiye'ye gitmek istiyorum.
Ich lerne Türkisch, weil ich in den Ferien in die Türkei fahren möchte.

Aufgabe: Spielen Sie die Dialoge S 2 und S 3 mit Ihrem Lernpartner, auch auf Deutsch! Machen Sie Übung 9 und S/Ü c und d! Stellen Sie Ihrem Lernpartner verschiedene Fragen mit ‚neden' und hören Sie seine Antworten, dann lassen Sie sich von ihm befragen!

5. wollen (mögen)

Wie Sie in dem Satz ‚Tatilde Türkiye'ye gitmek istiyorum' sehen, ist die Entsprechung für das Modalverb ‚wollen' (‚mögen') ‚istemek'. Der übergeordnete Infinitiv wird – im Gegensatz zum Deutschen – ihm vorangestellt, z. B.:

Türkçe öğrenmek istiyorum

Ich will (möchte) Türkisch lernen.

Oder:

Sigara içmek istiyor musun? / Şimdi sigara içmek istemiyorum.

Möchtest du rauchen? Ich möchte jetzt nicht rauchen.

Aufgabe: Machen Sie Übung 10!

6. Der Imperativ (Emir Kipi)

Der Imperativ im Türkischen ist zumindest für die 2. Person Singular mit der Befehlsform im Deutschen identisch; der Verbstamm dient als die Befehlsform für die 2. Person im Singular:

gel-mek	komm-en
gel!	komm!

Beim Imperativ ist der Verbstamm betont. Die Endungen im Plural unterliegen der großen Vokalharmonie:

komm	gel	almak:	al
komm*t*	gel*in*		al*ın*
komm*en Sie*	gel*iniz*		al*ınız*
gülmek:	gül	konuşmak:	konuş
	gül*ün*		konuş*un*
	gül*ünüz*		konuş*unuz*

Bei ‚demek' und ‚yemek' wird das e am Verbstamm zu i, und bei ‚gitmek', ‚etmek' und ‚tatmak' wird das t am Verbstamm zu d in den Pluralformen des Imperativs.
Nach Vokalauslaut am Verbstamm wird ein ‚y' als Füllkonsonant eingeschoben:

okumak:	oku
	oku*y*un
	oku*y*unuz

Merken Sie:

* Die höfliche Befehlsform auf ‚-iniz' (-‚ınız', ‚-ünüz', ‚-unuz') klingt im Türkischen zu förmlich. Deshalb benutzt man meistens die Befehlsform für 2. Person Plur. auch für die höfliche Form, also ‚gelin' kann neben ‚kommt' auch ‚kommen Sie' bedeuten.

Verneinter Imperativ:

Bei der Verneinung wird das Verb durch das Anhängen von ‚-me/-ma' an den Verbstamm negativisiert (diese Regel kennen Sie ja bereits von der Präsenskonjugation, vgl. Lektion 4):

gel-me-mek:	nicht kommen
gelme	komm nicht
gelmeyin	kommt nicht
gelmeyiniz	kommen Sie nicht.

Da die Imperativendungen nun nur nach ‚-me' oder ‚-ma' kommen, unterliegen sie in der Verneinung nur der kleinen Vokalharmonie:

oku-ma-mak:	nicht lesen
okuma	lies nicht
okumayın	lest nicht
okumayınız	lesen Sie nicht

Aufgabe: Spielen Sie mit Ihrem Lernpartner die Dialoge S 4a und b, auch auf Deutsch! Machen Sie Übung 11! Spielen Sie auch die Dialoge D 1, D 2 und D 3 mit Ihrem Lernpartner, auch auf Deutsch. Machen Sie die Übungen 11, 12 und 13, machen Sie auch B/Ü 2 und 3!

In W 3 (Aufbauwortschatz) finden Sie Ausdrücke, die Sie bei der Post und auf der Bank gebrauchen können. Lernen Sie sie! In W 4 lernen Sie auch umgangssprachliche Ausdrücke, die mit dem Dativ und/oder Imperativ gebildet werden. Lernen Sie und verwenden Sie sie!

7. Grammatik zum Weiterlernen

7.1. Adverbien mit ‚ile'

Es gibt eine Reihe von Adverbien, die mit dem Verhältniswort ‚ile' (bzw. ‚-le') gebildet werden. Im folgenden sind die wichtigsten zusammengestellt:

çoğunlukla: meistens (aus ‚çok'), vgl. T,
genellikle: im allgemeinen (aus ‚genel': allgemein), vgl. T,
memnuniyetle (Neuw. seve seve): gerne (aus ‚memnuniyet': Zufriedenheit),
müsaadenizle (Neuw. izninizle): mit Verlaub, wenn Sie gestatten (aus müsaade / izin: Erlaubnis),
özellikle: besonders,
sırayla: der Reihe nach (aus ‚sıra': Reihe),
yanlışlıkla: versehentlich, aus Versehen (aus ‚yanlış': falsch, Fehler),
yüksek sesle: laut (beim Sprechen) (aus: ‚yüksek' (hoch) und ‚ses': Stimme).

7.2. Das Funktionswort ‚sakın'

Die verneinte Befehlsform können Sie auch mit dem Funktionswort ‚sakın' (ja nicht) betonen:

Sakın meyhaneye gitme: Geh ja nicht in die Kneipe!

Sakın çok para harcamayın: Gebt ja nicht viel Geld aus!

6 Wörterkiste

W 1

adres	Adresse
ağaç	Baum
alıcı	Empfänger
anlamak	verstehen
aramak	suchen
atmak	(hier:) (Brief, Karte usw.) schicken, einwerfen
ayna	Spiegel
bakmak	an-, hin-, zu-schauen
bana	mir
banka	Bank
bazen	manchmal
bilhassa (Altw.)	besonders
bize	uns
bozdurmak	wechseln (lassen)
bozmak	(hier:) wechseln
bu akşam	heute abend
buraya	hierher, hierhin
cevap (Neuw. yanıt)	Antwort
cevap (od. yanıt) vermek	antworten
çek	Scheck
çekmek	(s. para çekmek, telgraf çekmek)
çoğunlukla (Altw. ekseriyetle)	meistens
çünkü	denn, weil
D-Mark	D-Mark
doldurmak	(hier:) ausfüllen; füllen
dönmek	(hier:) zurückfahren, zurückgehen, -kommen
eğlence	Vergnügen, Spaß
ekseriyetle	s. çoğunlukla
fırın	(hier:) Bäckerei
formüler	Formular
garson	Kellner
gemi (auch: vapur)	Schiff
genellikle	im allgemeinen
gişe	Schalter
gönderen	Absender
göndermek	schicken, senden
gün	Tag
hafta	Woche
harcamak	(Geld) ausgeben
hasta	(hier:) Patient
hazırlamak	vorbereiten
hediye	Geschenk
her	jede, jeder, jedes
her gün	jeden Tag
hesap	(hier:) Konto
hesap açtırmak	ein Konto eröffnen
için	für
ile	mit
iş	Arbeit
iyi eğlenceler	viel Spaß
iyi tatiller	schöne Ferien
iyi yolculuklar	gute Reise
izninizle	mit Verlaub, wenn Sie gestatten
jeton	Telefonmünze
kambiyo	Devisenstelle, Geldwechsel
kapıcı	Hausmeister
kart	(hier:) Postkarte
kelime	Wort
kibrit	Streichholz, Streichhölzer
kime	wem
konuk	Gast
lazım	nötig

lokanta	Lokal, Restaurant	seve seve	gerne
manav	Obst- und Gemüsehändler, -laden	sırayla	der Reihe nach
memur	Beamte(r), Angestellte(r)	size	euch, Ihnen
memnuniyetle	gerne	sokak	Straße
metro	U-bahn	sormak	fragen
meyhane	Kneipe	şuraya	dorthin, dahin
misafir (Altw.)	Gast, Besuch	taşıt	Verkehrsmittel, Fahrzeug
müsaadenizle (Altw.)	mit Verlaub, wenn Sie gestatten	taşıtla gitmek	fahren (im Gegensatz zu gehen)
neden	warum	tatil	Ferien; Urlaub
nereye	wohin	telefon etmek	anrufen
neyle	womit	telgraf	Telegramm
niçin	warum, wieso	telgraf çekmek	ein Telegramm schicken (od. aufgeben)
niye	warum, weshalb	tren	Zug
ona	ihm, ihr	uçak	Flugzeug
onlara	ihnen	uğramak	vorbeischauen, kurz besuchen
oraya	dorthin, dahin	vapur	s. gemi
oyun	Spiel	vermek	geben
ödemek	bezahlen, zahlen	yandaki	nebenan
özellikle	besonders	yanıt (Neuw.)	Antwort
paket	Paket	yanlışlıkla	versehentlich, aus Versehen
para çekmek	Geld abheben	yardım	Hilfe
para yatırmak	Geld einzahlen	yardım etmek	helfen
peki	okay, in Ordnung	yatırmak	s. para yatırmak
posta	Post(wesen)	yaya	s. yürüyerek
posta pulu	Briefmarke	yolculuk	Reise
postacı	Briefträger	yurt dışı	Ausland
postane	Postamt	yurt içi	Inland
PTT	Abk. für Türkische Post: Posta, Telgraf, Telefon	yüksek sesle	laut (beim Sprechen)
pul	Briefmarke (Umgangssprache)	yürüyerek	zu Fuß
sana	dir	zarf	Briefumschlag
sakın	ja nicht (s. C.6.b.)		

W 2

e-hali (yönelme durumu)	Dativ (Richtungsform)	emir kipi	Imperativ

W 3 (Aufbauwortschatz)

a) Post

ahize	Telefonhörer
ekspres mektup	Eilbrief
havale	Postüberweisung
kartpostal	Postkarte
koli	Postpaket
manzara kartı	Ansichtskarte
posta kartı	Postkarte
posta kutusu	Briefkasten
pul yapıştırmak	frankieren
taahhütlü	Einschreiben
telefon kulübesi	Telefonzelle
telefon numarası	Telefonnummer
telefon rehberi	Telefonbuch
uçakla	Luftpost

b) Bank

bankınot	Geldschein
döviz	Devisen
faiz	Zinsen
hesap cüzdanı	Sparbuch
kasa	Kasse
kredi	Kredit
tasarruf hesabı	Sparkonto
vezne	Kassenschalter

W 4 (Umgangssprachliches)

a) Wendungen mit Dativ

bana ne	was geht das mich an
sana ne	das geht dich nichts an
size ne	das geht Sie (euch) nichts an
şerefe	zum Wohl, prost (wörtl.: auf die Ehre)

b) Wendungen mit dem Imperativ

boş ver	mach dir nichts draus, nimms nicht tragisch
çok yaşa	Gesundheit! (beim Niesen; die Antwort: sen de gör)
eksik olma(yın)	Recht herzlichen Dank
güle güle giy(in)	trag(en Sie) es mit Freude (wird gesagt, wenn jemand sich etwas Neues zum Anziehen gekauft hat)
güle güle kullan(ın)	Verwende(n Sie) mit Freude (wird gesagt, wenn man sich etwas Neues gekauft hat)
güle güle otur(un)	wohne(n Sie) mit Freude (wird gesagt, wenn man in eine neue Wohnung eingezogen ist)
kusura bakma(yın) (aus: kusur: Fehler)	nimms (nehmen Sie es) nicht übel, nichts für ungut (wörtl.: schau(en Sie) nicht auf die Fehler)
sus(un)! (von ‚susmak': schweigen)	Ruhe!
sus be (sehr vulgär)!	halt die Klappe!
yapma	hör auf, laß das

7

Lektion 7: Hangi Kazağı Alayım?

Grammatik:

1. Der bestimmte Akkusativ (Fragewörter: neyi, kimi)
2. Adjektivsteigerung
3. Die Postpositionen ‚gibi' und ‚kadar'
4. ‚hangi' (welcher, welche, welches) und ‚nasıl bir' (was für ein, eine)
5. Der Optativ
6. Noch einmal zum Imperativ
7. Wortbildungsendungen ‚-li' und ‚-siz' (mit-ohne)
8. ‚veya, und ‚yoksa' (oder)

Sprechsituationen:

1. Personen und Sachen beschreiben und vergleichen; die persönliche Meinung ausdrücken;
2. Einkaufen (Kleidung)

Aufbauwortschatz:

Kleidungsstücke

7 A

S

Bugün kimi görüyorsun ?
Necdet'i görüyorum.
Necdet'le ne yapıyorsun ?
Lokantaya gidiyorum ve rakı içiyorum. Ya sen bugün ne yapıyorsun ?
Arabayı satıyorum.
Neyi satıyorsun ?
Arabayı.
Neden ? Deli misin ?
Ne yapayım ? Bana para lazım.

T

Filiz mavi kazağı alıyor

Filiz'e yeni giyecekler lazım. Filiz Doğan'la önce küçük dükkânlara, sonra büyük mağazalara gidiyor. Atalar'da satıcı Filiz'e birçok kazaklar ve bluzlar gösteriyor. Filiz kabinede kazakları ve bluzları giyiyor ve prova ediyor, ama Doğan bunları beğenmiyor. Sonunda Doğan mavi bir kazak beğeniyor. Kazak bluzlardan daha güzel ama, daha pahalı. Filiz'de o kadar çok para yok. Doğan, Filiz'e borç veriyor ve Filiz mavi kazağı alıyor. Mavi kazak ona çok yakışıyor.

T/D

Divan'da
(kişiler: Feray, Sieglinde, garson)

Feray ile Sieglinde bugün Divan'a gidiyorlar. Divan'ı tanıyor musunuz? Divan, Taksim'de meşhur bir kahve. Sieglinde burayı çok beğeniyor.

G.: Buyurun, efendim ?
F.: Ne içelim, Sieglinde ?
S.: Ben bir çay içeyim.
F.: Bana bir kahve getirin, lütfen.
G.: Sütlü ve şekerli mi olsun ?
F.: Şekersiz, lütfen. Yalnız sütlü olsun.
G.: Çay nasıl olsun, efendim ?
S.: Şekersiz ve limonlu, lütfen.
G.: Peki, efendim. Başka bir şey de istiyor musunuz ?
S.: Ben bir de pasta alayım. Hangi pastalar var ?
G.: Kremalı pasta getireyim mi ?
S.: Evet, lütfen. Ya sen, Feray ?
F.: Ben pasta yemiyeyim, çünkü şişmanlıyorum.

D

Hangi kazağı alayım ?
(kişiler: Filiz, Doğan, satıcı)

F.: Bana yeni giyecekler lazım.
D.: Haydi, gel, alışverişe gidelim.
F.: Atalar'a gidelim mi ?
D.: Kabul!

...

S.: Buyurun, efendim.
F.: Bir kazak veya bir bluz almak istiyorum.

S.: Nasıl bir kazak veya bluz arıyorsunuz ?
F.: Son model olsun.
S.: Kaç beden olsun ?
F.: 38 beden.
S.: Bunları nasıl buluyorsunuz ?
F.: Pek o kadar güzel değil. Başka yok mu ?
S.: Var tabii. Bakın, burada da 38 beden kazaklar ve bluzlar var.
F.: Şunları bir prova edeyim.
S.: Elbette, kabineye girin.

...

F.: Bu bluzu nasıl buluyorsun, Doğan ?
D.: Korkunç! Felaket! Berbat!
F.: Zaten bana dar geliyor.
D.: Şunu da bir giysene.
F.: Peki. ... Nasıl ?
D.: Fena değil, idare eder.
F.: Ya bu kazağı nasıl buluyorsun ?
D.: Harika! Sana çok yakışıyor.
F.: Ama kazaklar bluzlardan daha pahalı. Bilmiyorum, kazak mı yoksa bluz mu alayım ?
D.: Tabii kazak al! Kazaklar bluzlardan daha kalın ve bence çok daha şık.
F.: Hangi kazağı alayım ?
D.: Mavi kazağı al.
F.: Bu kazak ne kadar ?
S.: 2850 Lira, efendim.
F.: Ya şu kazak ?
S.: Fiyatlar aynı, efendim.
F.: Bende o kadar çok para yok. Daha ucuza olmaz mı ?
S.: Maalesef, efendim, bizde pazarlık yoktur.
D.: Farketmez, Filiz, ben sana borç vereyim.
F.: Sağ ol, Doğan.
D.: Rica ederim, güle güle giy.

Karikatur

(aus: Fırt)

7 B

Ü 1

Ali bugün kimi görüyor ? (Ahmet, Peter, öğretmen, profesör, Hans, arkadaş, Ünal, Sıtkı, Erol, Udo, doktor, polis, Monika, Gabi ...)
Ali bugün Ahmet'i görüyor, Ali bugün Peter'- ...

Ü 2

Metin Bey neyi satıyor ? (araba, televizyon, ev, radyo, masa, sandalye, kitaplar, dolap, ütü, resimler, saz, gitar ...)
Metin Bey arabayı satıyor, Metin Bey televizyon- ...

Ü 3 **Bilden Sie sinnvolle Sätze mit Akkusativ, z. B.: Ahmet kapıyı açıyor!**

baba	kazak	okumak
profesör	mektup	görmek
(sen)	İpek	kapamak
Filiz	cümle	giymek
garson	kapı	tekrarlamak
(biz)	salata	yazmak
Doğan	Filiz	getirmek
Fuat	kitap	sevmek
çocuk	oyuncak	bozmak

Ü 4 Setzen Sie die Kasusendungen (Akkusativ, Dativ, Lokativ, Ablativ) ein, aber achten Sie darauf, daß bei unbestimmtem Akkusativ keine Endung nötig ist!

1. Gül mutfak--- salata-- getiriyor.
2. Öğretmen çocuk- bir kitap- veriyor.
3. Nihat pencere-- kapatıyor, kapı-- açıyor.
4. Selma ev- mektup- yazıyor.
5. Martin kantin- gidiyor ve bir kahve- içiyor.
6. Baba büro-- gazete- okuyor.
7. Peter mektup- postane-- götürüyor.
8. Filiz bluz- giyiyor.
9. Baba televizyon-- haberler- dinliyor.
10. Yılmaz bugün Ankara'--- geliyor, yarın Kars'- gidiyor.

Ü 5 Ayşe-Fatma-Nurhan / güzel: Ayşe güzel, Fatma daha güzel, Nurhan en güzel

1. Metin Bey-Yaşar-Sinan / genç
2. Hans-Erol-Martin / çalışkan
3. Fuat-Doğan-Nuri / zengin
4. bu ev-şu ev-o ev / büyük
5. bluz-kazak-elbise / pahalı

Ü 6 otomobil-bisiklet / çabuk gitmek: Otomobil bisikletten daha çabuk gidiyor.

1. Peter-Udo / çabuk-Türkçe öğrenmek
2. Fuat-Doğan / çok-para kazanmak
3. bisiklet-araba / yavaş gitmek
4. Ruth-Sabine / iyi-Türkçe konuşmak
5. Ayla-Semra / iyi-yemek pişirmek

Ü 7 **Peter-bir Türk- gibi / kadar (neredeyse) (iyi)-Türkçe konuşmak:**
Peter bir Türk gibi Türkçe konuşuyor. / Peter neredeyse bir Türk kadar iyi Türkçe konuşuyor.

1. motosiklet-otomobil-gibi / kadar (neredeyse) (hızlı)-gitmek
2. Heike-Ayşegül-gibi / kadar (neredeyse) (iyi)-lahmacun yapmak
3. Martin-Ünal-gibi / kadar (neredeyse) (güzel)-saz çalmak
4. Petra-Ayla-gibi / kadar (neredeyse) (iyi)-kahve pişirmek

Ü 8 **bluz-kazak / ucuz-güzel: Bluz kazaktan daha ucuz ama, kazak kadar güzel değil.**

1. köfte-döner kebap / ucuz-lezzetli
2. Ayşe-Nurten / güzel-çalışkan
3. tren-uçak / ucuz-hızlı
4. Doğan-Fuat / yakışıklı-zengin
5. çizgili gömlek-kareli gömlek / pahalı-güzel

Ü 9 **Bilden Sie den passenden Fragesatz zum Aussagesatz, z. B.: „Bluzu alıyorum“: Hangi bluzu alıyorsunuz ? aber: „Çizgili bir gömlek istiyorum“: Nasıl bir gömlek istiyorsunuz ?**

1. Salatayı yiyorum.
2. Yeşil bir eteklik istiyorum.
3. Elbiseyi giyiyorum.
4. Gri bir pantalon arıyorum.
5. Sarı bir hırka istiyorum.
6. Bisikleti satıyorum.
7. Kareli gömlekler istiyorum.
8. Evleri satıyorum.

Ü 10 Bilden Sie Sätze mit Optativ:
Ali Almanca öğreniyor: Ali Almanca öğrensin. / Ali Almanca öğrenmesin.

1. Bugün doktora gidiyorum.
2. Meral kırık aynayı çöpe atıyor.
3. Peter Almanya'ya telefon ediyor.
4. Filiz mavi bir kazak alıyor.
5. Yarın alışverişe gidiyoruz.
6. Televizyonu açıyoruz.
7. Işığı yakıyorum.
8. Çocuklar okula gidiyor.

Ü 11 (sen)-top-ben-atmak: Topu bana atsana. / Peki, atayım.

1. (siz)-ışık-söndürmek
2. (sen)-kapı-açmak
3. (siz)-pencere-kapamak
4. (siz)-televizyon-kapamak
5. (sen)-elektrik-açmak
6. (sen)-ben-kalem vermek
7. (siz)-kırık ayna-çöp-atmak
8. (siz)-biz-masal-anlatmak
9. (siz)-biz-anlamak
10. (sen)-profesör-kitap-götürmek

Ü 12 sen-kahve içmek / ben-çay içmek: Sen kahve içiyorsun. Ben de çay içeyim.

1. siz-otomobil-almak / biz-motosiklet-almak
2. Peter-Türkçe-öğrenmek / Ali-Almanca-öğrenmek
3. sen-Antalya-gitmek / ben-İzmir-gitmek
4. Tülin-kahve-pişirmek / Monika-çay pişirmek
5. siz-köfte-yemek / biz-döner kebap-yemek
6. sen-çiklet-çiğnemek / ben-çikolata-yemek

Ü 13 **a) kahve-şeker / süt: Kahve şekerli ve sütlü mü olsun ?**
Yalnız şekerli, sütsüz olsun.

1. radyo-pil / cereyan
2. lahmacun-acı / yağ
3. çorba-limon / tuz
4. salata-sirke / limon
5. pide-peynir / maydanoz
6. pide-kıyma / yumurta

b) (ben) / süt-kahve: Sütlü kahveyi mi içeyim ?
Hayır, sütsüz kahveyi iç.

1. (biz) / limon-salata:
2. Ali / peynir-pide:
3. (ben) / krema-pasta:
4. (biz) / şeker-çay:
5. Feray / meyve-pasta:

Ü 14 **Übersetzen Sie ins Türkische!**

1. Soll ich dir Tee oder Kaffee kochen?
2. Sollen wir ins Kino oder ins Theater gehen?
3. Feray trinkt den Kaffee ohne Milch.
4. Wie findest du den blauen Mantel?
5. Meiner Meinung nach ist der rote Mantel viel hübscher.
6. Akın soll morgen bei uns vorbeischauen.
7. Die Kinder schauen fern, oder sie hören Musik.
8. Nurten spricht besser Deutsch als Emine.
9. Nurten spricht so gut Deutsch wie eine Deutsche.
10. Der gestreifte Rock ist billiger als der karierte Rock, aber er ist nicht so hübsch wie der karierte Rock.

S/Ü Spielen Sie mit Ihrem Lernpartner einen Dialog und benutzen Sie die Alternativantworten. Erweitern Sie die Antwortsätze mit Ihrem eigenen Wortschatz, auch schriftlich! Zeigen Sie sie dann Ihrem Lehrer.

a)

Bugün kimi görüyorsun?
- → Bugün Ali'yi görüyorum.
- → Bugün profesörü görüyorum.
- → Bugün arkadaşı görüyorum.

b)

Neyi alıyorsunuz?
- → Bluzu alıyorum.
- → Pilli radyoyu alıyorum.
- → Sarı mantoyu alıyorum.

c)

Bu kazağı nasıl buluyorsun?
- → Bence fena değil. (İdare eder.)
- → Felaket! (Korkunç!) (Berbat!)
- → Kazağı çok beğeniyorum.

d)

Nasıl bir manto istiyorsunuz?
- → Sarı bir manto istiyorum.
- → Çizgili bir manto istiyorum.
- → Kareli bir manto istiyorum.

e)

Ne içelim?
- → Ayran içelim.
- → Çay içelim.
- → Gazoz içelim.
- → Rakı içelim.

B/Ü 1 Beschreiben Sie diese Bilder unter der Benutzung des Akkusativs!

B/Ü 2 Vergleichen Sie diese Personen oder Sachen!

B/Ü 3 Beschreiben Sie diese Personen!

7 c

1. Der bestimmte Akkusativ (i-hali: belirtme durumu)

Die Endung für den bestimmten Akkusativ ist ‚-i', sie unterliegt der großen Vokalharmonie und hat die Varianten ‚-ı/-u/-ü', sie ist stets betont:

ev: ev*i*, bal: bal*ı*, gül: gül*ü*, okul: okul*u*.

Nach Eigennamen wird die Endung vom Bezugswort durch einen Apostroph getrennt:

Peter: Peter'i, Hans: Hans'ı, Gül: Gül'ü, Hamburg: Hamburg'u.

Nach Vokalauslaut wird ein ‚y' als Füllkonsonant eingeschoben:

Ali: Ali'*y*i, Fatma: Fatma'*y*ı, ütü: ütü*y*ü, manto: manto*y*u.

Die stimmlosen Konsonanten ç, k, p, t werden stimmhaft (der letztere mit Vorbehalt), wenn die Akkusativendung angefügt wird:

ağaç: ağa*cı*, çocuk: çocu*ğ*u, kitap: kita*bı*, kağıt: kâğı*dı*.

Bei Personennamen, die mit einem Apostroph von der Endung getrennt werden, bleiben diese Konsonanten in der Orthographie unverändert, werden aber weich gesprochen, z. B.: Ahmet'i (gesprochen Ahmedi), Serap'ı (gesprochen: Serabı).
Die Fragewörter im Akkusativ lauten:

kimi (wen), neyi (was im Akkusativ).

Aufgabe: Machen Sie die Übungen 1, 2, 3 und 4, S/Ü a, b und B/Ü 1!

Die Personalpronomen im Akkusativ:

beni: mich / seni: dich / onu: ihn, sie, es
bizi: uns / sizi: euch, Sie / onları: sie

Konstruktionen mit dem Akkusativ:

* Auch die Demonstrativpronomen können im Akkusativ gebraucht werden, indem sie den bestimmten Artikel ersetzen, wenn sie ohne Bezugswort gebraucht werden:

  bunu: den (die, das) hier / şunu: den (die, das) da / onu: den (die, das) dort (größere Entfernung), im Plural: bunları, şunları, onları (die hier, die dort).
  Aber: bu kitabı: dieses Buch, bu kalemleri: diese Stifte.

* Ebenso die Ortsadverbien, die sich aus ‚bu, şu, o' ableiten, können im Akkusativ gebraucht werden: burayı (diesen Ort), şurayı (jenen Ort) orayı (jenen Ort, größere Entfernung), im Plural: buraları (diese Orte), şuraları (jene Orte), oraları (jene Orte, größere Entfernung). Das entsprechende Fragewort ist ‚nereyi' (welchen Ort), im Plural ‚nereleri' (welche Orte).

* Das Verb ‚beğenmek'

Das Verb ‚beğenmek' bedeutet ‚gefallen' und regiert den Akkusativ, z. B.: Kazağ*ı* beğeniyorum (der Pulli gefällt mir). Oder:

Türkiye'de nereyi beğeniyorsun?	Wo gefällt es dir in der Türkei?
İstanbul'u beğeniyorum.	Istanbul gefällt mir (bzw. ‚in Istanbul gefällt es mir).
Burayı beğenmiyorum.	Hier gefällt es mir nicht.
Bunu beğenmiyorum.	Das gefallt mir nicht.

Jetzt können Sie auch die persönliche Meinung im Türkischen ausdrücken. Die Frage ‚wie findest du den (die, das) …?' lautet:

… -i (-ı/-ü/-u) ‚nasıl buluyorsun?', z. B.:
Mantoyu nasıl buluyorsun? Wie findest du den Mantel?
Mantoyu beğeniyorum. Der Mantel gefällt mir.
Mantoyu güzel buluyorum. Ich finde den Mantel schön.

Die Vokabeln und Wendungen, die Sie zur Beschreibung Ihrer persönlichen Vorliebe brauchen, finden Sie in D und in der ‚Wörterkiste'. Lernen Sie sie!

Die Endung ‚-ce', die Sie bei Ableitung von Sprachenbezeichnungen gelernt haben (vgl. Lektion 4), können Sie auch Personalpronomen anfügen, wenn Sie Meinungen oder Geschmacksrichtungen ausdrücken möchten, z. B.: ben*ce*: meiner Meinung nach, nach meinem Geschmack; sence: deiner Meinung nach, onca: seiner (ihrer) Meinung nach usw.

Aufgabe: Machen Sie S/Ü c!

2.1. Komparativ und Superlativ

Die Adjektivsteigerung erfolgt im Türkischen mit den Partikeln ‚daha' und ‚en':

güzel	daha güzel	en güzel
schön	schöner	am schönsten

Es gibt keine unregelmäßigen Formen.

Beim Vergleichen ist die Entsprechung für ‚als' im Türkischen der Ablativ mit ‚daha', wobei ‚daha' nicht obligatorisch ist und wegfallen kann:

Ayşe Fatma'*dan* (daha) güzel. Ayşe ist hübscher als Fatma.
Otomobil bisiklet*ten* (daha) *hızlı* gidiyor.
Das Auto fährt schneller als das Fahrrad.

Aufgabe: Lesen Sie den Text (T) und versuchen Sie, ihn mit Hilfe der ‚Wörterkiste' zu verstehen. Lesen Sie ihn dann mehrmals und erzählen Sie ihn Ihrem Lernpartner nach. Übersetzen Sie ihn schriftlich ins Deutsche. Machen Sie die Übungen 5, 6 und B/Ü 2!

Die Steigerungsformen können wie im Deutschen als Adjektiv oder Adverb gebraucht werden, z. B.:

en yakın postane: das nächste Postamt; en uzun gün: der längste Tag; daha büyük ev: das größere Haus usw.

Die wichtigsten Adverbien im Superlativ sind:

en aşağı: mindestens / en çok: meistens / en erken: frühestens / en fazla: meistens, höchstens / en geç: spätestens.

Lernen und verwenden Sie sie!

2.2. çok – fazla – aşırı

Bei der Steigerung von ‚çok' (viel) können Sie neben çok (viel) – daha çok (mehr) – en çok (am meisten) auch das Wort ‚fazla' benutzen:

çok – (daha) fazla – en fazla
(mehr) (am meisten)

Darüber hinaus bedeutet ‚fazla' auch ‚zu' bei der Betonung von Adjektiven: fazla sıcak (zu warm). Auch das Wort ‚aşırı' wird in diesem Zusammenhang gebraucht: aşırı sıcak (zu warm).

Aber neben ‚fazla' und ‚aşırı' nimmt man auch häufig ‚çok' in Bedeutung von ‚zu'. So kann z. B. ‚çok soğuk' sowohl ‚sehr kalt' als auch ‚zu kalt' heißen, oder ‚çok pahalı' neben ‚sehr teuer' auch ‚zu teuer'.
Veraltet ist der Komparativ mit ‚ziyade' (als Superlativ viel seltener gebraucht): daha ziyade (mehr, eher (als Vorzug)). Beherrschen Sie ihn nur passiv.

2.3. Steigerung mit ‚çok daha...' (viel ...er)

Beim betonten Komparativ wird ‚daha' durch ‚çok' verstärkt:

Peter Udo'dan çok daha iyi Türkçe konuşuyor:
Peter spricht Türkisch viel besser als Udo.

3. Die Postpositionen ‚gibi' und ‚kadar'

Die Postposition ‚gibi', die die Grundform verlangt (vgl. Lektion 9), bedeutet ‚wie': bir Türk gibi (wie ein Türke), z. B.:

Profesör bir Türk gibi Türkçe konuşuyor:
Der Professor spricht Türkisch wie ein Türke.

Die Postposition ‚kadar' (vgl. auch Lektion 8), ebenfalls mit Nominativ gebraucht (vgl. Lektion 9), bedeutet ‚so wie' und wird beim Vergleichen von Eigenschaften und Qualitäten verwendet, z. B.:

Profesör bir Türk kadar iyi Türkçe konuşuyor:
Der Professor spricht so gut Türkisch wie ein Türke.

Sie können solche Aussagen mit dem Adverb ‚neredeyse' (oder hemen hemen) erweitern:

Profesör neredeyse (oder hemen hemen) bir Türk kadar iyi Türkçe konuşuyor: Der Professor spricht fast so gut Türkisch wie ein Türke.

In der Verneinung bedeutet ‚kadar' ‚nicht so... wie':

Kazak bluz kadar ucuz değil: Der Pulli ist nicht so billig wie die Bluse.

Mit den Demonstrativpronomen ‚bu-şu-o' bedeutet ‚kadar' ‚so' mit Betonungsfunktion:

o kadar güzel: so schön / bu kadar sıcak: so warm usw., vergleichen Sie z. B. den Satz in D ‚Bende o kadar çok para yok' (Ich habe nicht so viel Geld bei mir).

Aufgabe: Machen Sie die Übungen 7 und 8.

4. hangi – nasıl bir

Das Fragewort ‚welcher' (welche, welches) lautet im Türkischen ‚hangi'. Wie im Deutschen wird es bei der Bestimmtheit gebraucht:

Hangi kazak daha güzel?	Welcher Pulli ist schöner?
Hangi kazağı alıyorsun?	Welchen Pulli kaufst du?
Bu kazak daha güzel.	Dieser Pulli ist hübscher.
Bu kazağı alıyorum.	Ich kaufe diesen Pulli.

Bei der Unbestimmtheit fragt man im Deutschen mit ‚was für ein(e, er)'. Die Entsprechung im Türkischen ist ‚nasıl bir' (oder ne gibi bir):

Nasıl bir kazak arıyorsunuz?	Was für einen Pulli suchen Sie?
Mavi bir kazak arıyorum.	Ich suche einen blauen Pulli.

Die Pluralform ‚was für' ist nur ‚nasıl' (oder ne gibi):

Nasıl kazaklar arıyorsunuz: Was für Pullis suchen Sie?

Aufgabe: Machen Sie Übung 9 und S/Ü d!

5. Der Optativ (istek kipi)

Es gibt eine Zeitform im Türkischen, die gleichzeitig eine Modusform ist und in der gesprochenen Sprache fast öfter als das Präsens gebraucht wird. Der Optativ wird auch als die ‚Wunsch-Befehl-Form' bezeichnet. Er drückt neben spontanen Entscheidungen (Entsprechung im Deutschen Präsens mit dem

Füllwort ‚mal', z. B. ‚ich lese mal das Buch') auch Aufforderungen aus (im Deutschen z. B. ‚gehen wir', ‚wollen wir gehen', ‚laßt uns gehen'), oder aber Befehle und Wünsche mit ‚sollen' (z. B. ‚er soll morgen bei uns vorbeischauen'). Die 3. Person im Singular und Plural entspricht auch dem Imperativ.

Konjugation:

Die 1. Person im Singular und Plural unterliegt der kleinen, die 3. Person im Singular und Plural der großen Vokalharmonie. Die 2. Person im Singular und Plural wird in der Hochsprache nicht gebraucht, sondern durch Imperativ oder Notwendigkeitsform (vgl. Lektion 15) ersetzt; nur in westtürkischen Dialekten (Thrakien, Balkan, ägäische Region) werden die Formen der 2. Person noch aktiv verwendet. Die Betonung liegt auf der Optativendung ‚-e-' (1. Pers. Sing. und Plur.) und ‚-sin' (3. Person):

gelmek:

gel-e-yim (ich soll, ich will kommen, ich komme mal)
gel-e-sin (Dialekt)
gel-sin (er, sie, es soll kommen)
gel-e-lim (wir sollen, wir wollen kommen, laßt uns kommen)
gel-e-siniz (Dialekt)
gel-sin-ler (sie sollen kommen)

almak:	*görmek:*	*sormak:*
al-a-yım	gör-e-yim	sor-a-yım
(al-a-sın)	(gör-e-sin)	(sor-a-sın)
al-sın	gör-sün	sor-sun
al-a-lım	gör-e-lim	sor-a-lım
(al-a-sınız)	(gör-e-siniz)	(sor-a-sınız)
al-sın-lar	gör-sün-ler	sor-sun-lar

Nach Vokalauslaut am Verbstamm wird bei der 1. Person im Singular und Plural ein ‚y' als Füllkonsonant eingeschoben:

okumak: oku-y-a-yım, oku-y-a-lım.

Bei ‚demek' und ‚yemek' wird das e am Verbstamm zu i außer bei der 3. Person im Singular und Plural. Bei den Verben ‚gitmek', ‚etmek' und ‚tatmak' wird das ‚t' am Verbstamm weich bei der 1. Person im Singular und Plural: gi*d*-e-yim, gi*d*-e-lim. Die letztere Form werden Sie in der Umgangssprache sehr oft hören: gehen wir, wollen wir gehen, packen wir's.

Frageform:	*Verneinung:*	*verneinende Frage:*
gel-e-yim mi?	gel-*me*-y-e-yim	gel-me-y-e-yim mi?
- - - - - - - - - - - -	- - - - - - - - - - - -	- - - - - - - - - - - - - - - -
gel-sin mi?	gel-*me*-sin	gel-me-sin mi?
gel-e-lim mi?	gel-*me*-y-e-lim	gel-me-y-e-lim mi?
- - - - - - - - - - - -	- - - - - - - - - - - -	- - - - - - - - - - - - - - - -
gel-sin-ler mi?	gel-*me*-sin-ler	gel-me-sin-ler mi?

Wie das Konjugationsschema zeigt, wird in der Frageform das Fragewörtchen der Optativkonstruktion nachgestellt; in der Verneinung hingegen wird die Verneinungsendung ‚-me/-ma' zwischen Verbstamm und Optativendung eingeschoben.
Zahlreiche Wendungen der Umgangssprache sind mit Optativ gebildet. Finden Sie sie in der ‚Wörterkiste' (W 4) und lernen Sie sie!

Aufgabe: Spielen Sie mit Ihrem Lernpartner den Dialog S, auch auf Deutsch! Machen Sie die Übungen 10, 12 und S/Ü d!

Merken Sie:

* In der Ü 12 (Sen kahve içiyorsun, ben *de* çay içeyim.) bedeutet die Partikel ‚de' nicht ‚auch'. Dieses Füllwort hat verschiedene Funktionen, in diesem Zusammenhang bedeutet sie ‚und', ‚dann', ‚also dann': Du trinkst Kaffee, und (dann, also dann) trinke ich (mal) Tee.

6. Noch einmal zum Imperativ

In Ü 11 begegnen Sie einer neuen Befehlsform:

Topu bana at*sana*: Wirf mir *doch* den Ball zu.

Die Entsprechung für die Befehlsform mit ‚doch' ist die Endung ‚-sene' (höfliche Form ‚-senize'), die der kleinen Vokalharmonie unterliegt und die Variante ‚-sana' aufweist (höfliche Form ‚-sanıza'). Lernen und verwenden Sie auch diese sehr gebräuchliche Befehlsform!

Aufgabe: Machen Sie Übung 11. Spielen Sie mit Ihrem Lernpartner den Dialog D, auch auf Deutsch! In D begegnen Sie vielen Ausdrücken, die man beim Einkaufen braucht. Finden Sie sie in der ‚Wörterkiste' und lernen Sie sie. Im Aufbauwortschatz (W 3) finden Sie noch viele Ausdrücke für Kleidung.
Versuchen Sie mit Hilfe der ‚Wörterkiste' auch die Karikatur zu verstehen.

7. Die Endungen ‚-li' und ‚-siz'

In T/D gehen Feray und Sieglinde in ein Cafè in Istanbul. (Sie werden diese Personen in späteren Lektionen noch näher kennenlernen.) Der Kellner fragt sie, ob der Kaffee ‚*mit* Milch' (süt*lü*) oder ‚*mit* Zucker' (şeker*li*) sein soll.
Die Endung ‚-li', die betont ist und der großen Vokalharmonie unterliegt (-lı/-lü/-lu), drückt das Vorhandensein des Inhalts vom Bezugswort aus: süt (Milch), süt*lü* (*mit* Milch). Sie ist zwar mit dem Verhältniswort ‚ile' (vgl. Lektion 6) verwandt, ist aber im Gegensatz zu ‚ile' nicht instrumental:

Baba gazeteyi gözlük*le* okuyor: Der Vater liest die Zeitung *mit* Brille.

Aber:

Gözlük*lü* bir adam: Ein Mann *mit* Brille.

Meistens entspricht diese Endung dem Suffix ‚-ig' im Deutschen:

güneş, güneş*li*	Sonne, sonnig,
sakal, sakal*lı*	Bart, bärt*ig*.

Das Gegenteil von ‚-li' ist die Endung ‚-siz', die ebenfalls betont ist und der großen Vokalharmonie unterliegt (‚-sız/-süz/-suz), sie drückt das Fehlen vom Inhalt des Bezugsworts aus:

şeker, şeker*siz*	Zucker, *ohne* Zucker
tuz, tuz*suz*	Salz, *ohne* Salz

Diese Endung entspricht auch dem Suffix ‚-los' im Deutschen:

iş, iş*siz* Arbeit, arbeits*los*

Die gegensätzlichen Endungen ‚-li' und ‚-siz' können an jedes Substantiv angehängt werden und können auch in Verbindung mit Adjektiven gebraucht werden, z. B.:

uzun: lang, boy: Wuchs, Statur---→ uzun boy*lu*: groß, hochgewachsen
orta: mittel, orta boy*lu*: mittelgroß
kısa: kurz, kısa boy*lu*: klein, von kleiner Statur
mavi: blau, göz: Auge---→ mavi göz*lü*: blauäug*ig*
sarı: gelb, blond, saç: Haar---→ sarı saç*lı*: blondhaar*ig*
siyah: schwarz, siyah saç*lı*: schwarzhaar*ig*

Aufgabe: Spielen Sie T/D mit Ihrem Lernpartner, auch auf Deutsch! Machen Sie Übung 13 und B/Ü 3!

8. ‚veya' und ‚yoksa'

In D sagt Filiz zu der Verkäuferin:

‚Bir kazak *veya* bir bluz almak istiyorum.'
Ich möchte einen Pulli *oder* eine Bluse kaufen.

Und sie fragt auch Doğan:
‚Kazak mı *yoksa* bluz mu alayım? (Soll ich einen Pulli oder eine Bluse kaufen?)

Die Funktions- bzw. Bindewörter ‚veya' und ‚yoksa' heißen in deutscher Übersetzung beide ‚oder', aber ‚veya' (veraltete Formen yahut, veyahut) wird im Aussagesatz, ‚yoksa' hingegen im Fragesatz gebraucht. Allen in Frage kommenden Alternativen wird das Fragewörtchen nachgestellt: Kazak *mı* yoksa bluz *mu* alayım?

Aufgabe: Machen Sie Übung 14!

7 Wörterkiste

W 1

acı, acılı	(hier:) scharf (bei Gerichten)
açmak	öffnen; einschalten
alışverişe gitmek	einkaufen gehen
anlatmak	erzählen
aşırı	zu (bei Adjektiven) (C.2.b.)
Atalar	Kleidungsgeschäft in Istanbul
atmak	(hier:) werfen, wegwerfen
aynı	gleich
ayran	türk. Joghurtgetränk
bana dar geliyor	das ist zu eng für mich
başka yok mu?	Haben Sie kein(e,n) anderes (andere,n)?
beden	(hier:) Kleidungsgröße
beğenmek	gefallen, Gefallen finden an (s. C.1.c.)
bence	meiner Meinung nach (s. C.1.c)
beni	mich
berbat	miserabel, schrecklich
birçok	viele, mehrere
bizde pazarlık yoktur	bei uns wird nicht runtergehandelt
bizi	uns
bluz	Bluse
borç vermek	Geld leihen
boy	(hier:) Körgergröße
bozmak	(hier:) kaputtmachen
bu sefer	diesmal
bulmak	finden
bunları	die hier, diese (s. C.1.a.)
bunu	den (die, das) hier (s. C.1.a.)
burayı	diesen Ort (s. C.1.b.)
cereyan	elektrischer Strom, (hier:) Netzbetrieb
çiğnemek	kauen
çiklet	Kaugummi
çizgi	Streifen, Linie
çizgili	gestreift, liniert

çöp	(hier:) Abfall
daha	(hier:) als (beim Komparativ) (C.2.)
daha ucuza olmaz mı?	Geht es nicht billiger?
dar	eng (s. bana dar geliyor)
Divan	(hier:) Café in Istanbul
döner kebap	Drehspieß (türk. Spezialität)
dükkân	Laden, Geschäft
efendi	Herr (volkstümlich)
elbette	natürlich, klar, selbstverständlich
elbise	Kleid
elektrik	Elektrizität, Strom, (hier:) Licht
en	Superlativspartikel (am ...-sten) (C.2.)
en aşağı	mindestens
en çok	meistens
en erken	frühestens
en geç	spätestens
etek, eteklik	Rock
farketmez	das ist egal
fazla	viel, mehr, zu (s. C.2.b.)
felaket!	(hier:) schrecklich!
fena	schlecht, übel
fena değil	nicht schlecht, nicht übel
fiyat	Preis
gazoz	türk. Brauselimonade
gibi	wie (s. C.3)
girmek	hineingehen, betreten)
giyecek	Kleidungsstück(e)
giymek	anziehen
gömlek	(Ober-)Hemd
görmek	sehen
göstermek	zeigen
götürmek	(hin-, weg-)bringen
göz	Auge
gri	grau
gül	Rose
güneş (güneşli)	Sonne (sonnig)
haber	Nachricht
hangi	welche(r,s) (s. C.4.)
harika!	(hier:) toll, spitze, Klasse!
haydi (Aussprache hadi)	los, packen wir's, gehen wir
hemen hemen	s. neredeyse
hırka	Strickjacke
hızlı	schnell
ışık	Licht
içinde	in (temporal und lokal)
idare eder	es geht, so là là
kabine	Kabine, (hier:) Umkleideraum
kabul	(hier:) einverstanden
kaç beden?	welche Größe?
kadar	(hier:) so ... wie (s. C.3.)
kahve	(hier:) Café
kalın	dick
kapa(t)mak	zumachen; ausschalten
kare	(hier:) Karo
kareli	kariert
kazak	Pullover
kazanmak	(hier:) verdienen
kırık	zerbrochen, kaputt
kısa boylu	klein, kurz (Körpergröße)
kıyma	Hackfleisch
kimi	wen
komedi	Komödie, Lustspiel
korkunç	schrecklich
köfte	türk. Frikadelle, Fleischklößchen
krema	Schlagsahne
kremalı	mit Schlagsahne
lahmacun	türk. Pizza
lezzetli	schmackhaft
limon	Zitrone
limonlu	mit Zitrone

masal	Märchen
mağaza	(großer) Laden, (größeres) Geschäft
mavi	blau
maydanoz	Petersilie
meşhur	berühmt, bekannt
motosiklet	Motorrad
nasıl (bir)	was für (ein. eine) (s. C.4.)
ne gibi (bir)	was für (ein, eine) (s. C.4.)
neyi	was (im Akkusativ)
neredeyse	fast, beinahe
nereyi	welchen Ort (s. C.1.b.)
o kadar	so (s. C.3.)
olmak:	(hier:) sein
... olsun	soll ... sein
onları	sie; die da (s. C.1.)
onu	ihn, sie; das dort
orayı	jenen Ort (s. C.1.b.)
orta	(hier:) mittel
orta boylu	mittelgroß
oyuncak	Spielzeug
pazarlık	Feilschen (s. bizde pazarlık yoktur)
pide	Fladenbrot; türk. Pizzasorte
pil	Batterie
prova etmek	anprobieren
saç	Haar
sakal (sakallı)	Bart (bärtig)
salata	Salat
sarı	gelb; blond
satıcı	Verkäufer(in)
satmak	verkaufen
seni	dich
sirke	Essig
siyah	schwarz
sizi	euch, Sie
son model	letztes Modell, der letzte Schrei
sonunda	endlich, schließlich
söndürmek	(hier:) ausschalten
sütlü	mit Milch
şekerli	mit Zucker
şekersiz	ohne Zucker
şık	schick
şişmanlamak	zunehmen, dick werden
şunları	die da (C. 1.a.)
şunu	den (die, das) da
şurayı	jenen Ort (s. C.1.b.)
tabii	natürlich, selbstverständlich
tanımak	kennen
tekrarlamak	wiederholen
tekrar etmek (Altw. für tekrarlamak)	
tiyatro	Theater
tuz	Salz
uzun boylu	groß, hochgewachsen
ünlü (Neuw.)	berühmt
veya	oder (s. C.8.)
veyahut (Altw. für veya)	
yahut (Altw. für veya)	
yakışıklı	gut aussehend (für Männer)
yakışmak	gut stehen
yakmak	(hier: anmachen, einschalten)
yalnız	(hier:) nur
yeşil	grün
yoksa	(hier:) oder (s. C.8.)
zaten	sowieso
ziyade	(s. C.2.b)

W 2 (grammatische Termini)

i-hali (belirtme durumu)	Akkusativ (Bestimmungsform)
istek kipi	Optativ (Wunschbefehlform)

W 3 (Aufbauwortschatz: Kleidungsstücke)

ayakkabı	Schuh
bana bol geliyor	das ist zu weit für mich
bana tam geliyor	das paßt genau
bornoz	Bademantel
çamaşır	Wäsche
çizme	Stiefel
çorap	Strumpf
eldiven	Handschuh
fanila	Unterhemd
gecelik	Nachthemd
jüpon	Unterrock
külot	Unterhose
külotlu çorap	Strumpfhose
kürk	Pelz(mantel)
mayo	Badeanzug
önlük	Schürze
pabuç	Schuh
palto	Mantel
pardesü	Übergangsmantel
pijama	Schlafanzug
sabahlık	Morgenmantel
şal	Schal
şapka	Hut
takım elbise	Anzug
terlik	Hausschuh
yağmurluk	Regenmantel
yelek	Weste

W 4 (Umgangssprachliches: Wendungen mit Optativ)

Afiyet olsun	Guten Appetit
Allah göstermesin (von ‚Allah': Gott	Gott bewahre (mich, uns) davor (wörtl.: Gott möge es (mir, uns) nicht zeigen)
Allah kahretsin	verdammt (verflucht) nochmal
Allah korusun	Gott schütze mich (uns) (davor)
Allah mesut (oder mutlu) etsin (aus: mesut, mutlu: glücklich)	Gott möge (euch) glücklich machen (zur Verlobung od. Trauung)
Allah rahatlık versin	schlaf(en Sie) wohl
Allah razı olsun	vergelt's Gott
bakalım	schauen wir mal, wir sehen weiter; mal (als Füllwort)
geçmiş olsun	gute Besserung
hayırlı olsun	möge gesegnet sein (wird gesagt beim Beginn eines neuen Lebensabschnitts oder beim Erwerb einer neuen Sache)
kolay gelsin	leichte Arbeit (wird gesagt, wenn man jemanden bei einer schweren Arbeit sieht)
ne bileyim ben	was weiß ich, woher soll ich das wissen?
oh olsun	das geschieht ihm (ihr, euch usw.) recht
sıhhatler olsun (von ‚sıhhat': Gesundheit)	(wörtl.: möge Gesundheit sein) wird gesagt nach Bad oder Rasur
ziyade olsun	(wörtl.: möge mehr sein) Dankformel an den Gastgeber nach Speisen oder Getränken
Allah bağışlasın (Allah: Gott)	Gott möge (es) erhalten (wird gesagt zur Geburt eines Kindes)

8

Lektion 8: Saat Kaçta İstanbul'a Tren Var?

Grammatik:

1. Die Uhrzeit (Fragewörter: saat kaç, saat kaçta; ne kadar)
2. Tageszeiten, Kalender und Datumsangabe
3. Wortbildungsendungen, die Zeitadverbien und -adjektive ableiten: ‚-dir', ‚-leyin', ‚-ki', ‚-ce'
4. Postpositionen: ‚kadar', ‚doğru', ‚sularında'

Sprechsituationen:

Zeitdauer erfragen und angeben; das Datum angeben; den Tagesablauf berichten; Fahrpläne verstehen und beschreiben

Aufbauwortschatz:

1. Die Uhr
2. Wochentage, Monate, Jahreszeiten

Zusatzmaterial:

Türkischer Kalender

8 A

S

a) Saat kaç ?
Saat üçü beş geçiyor.
O saat geri kalıyor, şimdi
saat dörde yirmi var.

b) Saat kaçta yatıyorsun ?
Saat on birde yatıyorum. Ya sen ?
Ben her gece saat on ikide yatıyorum.
Çok geç yatıyorsun.
Evet, öyle. Hemen uyuyorum. Ve çok erken kalkıyorum.
Daima yorgunum ve her zaman derse geç kalıyorum.
Ders saat kaçta başlıyor ?
Dokuzu çeyrek geçe başlıyor, on bire çeyrek kala bitiyor. Bir
buçuk saat sürüyor.

c) Bu yıl Şeker Bayramı ne zaman ?
Bu yıl Şeker Bayramı haziranda.
Bayram ne kadar sürüyor ?
Üç gün sürüyor.
Sömestr ne zaman başlıyor ve ne zaman bitiyor ?
Sömestr kasımda başlıyor ve şubatta bitiyor, dört ay sürüyor.

d) Peter ne zamandan beri Türkçe öğreniyor ?
Peter altı aydan beri Türkçe öğreniyor.
Profesör ne zamandan beri Türkçe öğreniyor ?
Profesör üç yıldır Türkçe öğreniyor ve neredeyse
bir Türk kadar iyi Türkçe konuşuyor.
Ben de yarından itibaren Türkçe öğreniyorum.

T 1

Cengiz Ankara'dan İstanbul'a gitmek istiyor. İstasyona gidiyor ve gişede soruyor: „İstanbul'a saat kaçta tren var?" Sonra bilet alıyor ve trene biniyor. Tren saat on üç otuzda hareket ediyor. Ankara-İstanbul arası 598 kilometre, yolculuk sekiz buçuk saat sürüyor. Tren rötar yapmıyor ve tam vaktinde geliyor. Cengiz akşam saat dokuzda İstanbul'a varıyor. Trenden iniyor, bavulları emanete bırakıyor ve iyi bir otel arıyor.

T 2

Uzun bir gün

Peter sabahleyin saat yedide uyanıyor ve yediyi çeyrek geçe kalkıyor. Yıkanıyor, tıraş oluyor, saat yedi buçukta kahvaltı ediyor, saat sekizde evden çıkıyor. Sonra durakta otobüs bekliyor ve otobüsle üniversiteye gidiyor. Saat dokuzdan on ikiye kadar ders var. Peter saat yarımda kantinde öğlen yemeği yiyor. Yemekten sonra kahve içiyor. Öğleden sonra saat dörde kadar çalışıyor. Saat dört buçuğa doğru Peter eve geliyor. Yolda bakkaldan akşam yemeği için alışveriş ediyor. Evde akşam yemeği hazırlıyor. Yemekten önce gazete okuyor. Saat yedi sularında akşam yemeği yiyor. Yemekten sonra kitap okuyor veya televizyon seyrediyor. Saat on birde yatıyor, uyuyor ve rüya görüyor.

D 1

Kahvaltı

- Hazır mısın ?
- Hayır, daha hazırlanıyorum. Önce bir duş alayım.
  Sen de kahvaltıyı hazırla, lütfen.
  Beş dakika içinde geliyorum.

- Kahvaltıda ne istiyorsun ?
- Francala, beyaz peynir, siyah veya yeşil zeytin, reçel ve tabii çay. Çay demli olsun.
- Sen de çabuk ol, çay soğumasın.

D 2

İstanbul'a saat kaçta tren var ?
(kişiler: Cengiz, biletçi)

C.: İstanbul'a saat kaçta tren var ?
B.: Ne zaman gitmek istiyorsunuz ?
C.: Öğleyin.
B.: İlk tren saat sekiz on beşte, Boğaziçi Ekspresi. Sonra saat sekiz kırk birde Toros Ekspresi var ama, salı, çarşamba ve pazar günleri işlemiyor. Diğer trenler her gün işliyor. Son tren on üç otuzda, Mavi Tren.
C.: Mavi Trende aktarma var mı ?
B.: Hayır, efendim, sadece Eskişehir'de on beş dakika duruyor.
C.: Mavi Tren saat kaçta İstanbul'a varıyor ?
B.: Bir dakika, tarifeye bakayım. Saat yirmi birde.
C.: Biraz geç ama, neyse. Bana Mavi Tren için bir gidiş dönüş bilet verin, lütfen. Öğrenciler için indirim var mı ?
B.: Var, efendim. Öğrenci misiniz ?
C.: Evet, öğrenciyim.
B.: O halde 350 Lira verin, lütfen.
C.: Buyurun. Tren hangi perondan kalkıyor ?
B.: Bir numaralı perondan.
C.: Teşekkürler.
B.: Güle güle, efendim, iyi yolculuklar.

Karikatur

(aus: Fırt)

Türkischer Kalender

★★★★★★★★★★★★★★★★★★★★★★★★

Hicri Kameri : 20 Receb 1405 — Hicri Şemsi : 29 Mart 1363
Kasım : 155 — Gün : 204

1985
NİSAN
4. ay (30 gun)

11

İSTANBUL (Vasatî)		EZÂNÎ (Mahallî)	
İmsak	4.54	İmsak	8.56
Güneş	6.25	Güneş	10.44
Öğle	13.10	Öğle	5.32
İkindi	16.50	İkindi	9.13
Akşam	19.45	Akşam	12.00
Yatsı	21.09	Yatsı	1.36

(Gündüzün uzaması: 2 dakika)

PERŞEMBE
(Fırtına)

Şehirler	İmsak	Güneş	Öğle	İkindi	Akşam	Yatsı
ANKARA	4.42	6.10	12.55	16.34	19.29	20.51
İZMİR	**5.09**	**6.36**	**13.18**	**16.56**	**19.50**	**21.10**
ERZURUM	4.09	5.38	12.21	16.00	18.55	20.17
ADANA	**4.40**	**6.04**	**12.45**	**16.23**	**19.16**	**20.34**
ESKİŞEHİR	4.52	6.21	13.04	16.43	19.38	21.00
VAN	**4.04**	**5.31**	**12.13**	**15.52**	**18.46**	**20.05**
SAMSUN	4.25	5.55	12.41	16.21	19.16	20.41
TRABZON	**4.12**	**5.42**	**12.28**	**16.07**	**19.03**	**20.26**
KAYSERİ	4.35	6.02	12.45	16.23	19.17	20.37
KONYA	**4.49**	**6.15**	**12.56**	**16.35**	**19.28**	**20.47**

Urfa'nın kurtuluşu.
TÜRKİYE GAZETESİ aile gazetesidir.

★★★★ Türkiye Gazetesi Takvimi ★★★★

GÜZEL AHLÂK .... ÖZRÜ REDDETMEMELİ

Müslümânın özrünü reddetmemelidir. Hadîs-i şerîfde, **"Müslümân kardeşinin özrünü kabul etmemek, günâh olur"** buyuruldu. Özrü kabul etmek ve kusûrları affetmek, Allahü te'âlânın sıfatlarındandır. Böyle olmayan kimseye, Allahü te'âlâ gazâp ve azâp eder.

Mü'min, af etmesi için özür dilenmesini bekler. Münâfık, ayıpların ortaya çıkmasını ister. Hadîs-i şerîfte buyuruldu ki:

"İffet sâhibi olunuz! Çirkin şeyler yapmayınız! Ananıza, babanıza ihsân ederseniz, çocuklarınız da size ihsân eder. Din kardeşinin özrünü kabul etmeyen, (kevser) **havuzundan içmiyecekdir"**

★★★

BİLGİ TESTİ .... KİMDİR?

Râfıziliği kuran, müslümanlar arasına ilk fitneyi sokan bir yahudi dönmesidir. Hazreti Ali şehit olunca (O ölmedi, bulutlara yükseldi, şimşek, yıldırım onun emriyle olmaktadır) dedi. Daha nice düzme sözlerle câhilleri aldatıp hâlâ sönmeyen fitne ateşini tutuşturan kişi kimdir?

a-Abdullah ibni Sebe b-Şah İsmail c-Hamdan Karmat

Cevabı: (a)

★★★

FIKRA .... MİDE AĞRISINA GÖZ MERHEMİ

Hastanın birisi doktora giderek midesinin ağrıdığını söyleyince, doktor sormuş:

-Bu gün sabah ve öğlen ne yedin?

-Evde önüme ne koydularsa yedim doktor bey.

Doktor göz merhemi almış adamın gözüne sürmeye başlamış.

Hasta:

-Aman doktor mide ağrısının gözümle ne âlâkası var ki?

-Olmaz olur mu? Gözün sağlam olsaydı önüne gelen her şeyi abur cubur yemez ve mideni bozmazdın.

★★★

Erkek İsmi: **Sezai** — Kız İsmi: **Râşide**
Günün Yemeği: Etli Kuru fasulye, Bulgur pilâvı, Marul salata
Nisan 11

★★★★★★★★★★★★★★★★★★★★★★★★★★

Hicrî Kamerî : 21 Receb 1405 — Hicrî Şemsî : 30 Mart 1363
Kasım : 156 — Gün : 205

1985 NİSAN

4. ay (30 gün)

İSTANBUL (Vasatî)		EZÂNÎ (Mahallî)	
İmsak	4.52	İmsak	8.53
Güneş	6.23	Güneş	10.41
Öğle	13.10	Öğle	5.31
İkindi	16.51	İkindi	9.12
Akşam	19.46	Akşam	12.00
Yatsı	21.11	Yatsı	1.36

12

(Gündüzün uzaması: 3 dakîka)

CUMA

(Fırtına)

Şehirler	İmsak	Güneş	Öğle	İkindi	Akşam	Yatsı
ANKARA	4.40	6.09	12.55	16.35	19.30	20.53
İZMİR	5.08	6.34	13.17	16.57	19.51	21.11
ERZURUM	4.07	5.36	12.21	16.01	18.56	20.19
ADANA	4.39	6.02	12.45	16.23	19.17	20.35
ESKİŞEHİR	4.50	6.19	13.04	16.44	19.39	21.02
VAN	4.03	5.29	12.13	15.52	18.47	20.07
SAMSUN	4.23	5.54	12.41	16.22	19.17	20.43
TRABZON	4.10	5.41	12.27	16.08	19.04	20.28
KAYSERİ	4.33	6.00	12.44	16.23	19.18	20.39
KONYA	4.48	6.13	12.56	16.35	19.29	20.48

Kayseri Mimar Sinan'ı anma günü (12-13 Nisan).
Bir Türkiye ile daha güzel Türkiye.

★★★★Türkiye Gazetesi Takvimi★★★★

GÜZEL AHLÂK .... ÇOCUK TERBİYESİ

Çocuk, ana babaya emanettir. Onun temiz kalbi boş bir plâk gibidir. Her türlü nakışa müsaittir. Neye meylettirilirse oraya yönelir. Eğer hayrı âdet eder, öğrenirse hayır üzerine büyür. Dünya ve âhıret saadetine kavuşur. Eğer ihmal edilir, kötüye alıştırılırsa, kötü olur. Günâhı da, terbiyesi ile mükellef olanın boynunadır. Çocuğun velisi kimse, o mes'uldür. Kur'ân-ı kerimde, **(Nefislerimizi, aile efradımızı, yakıtı insan olan Cehennem ateşinden korumamız)** emredilmektedir.

Elli-yüz senelik kısa bir hayat için çocuğu dünya felâketlerinden korumağa çalıştığımız gibi, ebedî felâkete düçâr olmaması için âhiretini de korumamız lâzımdır. Bunun için de güzel ahlâklı yetiştirmeğe ve kötü arkadaşlardan korumağa çalışmalıyız. Çocuğa her istediğini almak ve lüks içinde yaşatmak uygun değildir. Büyüyünce de her istediğini ele geçirmeğe çalışır, fakat bunda muvaffak olamayınca sukût-i hayâle uğrar, isyankâr olur.

Kendimiz helâl yediğimiz gibi çocuklarımıza da helâl yedirmeliyiz. Haramla beslenen çocuğun çamuru, necâsetle yoğrulmuş gibi olur. Böyle çocuklar da pisliğe, kötülüğe meyleder. Sadece çalınan şeylerden başka haram yok zannetmemelidir. Helâl kazancı olan, alış veriş ilmini bilmezse haram yer. Ödünç alıp vermede bile harama düşer. Gasp, rüşvet, fâiz almak ve vermek suretiyle kazanılan mal da haramdır. Kendimizi ve çocuklarımızı böyle haram kazançla beslememelidir.

★★★

ŞİFALI BİTKİLER............. KAN YAPMAK İÇİN

1) Kara biberle kuru üzüm yemelidir.
2) Üzüm pekmezine inek sütü ve badem karıştırarak içmelidir.
3) Bulgur piiâvını hoşafla yemek de kan yapar.

★★★

★ ***Garibe bir selâm bin altın değer.***
★ ***Her ağaçtan kaşık olmaz.***

Erkek İsmi: **Recep** — Kız İsmi: **Zeynep**
Günün Yemeği: Patates püresi, Haşlama et, Fasulye piyaz, Sütlaç
Nisan 12

★★★★★★★★★★★★★★★★★★★★★★★★★★

Hicrî Kamerî : 22 Receb 1405 — Hicrî Şemsî : 31 Mart 1363
Kasım : 157 — Gün : 206

1985 NİSAN

4. ay (30 gün)

İSTANBUL (Vasatî)		EZÂNÎ (Mahallî)	
İmsak	4.50	İmsak	8.50
Güneş	6.22	Güneş	10.39
Öğle	13.09	Öğle	5.29
İkindi	16.51	İkindi	9.12
Akşam	19.47	Akşam	12.00
Yatsı	21.12	Yatsı	1.36

13

(Gündüzün uzaması: 2 dakîka)

CUMARTESİ

(Hayvanların eşleşme zamanı)
Mısır sultanı Tomanbay'ın idamı (1513).

Şehirler	İmsak	Güneş	Öğle	İkindi	Akşam	Yatsı
ANKARA	4.39	6.07	12.54	16.35	19.31	20.54
İZMİR	5.06	6.33	13.17	16.57	19.52	21.13
ERZURUM	4.05	5.35	12.20	16.01	18.57	20.20
ADANA	4.37	6.01	12.44	16.24	19.18	20.37
ESKİŞEHİR	4.49	6.18	13.03	16.44	19.40	21.03
VAN	4.01	5.28	12.12	15.53	18.48	20.08
SAMSUN	4.21	5.52	12.40	16.22	19.18	20.44
TRABZON	4.08	5.39	12.27	16.08	19.05	20.29
KAYSERİ	4.32	5.59	12.44	16.24	19.19	20.40
KONYA	4.46	6.12	12.55	16.36	19.30	20.50

Tozsuz Altın Tebeşirleri antiseptiktir.

★★★★Türkiye Gazetesi Takvimi★★★★

MENKIBE .... EN İYİ MÜŞTERİ

Medine'de kıtlık vardı. Hazret-i Osman'ın kervanı, Şam'dan yüz deve yükü buğday getirdi. Hemen müşterisi çıktı. Çok fazla kârlar verdiler. Hazret-i Osman buyurdu ki:

-Veremem. Sizden daha fazla veren bulunur belki!

Müşteriler çok sızlandılar ve Halife olan Hazret-i Ebû Bekir'e şikâyette bulundular:

-Şehir açlıktan kırılıyor, o fazla kazanmanın peşinde.

-Bu işte bir hata var. Benimle gelin hele!

Birlikte Hazret-i Osman'ın evine gittiler. Hazret-i Ebû Bekir durumu ondan sordu. Hazret-i Osman cevap verdi:

-Yâ Ebâ Bekir, bunlar kilosunu yediden almak istiyorlar. Halbuki ben buğdayımın tanesini bine alan birisini buldum.

-Kim bu zengin müşteri?

-Allahü teâlâdır. Bakın işte! Buğdaylarımın hepsini yoksullara dağıttım. Onlar da sevinçle taşıyorlar. Sadaka verenlere Cenâb-ı Hak binlerce karşılığını âhirette verecektir.

★★★

DİKKAT .... HATADA ISRAR

Yer, zaman ve psikolojik zemin uygunsa mutlaka yanlışı düzeltmelidir. Çünkü yanlışın devamı veya yanlışta ısrar, insanlığın felâketini hazırlar.

Yanlış konular üzerinde, dinamik, yapıcı ve faydalı bir tenkit yapılmalı ve böylece doğrunun meydana çıkmasına yardımcı olmalıdır. Konular iyi ve kötü yönleri ile birlikte mütalaa edilmeli ki, bundan elde edilen neticeler de faydalı olsun!

BİR FIKRA .... SEVMEZMİŞ

Adamın biri kese kâğıdından çıkardığı çilekleri birer birer tuza banıyor, sonra da yanındaki çöp kutusuna atıyordu. Yanındaki adam çok merak etti:

— "Afedersiniz ama" dedi, "bu güzel çilekleri neden tuzlayıp tuzlayıp çöpe atıyorsunuz?"

Garip adam, hiç oralı olmadan ciddi ciddi cevap verdi:

— "Efendim, ben tuzlu çilek sevmem de..."

★★★

Erkek İsmi: **İsmet** — Kız İsmi: **Ebru**
Günün Yemeği: Tarhana, Izgara balık, Salata, Helva
Nisan 13

8 B

Ü 1 Saat kaç ?

20.50 / 9.15 / 12.30 / 8.45 / 10.20 / 16.25 / 9.35 / 18.45 / 21.15

Ü 2 Erzählen Sie Ihren Tagesablauf mit der Uhrzeitangabe auf türkisch, z. B.: ich stehe um sieben Uhr auf: saat yedide kalkıyorum ... usw.

Ü 3 19.30–21.00 (film): Film yedi buçukta başlıyor, dokuzda bitiyor, bir buçuk saat sürüyor.

1. 20.15–22.15 (tiyatro)
2. 15.00–16.30 (konser)
3. 14.00–20.00 (parti)
4. 13.30–15.30 (ders)
5. 20.00–24.00 (parti)

Ü 4 Antworten Sie bitte mit ‚geçe' oder ‚kala': (sen)-ev-gelmek / 17.10: Ne zaman eve geliyorsun? / Beşi on geçe.

1. tren-Erzurum-kalkmak / 8.50
2. Ünal-üniversite-gelmek / 9.10
3. gemi-Bandırma-varmak / 16.55
4. Tülin Hanım-uyanmak / 7.15
5. (siz)-kalkmak / 8.10
6. haberler-televizyon-başlamak / 19.45

Ü 5 Beantworten Sie die Fragen!

1. Noel ne zaman ?
2. Yılbaşı (gecesi) ne zaman ?
3. Kış ne zaman başlıyor, ne zaman bitiyor ?
4. Yaz ne zaman başlıyor, ne zaman bitiyor ?
5. Cumhuriyet Bayramı ne zaman ?
6. Bu yıl Şeker Bayramı ne zaman ?
7. Bu yıl Kurban Bayramı ne zaman ?
8. Bu yıl Paskalya ne zaman ?
9. Bu yıl Pantkot Yortusu ne zaman ?
10. Sömestr ne zaman başlıyor, ne zaman bitiyor, ne kadar sürüyor ?
11. Tatil ne zaman başlıyor, ne zaman bitiyor, ne kadar sürüyor ?

Ü 6 Studieren Sie den Fahrplan und beantworten Sie die Fragen!

Tarife (Ankara–İstanbul)

Ankara'dan hareket		*günler*	*peron*	*İstanbul'a varış (Haydarpaşa)*
Boğaziçi Eks.	8.00	her gün	1	17.05
Toros Eks.	8.41	pazartesi, perşembe-cumartesi	2	18.25
Mavi Tren	13.30	her gün	1	21.00

1. Ankara'dan İstanbul'a hangi trenler işliyor ?
2. Ankara'dan İstanbul'a hangi günler tren var ?
3. Trenler İstanbul'a saat kaçta hareket ediyor ?
4. Trenler hangi peronlardan hareket ediyor ?
5. Trenler saat kaçta İstanbul'a varıyor ?

Ü 7 Peter altı aydan beri Türkçe öğreniyor: Peter altı aydır Türkçe öğreniyor.

1. Mehmet Karataş on dört yıldan beri BMW'de işçi olarak çalışıyor.
2. Şükran Hanım beş aydan beri bu bakkaldan alışveriş ediyor.
3. On iki yıldan beri Münih'te oturuyorum.
4. Profesör üç yıldan beri Türkçe konuşuyor.
5. Monika sekiz haftadan beri büroda sekreter olarak çalışıyor.
6. Nurcan üç günden beri hasta.

Ü 8 Erzählen Sie einiges über das Leben von Mehmet auf türkisch!

- seit 20 Jahren in Deutschland
- steht jeden Tag um 5 Uhr auf
- fährt mit dem Bus in die Fabrik
- arbeitet jeden Tag von 6 bis 15 Uhr
- um 16 Uhr kommt er nach Hause, schreibt Briefe oder hört türkische Musik, er ist immer sehr müde
- um 17 Uhr ißt er zu Abend, dann sieht er fern
- um 20.00 Uhr geht er zu Bett, er schläft und träumt.

Ü 9 21.15–23.00: Hakan-kitap okumak: Hakan saat yirmi bir on beşten yirmi üçe kadar kitap okuyor.

1. 12.30–13.15: öğrenciler-kantin-yemek yemek
2. 20.30–22.45: Meral-ev-televizyon seyretmek
3. 9.15–10.45: çocuklar-bahçe-futbol oynamak
4. 8.15– 8.30: Peter-durak-otobüs beklemek
5. 8.30–15.30: Gönül Hanım-büro-çalışmak

Ü 10 Setzen Sie die Postpositionen ‚kadar', ‚doğru' oder ‚sularında', wenn nötig mit Kasusendung ein!

1. Ders saat dokuz--- on iki-- .... sürüyor.
2. Hüseyin saat beş--- .... fabrikada çalışıyor, akşam saat altı--- .... eve geliyor.
3. Hüseyin ve Emine akşam saat yedi--- .... yemek yiyorlar.
4. Cengiz trenle Ankara'dan İstanbul'a gidiyor; yolculuk saat on üç otuz--- yirmi bir--- .... sürüyor.
5. Cengiz akşam saat dokuz--- .... İstanbul'a varıyor.

Ü 11 Bilden Sie passende Fragesätze (mit ‚ne kadar', ‚ne zaman', ‚ne zamana kadar', ‚saat kaçta', ‚saat kaça kadar') zu den Aussagesätzen!

1. Tren saat 17'de kalkıyor.
2. Yaşar akşamları televizyon seyrediyor.
3. Gönül Hanım saat üç buçuğa kadar büroda çalışıyor.
4. Peter yazın Türkiye'ye gidiyor.
5. Sömestr dört ay sürüyor.
6. Saat dokuzda kahvaltı edelim.

Ü 12 Übersetzen Sie ins Türkische!

1. Im Sommer fahren wir nach Antalya.
2. Diesen Sommer fährt Peter in die Türkei.
3. Yaşar spielt montags Fußball.
4. Suchst du die heutige Zeitung?
5. Sinan sieht abends fern, oder er liest Zeitung.
6. Der Unterricht fängt am Morgen um neun Uhr an und dauert bis zehn Uhr dreißig.

Ü 13 Soruları cevaplandırın!

1. Peter ne zamandan beri Türkçe öğreniyor ?
2. Siz ne zamandan beri Türkçe öğreniyorsunuz ?
3. Peter saat kaçta kalkıyor ?
4. Peter ne zaman ve nerede öğlen yemeği yiyor ?
5. Cengiz neden istasyona gidiyor ve biletçiye ne soruyor ?
6. Tren saat kaçta hareket ediyor ?
7. Cengiz ne zaman İstanbul'a varıyor ?

B/Ü 1 a) Erzählen Sie den Tagesablauf von Gönül Hanım mit Uhrzeitangabe!

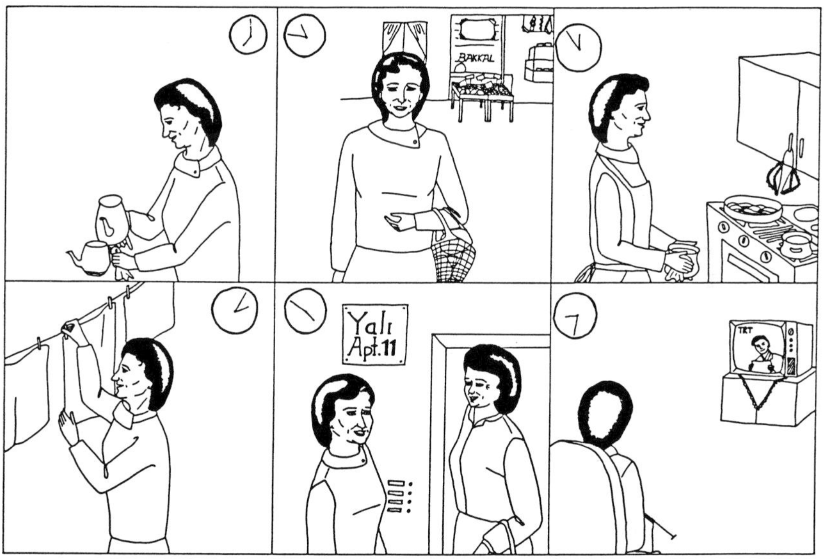

b) **Erzählen Sie die Ankunft und den ersten Tag von Cengiz in İstanbul mit Uhrzeitangabe!**

B/Ü 2 **Erzählen Sie das Tagesprogramm von Metin Gürpınar nach seinem Terminkalender!**

8 c

1. Die Uhrzeit

Das Wort ‚saat' bedeutet sowohl ‚Uhr' als auch ‚Stunde'. Wenn man ‚kaç saat?' fragt, heißt es ‚wieviel Stunden', aber *„saat kaç?"* heißt „wie spät ist es?"
Wie man im Deutschen auf diese Frage mit „es ist ..." antwortet, antwortet man im Türkischen mit „saat ...", z. B.:

‚saat iki': ‚es ist zwei Uhr'.

Wie im Deutschen gibt es auch im Türkischen eine offizielle und eine umgangssprachliche Zeitansage. Bei der offiziellen Zeitansage wird ab 12 Uhr mittags wie im Deutschen 13, 14, 15 ... Uhr gesagt, z. B.: 13.20 on üç yirmi, oder 12.15 on iki on beş, oder 17.30 on yedi otuz. Wenn die Minutenangabe kleiner als zehn ist, setzt man eine ‚sıfır' (Null) davor, z. B.: 10.07 ist on sıfır yedi (weil es ohne Null ‚on yedi', also 17 Uhr heißen könnte.)

Aufgabe: Machen Sie Übung 1.

Die umgangssprachliche Zeitansage:

* vor

Bei ‚vor' gebraucht man das Strukturwort ‚var ' (es gibt). Die Stunde wird zuerst genannt und in Dativ gesetzt, dann wird die Minute (ohne Endung) genannt, am Schluß das Wörtchen ‚var'; z. B.:

Es ist 20 vor 5: saat beş*e* yirmi var (wörtlich: es gibt 20 (Minuten) zu fünf), oder:
es ist 10 vor 4: saat dörd*e* on var, oder:
es ist 25 vor 11: saat on bir*e* yirmi beş var, usw.

* nach

Die Zeitangabe mit ‚nach' wird mit der Verbform ‚geçiyor' (von ‚geçmek': vorbeigehen an) ausgedrückt. Zuerst wird die Stunde genannt und in Akkusativ gesetzt, dann die Minute (ohne Endung) und am Schluß die Verbform ‚geçiyor', z. B.:

Es ist 20 nach 5: Saat beş*i* yirmi geçiyor
(wörtlich: 20 (Minuten) gehen an 5 vorbei), oder:
es ist 10 nach 4: Saat dörd*ü* on geçiyor, oder:
es ist 25 nach 11: Saat on bir*i* yirmi beş geçiyor.

* Viertel und halb

Bei der umgangssprachlichen Zeitangabe heißt Viertel ‚çeyrek', z. B.: 11.15 Uhr ist ‚saat on biri çeyrek geçiyor (offiziell: on bir on beş), oder 8.45 Uhr ist ‚saat dokuza çeyrek var' (offiziell: sekiz kırk beş).
Bei ‚halb' sagt man ‚buçuk', z. B. 8.30 Uhr ist ‚saat sekiz buçuk' (offiziell: sekiz otuz). Da ‚buçuk' nach der Stunde genannt wird, wird – im Gegensatz zum Deutschen – eine Stunde früher angegeben, also ‚acht halb' statt ‚halb neun'.

Aufgabe: Spielen Sie mit Ihrem Lernpartner den Dialog S a, auch auf Deutsch!

Wie im Deutschen können Sie bei der umgangssprachlichen Zeitangabe auch ‚... vor halb ...' und ‚... nach halb ...' sagen, z. B. 6.25 Uhr (altı yirmi beş') heißt in der Umgangssprache ‚altı buçuğa beş var' (fünf vor halb sieben), oder 9.35 (dokuz otuz beş) ist ‚dokuz buçuğu beş geçiyor' (fünf nach halb zehn).

* 12.30 und 24.30

Speziell für 12.30 Uhr mittags und 24.30 Mitternacht gibt es in der umgangssprachlichen Zeitansage den Ausdruck ‚yarım' (:halb, gemeint ist die Hälfte des Tages trotz der halbstündigen Verschiebung.) In der offiziellen Zeitansage ist aber 12.30 on iki otuz, und 24.30 Uhr sıfır otuz.

Aufgabe: Machen Sie Übung 1 noch einmal unter der Benutzung der umgangssprachlichen Zeitansage!

* ‚um' bei der Zeitangabe

Die Entsprechung für das Wörtchen ‚um' bei der Zeitansage ist die Lokativendung, z. B.:
saat kaç*ta*: um wieviel Uhr? / saat beş*te*: um fünf Uhr / saat altı buçuk*ta*: um halb sieben / saat 19.30'*da*: um 19 Uhr 30.

Diese Ausdrucksweise wird aber *nur* bei der offiziellen Zeitangabe und bei vollen und halben Stunden in der umgangssprachlichen Zeitangabe verwendet. In der umgangssprachlichen Zeitangabe mit Viertel oder mit sonstigen Minutenangaben werden die Wörtchen ‚kala' und ‚geçe' gebraucht, die mit ‚var' und ‚geçiyor' ausgetauscht werden, z. B.:
um 10 vor fünf: saat beşe on *kala*, oder:
um 20 nach elf: saat on biri yirmi *geçe.*

Aufgabe: Spielen Sie den Dialog S b, auch auf Deutsch! Lesen Sie den Text T 1 und versuchen Sie ihn mit Hilfe der ‚Wörterkiste' zu verstehen. Lesen Sie ihn mehrmals und erzählen Sie ihn Ihrem Lernpartner nach. Versuchen Sie, auch die Karikatur zu verstehen!

Machen Sie die Übungen 2, 3, 4 und B/Ü 1 a, b!

2. Tageszeiten, Kalender und Datumsangabe

Die Tageszeiten, Wochentage, Monate, das Jahr und die Jahreszeiten sowie wichtige Ausdrücke für die Uhrzeit finden Sie im Aufbauwortschatz (W 3). Lernen Sie sie!

2.1. Datumsangabe und der türkische Kalender

Bei der Datumsangabe braucht man im Türkischen nicht die Ordnungs-, sondern einfach die Grundzahlen. Zuerst wird die Zahl, dann der Monat und am Schluß das Jahr genannt, z. B.:
15 Ekim 1986: On beş Ekim bin dokuz yüz seksen altı.
Aber: Bei der Datumsangabe in Briefen werden wie im Deutschen Ordnungszahlen benutzt.

Der Monat kann auch wie im Deutschen mit Zahlen geschrieben werden: 15.10.1986.
Die Monatsnamen werden in der Regel klein geschrieben, wenn es sich nicht um ein bestimmtes Datum handelt, z. B. ‚*e*ylül', aber dann groß geschrieben, wenn es sich um ein bestimmtes Datum handelt: 9 *E*ylül.
Das Wörtchen ‚am' bei der Datumsangabe (z. B. am 9. September) wird wiederum durch die Lokativendung ausgedrückt: 9 Eylül'*de*.
Datumsangaben gelten als Eigennamen, deshalb wird die Endung durch einen Apostroph vom Bezugswort getrennt. Handelt es sich um eine Datumsangabe mit Jahreszahl, wird die Endung der Jahreszahl angefügt: 13 Temmuz 1948'*de*: *am* 13. Juli 1948.
Auch bei Monatsnamen ohne eine bestimmte Datumsangabe wird die Ortsendung benutzt, z. B.: ocak*ta*: im Januar, ekim*de*: im Oktober.
Auf Seite 165/166 finden Sie Blätter aus dem türkischen Kalender, der sich seit der Gründung der modernen Türkei nach dem europäischen richtet.
Auch in der Türkei ist Sonntag Feiertag. Die anderen Feiertage sind entweder nationale oder religiöse Feste. Die religiösen Feste sind das Zuckerfest (Şeker Bayramı, Ende Ramadan) und Opferfest (Kurban Bayramı), die jedes Jahr zehn Tage zurückgehen. Die nationalen Feste sind die Republikfeier (Cumhuriyet Bayramı, 29. Oktober 1923), 19. Mai (Jugend- und Sportfest, Beginn des Befreiungskriegs 1919), 23. April (Gründung des Parlaments, 1920) und 30. August (Siegesfest, Ende des Befreiungskriegs).
Da die Türkei ein islamisches Land ist, sind christliche Feste wie Weihnachten, Ostern und Pfingsten nicht bekannt, aber Silvester wird gefeiert.

Aufgabe: Spielen Sie mit Ihrem Lernpartner den Dialog S c, auch auf Deutsch! Machen Sie Übung 5.

2.2. Endungen an Zeitadverbien

Das Wörtchen ‚am' bei Wochentagen wird entweder durch die nachgestellte Konstruktion ‚günü' oder durch die Dativendung ausgedrückt:

z. B. salı: Dienstag / salı günü, oder salı*ya*: am Dienstag.

Die Dativendung kann auch den Zeitbegriffen ‚akşam' (Abend), ‚hafta' (Woche) und ‚sene' (Jahr) angefügt werden:

akşama: am Abend, heute abend / haftaya: nächste Woche / seneye: nächstes Jahr.

Die Mehrzahl bei Tageszeiten (z. B. abends) und Wochentagen (z. B. montags) wird durch die Endung ‚-leri' ausgedrückt, die der kleinen Vokalharmonie unterliegt:

akşamları: abends, geceleri: nachts usw.
pazartesileri, oder pazartesi günleri: montags;
salıları, oder salı günleri: dienstags usw.

Aufgabe: Spielen Sie mit Ihrem Lernpartner die Dialoge D 1 und D 2, auch auf Deutsch! Machen Sie Übung 6 und B/Ü 2!

Bei Jahreszeiten benutzt man die Lokativendung nur für Frühling und Herbst: ilkbahar*da* (*im* Frühling), sonbahar*da* (*im* Herbst), für Sommer und Winter aber die Genitivendung (s. Lektion 9) yaz*ın* (*im* Sommer), kış*ın* (*im* Winter), aber:

bu yaz (ohne Endung!): diesen Sommer, bu kış: diesen Winter.

Das Wörtchen ‚bu' wird nur in ‚bugün' (heute) zusammen, sonst aber getrennt geschrieben: bu akşam (heute abend), bu hafta (diese Woche), bu yıl (dieses Jahr) usw.

3. ‚geçen', ‚gelecek', ‚ertesi'

Das Adjektiv ‚geçen' bei Zeitadverbien drückt ‚letzte(r, s) aus: geçen hafta: letzte (vorige) Woche, geçen ay: letzten Monat usw. Feststehende Ausdrücke sind: geçen gün, oder geçenlerde: neulich.

‚Gelecek‘ ist ‚nächste(r, s)‘: gelecek ay: nächsten Monat, gelecek hafta: nächste Woche, gelecek yıl: nächstes Jahr usw.

‚Ertesi‘ hingegen bedeutet ‚darauffolgend, danach‘: ertesi gün: am Tag danach, am darauffolgenden Tag.

4. einmal in …

Emine haftada bir defa Volkshochschule'de kursa gidiyor: Emine geht einmal in der Woche zu einem Kurs in der Volkshochschule.

Die Lokativendung wird dem Zeitadverb angefügt und mit der Konstruktion ‚bir defa‘ (einmal) erweitert, das Wort ‚defa‘ können Sie auch mit ‚kere‘ oder ‚kez‘ austauschen, z. B.:

Peter yılda bir defa (oder kere, oder kez) Türkiye'ye gidiyor:
Peter fährt einmal im Jahr in die Türkei. Oder:
Toros Ekspresi haftada bir defa (oder kere, oder kez) işliyor:
Der Taurus-Express verkehrt einmal in der Woche.

5. gece-gündüz-gün

Der Ausdruck ‚gün‘ (Tag) bedeutet den 24-Stunden-Tag, der Tag (oder am Tag) im Gegensatz zu Nacht ist ‚gündüz‘. Ein feststehender Ausdruck ist ‚gece gündüz‘ (Tag und Nacht).

6. Wortbildungsendungen, die Zeitausdrücke ableiten

6.1. -dir

Die Endung ‚-dir‘, die der großen Vokalharmonie unterliegt, entspricht dem Verhältniswort ‚seit‘. Dafür kennen Sie schon die Postposition ‚beri‘, aber während ‚beri‘ Zeitpunkt und Zeitraum gleichzeitig ausdrücken kann, drückt ‚-dir‘ nur Zeitraum aus, z. B.:

seit fünf Tagen: beş günden beri oder beş gün*dür*, aber:
seit dem 5. Januar: *nur* 5 Ocak'tan beri.

Aufgabe: Spielen Sie mit Ihrem Lernpartner den Dialog S d, auch auf Deutsch! Machen Sie die Übungen 7 und 8!

Merken Sie: Nach stimmlosen Konsonanten wird d hart:
kaç saat*tir*: seit Stunden.

Wie in diesem Ausdruck können Sie ‚-dir' an andere Zeitadverbien in Verbindung mit ‚kaç' oder ohne ‚kaç' an Pluralformen anhängen:

kaç gündür, oder günlerdir: seit Tagen;
kaç haftadır: seit Wochen usw.

Feststehende Ausdrücke sind:
bir süredir: seit einiger Zeit,
çoktandır: seit langem.

6.2. -leyin

Diese Endung richtet sich nicht nach der Vokalharmonie. Sie leitet von Tageszeiten Zeitadverbien ab:

sabah (Morgen), sabahleyin: am Morgen;
öğle(n) (Mittag), öğleyin: am Mittag usw.

6.3. -ki

Diese Endung leitet aus Zeitadverbien Zeitadjektive ab:

yarın (morgen), yarınki: morgig.

Lautliche Veränderung erfolgt nur nach runden Vokalen:

dün (gestern), dün*kü*: gestrig;
bugün (heute), bugünkü: heutig;
şimdi (jetzt), şimdi*ki*: jetzig.

6.4. -ce

Diese Endung, die der kleinen Vokalharmonie unterliegt, wird Zeitausdrücken in Mehrzahl angefügt und entspricht dem Ausdruck ‚-lang' im Deutschen:

gün (Tag), günlerce: tagelang;
hafta (Woche), haftalarca: wochenlang usw.

7. Die Postpositionen ‚kadar', ‚doğru' und ‚sularında'

* kadar

In dieser Lektion lernen Sie die Postposition ‚kadar' in einer anderen Bedeutung, nämlich als ‚bis' (zeitlich und räumlich). In dieser Funktion regiert ‚kadar' den Dativ, z. B.:

Otobüs Taksim'*e kadar* gidiyor: Der Bus fährt *bis* Taksim, oder: Ders saat on iki*ye kadar* sürüyor: Der Unterricht dauert *bis* 12 Uhr.

(Hauptsächlich in der Schriftsprache wird ‚kadar' manchmal durch das Neuwort ‚dek' (oder değin) ersetzt).

‚Von ... bis' wird mit Ablativ, Dativ und ‚kadar' ausgedrückt:

Ders saat dokuz*dan* on iki*ye kadar* sürüyor.
Der Unterricht dauert von neun bis 12 Uhr.

Das entsprechende Fragewort lautet ‚ne kadar': wie lange, z. B.:

Ders ne kadar sürüyor? Wie lange dauert der Unterricht?

Die Postposition ‚kadar' kann auch Zeitadverbien (z. B. yarın*a* kadar: bis morgen) oder Fragewörtern angefügt werden, z. B.:

ne zamana kadar (bis wann?) oder: saat kaça kadar? (bis wieviel Uhr?).

* doğru

Auch ‚doğru' regiert den Dativ und bedeutet ‚gegen' (zeitlich und räumlich), z. B.:

Saat dört buçuğ*a doğru* Peter eve geliyor:
Peter kommt gegen halb fünf nach Hause.

Akşam*a doğru* Hüseyin fabrikadan çıkıyor:
Gegen Abend verläßt Hüseyin die Fabrik.

* sularında

Die Postposition, die den Nominativ regiert, wird nur mit der Uhrzeit gebraucht, z. B.:
saat beş sularında (um fünf herum, kurz vor oder kurz nach fünf, gegen fünf).

Aufgabe: Lesen Sie den Text T 2 und versuchen Sie ihn mit Hilfe der ‚Wörterkiste' zu verstehen. Lesen Sie ihn mehrmals und erzählen Sie ihn Ihrem Lernpartner nach! Machen Sie die Übungen 9, 10, 11, 12 und 13!

8 Wörterkiste

W 1

akşam	Abend
akşam yemeği	Abendessen
akşam yemeği yemek	zu Abend essen
aktarma	Umsteigen
arası	(hier:) zwischen
bahar	Frühling (Synonym für ‚ilkbahar')
başlamak	anfangen, beginnen
bavul	Koffer
bayram	Fest
beklemek	warten
bırakmak	lassen
bilet	Fahrkarte
biletçi	Schaffner
binmek	einsteigen
bir numaralı perondan	am Gleis 1
bir süredir	seit einiger Zeit
bitmek	(hier:) zu Ende gehen, enden, aufhören
Boğaziçi Ekspresi	Bosporus-Express
buçuk	halb (bei der Uhrzeit)
cevaplandırmak	beantworten
cumartesi	Samstag
Cumhuriyet	Republik
Cumhuriyet Bayramı	Republikfeier (türk. Nationalfest)
çabuk olmak	sich beeilen
çarşamba	Mittwoch
çeyrek	Viertel
çıkmak (mit Ablativ)	(hier:) verlassen, aus ... gehen
çoktandır	seit langem
daima	immer
dakika	Minute

defa	Mal
dek	s. kadar
demli	stark (Tee)
ders	(hier:) Vorlesung
diğer	ander-
doğru	(hier:) gegen (s. C.7.b.)
durak	Haltestelle
durmak	halten
duş	Dusche, Brausebad
duş almak (od. yapmak)	duschen
dün	gestern
dünkü	gestrig
ekim	Oktober
ekspres	(hier:) Express, Eilzug, D-Zug
emanet	(hier:) Gepäckaufbewahrung
erken	früh
ertesi	darauffolgend, danach
eylül	September
francala	türk. Weißbrot
gece	Nacht
gece gündüz	Tag und Nacht
gecikme	s. rötar
geç	spät
geç kalmak (mit Dativ)	zu spät kommen, sich verspäten
geçe	um ... nach (s.C.1.e.)
geçen	letzte(r, s), vorig(e, r, s)
geçen gün	neulich
geçenlerde	
geçiyor	nach (Uhrzeit, s.C.1.b.)
gelecek	nächste(r, s)
geri	zurück
geri kalmak	(hier:) nachgehen (Uhr)
gidiş dönüş	hin und zurück
gündüz	Tag (s.C.5.)

... günleri	an den Tagen ...
hareket	(hier:) Abfahrt
hareket etmek	(hier:) abfahren
hazır	fertig; bereit
hazırlanmak	sich vorbereiten, sich fertig machen
haziran	Juni
hemen	sofort, gleich
her zaman	jeder Zeit, immer
içinde	in, innerhalb
ilk	erste(r, s)
ilkbahar	Frühling
indirim	Ermäßigung
inmek	(hier:) aussteigen
istasyon	Bahnhof
işlemek	(hier:) verkehren
kadar	(hier:) bis (s.C.7.a.)
kahvaltı	Frühstück
kahvaltı etmek	frühstücken
kala	um ... vor (s.C.1.e.)
kalkış	Abfahrt
kalkmak	aufstehen; abfahren
kasım	November
kere	Mal (s.C.4.)
kez	s. kere
kış	Winter
kışın	im Winter
konser	Konzert
Kurban Bayramı	Opferfest (isl. Fest) (s.C.2.a.)
Mavi Tren	Blauer Zug (verkehrt zwischen Ankara und Istanbul)
ne kadar?	(hier:) wie lange?
ne zamana kadar?	bis wann?
Noel	Weihnachten
numara	Nummer
ocak	(hier:) Januar
otel	Hotel
öğleden sonra	Nachmittag, am Nachmittag
öğle(n) yemeği	Mittagessen

öğlen yemeği yemek	zu Mittag essen
öğleyin	mittags, am Mittag
öyle	so
Pantkot yortusu	Pfingsten
parti	(hier:) Party
Paskalya	Ostern
pazar	(hier:) Sonntag
pazartesi	Montag
peron	Bahnsteig
perşembe	Donnerstag
rötar	Verspätung (beim Verkehr)
rüya	Traum
rüya görmek	träumen
saat	Stunde; Uhr
saat ...	es ist ... Uhr
saat kaç?	wie spät ist es?
saat kaçta?	um wieviel Uhr?
sabah	Morgen
sabahleyin	am Morgen
salı	Dienstag
sene	Jahr
soğumak	kalt werden
son	letze(r, s) (im Gegensatz zu erste,r, s)
sonbahar	Herbst
soru	Frage
sömestr	Semester
sularında	um ... herum, gegen, kurz vor (oder nach) (s. C.7.c.)
sürmek	(hier:) dauern
Şeker Bayramı	Zuckerfest (isl., s. C.2.a.)
şimdiki	jetzig
şubat	Februar
tam	(hier:) genau
tam vaktinde	pünktlich (als Adverb)
tarife	(hier:) Fahrplan
temmuz	Juli
tıraş olmak	sich rasieren
Toros Ekspresi	Taurus-Expreß
uyanmak	aufwachen
uyumak	(ein-)schlafen
vaktinde	rechtzeitig; s. tam vaktinde
var	(hier:) vor (Uhrzeit)
varış	Ankunft
varmak (mit Dativ)	ankommen
yanıtlamak (Neuw.)	beantworten
yarıyıl (Neuw.)	Semester
yarım	(hier:) 12.30 oder 24.30 Uhr (C.1.d.)
yatmak	(hier:) schlafengehen
yaz	Sommer
yazın	im Sommer
yıkanmak	sich waschen
yılbaşı (gecesi)	Silvester
yolda	unterwegs
yortu	christliches Fest

W 3 (Aufbauwortschatz)

a) Tageszeiten

öğle(n)	Mittag
öğleden önce	Vormittag; am Vormittag
akşam üstü	spät Nachmittag, gegen Abend
akşam üzeri	
gece yarısı	Mitternacht; um Mitternacht

b) Uhr(-zeit)

çalar saat	Wecker
duvar saati	Wanduhr
ileri gitmek	vorgehen
kol saati	Armbanduhr
masa saati	Tischuhr
saate bakmak	auf die Uhr schauen
saniye	Sekunde

c)

evveli (od. evvelki, od. evvelsi) gün	vorgestern
öbür gün	übermorgen

d) Kalender

mevsim	Jahreszeit
takvim	Kalender
yeniyıl	Neujahr
Wochentage:	
pazartesi	Montag
salı	Dienstag
çarşamba	Mittwoch
perşembe	Donnerstag
cuma	Freitag
cumartesi	Samstag
pazar	Sonntag
Monate (aylar):	
ocak	Januar
şubat	Februar
mart	März
nisan	April
mayıs	Mai
haziran	Juni
temmuz	Juli
ağustos	August
eylül	September
ekim	Oktober
kasım	November
aralık	Dezember

9

Lektion 9: Sinan'ın Ailesi

Grammatik:

1. Possessivpronomen und -endungen
2. Entsprechung für das Hilfsverb ‚haben'
3. Der bestimmte Genitiv; Entsprechung für ‚gehören' (Fragewort: ‚kimin'); die Genitivverbindung
4. Deklination der Possessiv- und Genitivverbindungen; der Füllkonsonant ‚n'
5. Noch einmal zu ‚için', ‚ile', ‚gibi' und ‚kadar'
6. Deklinationsübersicht; Besonderheiten der Deklination

Sprechsituationen:

1. Besitz- und Verwandtschaftsverhältnisse ausdrücken
2. Telefonieren; Einladen; Geschenke aussuchen
3. Wohnung suchen

Aufbauwortschatz:

1. Verwandtschaftsbezeichnungen
2. Farben
3. Wendungen und Glückwünsche mit Possessivendungen

Zusatzmaterial:

Wohnungsannoncen

9 A

S

a) Araban yeni mi ?
Evet, arabam yeni.
Benimki eski.
Evin büyük mü ?
Hayır, evim küçük.
Benimki de küçük.

b) Kalemin var mı ?
Hayır, kalemim yok.
Sigaran var mı ?
Evet, sigaram var.
Bir tane versene !

c) Kimin televizyonu var ?
Benim televizyonum var.
Televizyonun renkli mi ?
Hayır, televizyonum siyah beyaz.

d) Bu çanta kimin ?
Akın'ın.
Bu kalem kimin ?
Sabine'nin.
Ya şu kitaplar kimin ?
Galiba Erol'un.

D 1

Sinan'ın ailesi Almanya'da mı ?
Hayır, Sinan'ın ailesi Türkiye'de.
Arzu'nun kocası ne iş yapıyor ?
Arzu'nun kocası Kempten'de doktor olarak çalışıyor.
Tülin'in çocuğu var mı ?
Evet, Tülin'in bir kızı ve bir oğlu var.
Gönül'ün annesi nerede oturuyor ?
Gönül'ün annesi Kadıköy'de oturuyor.
Kadıköy nerede ?
Kadıköy İstanbul'un bir semti.

D 2

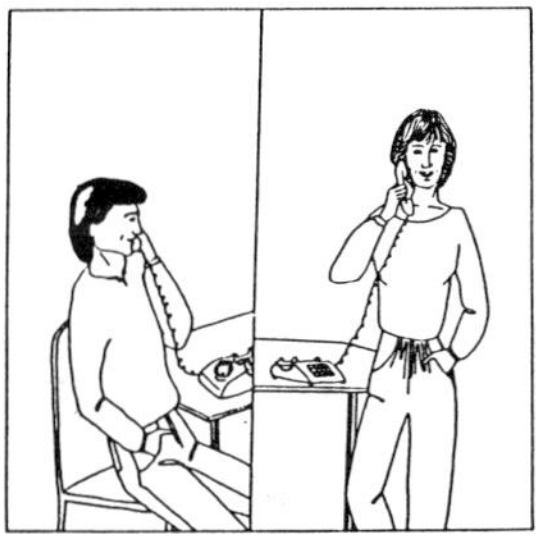

a) Sinan'ın cumartesi günü doğum günü var. Sinan Ruth'a telefon ediyor ve onu doğum gününe çağırıyor.

Sinan: Alo.
Ruth: Alo, buyurun. Kimsiniz ?
Sinan: Ben Sinan. Merhaba Ruth, nasılsın ?
Ruth: Ooo, merhaba Sinan. Ne var ne yok ?
Sinan: Sağ ol, Ruth, çok şükür, iyilik sağlık. Cumartesi günü seni davet etmek istiyorum. Vaktin var mı ?
Ruth: Cumartesi günü ayın kaçı ?
Sinan: Martın on ikisi.
Ruth: Evet, vaktim var. Saat kaçta geleyim ?
Sinan: Saat üçte sana uygun mu ?
Ruth: Tabii, memnuniyetle.
Sinan: Biliyor musun, cumartesi günü doğum günüm. Büyük bir parti veriyorum.
Ruth: Harika !

b) Ruth Sinan için bir hediye almak istiyor. Bunun için Peter'le konuşuyor.

Ruth: Peter, biliyorsun, cumartesi günü Sinan'ın partisine gidiyoruz. Ben ne hediye alayım ?

Peter: Beraber bir pikap alalım.

Ruth: Sinan'ın pikabı var. Sinan'ın teybi de var.

Peter: O zaman sen Sinan'a plak veya kaset al. Mesela Orhan Gencebay'ın bir kasetini al. Sinan onun müziğini çok seviyor.

Ruth: İyi fikir. Ya sen Sinan'a ne almak istiyorsun ?

Peter: Ben de bir demet gül veya karanfil götüreyim.

D 3

Gül ev arıyor

Gül uzun zamandan beri yeni bir eve taşınmak istiyor. Gazetelerde ilan arıyor ve telefon ediyor, ev sahibiyle konuşuyor.

Gül: Alo.

ev sahibi: Alo, buyurun, kimsiniz ?

Gül: Adım Gül Özgüner, affedersiniz, efendim, bir şey sormak istiyorum. Gazetede bir ilanınız var, kiralık ev için. Hala boş mu acaba?

ev sahibi: Maalesef tutuldu.

Gül: Ah, çok yazık.

ev sahibi: Ama yakında bir evim daha boşalıyor.

Gül: Nerede ?

ev sahibi: Tam merkezde, Cihangir'de, Taksim'e yaya beş dakika.

Gül: Evin kaç odası var ?
ev sahibi: Dört odası, balkonu, banyosu, büyük bir mutfağı var. Kaloriferli, sıcak suyu da var. Ayrıca şahane manzarası var. Boğaz'ı ve Marmara'yı görüyor.
Gül: Çok güzel. Evin kirası ne kadar ?
ev sahibi: 65.000 Lira, efendim.
Gül: Ek masraflar da var mı ?
ev sahibi: Evet, kalorifer, elektrik ve su. Hepsi aşağı yukarı ayda 85.000 Lira tutuyor.
Gül: Benim için biraz pahalı ama, yine de evi bir göreyim. Adresi nasıl ?
ev sahibi: Kumrulu Sokak 76.
Gül: Teşekkürler, efendim. Hemen geliyorum. İyi günler.
ev sahibi: Sizi bekliyorum, Gül Hanım, iyi günler.

D 4

Sinan'ın ailesi

Peter: Ailen burada mı, Sinan ?
Sinan: Hayır, ailem Türkiye'de. Size ailemin albümünü göstereyim.
Ruth: O, evet, lütfen.
Sinan: İşte albüm.
Peter: Bunlar kim, Sinan ?
Sinan: Bunlar annem babam, ninem ve dedem.
Ruth: Ya bu kim ?
Sinan: Bu teyzem, annemin kız kardeşi. Bu da dayım, annemin erkek kardeşi.
Peter: Bunlar kim ?
Sinan: Bunlar babamın kız kardeşi ve erkek kardeşi, halam ve amcam. Bu da yengem, amcamın karısı.
Ruth: Bunlar kardeşlerin mi ?
Sinan: Hayır, bunlar halamın çocukları, kuzenlerim.

Peter: Ya şu kim ?
Sinan: O da eniştem, halamın kocası.
Ruth: Albümde kardeşlerinin resmi yok mu ?
Sinan: Var tabii. İşte burada. Ablam, ağabeyim ve küçük kardeşlerim.
Peter: Kaç kardeşsiniz ?
Sinan: Beş kardeşiz.
Ruth: Büyük bir ailen var.
Sinan: Evet, öyle. Ailemi çok seviyorum.

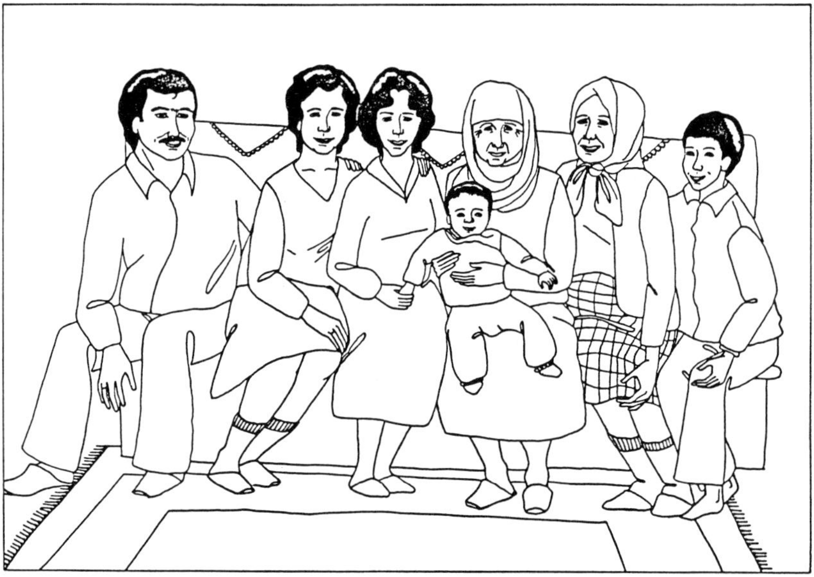

Rätsel (bilmece)

Mantosu yeşil, entarisi kırmızı,
bil bakalım, bu kimin kızı ?

Gedichte (şiirler)

1. Hikâye (Cahit Külebi, 1917–....)
   Senin dudakların pembe,
   Ellerin beyaz,
   Al tut ellerimi bebek,
   Tut biraz
   ...

2. Veda (Orhan Veli Kanık, 1914–1950)

   Yolum asfalt,
   Yolum toprak,
   Yolum gökyüzü,
   Yolum meydan,
   Ve ben neler düşünüyorum !
   ...

Karikatur
(aus: Fırt)

Wohnungsannoncen aus einer türkischen Zeitung

• deniz manzaralı 170 m² boş daire. 17.000.000.-'a. 352 18 11

• 827 m² arsa. 586 30 60

• 130 m² boş daire. 6.800.000.-'e. 352 18 11

• 135 m² lüks daire. 13.000.000.-'a. 352 18 11

• **SAHİBİNDEN** Üsküdar'da merkezde büro 2.000.000 358 28 17

• **ŞAHANE** deniz manzaralı daire. 333 16 17

Kiralık emlâk

KİRALIK İŞYERİ
Tophane Rıhtım Caddesi Yuva Sokak'ta 3 yazıhane
TEL: 146 65 90

• **AYAZPAŞA**'da şahane manzaralı daireler, 144 20 25

• **KINALIADA**'da 120 m² lüks daire 45 milyon TL. Sahibinden. 140 54 68

ÇERKEZOĞLU İNŞAAT
PENDİK'te telefonlu tek katlı villa.
BEYLERBEYİ'nde kiralık şahane Boğaz manzaralı mobilyalı daire.
338 65 13

9 B

Ü 1 (sen)-araba / yeni- ...: Araban yeni mi? Hayır, arabam eski.

1. (siz)-ev / büyük- ...
2. (sen)-televizyon / renkli- ...
3. (biz)-radyo / bozuk- ...
4. (o)-bavul / ağır- ...
5. (siz)-öğrenciler / tembel- ...

Ü 2 Geben Sie jeweils die deutsche bzw. türkische Entsprechung an!

1. odanız
2. banyon
3. meine Blusen
4. eure Fahrräder
5. mutfağımız
6. arabası
7. ütüleri
8. ihre Kinder
9. Ihre Kinder
10. kedilerim

Ü 3 (sen)-(ben) / televizyon-bozuk: Senin televizyonun bozuk.
Benimki de bozuk.

1. (siz)-(biz) / baba-genç
2. (biz)-(onlar) / bahçe-büyük
3. (ben)-(siz) / gazete-Türkçe
4. (sen) (o) / bisiklet-yeni
5. (sen)-(biz) / dergi-Almanca

Ü 4 (sen)-televizyon / var-yok: Televizyonun var mı ?
Evet, televizyonum var. /
Hayır, televizyonum yok.

1. (siz)-kitap / var-yok
2. (biz)-pikap / var-yok
3. (sen)-ütü / var-yok
4. (siz)-bisiklet / var-yok
5. (onlar)-ev / var-yok
6. (o)-oda / var-yok
7. (sen)-teyp / var-yok
8. (siz)-köpek / var-yok
9. (biz)-kedi / var-yok
10. (onlar)-araba / var-yok

Ü 5 **kitap / Doğan: Kitap kimin? Doğan'ın.**

1. araba / Nuri
2. çakmak / ben
3. plak / Ayten
4. rakı / Peter
5. domates / Gabi
6. bisiklet / çocuklar
7. sigara / Arzu
8. elma / biz

Ü 6 **a) Necdet-araba-yeni: Necdet'in arabası yeni.**

1. Ünal-baba-genç
2. Filiz-kazak-mavi
3. Doğan-gömlek-kareli
4. Sinan-abla-güzel
5. Arzu-koca-zengin
6. ev-mutfak-büyük
7. Peter-rakı-soğuk
8. Monika-ütü-bozuk

b) Filiz / kazak – (ne renk) – mavi:
Filiz'in kazağı ne renk? – Filiz'in kazağı mavi.

a. Akın / bisiklet – sarı
b. öğretmen / araba – yeşil
c. çocuklar / top – kahverengi
d. Tuna / bluz – eflatun
e. Serap / eteklik – pembe
f. Gönül Hanım / manto – kavuniçi

Ü 7 **Ergänzen Sie die Kasusendungen (Akkusativ, Dativ, Lokativ, Ablativ, Genitiv)!**

1. Arzu'--- koca-- Köln '-- çalışıyor.
2. Sinan'-- aile-- Türkiye'-- oturuyor.

3. Cihangir İstanbul'-- bir semt- .
4. Martin ders--- sonra kantin- gidiyor ve orada bir kahve- içiyor.
5. Vural Güner- kitap- veriyor.
6. Çocuk abla-- bisiklet- veriyor.
7. Ünal'-- baba-- bugün Kars'--- geliyor, yarın Erzurum'- gidiyor.
8. Salih'-- araba-- bozuk, Salih araba-- satıyor.

Ü 8 Bugün ayın kaçı? (25 Kasım): Bugün kasımın yirmi beşi.

a. 10 Ekim
b. 27 Haziran
c. 4 Aralık
d. 8 Şubat
e. 6 Nisan
f. 28 Mart
g. 20 Ağustos
h. 18 Mayıs
i. 15 Temmuz
j. 14 Ocak

Ü 9 a) Ek analizi: Endungenanalyse
babasından: baba-sı-n-dan: von seinem (ihrem) Vater

1. evlerinde
2. kitaplarımı
3. annesinin
4. dedesini
5. ablamızın
6. eniştemizden
7. bahçelerinizin
8. teyzelerinden
9. halamın
10. amcanızda

b) (sen)-kitap-aramak: Kitabını arıyorsun.

1. (biz)-kavun-yemek
2. (siz)-ev-gitmek
3. (o)-oda-oturmak
4. (biz)-gazete-okumak
5. şef-büro-gelmek
6. (sen)-araba-binmek
7. çocuklar-oda-gitmek
8. (ben)-bira-içmek

Ü 10 Türkçe'ye veya Almanca'ya tercüme edin!

1. Ali sieht heute den Vater seines Freundes.
2. Hakan profesörünün odasına gidiyor.
3. Suna ablasının evinden geliyor.
4. Peter sitzt auf Sinans Balkon und trinkt einen Raki.
5. Sabine fährt mit dem Auto ihrer Mutter nach Kiel.
6. Özcan ağabeyinin kazağını giyiyor.
7. Salih babasının mektuplarını yazıyor.

Ü 11 Soruları cevaplandırın!

1. Sinan neden Ruth'a telefon ediyor ?
2. Sinan'ın pikabı var mı ?
3. Sizin pikabınız var mı ?
4. Sinan kimin müziğini çok seviyor ?
5. Peter Sinan'a ne götürmek istiyor ?
6. Gül neden gazetelerde ilanlara bakıyor ?
7. Yeni ev nerede, kaç odası var ?
8. Sizin eviniz nerede ve kaç odası var ?
9. Sinan'ın ailesi Almanya'da mı ?

Ü 12 Studieren Sie die Wohnungsannoncen und versuchen Sie für die Wohnung in Cihangir, die Gül anschauen möchte, eine Annonce zu konstruieren!

S/Ü Erzählen Sie von Ihrer Verwandtschaft. Haben Sie eine große Familie? Wo leben Ihre Familienangehörigen und was machen sie beruflich?

B/Ü 1 **Fragen Sie Ihren Lernpartner, ob diese Personen die in der mittleren Spalte abgebildeten Sachen besitzen oder nicht. Bei Pluszeichen erwarten Sie eine positive, bei Minuszeichen eine negative Antwort. Dann lassen Sie sich von Ihrem Lernpartner befragen!**

B/Ü 2 **Sie telefonieren mit einem Freund, den Sie zu Ihrem Geburtstag einladen möchten. Spielen Sie mit Ihrem Lernpartner den Dialog, tauschen Sie dann die Rollen!**

B/Ü 3 **Sie sind in einem Laden in Istanbul und suchen mit einem Freund ein Geburtstagsgeschenk für einen gemeinsamen Freund aus. Spielen Sie den Dialog mit Ihrem Lernpartner!**

B/Ü 4 **Sie suchen eine Wohnung in Istanbul und telefonieren mit einem Vermieter, nachdem Sie in der Zeitung die Wohnungsannoncen studiert haben. Spielen Sie den Dialog mit Ihrem Lernpartner, tauschen Sie dann die Rollen!**

9 c

1. Possessivpronomen und -endungen (İyelik Zamirleri ve Ekleri)

Die Possessivpronomen sind:

benim	mein(e)	bizim	unser(e)
senin	dein(e)	sizin	eur(e), Ihr(e)
onun	sein(e), ihr(e)	onların	ihr(e)

Wie die Personalpronomen werden aber auch die Possessivpronomen in der Regel weggelassen, wenn es sich nicht um Betonung oder Gegenüberstellung von verschiedenen Personen handelt.
Die Besitzform wird durch Endungen ausgedrückt, die der großen (3. Pers. Plur. der kleinen) Vokalharmonie unterliegen und betont sind:

nach e oder i:	*nach a oder ı:*	*nach ö oder ü:*	*nach o oder u:*
ev:	*bal*:	*göz*:	*okul*:
ev*im*	bal*ım*	göz*üm*	okul*um*
ev*in*	bal*ın*	göz*ün*	okul*un*
ev*i*	bal*ı*	göz*ü*	okul*u*
ev*imiz*	bal*ımız*	göz*ümüz*	okul*umuz*
ev*iniz*	bal*ınız*	göz*ünüz*	okul*unuz*
ev*leri*	bal*ları*	göz*leri*	okul*ları*

nach Vokalauslaut:

kedi:	*araba*:	*ütü*:	*manto*:
kedi*m*	araba*m*	ütü*m*	manto*m*
kedi*n*	araba*n*	ütü*n*	manto*n*
kedi*si*	araba*sı*	ütü*sü*	manto*su*
kedi*miz*	araba*mız*	ütü*müz*	manto*muz*
kedi*niz*	araba*nız*	ütü*nüz*	manto*nuz*
kedi*leri*	araba*ları*	ütü*leri*	manto*ları*

Die stimmlosen Konsonanten ç, k, p, t (der letztere mit Vorbehalt) werden weich, wenn vokalische Besitzendung angehängt wird:

ağa*ç*: ağa*c*ım / çocu*k*: çocu*ğ*um / kita*p*: kita*b*ım / kâğıt: kâğı*d*ım.

Aufgabe: Machen Sie die Übungen 1 und 2. Lesen Sie die Gedichte ‚Hikâye' und ‚Veda' und versuchen Sie, sie mit Hilfe der ‚Wörterkiste' zu verstehen. Können Sie sie auch auswendiglernen? In W 4 finden Sie Anredeformen und Glückwünsche mit der besitzanzeigenden Endung. Lernen und verwenden Sie sie!

Merken Sie:

* Bei einsilbigen Wörtern mit Vokalauslaut wird vor der vokalischen Possessivendung ein ‚y' als Füllkonsonant eingeschoben. Das Hauptbeispiel ist:

‚su': su-y-um (mein Wasser).

In der 3. Person im Singular ohne s:

su-y-u (sein / ihr Wasser).

* Obwohl die Besitzanzeige in der Regel durch Endungen ausgedrückt wird, begegnet auch eine Form, die der Besitzanzeige im Deutschen gleicht. Diese Ausdrucksweise ist aber umgangssprachlich und salopp:

bizim ev / senin okul
unser Haus / deine Schule usw.

* In der 3. Person Plural kann die Possessivendung im Plural nicht gebraucht werden, wenn das Possessivpronomen angeführt ist: onların evi (ihr Haus). Wenn es sich aber um mehrere Besitztümer handelt, ist die Possessivendung im Plural obligatorisch: onların evleri (ihre Häuser, aber auch

‚ihr Haus'). Mit oder ohne Possessivpronomen (evleri: ihr Haus, ihre Häuser) ist die Besitzform in der 3. Person Plural zweideutig. Die Bedeutung kann aus dem Kontext abgeleitet werden.

2. Die Endung ‚-ki' an Possessivpronomen

Sie kennen diese Endung von Lektion 8 bei Ableitung von Zeitadjektiven. Sie drückt aber auch Zugehörigkeit aus und, Personalpronomen angefügt, gibt sie auch hier die Entsprechung für das Suffix ‚-ig': benim*ki*: der (die, das) mein*ig*e. Sie wird verwendet, um die Wiederholung des Bezugswortes zu vermeiden:

– Arabam yeni (mein Auto ist neu)
– Benimki eski (das meinige, meines ist alt).

Die Endung ‚-ki' bleibt unverändert, also: onunki, onlarınki.

Aufgabe: Spielen Sie mit Ihrem Lernpartner den Dialog S a, auch auf Deutsch! Machen Sie Übung 3!

Merken Sie:

* In der Umgangssprache kann ‚ki' auch als ‚-kisi' gebraucht werden, also ‚benimkisi' statt ‚benimki' usw.

3. Die zweite Entsprechung für das Hilfsverb ‚haben'

Sie kennen eine Entsprechung für das Hilfsverb ‚haben' mit der Lokativendung am Personalpronomen, z. B.:

bende kitap var: ich habe ein Buch (wörtlich ‚bei mir gibt es ein Buch').

Während diese Form aber etwa ‚bei sich haben', ‚dabei haben' heißt und deshalb begrenzt verwendet werden kann (vgl. Lektion 3), kann die zweite Entsprechung für ‚haben' für jedes Besitzverhältnis gebraucht werden:

benim evim var: ich habe ein Haus, wörtlich mein Haus es gibt.

Da es sich um eine Possessivkonstruktion handelt, fällt in der Regel das Possessivpronomen weg:

ev*im* var: ich habe ein Haus (wörtl. ‚Haus-mein es gibt')
ev*in* var: du hast ein Haus (wörtl.: ‚Haus-dein es gibt')
ev*i* var: er (sie, es) hat ein Haus (wörtl.: ‚Haus-sein / -ihr es gibt')
ev*imiz* var: wir haben ein Haus (wörtl.: ‚Haus-unser es gibt')
ev*iniz* var: ihr habt / Sie haben ein Haus (wörtl. ‚Haus-euer / -Ihr es gibt')
ev*leri* var: sie haben ein Haus (wörtl.: ‚Haus-ihr es gibt)
sie haben Häuser (wörtl.: Häuser-ihre es gibt)

Im Fragesatz wird das Fragewörtchen dem Strukturwort ‚var' angefügt:

Kalem*in* var mı? Hast du einen Stift?
Kitab*ınız* var mı? Habt ihr / Haben Sie ein Buch?

Die Verneinung erfolgt mit dem Strukturwort ‚yok':

Kalem*im* yok. Ich habe keinen Stift (wörtl.: Stift-mein es gibt nicht).
Kitab*ımız* yok. Wir haben kein Buch (wörtl.: Buch-unser es gibt nicht).

Verneinende Frage:

Araba*n* yok mu? Hast du kein Auto? (wörtl.: Auto-dein gibt es nicht?)
Çakmağ*ınız* yok mu? Habt ihr / Haben Sie kein Feuerzeug? (wörtl.: Feuerzeug-euer / Ihr gibt es nicht?)

Aufgabe: Spielen Sie mit Ihrem Lernpartner den Dialog S b, auch auf Deutsch! Machen Sie Übung 4. Lernen Sie und verwenden Sie auch die Wendungen in W 4, die mit ‚haben' gebildet sind.

4. Entsprechung für den unbestimmten Artikel ohne Bezugswort

In S b heißt es:

– Sigaram var. (Ich habe Zigaretten.)
– Bir tane versene. (Gib mir doch eine.)

Die Konstruktion ‚bir tane' (wörtlich: ein Stück) ersetzt den unbestimmten Artikel, wenn er ohne Bezugswort gebraucht wird, z. B.:

–Kantinden bira getiriyorum. (Ich bringe ein Bier aus der Kantine.)
– Bana da bir tane getirsene. (Bring mir doch auch eins.)
oder:
– Çikolata yiyorum. (Ich esse Schokolade.)
– Bana da bir tane versene. (Gib mir doch auch eine.)

5. Der bestimmte Genitiv (-in hali: tamlayan durumu)

5.1. das Fragewort ‚kimin'

Das Fragewort für Genitiv ist ‚kimin' (wessen). (Bei ‚ne': neyin: wovon, von was?)
Der Genitiv wird immer mit der Possessivendung kombiniert, z. B.:

Bu kimin çanta*sı*? Wessen Tasche ist das? (wörtl.: ‚Wessen Tasche-seine (ist) das?)

auch beim Hilfsverb ‚haben':

Kimin çanta*sı* var? Wer hat eine Tasche? (wörtl.: Wessen Tasche-seine gibt es?)

oder:

Kimin çakmağ*ı* var? Wer hat ein Feuerzeug? (wörtl.: Wessen Feuerzeug-sein gibt es?)

Aufgabe: Spielen Sie mit Ihrem Lernpartner den Dialog S c, auch auf Deutsch!

5.2. Die Genitivendung

Die Genitivendung ‚-in' (nach Vokalauslaut ‚-nin') unterliegt der großen Vokalharmonie und ist betont:

ev: ev*in* (des Hauses) / adam: adam*ın* (des Mannes)
okul: okul*un* (der Schule) / göz: göz*ün* (des Auges)

nach Vokalauslaut:

kedi: kedi*nin* (der Katze) / oda: oda*nın* (des Zimmers)
radyo: radyo*nun* (des Radios) / ütü*nün* (des Bügeleisens).

Die stimmlosen Konsonanten ç, k, p, t im Auslaut (der letztere mit Vorbehalt) werden weich, wenn die Genitivendung angefügt wird:

ağaç, ağa*c*ın / çocuk: çocu*ğ*un / kitap: kita*b*ın / kâğıt: kâğı*d*ın.

Bei Eigennamen wird die Endung durch einen Apostroph vom Bezugswort getrennt. Die stimmlosen Konsonanten ç, k, p, t bleiben in der Orthographie unverändert, werden aber weich gesprochen:

Peter'in (Peters), Ayşe'nin (der Ayşe), Ahmet'in (Ahmets, gesprochen Ahmedin), Serap'ın (der Serap, gesprochen Serabın) usw.

5.3. Entsprechung für ‚gehören'

Das Fragewort ‚kimin' ersetzt das Verb ‚gehören', z. B.:

Kitap kimin? Wem gehört das Buch? (wörtl.: Buch wessen (ist das)?)

Die Antwort muß mit der Genitivendung, bei Pronomen mit Possessivpronomen erfolgen:

Kitap Akın'ın. Das Buch gehört Akın. (wörtl.: Buch Akın-sein).
Oder:
Kitap benim. Das Buch gehört mir (wörtl.: Buch (ist) mein).

Merken Sie: * Bu kimin çantası? (Wessen Tasche ist das?), aber:
Çanta kimin? (Wem gehört die Tasche?)

Aufgabe: Spielen Sie mit Ihrem Lernpartner den Dialog S d, auch auf Deutsch! Machen Sie Übung 5. Versuchen Sie das Rätsel mit Hilfe der ‚Wörterkiste' und der Grammatik zu verstehen und zu raten. Wenn Sie's nicht können, finden Sie die Lösung im ‚Schlüssel'.

Die veraltete Form für ‚gehören' mit Dativ und ‚ait' beherrschen Sie nur passiv:

Kitap kim*e* ait? Wem gehört das Buch?
Bana ait. (Es) gehört mir.

5.4. Die Genitivverbindung (tamlama)

Meistens steht der Genitiv nicht allein, sondern in Verbindung mit einem Bezugswort, das im Türkischen die Possessivendung der 3. Person enthält:

öğretme*nin* çanta*sı*

die Tasche des Lehrers (wörtl.: des Lehrers Tasche-seine)

oder:

çocuğ*un* kitab*ı*: das Buch des Kindes (wörtl.: des Kindes Buch-sein);
Gönül'*ün* anne*si*: Gönüls Mutter (wörtl.: der Gönül Mutter-ihre);
Sinan'ın ailesi: Sinans Familie (wörtl.: Sinans Familie-seine);
öğrenci*nin* kitap*ları*: die Bücher des Studenten (wörtl.: des Studenten Bücher-seine);
çocuklar*ın* top*ları*: die Bälle der Kinder (wörtl.: der Kinder Bälle-ihre) usw.

Beim Hilfsverb ‚haben' wird in der 3. Person im Singular und Plural auch die Konstruktion der Genitivverbindung gebraucht, wenn kein Personalpronomen, sondern eine Person oder ein Substantiv das Besitzverhältnis zeigt, z. B.:

Tülin'*in* araba*sı* var: Tülin hat ein Auto (wörtl.: der Tülin Auto-ihr es gibt);

Öğrenci*nin* kitab*ı* yok: Der Schüler hat kein Buch (wörtl.: des Schülers Buch-sein es gibt nicht);
Çocuklar*ın* top*u* var: Die Kinder haben einen Ball (wörtl.: der Kinder Ball-ihr es gibt);
çocuklar*ın* topl*arı* var: Die Kinder haben Bälle (wörtl.: der Kinder Bälle-ihre es gibt) usw.

Aufgabe: Spielen Sie mit Ihrem Lernpartner den Dialog D 1, auch auf Deutsch! Machen Sie die Übungen 6a, 7 und B/Ü 1.

Nach Farben fragen Sie mit „... ne renk?", z. B.:
Öğretmenin arabası ne renk? Welche Farbe hat das Auto des Lehrers?
Öğretmenin arabası yeşil. Das Auto des Lehrers ist grün.

Im Aufbauwortschatz (W 3) finden Sie die Farbbezeichnungen im Türkischen, von denen Sie einige bereits kennen. Mit Farbbezeichnungen können Sie gleichzeitig die Possessivendungen und die Genitivverbindung üben. Fragen Sie sich gegenseitig mit Ihren Lernpartnern im Kurs, z. B.:

Çanta*n* ne renk? (Welche Farbe hat deine Tasche?)
oder:
Erika'*nın* çanta*sı* ne renk? (Welche Farbe hat Erikas Tasche?)

So können Sie auch nach der Farbe der Kleidungsstücke, Autos, Fahrräder ... usw. der Kursteilnehmer fragen und Ihren Wortschatz verfestigen.

Aufgabe: Machen Sie Übung 6b!

5.5. Feststehende Konstruktionen als Genitivverbindung

Bereits von Lektion 2 kennen Sie die Frage mit „... ne demek?" (was heißt ...?). Nun lernen Sie eine andere Ausdrucksmöglichkeit für die Frage ‚was heißt das auf Türkisch?': Bun*un* Türkçe*si* ne? (wörtl.: ‚Dessen Türkisch-sein was?').

Zeigen Sie auf Gegenstände im Kursraum und fragen Sie Ihre Lernpartner, was diese Sachen auf Türkisch heißen. Sie können auch ‚was heißt auf Deutsch?' fragen: Bunun Almancası ne? Nennen Sie beliebige Wörter aus Ihrem türkischen Wortschatz und fragen Sie Ihre Lernpartner, was diese Wörter auf Deutsch heißen, z. B. ‚Kavun. Bunun Almancası ne?'

Auch die Frage nach dem Datum ist eine Genitivverbindung:

Bugün ay*ın* kaç*ı*: Der wievielte ist heute? (wörtl.: Heute des Monats wieviel-sein?)

Sie antworten natürlich auch mit einer Genitivverbindung; z. B.:

‚Heute ist der 20. Mai': Bugün mayıs*ın* yirmi*si* (wörtl.: Heute (ist) des Mais zwanzig-sein).

Aufgabe: Machen Sie Übung 8!

Merken Sie:

* In der Umgangssprache wird das Ortsadverb ‚orada' in Verbindung mit Genitiv (bei Personalpronomen im Possessiv) in Bedeutung von ‚bei' (als räumliche Nähe) verwendet, z. B.:

  Postane istasyon*un* orada: Die Post ist beim Bahnhof (in der Nähe vom Bahnhof)?
  Oder:
  Biz*im* orada bakkal yok: Bei uns (dort, wo wir wohnen) gibt es kein Lebensmittelgeschäft.

6. Deklination der Possessiv- und Genitivverbindungen

6.1. Der Füllkonsonant ‚n'

Bei der Deklination der Possessivformen wird die Fallendung der besitzanzeigenden Endung angefügt, z. B.:

kalem, kalem*im* (mein Stift), kalem-im-i (meinen Stift): Kalemimi arıyorum (Ich suche meinen Stift.)

ev, ev*in* (dein Haus), ev-in-e (in dein Haus):
Evine gidiyorsun (Du gehst in dein Haus).

pasta, pasta*mız* (unser Kuchen), pasta-mız-ı (unseren Kuchen):
Pastamızı yiyoruz (Wir essen unseren Kuchen).

In der 3. Person im Singular und Plural beim Possessiv, bei Genitivverbindungen und zusammengesetzten Wörtern (vgl. Lektion 11) wird aber vor allen Fallendungen ein ‚n' als Bindekonsonant eingeschoben, z. B.:

ev, ev*i* (sein Haus), ev-i-n-i (sein Haus, Akkusativ):
Evi*n*i satıyor (Er verkauft sein Haus).

ev, ev*leri* (ihr Haus), ev-leri-n-e (in ihr Haus):
Evleri*n*e gidiyorlar (Sie gehen in ihr Haus).
Evleri*n*de oturuyorlar (Sie sitzen in ihrem Haus).
Evleri*n*den geliyorlar (Sie kommen aus ihrem Haus).

weitere Beispielsätze:

Sinan ailesi*n*i seviyor: Sinan liebt seine Familie.
Gül mantosu*n*u giyiyor: Gül zieht ihren Mantel an.
Şefin bürosu*n*a gidiyorum: Ich gehe in das Büro vom Chef.
Salih arkadaşının arabası*n*a biniyor: Salih steigt in das Auto seines Freundes ein.

6.2. Reihenfolge der Endungen

Die Mehrzahlendung hat den Vorrang, der die Possessiv- und Fallendung folgen, z. B.:

okul-lar-ımız-da: in unseren Schulen;
\ \ \ \
Schule- n -unser-in

mutfak-lar-ınız-dan: aus euren Küchen;
| | \ \
Küche - n -euer-aus

çocuk-lar-ımız-ın: unserer Kinder.
/ \ \ \
Kind - er-unser-er

Aufgabe: Machen Sie die Übungen 9 und 10. In W 4 finden Sie noch Wendungen mit Possessivform und Deklinationsendungen. Lernen Sie und verwenden Sie sie!

7. Noch einmal zu ‚için', ‚ile', ‚gibi' und ‚kadar'

Sie kennen bereits die Postpositionen ‚için', ‚ile', ‚gibi' und ‚kadar', die die Grundform regieren. Bei Pronomen jedoch verlangen diese Postpositionen im Singular die Possessivform:

benim için	(für mich)	benimle	(mit mir)
bunun için	(dafür, deshalb)	bununla	(damit)
benim gibi	(wie ich)	benim kadar	(so wie ich)
bunun gibi	(wie das)	bunun kadar	(so wie das)

Aber im Plural wird die Grundform beibehalten:
bunlar için / bunlar ile / bunlar gibi / bunlar kadar.

Aufgabe: Spielen Sie mit Ihrem Lernpartner die Dialoge D 1, D 2 und D 3, auch auf Deutsch! Machen Sie die Übungen 11, 12, S/Ü, B/Ü 2, 3 und 4! Im Aufbauwortschatz finden Sie noch wichtige Ausdrücke für Wohnungssuche und ergänzende Verwandtschaftsbezeichnungen. Lernen Sie sie!

Merken Sie:

* In der Umgangssprache kann bei Verwandtschaftsbezeichnungen die Possessivendung vor der Pluralendung gebraucht werden:
  teyze-m-ler: meine Tante und ihre Familie, aber:
  teyze-ler-im: meine Tanten. Bei ‚anne baba' (Eltern) erhalten beide Bestandteile die Possessivendung: anne*m* baba*m* (meine Eltern).

* Erwachsene, die sich kennen oder aber nicht kennen, reden sich oft mit Verwandtschaftsbezeichnungen an, was gar nicht lässig wirkt, sondern eine vertraute Atmosphäre schafft. Gleichaltrige oder jüngere Personen werden mit ‚kardeş', junge Frauen mit ‚abla' und ‚yenge', alte Frauen mit ‚teyze', junge Männer mit ‚ağabey', alte Männer mit ‚amca' angeredet. Trotz der Verwandtschaftsbezeichnung wird oft die Anrede mit ‚Sie' benutzt.

8. Grammatik zum Weiterlernen

8.1. Deklinationsübersicht

Der Genitiv gehört im Türkischen nur begrenzt zu Kasusformen. Neben der Bezeichnung ‚-in hali' wird diese grammatische Form öfter ‚tamlayan durumu' genannt. Ohne den Genitiv gibt es fünf (Nominativ, Akkusativ, Dativ, Lokativ, Ablativ), mit dem Genitiv sechs Kasusformen im Türkischen, z. B.:

adam	Nominativ:	yalın durum (od. yalın hali)
adam*ı*	Akkusativ:	belirtme durumu (i-hali)
adam*a*	Dativ:	yönelme durumu (e-hali)
adam*da*	Lokativ:	kalma durumu (de-hali)
adam*dan*	Ablativ:	uzaklaşma durumu (den-hali)
(adam*ın*	Genitiv	tamlayan durumu (in-hali))

Sie wissen bereits, daß die Demonstrativpronomen ‚bu-şu-o' auch Fallendungen bekommen.

Deklinationsübersicht der Demonstrativpronomen (ohne Bezugswort):

bu	şu	o
bunu	şunu	onu
buna	şuna	ona
bunda	şunda	onda
bundan	şundan	ondan
bunun	şunun	onun

Plural:

bunlar	şunlar	onlar
bunları	şunları	onları
bunlara	şunlara	onlara
bunlarda	şunlarda	onlarda
bunlardan	şunlardan	onlardan
bunların	şunların	onların

8.2. Besonderheiten der Deklination

1. Endungsabwurf

Wenn in einem Satz zwei Satzglieder die gleiche Plural- oder Fallendung aufweisen, kann die Endung am ersten Bezugswort ausfallen, z. B.:

Dergi (statt ‚dergiler') ve kitaplar nerede?
Wo sind die Zeitschriften und Bücher?

Dergi (statt dergiyi) ve kitabı okuyorum.
Ich lese die Zeitschrift und das Buch.

Ali (statt Ali'nin) ve Ayşe'nin parası yok.
Ali und Ayşe haben kein Geld.

2. ç, k, p, t im Auslaut bei einsilbigen Wörtern

Sie haben gelernt, daß die stimmlosen Konsonanten ç, k, p, t im Auslaut weich werden, wenn eine vokalische Endung angehängt wird. Diese Regel trifft aber in bezug auf einsilbige Wörter nicht zu, z. B.:

koç (Widder)	koçu, koça usw.
kürk (Pelz)	kürkü, kürke usw.
hap (Pille)	hapı, hapa usw.
ot (Gras)	otu, ota usw.

Eine Ausnahme bildet das Zahlwort ‚dört', das auslautende t wird weich, wie Sie bereits von der Uhrzeit kennen: dör*d*e beş var, usw. Bei dem Wort ‚renk' (Farbe) wird das auslautende k nicht ğ, sondern ‚g': rengi, renge usw. z. B.:

Hangi rengi seviyorsun?
Welche Farbe magst du?

Und auch bei ‚teyp' wird das p weich: teybi, teybe usw.

3. Konsonantenverdoppelung

Bei einigen wenigen Lehnwörtern arabischen Ursprungs wird der auslautende Konsonant verdoppelt, wenn eine vokalische Endung angefügt wird. Das bekannteste Beispiel ist ‚hak' (Recht):

ha*kk*ı, ha*kk*a usw.

4. Helle Endung an dunklen Vokalen

Gegen das Gesetz der Vokalharmonie stoßen einige Lehnwörter arabischen und europäischen Ursprungs, dessen letzter Vokal zwar dunkel ist, aber die angehängte Endung einen hellen Vokal enthält. Bei solchen Beispielen wird aber der dunkle Vokal wie in der Originalsprache etwas hell ausgesprochen, z. B.:

saat: saat*i*, saat*e* usw.
general: general*i*, general*e* usw.
futbol: futbol*ü*, futbol*e* usw.

5. Vokalausfall

Bei einer Reihe von Wörtern fällt der letzte Vokal aus, wenn eine vokalische Endung angehängt wird. Dies ist meistens bei der Bezeichnung der Körperteile der Fall, z. B.:

ağ*ı*z (Mund): ağzım (mein Mund)
bur*u*n (Nase): burnum (meine Nase)
göğ*ü*s (Brust): göğsüm (meine Brust) (vgl. Lektion 11).

Weitere Beispiele sind:

is*i*m (Name): ismim (mein Name)
iz*i*n (Urlaub, Erlaubnis): iznim (mein Urlaub)
oğ*u*l (Sohn): oğlum (mein Sohn)
res*i*m (Bild): resmim (mein Bild)
şeh*i*r (Stadt): şehre (in die Stadt)
vak*i*t (Zeit): vaktim yok (ich habe keine Zeit)

9 Wörterkiste

W 1

abla	große Schwester
acaba	(hier:) ob
ad	Name
ağabey (Aussprache ‚abi‘)	großer Bruder
ağız	Mund
aile	Familie
ait	s. C.5.
albüm	Album
alo	Hallo (nur als Meldung am Telefon)
amca	Onkel (Bruder des Vaters)
anne baba	Eltern
arsa	Grundstück
asfalt	Asphalt
aşağı yukarı	ungefähr
Ayazpaşa	Stadtteil in Istanbul (europäischer Teil)
ayın kaçı?	s. C.5.e.
ayrıca	außerdem
balkon	Balkon
banyo	Bad(ezimmer)
bebek	(hier:) Baby; Puppe
benim	mein(e)
benimki	s. C.2.
beraber	zusammen
beyaz	weiß
Beylerbeyi	Stadtteil in Istanbul (asiatischer Teil)
bil bakalım	rate mal
bilmece	Rätsel
bir tane	s. C.4.
birlikte (Neuw.)	zusammen
bizim	unser(e)
Boğaz	Bosporus (in der Umgangssprache)
boş	(hier:) frei
boşalmak	(hier:) frei werden
bunun için	deshalb
bunun Türkçesi ne?	was heißt das auf Türkisch?
burun	Nase
Cihangir	Stadtteil in Istanbul (europäischer Teil)
çağırmak	einladen; rufen
çevirmek (Neuw.)	(hier:) übersetzen
çok şükür	Gott sei Dank

daire	(hier:) Etagenwohnung
davet	Einladung
davet etmek	einladen
dayı	Onkel (Bruder der Mutter)
dede	Opa
demet	(Blumen-)Strauß
deniz	Meer
doğum günü	Geburtstag
dudak	Lippe
düşünmek	denken (an)
eflatun	lila
ek masraflar	Nebenkosten
el	Hand
emlak	Immobilien
enişte	Onkel (Mann der Tante)
entari	Kleid
erkek kardeş	Bruder
ev sahibi	Hausbesitzer, Vermieter
fikir	Gedanke, Idee
galiba	wahrscheinlich, vermutlich
general	General
göğüs	Brust
gökyüzü	Himmel(sgewölbe)
hak	Recht
hala (kurzes, dunkles a)	Tante (Schwester des Vaters)
hala (langes, helles a) (auch hâlâ geschrieben)	noch
hap	Pille
hediye	Geschenk
hikâye	Geschichte, Erzählung
ilan	Inserat, Annonce
inşaat	(Bau(-arbeit, -firma)
isim	Name
işyeri	Arbeitsplatz (hier: Büro-, Praxisraum)
iyi fikir	gute Idee
izin	Erlaubnis; Urlaub
Kadıköy	Stadtteil in Istanbul (asiatischer Teil)
kahverengi	braun
kalorifer	Zentralheizung
karanfil	Nelke
kardeş	Geschwister; Bruder, Schwester
karı	(hier:) Ehefrau
kaset	Kassette
kat	Stockwerk
kavuniçi	orange
kedi	Katze
Kınalıada	eine der Prinzeninseln bei Istanbul
kız	(hier:) Tochter
kız kardeş	Schwester
kimin	wessen (s. C.5.a.)
kimsiniz?	(hier:) wer ist am Apparat?
kira	Miete
kiralık	zu vermieten
kiralık ev	Wohnung (oder Haus) zu vermieten
koca	Ehemann
koç	Widder
köpek	Hund
köprü	Brücke
Köprü	Bosporus- oder Galata-Brücke in Istanbul
kuzen	Cousin(e)
lüks	Luxus
manzara	Ausblick
Marmara	Marmarameer
merkez	Zentrum
meydan	(hier:) offenes Gelände
mobilya	Möbel
mobilyalı	möbliert
ne kadar?	(hier:) wie hoch?
ne renk?	welche Farbe?
neyin?	von was, wovon?

nine	Oma
oğul	Sohn
onların	ihr (pl)
onun	sein(e) ihr(e)
Orhan Gencebay	türk. Sänger
Ortaköy	Stadtteil in Istanbul (europäischer Teil)
ot	Gras
pembe	rosarot
pikap	Plattenspieler
plak	Schallplatte
renk	Farbe
renkli	in Farbe, farbig; bunt
resim	Bild; Foto
Rıhtım Caddesi	Kai-Straße (in Istanbul)
sağlığın(ız)a	auf dein (Ihr) Wohl
sahip	Besitzer
sana / size uygun mu?	paßt dir / Ihnen?
satılık	zu verkaufen
semt	Stadtteil, Stadtviertel
siyah beyaz	schwarz-weiß
şahane	herrlich
şiir	Gedicht
taşınmak	umziehen; einziehen
tek katlı	einstöckig
tercüme (Altw.)	Übersetzung
tercüme etmek (Altw.)	übersetzen
teyp	Tonbandgerät, Casettenrecorder
teyze	Tante (Schwester der Mutter)
Tophane	Stadtteil in Istanbul (Hafen)
toprak	Erde
tutmak	(hier:) machen; (hier:) halten
tutuldu	(hier:) schon vermietet
uygun	passend, günstig (s. sana uygun mu?)
uzun zamandan beri	seit langer Zeit
vakit	Zeit
vaktin var mı?	hast du Zeit?
veda	Abschied
villa	Villa
yakında	bald; in der Nähe
yazıhane	Büro(-raum)
yazık	schade
yenge	Tante (Frau des Onkels)
yine de	trotzdem
yol	Weg
zaman	Zeit

W 2 (grammatische Termini)

-in hali tamlayan durumu	Genitiv (Zugehörigkeitsform)
iyelik ekleri	Possessivendungen
iyelik zamirleri	Possessivpronomen
tamlama	Fügung, Genitivverbindung
yalın hali (od. durumu)	Nominativ

W 3 (Aufbauwortschatz)

a) Verwandtschaftsbezeichnungen

akraba	Verwandte(r)
anneanne	Großmutter (Mutter der Mutter)
babaanne	Großmutter (Mutter des Vaters)
bacanak	Schwager (der mit der Schwester der Ehefrau verheiratete Mann)
baldız	Schwägerin (Schwester der Ehefrau)
büyükanne	Großmutter
büyükbaba	Großvater
görümce	Schwägerin (Schwester des Ehemanns)
kayınbirader	Schwager (Bruder des Ehepartners)
kayınpeder	Schwiegervater
kayınvalide	Schwiegermutter
kaynana	Schwiegermutter (umgangssprachlich)
torun	Enkel(-in)
yeğen	Neffe, Nichte

b) Eheleute

Ehefrau:

hanım	Gattin
karı	Frau

Ehemann:

bey	Gatte
koca	Mann
eş	Ehepartner (kann Mann oder Frau sein)
karıkoca	Ehepaar

c) Wohnungssuche

depozito	Kaution
kiracı	Mieter
kiralamak	mieten; vermieten
komisyon	Provision
komisyoncu	Makler

d) Farben

açık	hell (nur bei Farben und Getränken)
ak	weiß (volkstümlich)
al	rot (volkstümlich)
bej	beige
kara	schwarz (volkstümlich)
kavuniçi	orange
koyu	dunkel (bei Farben)
lacivert	dunkelblau
mor	violett
turuncu	orange

W 4 (Umgangssprachliches) (Sie-Form in Klammern)

a) mit Possessivendungen

başın(ız) sağ olsun	(Kondolenzformel) aufrichtiges Beileid
bayramın(ız) kutlu olsun	frohes Fest
doğum günün(üz) kutlu olsun	herzlichen Glückwunsch zum Geburtstag
gözün(üz) aydın	Glückwunschformel nach einem erfreulichen Ereignis
hocam	Anrede für Gymnasial- und akademische Lehrer (von ‚hoca‘: Lehrer, Meister)

karnım aç	ich habe Hunger (wörtl.: mein Bauch ist hungrig)
karnım zil çalıyor	mir knurrt der Magen (wörtl.: mein Bauch klingelt Glocken)
yeni yılın(ız) kutlu olsun	gutes Neues Jahr

b) mit ‚haben‘

acelem var	ich hab's eilig, mir pressiert's (von ‚acele‘: Eile)
acelesi yok	es eilt (pressiert) nicht
bir ricam var (von ‚rica‘: Bitte)	ich habe (od. hätte) eine Bitte
haberim var	ich weiß Bescheid
haberim yok	ich habe keine Ahnung
hakkın(ız) var	du hast (Sie haben) recht
(çok) işim var	ich habe (viel) zu tun
senden (sizden) bir ricam var	Ich möchte dich (Sie) um etwas bitten
vaktim (oder zamanım) yok	ich habe keine Zeit
yanlışın(ız) var	du irrst dich (Sie irren sich)
uykum var (von ‚uyku‘: Schlaf)	ich habe Schlaf (ich möchte schlafen)
zararı (oder (ziyanı) yok (von ‚zarar‘, ‚ziyan‘: Schaden)	das macht nichts (wörtlich: es hat keinen Schaden)

c) Possessivform mit Fallendungen

darısı başına / başınıza	möge dir/Ihnen das gleiche Glück beschieden sein
eline / elinize sağlık (von ‚el‘: Hand, und ‚sağlık‘: Gesundheit)	Gesundheit für deine/Ihre Hand (Dankformel nach einer manuellen Leistung)
elini çabuk tut	beeile (schick) dich
sağlığınıza } sıhhatinize } (von: ‚sağlık‘, ‚sıhhat‘: Gesundheit)	auf Ihr Wohl Trinkspruch)

10

Lektion 10: Konya'daki Medreseleri Çok Beğendim

Grammatik:

1. Die bestimmte Vergangenheit auf ‚-di'; Vergangenheitsbildung bei der Entsprechung der Hilfsverben
2. Das Wörtchen ‚hiç'
3. Angabe des Geburtsdatums
4. Die Funktionswörter ‚henüz', ‚daha', ‚hala', ‚çoktan', ‚bile ‚artık'
5. ‚bütün' und ‚hepsi'
6. Wortbildungsendungen: ‚-deki', ‚-cik', ‚-cegiz'
7. Ordnungszahlen

Sprechsituationen:

Handlungen in Vergangenheit beschreiben; Brief und Bewerbung schreiben

Aufbauwortschatz:

Briefformeln / Wendungen in Vergangenheitsform

Zusatzmaterial:

Postkarte aus Adana

10 A

S 1

a) Dün ne yaptın ?
Üniversiteye gittim.
Üniversitede Ünal'ı gördün mü ?
Hayır, Ünal'ı görmedim ama, onun kız arkadaşıyla konuştum.
Dün akşam televizyon seyrettin mi ?
Hayır, dün akşam televizyon seyretmedim. Ya sen ?
Ben de televizyon seyretmedim. Çok yorgundum, erken yattım.

b) Mehmet geçen hafta ne yaptı ?
Fabrikaya gitti, çalıştı.
Faruk ile Nesrin geçen hafta ne yaptı ?
Faruk Adana'ya gitti. Nesrin bütün hafta evdeydi, çünkü hastaydı.
Siz geçen hafta ne yaptınız ?
Biz Bolu'ya gittik, orada arkadaşları ziyaret ettik ve iki gün kaldık. Pazar günü İstanbul'a döndük.

S 2

a) Araban var mı ?
Geçen sene iyi bir arabam vardı ama, onu sattım.
Neden sattın ?
Param yoktu, bana para lazımdı.

b) Hiç Ankara'ya gittin mi ?
Hayır, Ankara'yı hiç tanımıyorum.

c) Ne zaman doğdun ?
16 Nisan 1961'de doğdum.
Demek yakında doğum günün var.
Evet, öyle. Ya senin doğum günün ne zaman ?
Ben 24 Aralık 1960'ta doğdum.
Demek senin doğum günün Noel'de.

S 3

Sinan partisine kimleri çağırdı ?
Bütün arkadaşları çağırdı.
Hepsi geldi mi ?
Hayır, hepsi gelmedi. Bazı arkadaşlar da çok geç geldi.

T 1

Peter Türkiye'de

Peter geçenlerde Türkiye'ye gitti ve orada üç hafta kaldı. İlk hafta İstanbul'daydı. İstanbul'da deniz kenarında ‚İnci' adında bir otelde kaldı. İstanbul'daki camileri, müzeleri, sarayları gezdi. Kapalıçarşı'dan çok alışveriş etti. Nişanlısı için bakır eşyalar aldı. Peter İstanbul'u çok beğendi. İkinci hafta vapurla Yalova'ya, oradan otobüsle Bursa'ya gitti. Bursa'daki eski hamamları ve tanınmış türbeleri gezdi, Uludağ'a çıktı. Bursa'da pasaportunu kaybetti ama, sonra yine buldu. Bursa'dan otobüsle Konya'ya gitti ve üçüncü haftayı Konya'da geçirdi. Konya'daki meşhur medreseleri ve kervansarayları çok beğendi ve çok fotoğraf çekti. Konya'dan Almanya'daki Türk arkadaşı Zafer'e mektup yazdı. Peter Türkiye'deki son günleri Antalya'da geçirdi ve uçakla Almanya'ya döndü.

D

Yolculuk nasıl geçti?
(kişiler: Peter, Zafer)

Peter Türkiye'den döndü. Dün Augsburg'ta Zafer'le buluştu.

Zafer: Vay, Peter, hoş geldin. Yolculuk nasıl geçti ?
Peter: Hoş bulduk, Zaferciğim. Yolculuk çok iyi geçti, çok iyi bir tatil geçirdim.
Zafer: Mektubunu aldım, teşekkür ederim. Demek Türkiye'yi beğendin. Buna çok memnun oldum.
Peter: Evet, çok beğendim. Artık her yıl Türkiye'ye gitmek istiyorum. Gelecek yaz beraber gidelim mi ?
Zafer: Tabii, memnuniyetle. Gelecek yaz birlikte Türkiye'ye gidelim.

T 2

Konya, 10.8.19...

Sevgili Zaferciğim,

iki haftadan beri Türkiye'deyim. Türkiye çok güzel bir ülke, her şey çok enteresan, buradaki insanlar çok konuksever. İstanbul'daki camiler ve müzeler ne kadar ilginç! İstanbul'da deniz kenarında ‚İnci' adında bir otelde kaldım. Kapalıçarşı'dan çok alışveriş ettim, nişanlım için hediye olarak bakır eşyalar aldım. Bursa'daki eski hamamları ve meşhur türbeleri gezdim, Uludağ'a çıktım ve çok resim çektim. Bursa'da pasaportumu kaybettim ama, sonra çok şükür buldum. Bursa'dan otobüsle Konya'ya geldim. Konya'daki medreseleri, çarşıları, kervansarayları çok beğendim. Yarın Antalya'ya gidiyorum. Yakında görüşmek üzere sana ve bütün arkadaşlara içten selamlar. Ailene de benden çok selam söyle.

Peter

T 3

Faruk, uzun zamandan beri yeni bir iş arıyor, gazetelerdeki ilanlara bakıyor ve başvuru için dilekçeler yazıyor. Bugün Faruk'a Adana'daki bir firmadan mektup geldi, Faruk hemen cevap yazdı:

İstanbul, 16.8.19...

Özpamuk Ticaret
Palmiye Cad. No. 49
Adana

İlgi: 12.8. tarihli yazınız

Sayın Beyefendi,

12.8. tarihli yazınızı aldım, ilginize teşekkür ederim. Mülakat için gelecek hafta Adana'ya geliyorum. Başvuru için gerekli belgeleri (özgeçmiş ve diplomalar) ilişikte sunuyorum.

Saygılarımla

Faruk Tokaç

Gedichte (şiirler)

1. Alageyik (Ziya Gökalp, 1876–1924)

Çocuktum, ufacıktım,
Top oynadım, acıktım.
Buldum yerde bir erik,
Kaptı bir alageyik.
...

2. Paramparça (Bedri Rahmi Eyüboğlu, 1913–....)

Ağaç bütün
Işık bütün
Meyve bütün
Benim dünyam paramparça
...

Karikaturen (karikatürler)

(aus: Fırt)

Faruk Adana'dan karısına kart atıyor:

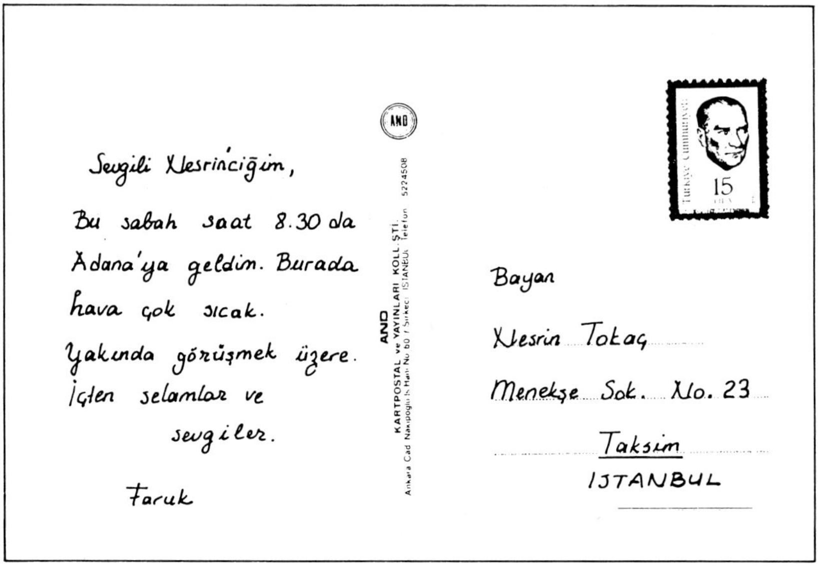
Sevgili Nesrinciğim,

Bu sabah saat 8.30 da Adana'ya geldim. Burada hava çok sıcak.

Yakında görüşmek üzere.

İçten selamlar ve sevgiler.

Faruk

Bayan

Nesrin Tokaç

Menekşe Sok. No. 23

Taksim

ISTANBUL

10 B

Ü 1 **(sen)-dün- ne yapmak / üniversite-gitmek:**
Dün ne yaptın? Üniversiteye gittim.

1. (siz)-geçen hafta-ne yapmak / İstanbul-gitmek
2. Akın-dün akşam-ne yapmak / kitap okumak
3. (sen)-geçen hafta-ne yapmak / arkadaşlar-ziyaret etmek
4. Peter-İstanbul-ne yapmak / camiler ve müzeler-gezmek
5. Peter-Konya-ne yapmak / medreseler-görmek
6. Peter-Bursa-ne yapmak / Uludağ-çıkmak
7. (siz)-dün akşam-ne yapmak / televizyon seyretmek
8. çocuklar-dün sabah-ne yapmak / bahçe-futbol oynamak

Ü 2 (sen) dün ağlamak / bugün gülmek: Dün ağladın, bugün gülüyorsun.

1. İpek-dün-büro-çalışmak / bugün-tatil-yapmak
2. Nurhan-dün-arkadaşlar-ziyaret etmek / bugün-evde-kitap okumak
3. Peter-dün-İstanbul-müzeler-gezmek / bugün-dağa çıkmak
4. (siz) dün-mektup-yazmak / bugün-televizyon seyretmek
5. Salih-dün-ceket-almak / bugün-pantalon-almak
6. Necdet-dün-köfte-yemek / bugün-döner kebap yemek
7. (biz)-dün-ayran-içmek / bugün-rakı-içmek
8. gençler-dün-gitar-çalmak / bugün-saz-çalmak

Ü 3 (sen)-dün-nerede / ev:
Dün neredeydin? / Evdeydim.

1. Akın-dün-nerede / sinema
2. öğrenciler-dün-nerede / üniversite
3. çocuklar-dün-nerede / bahçe
4. (siz)-geçen hafta-nerede / İstanbul
5. (sen) geçen yıl-nerede / Türkiye
6. Peter-geçen ay-nerede / Bursa
7. anne-bir saat önce-nerede / mutfak
8. baba-iki saat önce-nerede / büro

Ü 4 Bugün hava güzel: Dün hava güzeldi.

1. Bugün Necdet hasta.
2. Bugün çocuklar okulda.
3. Bugün param var.
4. Bugün sana para lazım mı ?
5. Bugün Peter'e sözlük lazım değil.
6. Bugün çocukların bisikleti yok.
7. Melek Hanım bugün evde.
8. Bugün sana sözlük lazım değil mi?

Ü 5 Türkçe'ye veya Almanca'ya tercüme edin!

1. Warst du gestern krank ?
2. Hayır, dün hasta değildim.
3. Wir brauchten ein neues Auto.
4. Hatte Kahraman Geld ?
5. Hayır, onun parası yoktu
6. Hatten Sie kein Auto ?
7. Wir waren sehr dumm.
8. Öğrenciler tembel miydi ?
9. Warst du gestern nicht müde ?
10. Sana para lazım değil miydi ?
11. Wir hatten kein Radio, aber einen Fernseher.
12. Warst du jemals in İzmir ?
13. Metin hat am Meer ein Haus gekauft.
14. Ich mag diese Stadt gar nicht.
15. Ali'yi hiç tanımıyorum.

Ü 6 (sen) / 26.11.1959: Ne zaman doğdun?
26 Kasım 1959'da doğdum.
Doğum günün ne zaman?
Doğum günüm kasımın yirmi altısında.

1. (siz) / 11.9.1947
2. Ünal / 27.4.1960
3. (sen) / 7.2.1952
4. Fikret / 16.3.1944
5. (siz) / 30.8.1956

Ü 7 Akın / gelmek: Akın geldi mi? – Henüz (bzw. daha) gelmedi.

1. film / başlamak
2. ders / bitmek
3. (sen) / rakı içmek
4. Filiz / bluz almak

5. (siz) / televizyon seyretmek
6. anne / kahve pişirmek
7. baba / büro-gitmek
8. Semra / ütü yapmak
9. gençler / futbol oynamak
10. biz / Türkçe öğrenmek

Ü 8 Akın-hala-mektup-yazmak: Akın hala mektubu mu yazıyor? / Akın mektubu çoktan yazdı. – Akın mektubu yazdı bile.

1. Günter-hala-rakı-içmek
2. Selma-hala-kitap-okumak
3. Nurcan-hala-yemek-pişirmek
4. Peter-hala-müzeler-gezmek
5. Filiz-hala-alışveriş etmek

Ü 9 Hans-Türkçe öğrenmek: Hans Türkçe öğrendi mi? Artık Türkçe öğrenmiyor.

1. (sen)-sigara içmek
2. (siz)-rakı içmek
3. Ali-saz çalmak
4. gençler-döner kebap yemek
5. Gisela-kahve pişirmek
6. (sen)-müzik dinlemek
7. (siz)-futbol oynamak
8. çocuklar-televizyon seyretmek

Ü 10 Ergänzen Sie (‚bütün' oder ‚hepsi'?)!

1. ----- çocuklar bugün bahçede top oynadı, şimdi ----- çok yorgun.
2. Öğrenciler ----- gün üniversitedeydiler, saat beşte ----- eve gitti.

3. ----- arkadaşlar tatilde İstanbul'a gitti, ----- çok memnundu.
4. ----- elmalar taze mi ? Evet, ----- taze.

Ü 11 (sen) İstanbul-camiler-gezmek:
İstanbul'daki camileri gezdin mi? Evet, gezdim.

1. (siz)-Duisburg-Türkler-konuşmak
2. (sen)-Münih-birahaneler-gitmek
3. Peter-Bursa-hamamlar-görmek
4. (sen)-üniversite-profesörler-konuşmak
5. (siz)-Konya ve Sivas-medreseler-görmek

Ü 12 Erzählen Sie einen Tagesablauf von Peter in Istanbul (im Perfekt):

7.30: aufstehen
8.00: im Hotel frühstücken
8.30: mit dem Bus in die Stadt fahren
9.00: in der Bank DM wechseln
von 9.15 bis 11.30: Museen besichtigen
12.00: in einem Restaurant am Meer zu Mittag essen
von 13.30 bis 16.00: Moscheen besichtigen
von 16.15 bis 18.15: im überdachten Basar einkaufen
19.00: zum Hotel zurückkommen
19.30: im Hotel zu Abend essen
20.00: im Zimmer Musik hören und Rakı trinken
21.00: seiner Verlobten einen Brief schreiben
22.00: zu Bett gehen

Ü 13 Rekonstruieren Sie Stationen einer Türkei-Reise, z. B.:
2. Tag: Die Museen in İstanbul besichtigen: İkinci gün İstanbul'daki müzeleri gezdik.

4. Tag: mit dem Schiff nach Bandırma fahren
5. Tag: im Basar in İzmir einkaufen
7. Tag: im Park in Antalya Fotos machen
9. Tag: in Erzurum Kupfersachen kaufen
10. Tag: nach Deutschland zurückfahren

Ü 14 Reden Sie die Leute in einem Brief in der Du- und Sie-Ebene an, z. B.:
‚Metin': Sevgili Metinciğim / Sayın Metin Bey

Arzu, Erol, Filiz, Doğan, İpek, Serap, Zeynep, Hans, Günter, Markus, Tülin, Sinan, Nihat, Gabi, Monika, Ünal, Sabine, Martin

Ü 15 Schreiben Sie einen Brief in türkischer Sprache an einen türkischen Freund in Deutschland oder in der Türkei!

S/Ü Spielen Sie mit Ihrem Lernpartner einen Dialog und benutzen Sie die Alternativantworten. Erweitern Sie die Antwortsätze mit Ihrem eigenen Wortschatz, schreiben Sie Ihre Sätze und zeigen Sie sie Ihrem Lehrer!

Dün sabah ne yaptın? → Şehre indim.
→ Alışverişe çıktım.
→ Biraz öteberi aldım.

B/Ü Erzählen Sie, was diese Personen gestern gemacht haben!

10 c

1. Die bestimmte Vergangenheit (di'li geçmiş zaman)

1.1. Die Endung für die bestimmte Vergangenheit (abgeschlossene Vergangenheit, entspricht dem Perfekt und Präteritum) ist ‚-di'. Sie unterliegt der großen Vokalharmonie und ist nicht betont. Die Endung wird zwischen Verbstamm und Personalendung eingeschoben.

gelmek:	*yazmak:*	*görmek:*	*okumak:*
gel-di-m	yaz-dı-m	gör-dü-m	oku-du-m
gel-di-n	yaz-dı-n	gör-dü-n	oku-du-n
gel-di	yaz-dı	gör-dü	oku-du
gel-di-k	yaz-dı-k	gör-dü-k	oku-du-k
gel-di-niz	yaz-dı-nız	gör-dü-nüz	oku-du-nuz
gel-di-ler	yaz-dı-lar	gör-dü-ler	oku-du-lar

Nach stimmlosen Konsonanten am Verbstamm wird das d hart:

gitmek: git-ti-m, git-*ti*-n usw.

Im Fragesatz wird das Fragewörtchen der Verbform nachgestellt:

geldim mi?	yazdım mı?	gördüm mü?	okudum mu?
geldin mi?	yazdın mı?	gördün mü?	okudun mu?
.	.	.	.
.	.	.	.
.	.	.	.

Bei der Verneinung wird der Verbstamm durch das Verneinungssuffix ‚-me' (kleine Vokalharmonie) negativisiert, auch die Vergangenheitsendung richtet sich dann nach der kleinen Vokalharmonie:

gel-me-di-m	yaz-ma-dı-m	gör-me-di-m	oku-ma-dı-m
gel-me-di-n	yaz-ma-dı-n	gör-me-di-n	oku-ma-dı-n
.	.	.	.
.	.	.	.
.	.	.	.

Verneinende Frage:

gelmedim mi?	yazmadım mı?	görmedim mi?	okumadım mı?
gelmedin mi?	yazmadın mı?	görmedin mi?	okumadın mı?
.	.	.	.
.	.	.	.
.	.	.	.

Aufgabe: Machen Sie die Übungen 1 und 2, S/Ü und B/Ü. In S/Ü finden Sie häufig gebrauchte umgangssprachliche Ausdrücke. Lernen und verwenden Sie sie! Versuchen Sie mit Hilfe der ‚Wörterkiste' die 1. Karikatur zu verstehen.

1.2. Vergangenheitsbildung bei der Entsprechung der Hilfsverben

Die veraltete Form für die Vergangenheitsform des Hilfsverbs ‚sein' ist ‚idi'. Dieser unveränderlichen und vom Bezugswort getrennt geschriebenen Form werden die Personalendungen der Vergangenheit angefügt, z. B.:

hasta idim (ich war krank) / hasta idin / hasta idi / hasta idik / hasta idiniz / hasta idiler.

Beherrschen Sie aber diese Form nur passiv und lernen Sie die häufiger gebrauchte Form der Vergangenheitsbildung mit der Endung ‚-di', die dem Bezugswort nach der großen Vokalharmonie angeglichen und mit diesem zusammengeschrieben wird:

yorgun: yorgundu*m* (ich war müde), yorgundu*n* (du warst müde) ...

Nach vokalischem Auslaut wird ein ‚y' als Füllkonsonant eingeschoben:

hasta-y-dı-m (ich war krank),
deli-y-di-n (du warst verrückt),
evde-y-di (er, sie war zuhause),
büroda-y-dı-k (wir waren im Büro) usw.

Aufgabe: Spielen Sie mit Ihrem Lernpartner den Dialog S 1a–b, auch auf Deutsch! Machen Sie Übung 3. Versuchen Sie mit Hilfe der ‚Wörterkiste' das 1. Gedicht zu verstehen. Lernen Sie es auswendig!

In der Frageform wird das Fragewörtchen zwischen Bezugswort und Vergangenheitsendung eingeschoben, die Personalendung wird nachgestellt:

hasta mı-y-dı-n (warst du krank)?
yorgun mu-y-du-nuz (wart ihr / waren Sie müde)?

Die Verneinung erfolgt mit ‚değil':

hasta değil-di-m (ich war nicht krank),
yorgun değil-di-k (wir waren nicht müde) usw.

Verneinende Frage:

Evde değil mi-y-di-n (warst du nicht zuhause)?
Deli değil mi-y-di (war er/sie nicht verrückt)?

In der 3. Person Plural kann die Mehrzahlendung vor der Vergangenheitsendung erscheinen, z. B.:

neben ‚yorgun-du-lar' auch ‚yorgun-lar-dı' (sie waren müde),
neben ‚yorgun mu-y-du-lar' auch ‚yorgun-lar mı-y-dı' (waren sie müde),
neben ‚yorgun değil-di-ler' auch ‚yorgun değil-ler-di' (sie waren nicht müde)
und neben ‚yorgun değil mi-y-di-ler' auch ‚yorgun değiller mi-y-di' (waren sie nicht müde?).

Für die Vergangenheit von ‚haben' wird die Vergangenheitsendung an die Strukturwörter ‚var' und (bei Verneinung) ‚yok' angehängt:

arabam vardı (ich hatte ein Auto)
araban vardı (du hattest ein Auto)

.
.
.

arabam yoktu (ich hatte kein Auto)
araban yoktu (du hattest kein Auto)

.
.
.

Die Formen ‚vardı' und ‚yoktu' bleiben unveränderlich, die Person wird durch die Possessivendung am Bezugswort ausgedrückt.

Frageform:

Para*n* var mıydı (hattest du Geld)?
Ev*iniz* var mıydı (hattet ihr / hatten Sie ein Haus)?

Verneinende Frage:

Paran yok muydu (hattest du kein Geld)?
Vaktiniz yok muydu (hattet ihr / hatten Sie keine Zeit)?

Die Formen ‚vardı' und ‚yoktu' bedeuten auch ‚es gab' und ‚es gab nicht'. Auch ‚brauchen' (vgl. Lektion 6) können Sie nun in der Vergangenheit ausdrücken:
bana para lazımdı (ich brauchte Geld), sana sözlük lazımdı (du brauchtest ein Wörterbuch) ... usw.

Auch die Konstruktion ‚lazımdı' bleibt unverändert, die Person wird durch das Personalpronomen im Dativ (bana, sana ...) ausgedrückt.

Frageform:

sana para lazım mıydı (brauchtest du Geld)?
size sözlük lazım mıydı (brauchtet ihr / brauchten Sie ein Wörterbuch)?

Verneinung:

Bana sözlük lazım değildi (ich brauchte kein Wörterbuch);

verneinende Frage:

Sana kitap lazım değil miydi (brauchtest du kein Buch)?

Aufgabe: Spielen Sie mit Ihrem Lernpartner den Dialog S 2a, auch auf Deutsch! Machen Sie Übung 4!

In S 2b begegnen Sie dem Satz

‚Hiç Ankara'ya gittin mi?': Warst du jemals in Ankara?

Die Hilfsverbform ‚war' wird in bezug auf Städte-, Länder- und Ortsnamen mit dem Verb ‚gitmek' wiedergegeben, wenn es sich um einen vorübergehenden Aufenthalt handelt. Statt ‚warst du in Ankara' fragt man also ‚bist du nach Ankara gefahren'? Neben ‚gitmek' können Sie auch das Verb ‚bulunmak' (sich befinden) nehmen, z. B.:

Ankara'da bulunmadım: Ich war nicht in Ankara (wörtl.: ich befand mich nicht in Ankara).

2. Das Wörtchen ‚hiç'

Im Fragesatz bedeutet das Wörtchen ‚hiç' jemals, wie in S 2b:

Hiç Ankara'ya gittin mi? Warst du jemals in Ankara?

In Verneinung jedoch dient es zur Verstärkung (gar, überhaupt):

Ankara'yı hiç tanımıyorum: Ich kenne Ankara überhaupt nicht.
Onu hiç sevmiyorum: Ich mag ihn überhaupt nicht.
Bunu hiç beğenmiyorum: Das gefällt mir gar nicht.

Darüber hinaus dient ‚hiç' zur Negativisierung von vielen Ausdrücken, wobei auch die Verbform in Verneinung gebraucht werden muß:

bir şey (etwas) – hiç bir şey: nichts, gar nichts
doppelte Verneinung: Hiç bir şey gör*me*dim (ich habe nichts gesehen);

kimse (jemand) – hiç kimse: niemand
doppelte Verneinung: Hiç kimse gel*me*di (niemand ist gekommen).

Prägen Sie sich auch diese Ausdrücke ein:

hiç bir zaman: niemals,
hiç de (değil): keineswegs,
hiç bir yerde: nirgendwo.

3. Angabe des Geburtsdatums

Das Verb ‚doğmak' bedeutet ‚geboren werden'. Nun können Sie nach dem Geburtsdatum auf zweierlei Art fragen:

Ne zaman doğdun(uz)? Wann bist du (sind Sie) geboren?
Doğum günün(üz) ne zaman? Wann ist dein (Ihr) Geburtstag?

Auch bei der Antwort haben Sie verschiedene Möglichkeiten:

27 Haziran 1949'da doğdum: Ich bin am 27. Juni 1949 geboren.
Doğum günüm 27 Haziran'da: Mein Geburtstag ist am 27. Juni.
Doğum günüm hazrianın yirmi yedisinde (vgl. Lektion 9, C.5.e.): umgangssprachliche Formulierung für ‚mein Geburtstag ist am 27. Juni.'

Aufgabe: Spielen Sie mit Ihrem Lernpartner den Dialog S 2c, auch auf Deutsch! Machen Sie Übung 5!

4. Die Funktionswörter ‚henüz', ‚daha', ‚hala', ‚çoktan', ‚bile', ‚artık'

Die Funktionswörter ‚henüz' und ‚daha', in Verneinung gebraucht, bedeuten ‚noch nicht', z. B.:
Film henüz (oder daha) başlamadı: Der Film hat noch nicht angefangen.

Das Wörtchen ‚hala' kennen Sie von Lektion 9. Es bedeutet im Frage- und Aussagesatz und bei Verneinung ‚noch' im Sinne von ‚immer noch':

Akın hala mektubu mu yazıyor? Schreibt Akın immer noch den Brief?

Dem Funktionswort ‚schon' im Deutschen, im Sinne von ‚schon längst' entsprechen ‚çoktan' und ‚bile', wobei das letztere dem Aussagesatz nachgestellt wird:

Akın mektubu çoktan yazdı / oder: Akın mektubu yazdı bile.
Akın hat den Brief schon (längst) geschrieben.

Das Funktionswort ‚artık', wenn es mit Verneinung gebraucht wird, bedeutet ‚nicht mehr':

Artık sigara içmiyorum: Ich rauche nicht mehr.

Es hat aber noch verschiedene Bedeutungen und wird häufig als Füllwort benutzt, z. B.:

Artık Türkçe öğreniyorum: Ich lerne *jetzt* (neuerdings) Türkisch.
Artık eve dön! Komm *endlich* nach Hause zurück!
Artık her yıl Türkiye'ye gitmek istiyorum: *Nunmehr* (von nun an) möchte ich jedes Jahr in die Türkei fahren.

Aufgabe: Machen Sie die Übungen 7, 8 und 9!

5. ‚bütün' und ‚hepsi'

Sie kennen bereits ‚hepsi' wie z. B. in der Wendung ‚hepsi ne kadar ediyor?' (was macht alles zusammen, vgl. Lektion 5). ‚Hepsi' bedeutet ‚alle', ‚alles' als Pronomen, wird also *ohne* Bezugswort gebraucht, ‚bütün' hingegen bedeutet auch ‚alle', aber in adjektivischer Funktion, und wird *mit* einem Bezugswort benutzt:

Bütün arkadaşları çağırdım ama, hepsi gelmedi:
Ich habe alle Freunde eingeladen, aber nicht alle sind gekommen.

Außerdem bedeutet ‚bütün' ‚ganz', z. B. ‚bütün gün' (den ganzen Tag), ‚bütün hafta' (die ganze Woche) usw.

Aufgabe: Spielen Sie mit Ihrem Lernpartner den Dialog S 3, auch auf Deutsch! Machen Sie Übung 10. Versuchen Sie mit Hilfe der ‚Wörterkiste' das 2. Gedicht zu verstehen. Lernen Sie es auswendig!

6. Wortbildungsendungen

6.1. -deki

Die erste Silbe unterliegt der kleinen Vokalharmonie, nach stimmlosen Konsonanten wird d hart, die zweite Silbe ist unveränderlich. Die Endung ‚-deki' ist lokativ und relativ zugleich, sie drückt aus: der (die, das) in ... befindlich, z. B.:

İstanbul'daki camiler: die in Istanbul befindlichen Moscheen, bzw. die Moscheen in Istanbul;
Kars'taki akrabalar: die Verwandten in Kars;
Münih'teki birahaneler: die Bierkneipen in München;
Bochum'daki fabrikalar: die Fabriken in Bochum;
bendeki kitaplar: die Bücher bei mir, bzw. die Bücher, die ich habe.

Die Endung kann auch Ortsadverbien angefügt werden:

buradaki (hiesig), şuradaki, oradaki (dortig).

Lernen Sie als feststehende Form ‚aşağıdaki': unten befindlich, folgend, z. B.:

aşağıdaki soruları cevaplandırın: Beantworten Sie die folgenden Fragen.

Aufgabe: Machen Sie Übung 11!

6.2. -cik

Die Verkleinerungsendung ‚-cik', die betont ist und der großen Vokalharmonie unterliegt (nach stimmlosen Konsonanten wird c hart), wird auch häufig mit der Possessivendung der 1. Person Singular als Kose-Anredeform benutzt, z. B.:

Ayşe: Ayşecik (Ayşelein), Ayşeciğim (mein Ayşelein, liebe Ayşe);
Sinan: Sinancık – Sinancığım; Udo: Udocuk – Udocuğum usw.

Diese Anredeform, die auch in persönlichen Briefen gebraucht wird (vgl. unten 9), wird neben Freunden hauptsächlich für Familienangehörige verwendet:

anne: anneciğim (Mutti); baba: babacığım (Vati),
karı: karıcığım (Schatz, für Ehefrau),
koca: kocacığım (Schatz, für Ehemann).

Merken Sie:

* Gesprochen wird die Kose-Anrede als ‚-cim' (-cım / -cüm / -cum):
  Ayşecim, annecim- Osmancım, babacım- Gülcüm- Erolcum, Udocum.

Lernen Sie als feststehende Form ‚biricik': einzig, allein(ig).

Aufgabe: Spielen Sie mit Ihrem Lernpartner den Dialog D, auch auf Deutsch! Versuchen Sie mit Hilfe der ‚Wörterkiste' und der Grammatik in 7 die 2. Karikatur zu verstehen!

7. Vergangenheit von ‚kriegen' in der Umgangssprache

In der 2. Karikatur begegnen Sie der grammatischen Form ‚... -miz oldu', d. h. Possessivendung am Bezugswort und die Vergangenheitsform des Hilfsverbs ‚olmak' in der 3. Person Singular:

Bebeğimiz *oldu*: Wir haben ein Baby gekriegt.
Oder:
Çocuğ*um* oldu: Ich habe ein Kind gekriegt.

Yeni bir televizyonumuz oldu: Wir haben einen neuen Fernseher gekriegt.
Yeni bir arabanız oldu: Ihr habt ein neues Auto gekriegt.
Bebekleri oldu: Sie haben ein Baby gekriegt. Usw.

8. Ordnungszahlen (Sıra Sayılar)

Die Endung für Ordnungszahlen ist ‚-inci', sie unterliegt der großen Vokalharmonie; bei vokalisch auslautenden Zahlwörtern fällt der anlautende Vokal aus:

bir-inci / iki-nci / üç-üncü / dör*d*üncü / beş-inci / altı-ncı ... dokuz-uncu.

Die Betonung liegt auf der letzten Silbe.

Aufgabe: Lesen Sie die Texte T 1 und T 2 und versuchen Sie sie mit Hilfe der Grammatik und der ‚Wörterkiste' zu verstehen. Lesen Sie sie mehrmals und erzählen Sie sie Ihrem Lernpartner nach. Machen Sie die Übungen 12 und 13!

Merken Sie:

* Das als Ordnungszahl ausgedrückte Wort ‚birinci' bedeutet ‚erste, r, s' als Bestandteil einer Aufstellung, Reihe bzw. Rangordnung. Daneben existiert aber auch das Wort ‚ilk' (erste, r, s) im Sinne von ‚Anfangs-' (primär') im Gegensatz zu ‚son' (letzte, r, s).

Prägen Sie sich die folgenden Ausdrücke ein:

ilk defa: das erste Mal, zum ersten Mal
ilk olarak: als erstes, zuerst
ilk önce (Altw. evvela): zuerst, zunächst
son defa: das letzte Mal, zum letzten Mal
son olarak: als letztes, zuletzt

Den Wörtern ‚son' und ‚kaç' (wieviel) können auch die Endung der Ordnungszahlen angefügt werden:

sonuncu: der (die, das) letzte,
kaçıncı: (der, die, das) wievielte.

Als Ergebnis eines Wettbewerbs sagt man:

birinci (ikinci, üçüncü usw.) geldi: er (sie) wurde der (die) erste (zweite, dritte usw.).

9. Brief schreiben

In dieser Lektion finden Sie einen persönlichen und einen offiziellen Brief sowie eine Postkarte (in Z/M), die Faruk seiner Frau aus Adana schreibt.
In persönlichen Briefen ist die Anrede ‚sevgili ... -ciğim', in offiziellen Schreiben:

Sayın Bay Tokaç / oder: Sayın Faruk Bey;
Sayın Bayan Tokaç / oder: Sayın Nesrin Hanım;
wenn man den Namen nicht kennt und der Adressat keine Person, sondern eine Institution ist: Sayın Beyefendi (sehr geehrte Herren).

Als Schlußformel benutzen Sie in persönlichen Briefen ‚çok selamlar' (oder: içten, oder kalpten, oder candan selamlar: herzliche Grüße, ‚sevgilerimle': in Liebe), in offiziellen Briefen ‚saygılarımla' (hochachtungsvoll).

Wenn Sie Grüße an jemanden bestellen, machen Sie's wie Peter in seinem Brief an Zafer, entweder:

Arkadaşlara çok selamlar: Viele Grüße an die Freunde (wörtlich: den Freunden viele Grüße) oder:
Ailene benden çok selam söyle: Grüße deine Familie von mir (wörtlich: sage deiner Familie viele Grüße von mir).

Weitere Ausdrücke, die Sie beim Briefschreiben brauchen, finden Sie in W 1.

Aufgabe: Studieren Sie die Texte T 2 und T 3 und den Text auf der Postkarte (S. 224) genau! Machen Sie die Übungen 14 und 15! Lernen Sie in W 4 die umgangssprachlichen Ausdrücke, die mit der Vergangenheitsform ausgedrückt werden und verwenden Sie sie!

10. Grammatik zum Weiterlernen

10.1. Neben ‚-cik' existiert im Türkischen auch die Verkleinerungsendung ‚-ceğiz' (kleine Vokalharmonie), die einen negativen Beigeschmack hat im Sinne von ‚arm' (bedauernswert):

kadıncağız: die arme Frau / adamcağız: der arme Mann.

10.2. Das Funktionswort ‚bile' hat neben ‚schon' auch die Bedeutung – dem Bezugswort nachgestellt – von ‚sogar, selbst', z. B.:

Sinan'ın partisine profesör bile geldi: Sogar der Professor ist zu Sinans Party gekommen;

oder:

Onlar bile Türkçe öğrendi: Sogar sie haben Türkisch gelernt;
Partide ninem bile dans etti: Selbst meine Oma tanzte auf der Party.

In der Funktion von ‚selbst, sogar' können Sie ‚bile' mit ‚dahi' austauschen:

Sinan'ın partisine profesör dahi geldi, usw.

10 Wörterkiste

W 1

acıktım	ich habe Hunger (s. W 4)
adında	namens
alageyik	Damhirsch
alışverişe çıkmak	einkaufen gehen
artık	nicht mehr (s. C.4.)
asla (Altw.)	niemals
aşağıdaki	folgende
bakır	Kupfer
bakır eşyalar	Kupfersachen
Bandırma	Stadt im Marmara-Gebiet
başvuru	(hier:) Bewerbung
bazı	manche
belge	Urkunde, (hier auch:) Papier, Schein, Unterlage
bile	schon; sogar (s. C.4.)
biricik	einzig, allein
birahane	Bierkneipe
Bolu	Stadt in der Nordwesttürkei
bulunmak	sich befinden
buluşmak	sich treffen
buna: buna çok memnun oldum	ich habe mich sehr darüber gefreut
buradaki	hiesig
bütün	alle; ganz (s. C.5.)
cad. Abkürzung für: cadde	Straße
cami	Moschee
candan	herzlich
çarşı	Marktplatz, Basar
çekmek	s. fotoğraf (od. resim) çekmek
çıkmak (mit Dat.)	(hier:) besteigen (Berg)
çok selamlar	viele Grüße
çoktan	schon (längst) (s. C.4.)
dağ	Berg
daha	noch (s. C.4.)
dahi	sogar, selbst (s. C.10.)
demek	(hier:) also, das heißt
deniz kenarında	am Meer
dilekçe	Gesuch
diploma	Diplom
doğmak	(hier:) geboren werden
dünya	Welt, Erde
enteresan	interessant
erik	Pflaume
erkek arkadaş	(intimer) Freund
fena mı?	ist das so schlimm?
firma	Firma
fotoğraf	Foto
fotoğraf çekmek	fotografieren, Bilder machen
geçirmek	(hier:) verbringen
geçmek	(hier:) verlaufen, vergehen
gelmek	(hier:) ankommen
gene	wieder
gerekli	nötig
gezmek	(hier:) besichtigen
hamam	türk. Badehaus
henüz	noch (s. C.4.)
hepsi	alle(s) (s. C.5.)
her şey	alles
hiç	jemals; gar, überhaupt (s. C.2.)
hiç bir şey	nichts
hiç bir yerde	nirgendswo
hiç bir zaman	niemals

hiç kimse	niemand
hoş bulduk	s. W 4
hoş geldin(iz)	s. W 4
içten	herzlich
içten selamlar	herzliche Grüße
ilgi	Interesse; im Brief: Betreff
ilginç	interessant
ilişikte	im Brief: anbei
ilk	erste (r, s)
ilk defa	das erste Mal, zum ersten Mal
ilk olarak	als erstes
ilk önce	zuerst, zunächst
inci	Perle
inmek	s. şehre inmek
ithal malı	Importware
kaçıncı	wievielte (r, s)
kalmak	bleiben, sich aufhalten
kalpten	herzlich
Kapalıçarşı	der überdachte Basar in Istanbul
kapmak	(hier:) wegnehmen
kaybetmek	verlieren
kenar	Seite, Rand; s. deniz kenarında
kervansaray	Karawanserei
kız arkadaş	Freundin
kimleri?	wen (alles)?
konuksever	gastfreundlich
medrese	ehemalige Theologische Hochschule
Menekşe Sok.	Veilchen-Str(aße)
mülakat	Vorstellungsgespräch
müze	Museum
ne kadar	(hier:) so, wie (als Betonung beim Adjektiv)
nişanlı	der (die) Verlobte
no.: Abkürzung für numara	Nummer
oldu: aus ‚olmak‘	s. C.7.
oradaki	dortig
öteberi: öteberi almak	Besorgungen machen
özgeçmiş	Lebenslauf
Özpamuk Ticaret	ein Firmenname
palmiye	Palme
paramparça	in tausend Stücke(n), ganz zerfetzt, kurz und klein (geschlagen)
pasaport	(Reise-)Paß
resim çekmek	Fotos machen
saray	Palast, Serail
saygı	Respekt
saygılarımla	hochachtungsvoll (Briefschlußformel)
sayın	geehrt (Briefanrede)
selam söylemek	Grüße bestellen, grüßen
sevgi	Liebe
sevgiler(im)le	in Liebe (Briefschluß)
sevgili	liebe(r)
sok. (Abk. für sokak)	Str(aße)
son	s. C.8.
son defa	das letzte Mal, zum letzten Mal
son olarak	als letztes
sonuncu	der (die, das) letzte
sunmak	(dar-)reichen, senden
şehre inmek	in die Stadt gehen
şuradaki	dortig
tanınmış	berühmt
tarih	(hier:) Datum
... tarihli	(mit dem Datum) vom ...
tekrar	wieder
teşekkür ederiz	wir bedanken uns
ticaret	Geschäft, Handel, (hier:) Firma
türbe	Mausoleum

ufacık	ganz klein	yazı	Schrift, Schreiben
Uludağ	Berg bei Bursa	yer	(hier:) Boden, Erde
ülke	Land	yine	wieder
vay	Mensch! (als Ausruf)	yolculuk nasıl geçti?	wie war die Reise?
yakında görüşmek üzere	bis bald	ziyaret	Besuch
Yalova	Ort zwischen Istanbul und Bursa	ziyaret etmek	besuchen

W 2

di'li geçmiş zaman	Perfekt	sıra sayılar	Ordnungszahlen

W 4 Umgangssprachliches (Wendungen in Vergangenheit)

acıktım:	ich habe Hunger (bekommen)	kalmadı (aus ‚kalmak': bleiben)	aus, alle, nichts mehr da
von ‚acıkmak'	Hunger bekommen	kim bitirdi?	wer ist fertig? (aus ‚bitirmek': beenden)
bitti: (von ‚bitmek': enden, aufhören)	fertig, aus, zu Ende	ne oldu? (aus ‚olmak')	was ist passiert?, was ist los? (hier: passieren, geschehen)
hoş geldin(iz)	herzlich willkommen (Sie-Form)	oldu	okay, in Ordnung, alles klar
von ‚hoş' (angenehm) und ‚gelmek'	(wörtl.: Du bist / Ihr seid / Sie sind angenehm gekommen)	susadım:	ich habe Durst (bekommen)
hoş bulduk	formelhafte Antwort auf ‚hoş geldin(iz)' (wörtl.: ‚wir haben (es) angenehm gefunden'	von ‚susamak'	Durst bekommen

11

Lektion 11: Nereniz ağrıyor?

Grammatik:

1. Lokalisierung der Schmerzen, Angabe der Krankheit
2. Deklination der Ortsadverbien ‚nere-', ‚bura-', ‚şura-', ‚ora-'
3. ‚neresi', ‚burası', ‚şurası', ‚orası'
4. Zusammengesetzte Wörter (unbestimmter Genitiv)
5. Himmelsrichtungen
6. Substantivierung des Adjektivs in Genitivverbindungen
7. Verbformen mit Possessivendungen; Entsprechung für ‚brauchen'

Sprechsituationen:

1. Körperteile benennen, Schmerzen lokalisieren (beim Arzt)
2. Landeskundliche Angaben zur Türkei machen (Lokalisierung der Regionen und Städte unter Benutzung der Himmelsrichtungen)
3. Immatrikulation; Gesuch und Lebenslauf schreiben

Aufbauwortschatz:

Körperteile; Gesundheit, Krankheit

Zusatzmaterial:

1. Landkarte der Türkei mit geographischen Regionen
2. Der menschliche Körper

11 A

S 1

Neyin var ? Hasta mısın ?
Evet, biraz başım ağrıyor ve ateşim var. Her halde grip oldum.
Hemen doktora git.
Ahmet'in nesi var ?
Ahmet'in bacağı ve kolu kırıldı. Hastanede yatıyor.
O halde onu ziyaret edelim.

S 2

Hangi mantoyu alıyorsun ?
Bilmiyorum, daha karar vermedim. Hangisi daha güzel ?
İkisi de güzel.
Hangisini alayım ?
Bence sarısını al.
Mavisi daha çok hoşuma gidiyor ama, bana dar geliyor.
Bunun yeşili var mı ? En iyisi yeşilini al.

S 3

Film hoşuna gitti mi ? Ben biraz sıkıcı buldum.
Benim de canım sıkıldı.
Yeni bir Türkçe kitabına ihtiyacım var. Sende var mı acaba ?

Bende de yenisi yok, eskisi var.
Canım iyi bir Türk kahvesi istiyor.
İyi fikir. Gel, mutfağa gidelim ve Türk kahvesi pişirelim.

T/D 1

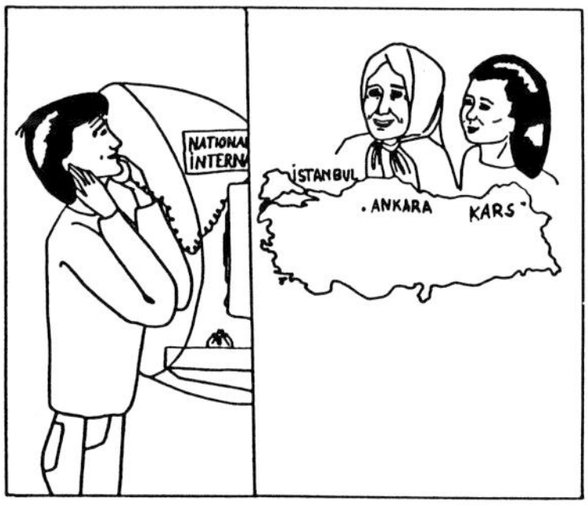

Orası neresi ?
Sinan Almanya'dan Türkiye'deki ailesine telefon ediyor, annesi ve kız kardeşi Hülya ile konuşuyor:

S.: Alo, alo! Orası neresi ?
anne: Alo, kimsiniz? Sizi işitmiyorum.
S.: Orası İzmit mi ? Kiminle görüşüyorum ?
anne: Alo ? Burası İzmit. Kiminle görüşüyorum ? Sinan, sen misin ?
S.: Evet, anne, benim. Beni duyuyor musun ? Merhaba. Nasılsınız ? İyi misiniz ?
anne: Çok şükür, bizler iyiyiz, Sinancığım. Bak, Hülya da seninle konuşmak istiyor.
Hülya: Ağabeyciğim, nasılsın ?
S.: İyiyim, Hülyacığım, sağ ol. Bozuk param bitti, telefonu kapatıyorum. Çok selamlar. Hoşça kalın.
Hülya: Sana da çok selamlar, ağabeyciğim, güle güle.

T 1

Uludağ'da kayak kursu

Ahmet bir haftadan beri Uludağ'da kayak kursu yapıyor. 13 Ocak onun için uğursuz bir gündü. O gün Ahmet sabahleyin kayak kaydı, öğleyin otelde yemek yedi ve yemekten sonra eski bir arkadaşına rastladı. Ahmet eski arkadaşıyla otelin salonunda şarap içti ve sarhoş oldu. Öğleden sonra yine kayak kaymak istedi ama, başı döndü ve düştü. Bacağı ve kolu kırıldı. Arkadaşı onu hemen hastaneye götürdü. Doktor, Ahmet'in bacağını ve kolunu alçıya koydu. Şimdi Ahmet hastanede yatıyor ve arkadaşı onu her gün ziyaret ediyor.

D

Nereniz ağrıyor ?
(küçük bir oyun, kişiler: hasta, doktor, hemşire)

D.: Neyiniz var ? Şikâyetleriniz ne ?
H.: Çok hastayım, Doktor Bey.
D.: Nereniz ağrıyor ?
H.: En çok midem ağrıyor.
D.: Başka nereniz ağrıyor ?
H.: Başım ağrıyor, boğazım ağrıyor.
D.: Öksürüyor musunuz ?
H.: Evet, öksürüyorum. Çok terliyorum ve çok üşüyorum.

D.: ‚Aaa' deyin, lütfen.
H.: Aaa
D.: Evet, boğazınız çok kırmızı.
H.: Neyim var, Doktor Bey ?
D.: Kuvvetli bir üşütme. Midenizin de rontkenini alalım. Bir de idrar ve kan tahlili yapalım. Yarın sabah aç karnına bu ilacı için ve radyogram için yine bana gelin.
H.: Tehlikeli bir hastalık mı ?
D.: Sağlığınıza dikkat edin. Sigara içiyor musunuz ?
H.: Günde bir paket.
D.: Hemen sigarayı bırakın. Size bir reçete yazıyorum. İlaçlarınızı derhal alın. Hap ve damla. Yemeklerden sonra günde üç defa. Damlayı yarından itibaren kullanın ve iki hafta sonra bana kontrole gelin.

H.: En yakın eczane nerede, Doktor Bey ?
D.: Hemşireye sorun.
H.: Hemşire Hanım, en yakın eczane nerede ?
Hem.: Hemen köşede, efendim. Unutmayın, yarın radyogram, idrar tahlili ve kan tahlili için yine bize geliyorsunuz.
H.: Evet, biliyorum, hemşire Hanım, sağ olun.
Hem: Güle, güle, efendim, geçmiş olsun.

T/D 2

Dersimiz yurt bilgisi

Yabancı Diller Yüksek Okulu'ndaki Türkçe kursunda bugün dilbilgisi değil, yurt bilgisi yapıyoruz. Öğrenciler Türkiye hakkında sorular soruyor, öğretmen Türkiye hakkında bilgiler veriyor; haritada şehirleri ve bölgeleri gösteriyor.

Martin: Türkiye'nin nüfusu ve yüzölçümü ne kadar ?
Ö.: Türkiye'de aşağı yukarı 50 milyon insan yaşıyor, Türkiye'nin alanı 780.000 kilometre kare.
Heike: Türkiye'nin başkenti neresi ?
Ö.: Türkiye'nin başkenti Ankara. Ankara Orta Anadolu'da.
Norbert: Erzurum nerede ?
Ö.: Erzurum Türkiye'nin doğusunda.
Susanne: Mardin nerede ?
Ö.: Mardin Türkiye'nin güneydoğusunda.
Martin: Türkiye'yi hangi denizler çevreliyor ?
Ö.: Türkiye'nin kuzeyinde Karadeniz, kuzeybatısında İstanbul Boğazı, (Boğaziçi) Marmara Denizi ve Çanakkale Boğazı, batısında Ege Denizi, ve güneyinde Akdeniz var.

Heike: Türkiye'de hangi coğrafi bölgeler var ?

Ö.: Türkiye'de yedi tane coğrafi bölge var: Marmara Bölgesi, Ege Bölgesi, Akdeniz Bölgesi, Karadeniz Bölgesi, İç Anadolu, Doğu Anadolu ve Güneydoğu Anadolu Bölgesi.

Norbert: Samsun Türkiye'nin neresinde ?

Ö.: Samsun Karadeniz Bölgesi'nde, Türkiye'nin kuzeyinde. Samsun bir liman şehri.

Norbert: Mersin de bir liman şehri mi ?

Ö.: Evet, Mersin Akdeniz Bölgesi'nde, Türkiye'nin güneyinde önemli bir liman şehri.

Susanne: Türkiye'de en çok nereleri görmek istiyorum, biliyor musunuz ?

Norbert: Nereleri, Susanne ?

Susanne: Akdeniz ve Ege Bölgesi'ni.

Martin: Neden en çok oraları görmek istiyorsun ?

Susanne: Çünkü oralarda dört mevsim yaz !

Heike: Ben de en çok Edirne'yi görmek istiyorum, çünkü orası önemli bir sınır şehri.

Norbert: Edirne nerede ?

Ö.: Edirne Trakya'da.

T/D 3

Edebiyat Fakültesi'ne kaydımı yaptırmak İstiyorum

Sieglinde Bauer iki yıldan beri İstanbul'da Yabancı Diller Yüksek Okulu'nda Türkçe öğreniyor, çünkü İstanbul Üniversitesi'nde Türkoloji okumak istiyor. Bugün Öğrenci İşleri Bürosu'na gidiyor ve oradaki memurla konuşuyor:

M.: Buyurun ?

S.: Edebiyat Fakültesi'nin Türkoloji Bölümü'ne kaydımı yaptırmak istiyorum. İki yıl dil kurslarına devam ettim ve bu yıl kursu bitirdim.

M.: Gerekli belgeleriniz tamam mı ?
S.: Sanıyorum. İlkokul, ortaokul ve lise diplomalarım, 12 tane vesikalık fotoğraf, dil kursu diploması. Başka ne lazım ?
M.: Bir dilekçe eksik. Fakülte Dekanlığı için yazılı dilekçe lazım.
S.: Ne yazayım ? Lütfen bana yardım edin.
M.: Tabii, memnuniyetle. Şöyle yazın: „Edebiyat Fakültesi'nin Türkoloji Bölümü'ne kaydımı yaptırmak istiyorum. Yabancı Diller Yüksek Okulu'nun Türkçe dil kursunu bitirdim. Gerekli belgeleri ilişikte sunuyorum." Bir de şurayı imzalayın, lütfen.
S.: Teşekkür ederim, efendim.

T 2

Özgeçmiş

Biliyorsunuz, Faruk Adana'daki firma için başvuru dilekçesi ile birlikte özgeçmişini gönderdi:

Adım Faruk Tokaç. 17.11.1947'de Balıkesir'de doğdum. İlkokulu ve ortaokulu Balıkesir'de okudum. 1965'te İstanbul Erkek Lisesi'den mezun oldum. İstanbul Üniversitesi'nde iktisat ve hukuk öğrenimi yaptım. 1970 yılında mezun oldum ve askerlik hizmetimi yedeksubay olarak Kars'ta yaptım. 1972 yılında Nesrin Bilgin ile evlendim. Beş yıl İş Bankası'nda ve üç yıl Ticaret Bankası'nda danışman olarak çalıştım. Dört yıldan beri İstanbul'da bir Alman firmasında çalışıyorum.

Karikatur

Sprichtwort (atasözü)

Her şeyin yenisi, (etwa: Von allem das Neue,
dostun eskisi von Freunden die alten)

Landkarte der Türkei mit geographischen Regionen und Himmelsrichtungen

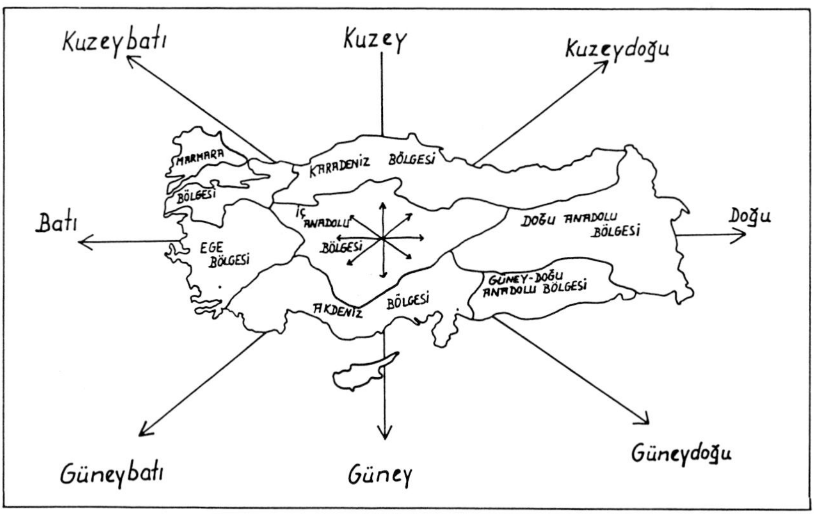

Körperteile

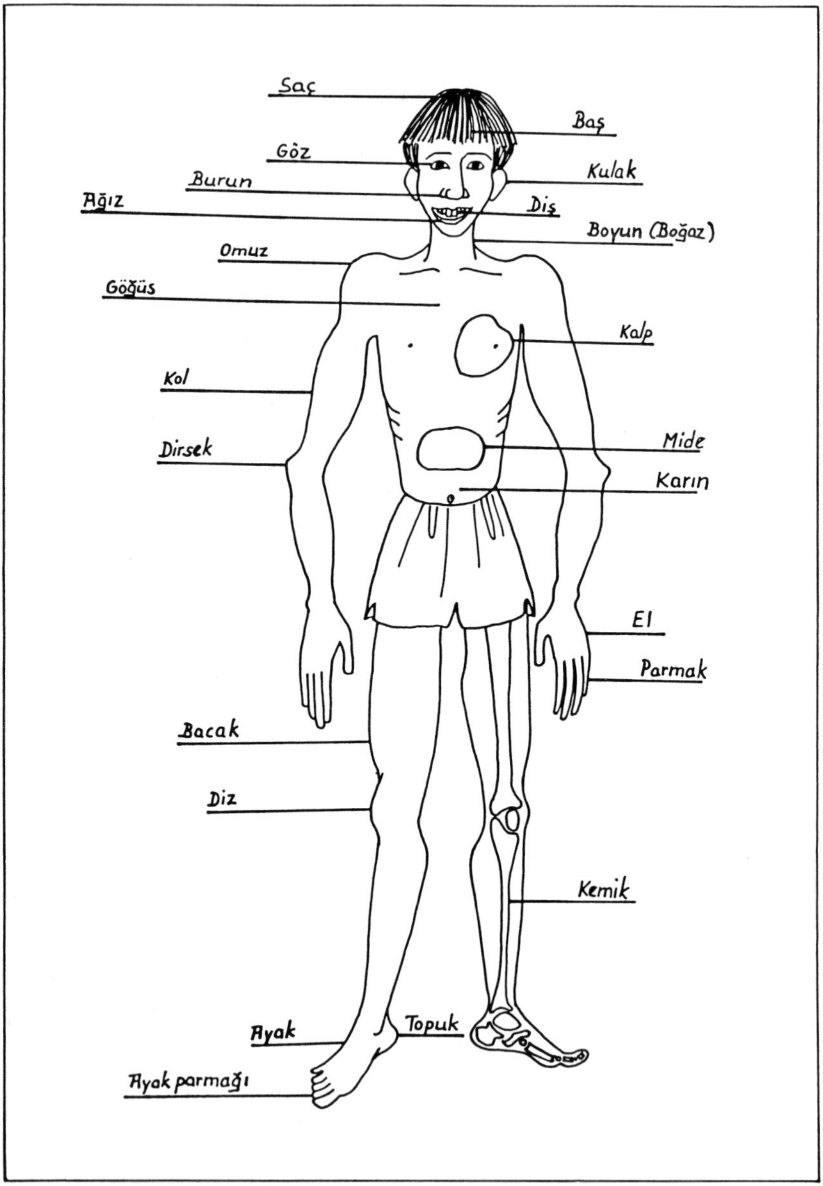

11 B

Ü 1 a) (sen) ne-var / şikâyet-ne / baş-ağrımak: Neyin var, şikâyetin ne ? Başım ağrıyor.

1. (siz) ne-var / şikâyet-ne / diş-ağrımak
2. çocuk-ne-var / şikâyet-ne / mide-bulanmak
3. Ahmet- ne-var / şikâyet-ne / bacak ve kol-kırılmak
4. Gönül Hanım-ne-var / şikâyet-ne / baş-dönmek
5. (siz) ne var / şikâyet-ne / karın-ağrımak

b) (sen) ne-var / nezle olmak: Neyin var ? / Nezle oldum.

6. öğrenciler-ne-var / grip olmak
7. (sen) ne-var / üşütmek
8. (siz) ne-var / anjin olmak
9. çocuk-ne-var / ishal olmak
10. bebek-ne-var / kabız olmak

Ü 2 Kanlıca (Silivri) / yoğurt: Nerenin yoğurdu meşhur ? Kanlıca'nın yoğurdu meşhur. Nerelerin yoğurdu meşhur ? Kanlıca ve Silivri'nin yoğurdu meşhur.

a. Bursa (Niğde) / şeftali
b. Ankara (Van) / kedi
c. Niğde (Amasya) / elma
d. Kütahya (İznik) / çini
e. Isparta (İzmir) / halı

Ü 3 Setzen Sie ein: nerede oder neresi; burada oder burası ?

1. .... oturuyorsun ? / Antalya'da oturuyorum.
2. .... daha güzel ? İstanbul mu, yoksa Ankara mı?
3. .... daha soğuk ? Almanya mı, yoksa Türkiye mi ?
4. .... daha soğuk.
5. Türkçe kitabım .... ?
6. Türkçe kitabın ....

Ü 4 Bilden Sie Fragesätze mit ‚nere-' (und nötigen Endungen) zu den Aussagesätzen, z. B.: ‚Göğsüm ağrıyor' – Neren ağrıyor ?

1. Zeynep'in karnı ağrıyor.
2. Dizim acıyor.
3. Başımız ağrıyor.
4. Arabanın freni bozuk.
5. Peter Türkiye'de İstanbul'u, Bursa'yı ve Konya'yı gezdi.
6. Amcam Istanbul'un en güzel semtinde oturuyor.

Ü 5 Bilden Sie aus den Wörtern im linken und rechten Kästchen zusammengesetzte Substantive und Begriffe (auch Institutionenbezeichnungen) und bilden Sie Sätze mit diesen Ableitungen, z. B.:
çocuk / doktor: çocuk doktoru; Anne bebeği çocuk doktoruna götürdü.

dil çamaşır	kurs
diş kayak Münih	şurup dolap
elbise buz	kahve kadın
Türk	doktor bira
Ankara	kitap fırça
öksürük	makine
çocuk	üniversite ağrı
lise boğaz	dolap
ev kadın	diploma kurs

Ü 6 **Stellen Sie Fragen, wo sich in der Türkei die auf der Landkarte (S. 250) gezeigten Städte befinden und geben Sie auch die Antwort dazu, z. B.:**

Samsun Türkiye'nin neresinde?
Samsun Karadeniz Bölgesi'nde. – Samsun Türkiye'nin kuzeyinde.

Ü 7 **Rätselübung zur Landeskunde**

Wenn Sie die Buchstaben ausfüllen, finden Sie im senkrechten Kästchen von oben nach unten gelesen einen wichtigen Begriff für die Geographie der Türkei:

K . .	.	. . . . Z TÜRKİYE'NİN KUZEYİNDE
A	.	. . . . A TÜRKİYE'NİN GÜNEYİNDE
	.	. . . . . TÜRKİYE'NİN BAŞKENTİ
A .	.	. . . Z TÜRKİYE'NİN GÜNEYİNDE
B	.	. . . . . İ İSTANBUL'DA
. G . . .	.	. . . İ TÜRKİYE'NİN BATISINDA
E	.	M TÜRKİYE'NİN DOĞUSUNDA

Ü 8 **çocuklar / çalışkan- Ali: Çocukların en çalışkanı Ali.**

a. odalar / büyük- 25 metrekare:
b. karpuzlar / küçük- 2 kilo:
c. şehirler / güzel- Istanbul
d. mantolar / pahalı- kürk manto
e. bluzlar / ucuz- 900 Lira

Ü 9 **bu kazak / yeşil-kırmızı:**
Bu kazağın yeşili yok mu ?
Yeşili yok, kırmızısı var.

a. bu bluz / sarı-pembe
b. bu eteklik / kareli-çizgili
c. bu radyo / cereyanlı-pilli
d. bu televizyon / renkli- siyah beyaz
e. bu pide / peynirli- kıymalı

Ü 10 **Ayla / manto-sarı-yeşil / güzel-çirkin:**
Hangi manto güzel, hangi manto çirkin ?
Sarı manto güzel, yeşil manto çirkin.
Hangisi güzel, hangisi çirkin ? / Sarısı güzel, yeşili çirkin.
Ayla hangisini alıyor ? / Sarısını alıyor.

1. Gönül Hanım / karpuz-büyük-küçük / pahalı-ucuz
2. Ünal / kalem-mavi-kırmızı / uzun-kısa
3. Fikret / araba-yeni-eski / hızlı-yavaş
4. Günter / bisiklet-kırmızı -yeşil / yeni-eski
5. Murat Bey / pide-kıymalı-peynirli / yağlı-yağsız

Ü 11 **(sen)-ders-canı sıkılmak: Derste canın sıkıldı mı ?**

1. (siz)-film-hoşuna gitmek
2. (siz)-sinema-canı sıkılmak
3. (sen)-rakı-canı istemek
4. Ahmet-hastane-canı sıkılmak
5. Nurcan-müzik-hoşuna gitmek
6. çocuklar-yeni bisiklet-ihtiyacı olmak
7. Peter-yeni gözlük-ihtiyacı olmak

Ü 12 Soruları cevaplandırın !

1. Ahmet için 13 Ocak neden uğursuz bir gün ?
2. Sieglinde Bauer bugün neden Öğrenci İşleri Bürosu'na gidiyor ?
3. Türkiye'nin nüfusu ve yüzölçümü ne kadar ?
4. Türkiye'nin başkenti neresi ?
5. Türkiye'yi hangi denizler çevreliyor ?
6. Türkiye'deki coğrafi bölgeleri sayınız !
7. Türkiye'de en çok nereleri görmek istiyorsunuz, neden ?

Ü 13 a) Sie möchten sich an der Philosophischen Fakultät der Universität Istanbul (oder Ankara, İzmir ...) immatrikulieren. Haben Sie die nötigen Papiere dabei? Stellen Sie bitte einen Antrag!

b) Sie haben sich um eine Stelle in der Türkei beworben. Schreiben Sie bitte einen Lebenslauf!

S/Ü Spielen Sie mit Ihrem Lernpartner einen Dialog und benutzen Sie die Alternativantworten. Erweitern Sie die Antwortsätze mit Ihrem eigenen Wortschatz (benutzen Sie Ausdrücke aus W 3) und schreiben Sie Ihre Sätze, zeigen Sie sie Ihrem Lehrer!

Neyin var? → Başım ağrıyor.
Neyin var? → Boğazım ağrıyor.
Neyin var? → Karnım ağrıyor.

B/Ü 1 Erzählen Sie bitte, welche Beschwerden diese Personen haben!

B/Ü 2 Erzählen Sie von Ahmets Skikurs auf dem Uludağ!

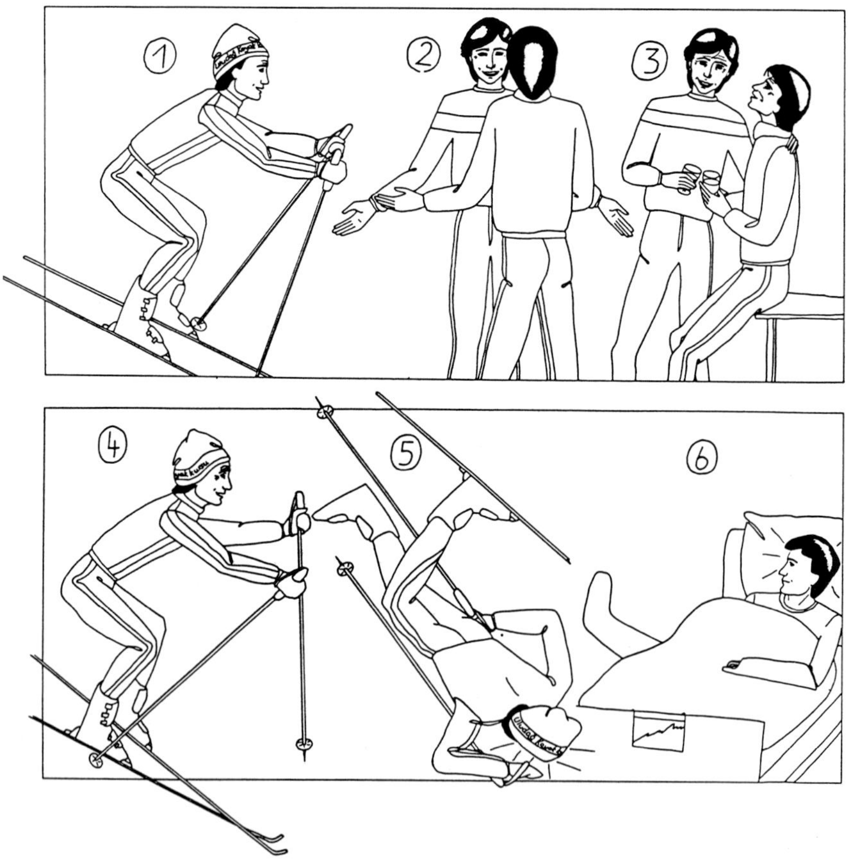

B/Ü 3 **Sie sind der Patient, Ihr Lernpartner ist der Arzt. Tauschen Sie dann die Rollen!**

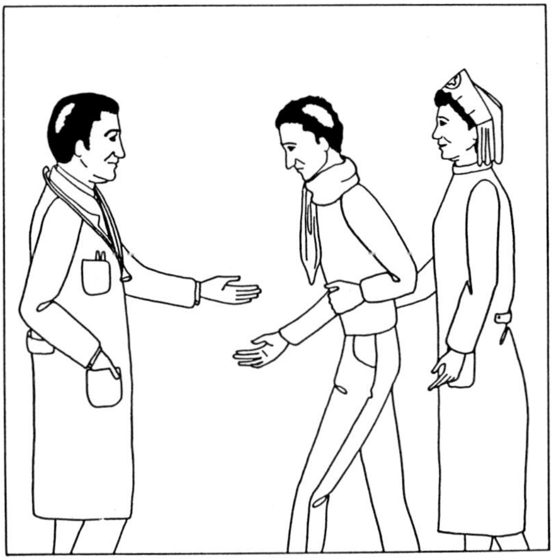

B/Ü 4 **Sie besuchen einen kranken Freund im Krankenhaus. Spielen Sie den Dialog mit Ihrem Lernpartner!**

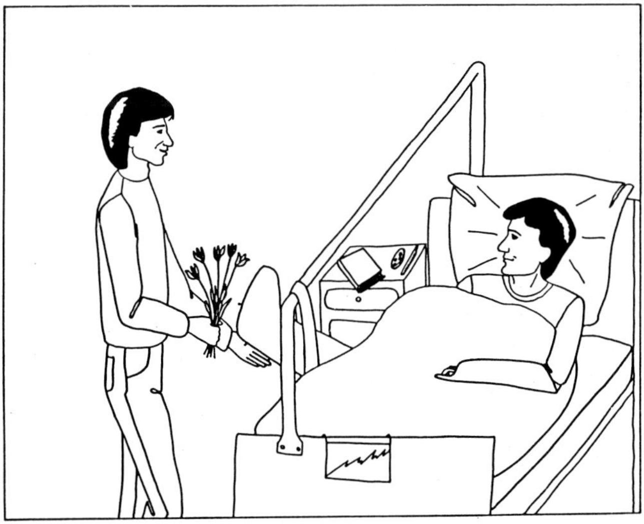

11 c

1. Lokalisierung der Schmerzen, Angabe der Krankheit

Dem Fragewort ‚ne' (was) können auch Possessivsuffixe angefügt werden z. B.:

Neyin (oder nen) var? Was hast du (wörtl.: Dein was gibt es)?
Neyiniz (oder neniz) var? Was habt Ihr / haben Sie?
Nesi var? (Oder: Neyi var?) Was hat er (sie)?

Nach Beschwerden kann man auch mit ‚şikâyet' (Beschwerde) fragen:

Şikâyetin ne? oder im Plural: Şikâyetlerin ne? (Was sind deine Beschwerden)?
Şikâyetiniz ne? oder im Plural: Şikâyetleriniz ne? (Was sind eure / Ihre Beschwerden?)

Bei der Lokalisierung von Schmerzen wird der Körperteilbezeichnung die Possessivendung angefügt, diese Konstruktion wird mit dem Verb ‚ağrımak' (schmerzen) gebraucht, z. B.:

baş (Kopf): baş*ım* ağrıyor: mein Kopf schmerzt (ich habe Kopfschmerzen);
diş (Zahn): diş*i* ağrıyor: sein (ihr) Zahn schmerzt (er/sie hat Zahnschmerzen).

Bei der Angabe der Krankheit wird die Zeitform der Vergangenheit gebraucht:

üşütmek (sich erkälten): üşüttüm: ich habe mich erkältet.

In Verbindung mit Krankheitsbezeichnungen (Grippe, Schnupfen usw.) wird das Hilfsverb ‚olmak' (hier: werden) verwendet, z. B.:

grip (Grippe): grip oldum: ich habe Grippe (wörtl.: ich wurde Grippe);

ishal (Durchfall): ishal oldum: ich habe Durchfall;
nezle (Schnupfen): nezle oldum: ich habe Schnupfen;
(hier auch: nezleyim oder nezlem var);
kabız (Verstopfung): kabız oldum usw.

Bei Brüchen wird der Körperteilbezeichnung auch die Possessivform angefügt, das Verb ist ‚kırılmak' (brechen), z. B.:

kol (Arm): kol*um* kırıldı: ich habe mir den Arm gebrochen (wörtl.: mein Arm ist gebrochen);
bacak (Bein): Ahmet'in bacağı kırıldı: Ahmet hat sich ein Bein gebrochen (wörtl.: Ahmets Bein ist gebrochen) usw.

Prägen Sie sich auch die Wendungen ein:

başı dönmek (aus baş (Kopf) und dönmek (sich drehen): jemandes Kopf dreht sich, jemandem wird schwindlig.

Konjugation mit Possessivendung:

baş*ım* dönüyor: mir wird schwindlig (mein Kopf dreht sich);
midesi bulanmak (aus mide Magen) und bulanmak (Brechreiz haben): jemandes Magen hat Brechreiz, jemandem wird übel.

Konjugation mit Possessivendung:

mide*m* bulanıyor: mir ist übel, ich habe Brechreiz (mein Magen hat Brechreiz).

Aufgabe: Spielen Sie mit Ihrem Lernpartner den Dialog S 1, auch auf Deutsch! Machen Sie Übung 1, S/Ü und B/Ü 1. Studieren Sie die Bezeichnungen der Körperteile (S. 254), lernen und verwenden Sie die Wörter und Wendungen in W 3. Verstehen Sie die Karikatur? Übersetzen Sie sie Ihrem Lernpartner!

2. Deklination der Ortsadverbien ‚nere-', ‚bura-', ‚şura-' ‚ora-'; Verwendung mit Genitiv und Possessiv

Sie wissen bereits, daß den Ortsadverbien ‚bura-', ‚şura-', ‚ora-', die sich aus den Demonstrativpronomen ‚bu-şu-o' ableiten, sowie dem entsprechenden Fragewort ‚nere-‘ Fallendungen angefügt werden. Im folgenden finden Sie die Deklinationsübersicht dieser Strukturwörter:

nere- (welcher Ort)	bura-
nereyi (welchen Ort)	burayı (diesen Ort)
nereye (wohin)	buraya (hierher)
nerede (wo)	burada (hier)
nereden (woher)	buradan (von hier)
nerenin (welchen Ortes)	buranın (dieses Ortes)

şura-, ora-
şurayı, orayı (jenen Ort)
şuraya, oraya (dorthin)
şurada, orada (da, dort)
şuradan, oradan (dorther)
şuranın, oranın (jenes Ortes)

Plural:

nereler	buralar	şuralar, oralar
nereleri	buraları	şuraları, oraları
nerelere	buralara	şuralara, oralara
nerelerde	buralarda	şuralarda, oralarda
nerelerden	buralardan	şuralardan, oralardan
nerelerin	buraların	şuraların, oraların

Die Genitivform können Sie auch in Genitivverbindung gebrauchen, z. B.: Nerenin yoğurdu meşhur? (Welcher Ort ist durch seinen Joghurt berühmt, wörtl.: welchen Ortes sein Joghurt ist berühmt)? Kanlıca'nın yoğurdu meşhur. (Kanlıcas Joghurt ist berühmt.) Oder im Plural: Nerelerin yoğurdu meşhur? Kanlıca ve Silivri'nin yoğurdu meşhur.

Aufgabe: Machen Sie Übung 2!

Den Strukturwörtern ‚nere-', ‚bura-', ‚şura-', ‚ora-' werden auch Possessivendungen angefügt:

Nere*n* acıyor? Wo tut es dir weh? (wörtl.: dein welcher Ort tut weh?)
Bura*m* acıyor. Hier tut es mir weh (wörtl.: mein dieser Ort tut weh).
Nere*niz* ağrıyor? Wo haben Sie Schmerzen? (wörtl.: Ihr welcher Ort schmerzt?)
Şuram ağrıyor. Da habc ich Schmcrzcn (wörtl.: mcin jcncr Ort schmerzt).

Aufgabe: Spielen Sie mit Ihrem Lernpartner den Dialog D, auch auf Deutsch! Lesen Sie den Text T 1 und versuchen Sie, ihn mit Hilfe der ‚Wörterkiste' zu verstehen. Lesen Sie ihn mehrmals und erzählen Sie ihn Ihrem Lernpartner nach! Machen Sie B/Ü 2, 3 und 4.

3. ‚neresi', ‚burası', ‚şurası', ‚orası'

Wenn den Strukturwörtern ‚nere-', ‚bura-', ‚şura-', ‚ora-' Possessivendungen angefügt werden, lautet die 3. Person ‚neresi', ‚burası' usw., als Genitivverbindung, z. B.:

Ali'*nin* nere*si* acıyor? Wo tut es Ali weh? (wörtl.: welcher Ort von Ali tut weh?)
Ali'*nin* bura*sı* acıyor. Hier tut es Ali weh.

Die Formen	**neresi**	**burası**	**şurası**	**orası**
	haben aber auch die gleiche Bedeutung wie			
	nerede	**burada**	**şurada**	**orada**
	wo	**hier**	**da**	**dort.**

Dies ist der Fall, wenn das Subjekt unbestimmt ist, bzw. die Wiedergabe im Deutschen mit dem unbestimmten Subjekt ‚es' erfolgt, wie in dem Beispiel ‚nere*si* acıyor?': *wo* tut *es* weh?

Vergleichen Sie:

Nerede hava sıcak?	Wo ist das Wetter warm?, aber:
Nere*si* sıcak?	Wo ist *es* warm?
Burada hava sıcak.	Hier ist das Wetter warm. Aber:
Bura*sı* sıcak.	Hier ist *es* warm.

Plural:

Nereleri sıcak? Wo (alles) ist es warm?
Buraları sıcak. In diesen Orten ist es warm.

Bei ‚var' und ‚yok' (es gibt, es gibt nicht) benutzen Sie aber diese Strukturwörter mit der Lokativendung ‚-de/-da', weil das Subjekt dann ein bestimmtes ist:

Nerede bir eczane var? Wo gibt es eine Apotheke?
Şurada bir eczane var. Da gibt es eine Apotheke.

Die Strukturwörter ‚nere-', ‚bura-', ‚şura-', ‚ora-' gebrauchen Sie also für ‚wo' und ‚hier', ‚dort' mit der Possessivendung der 3. Person in Genitivverbindungen sowie in Sätzen ohne ein bestimmtes Subjekt:

Televizyon*un* nere*si* bozuk?	Welcher Teil (wörtl. welcher Ort) des Fernsehers ist kaputt?
Neresi soğuk?	Wo ist *es* kalt?
Orası soğuk.	Dort ist *es* kalt, usw.

Der Ausdruck ‚orası neresi?' (wo ist es dort, welcher Ort ist dort) wird oft bei Telefongesprächen benutzt (etwa: mit wem spreche ich?).

Aufgabe: Spielen Sie mit Ihrem Lernpartner den Dialog T/D 1, auch auf Deutsch! Machen Sie Übung 3.

Bei der Deklination der Formen ‚neresi', ‚burası', ‚şurası', ‚orası' wird ‚n' als Füllkonsonant eingeschoben; z. B.:

neresini (welchen Ort in ...):
Türkiye'nin neresini beğeniyorsun? (Wo gefällt es dir in der Türkei?)

neresine (wohin in ...):
Türkiye'nin neresine gitmek istiyorsun? (Wo möchtest du in der Türkei hinfahren?)

neresinde (wo in ...):
İstanbul'un neresinde oturuyorsunuz? (Wo wohnen Sie in Istanbul?)

neresinden (aus welchem Ort in ...):
Almanya'nın neresinden geliyorsunuz? (aus welchem Ort in Deutschland kommen Sie?)

Aufgabe: Machen Sie Übung 4!

4. Zusammengesetzte Wörter (der unbestimmte Genitiv: Belirtisiz isim tamlaması)

Sie kennen bereits den bestimmten Genitiv:
çocuğun kitabı: das Buch des Kindes.

Wenn die Genitivendung am ersten Bestandteil nicht gebraucht wird, (çocuk kitabı) handelt es sich um den unbestimmten Genitiv, bzw. um ein zusammengesetztes Wort: çocuk kitabı (Kinderbuch).

Vergleichen Sie:

evin kadını:	die Frau des Hauses, aber:
ev kadını:	Hausfrau
arabanın kapısı:	die Tür des Wagens, aber:
araba kapısı:	die Wagentür, usw.

In dieser Lektion begegnen Sie vielen zusammengesetzten Wörtern:

kayak (Ski), kurs (Kurs): kayak kursu (Skikurs);
kan (Blut), tahlil (Untersuchung): kan tahlili (Blutuntersuchung).

Die Possessivendung der 3. Person am zweiten Bestandteil der Zusammensetzung ist in ihrer Funktion mit dem Verbindungs-,s/n' im Deutschen vergleichbar, z. B.:

Arbeit*s*ministerium Asche*n*becher
Çalışma Bakanlığ*ı* kül tabla*sı*.

Während der Verbindungskonsonant in deutschen Zusammensetzungen häufig wegfällt, darf die Endung in türkischen Zusammensetzungen nicht fehlen.
Wenn eine Zusammensetzung mehrere Glieder hat, muß die Endung an jedes Bestandteil (außer dem ersten) angehängt werden:
baş (Kopf), ağrı (Schmerz), hap (Tablette):
baş ağrı*sı* hap*ı* Kopfschmerztablette,
dil (Sprache), kurs (Kurs), diploma (Diplom):
dil kurs*u* diploma*sı* Sprachkursdiplom, usw.

4.1. Orthographie der Zusammensetzungen

Die Bestandteile einer Zusammensetzung werden in der Regel getrennt geschrieben, aber bei solchen, in denen ein Bestandteil ein kürzeres Wort ist, tendiert man zur Zusammenschreibung:
buz (Eis), dolap (Schrank): buzdolabı (aber auch: buz dolabı),
dil (Sprache), bilgi (Kunde): dilbilgisi (Grammatik),
ev (Haus), kadın (Frau): evkadını (aber auch: ev kadını),
iş (Arbeit), adam (Mann): işadamı (Geschäftsmann) (auch: iş adamı),
iş (Arbeit), yer (Ort, Platz): işyeri (Arbeitsplatz) (aber auch: iş yeri),
soy (Geschlecht, Familie), ad (Name:) soyadı (Familienname).

4.2. Endungen an Zusammensetzungen

* Pluralendung

Im Plural wird die Possessivendung der 3. Person Singular mit der des Plurals ausgetauscht:
diş (Zahn), fırça (Bürste): diş fırça*sı* (Zahnbürste),
diş fırça*ları* (Zahnbürst*en*).

* Possessivendung

Wenn eine Possessivendung einer Zusammensetzung angefügt wird, muß die eigene Endung am letzten Bestandteil wegfallen:

saç (Haar), fırça (Bürste): saç fırça*sı* (Haarbürste), aber nur: saç fırça*m* (*meine* Haarbürste),
dil kurs*u* diploma*sı*, aber: dil kursu diploma*m* (mein Sprachkursdiplom).

Im Plural aber bleibt die Endung: dil kursu diploma*ları*m.

* Fallendung

Vor Fallendungen wird ‚n' als Füllkonsonant eingeschoben:
çamaşır (Wäsche), makine (Maschine): çamaşır makinesi,
çamaşır makinesi*n*i aldım: Ich habe die Waschmaschine gekauft.
Dil kursu*n*a gittik: Wir sind zu einem Sprachkurs gegangen.
Buzdolabı*n*dan bira getir: Hol ein Bier aus dem Kühlschrank, usw.

4.3. Als Zusammensetzung gelten auch:

* Institutionenbezeichnungen:

İstanbul, üniversite: İstanbul Üniversite*si* (Universität Istanbul),
ticaret (Handel), banka (Bank): Ticaret Banka*sı* (Handelsbank),
çalışma (Arbeit), bakanlık (Ministerium): Çalışma Bakanlığ*ı* (Arbeitsministerium) usw.

* Ortsnamen, geographische Bezeichnungen

Galata, köprü (Brücke): Galata Köprü*sü* (Galata-Brücke),
Galata, kule (Turm): Galata Kule*si* (Galata-Turm),
Gülhane, park: Gülhane Park*ı* (Gülhane-Park),
Taksim, meydan (Platz): Taksim Meydan*ı* (Taksim-Platz),
İstiklal, cadde: İstiklal Cadde*si*,
Ege (Ägäis), bölge (Region): Ege Bölge*si* (Ägäische Region),
Ruhr, havza (Becken, Gebiet): Ruhr Havza*sı* (Ruhrgebiet) usw.

Merken Sie:

* Bei ‚sokak' (Straße) begegnet die zusammengesetzte Form oft auch ohne Endung, z. B. ‚Bahçe Sokak' neben ‚Bahçe Sokağı'.

* Bei ‚cami' (Moschee) wird noch teilweise die der arabischen Originalbezeichnung angeglichene Endung ‚-i' (ohne s) verwendet, aber immer häufiger ‚-si': Beyazıt Cami*i* auch Beyazıt Cami*si*.

* Verbindungen mit Eigennamen (Nationalitäten- und Sprachenbezeichnungen, Länder-, Städtenamen):

Türk rakı*sı* (türkischer Raki), Türk kahve*si* (türkischer Kaffee), Alman bira*sı* (deutsches Bier), Türk dil*i* (türkische Sprache), Türkçe kitab*i* (Türkischbuch), Almanya günlüğ*ü* (günlük: Tagebuch), Türkiye mektub*u* (Brief aus der Türkei), Bursa şeftali*si* (Pfirsiche aus Bursa), Ankara kedi*si* (Angorakatze) usw.

Merken Sie:

* Wenn eine Sprachenbezeichnung in adjektivischer Funktion ist, wird keine Zusammensetzung abgeleitet:

Türkçe kitab*ı*: Türkisch(lehr)buch, aber: Türkçe kitap: türkisches Buch, Buch in türkischer Sprache.

* Wie Sie hier sehen, wird die Nationalitätsbezeichnung gebraucht, wenn man die Herkunft, Eigenschaft oder Art und Weise ausdrücken will.

Türk kahvesi: türkischer Kaffee, Alman birası: deutsches Bier, usw.
Die Bezeichnung für ‚türkisch', ‚deutsch' ... usw. mit der Endung ‚-ce' (vgl. Lektion 4 (Türkçe, Almanca ...) bezieht sich nur auf die Sprache.

4.4. Zusammensetzungen ohne Endung (Takısız Tamlama)

Wenn der erste Bestandteil einer Zusammensetzung das Material angibt oder in adjektivischer Funktion steht, fällt die Endung am zweiten Bestandteil weg. Die Anfügung von Plural- und Fallendung erfolgt dann wie bei sonstigen Substantiven:

deri (Leder), ceket (Jacke): deri ceket (Lederjacke),
kürk (Pelz), manto (Mantel): kürk manto (Pelzmantel),
kurşun (Blei), kalem: kurşunkalem (Bleistift),
ilk (erst-), okul: ilkokul (Grundschule, wörtl. erste Schule),
orta (mittler-), okul: ortaokul (Mittelschule, wörtl. mittlere Schule).

Keine Endung weisen auch die Zusammensetzungen auf, deren erster Bestandteil ‚ana' (Mutter) oder ‚baş' (Haupt), oder deren letzter Bestandteil ‚hane' (Haus) ist:

ana, dil: anadil (Muttersprache),
ana, cadde: anacadde (Hauptstraße),
baş kent (şehir): başkent, başşehir (Hauptstadt),
çamaşır, hane: çamaşırhane (Wäscherei).

Merken Sie:

* Bei Ableitungen auf ‚-hane' fällt beim Vokalauslaut auf ‚a' am ersten Bestandteil das anlautende ‚h' von ‚hane' weg:

  hast*a*, hane: hastane / past*a*, hane: pastane (Konditorei).

4.5. Zusammensetzungen mit und ohne Endung

‚Butter' und ‚Olivenöl' werden mit oder ohne Endung verwendet:
tere, yağ: tereyağ, aber auch tereyağı,
zeytin, yağ: zeytinyağ, aber auch zeytinyağı.

Bei Orts- und geographischen Namen begegnen zusammengesetzte Formen mit oder ohne Endung, z. B.:

kuş, ada: Kuşada*sı*, aber Burgaz, ada: Burgazada;

Galata, kule: Galata Kule*si*, aber: kapı, kule: Kapıkule;
Nemrut, dağ: Nemrut Dağ*ı*, aber: ulu, dağ: Uludağ, usw.

Aufgabe: Machen Sie Übung 5!

5. Himmelsrichtungen

Studieren Sie die Karte (S. 253) genau, lernen Sie die geographischen Regionen der Türkei und die Himmelsrichtungen! Sie können die Himmelsrichtungen in adjektivischer Funktion (keine Zusammenschreibung im Türkischen!) gebrauchen:

Batı Anadolu (Westanatolien),
Güneydoğu Avrupa (Südosteuropa),
Kuzey Almanya (Norddeutschland) usw., oder wie im Deutschen als Genitivverbindung:

İzmir Türkiye'nin batı*sı*nda:
Izmir ist im Westen der Türkei.
Türkiye Avrupa'nın güneydoğusunda:
Die Türkei ist im Südosten Europas.
Türkiye Asya'nın batısında:
Die Türkei ist im Westen Asiens.

Das Wort ‚orta' (Mitte(l), mittler-) können Sie auch adjektivisch oder in Genitivverbindung verwenden:

Orta Anadolu: Mittelanatolien;
Ankara Türkiye'*nin* orta*sı*nda: Ankara ist in der Mitte der Türkei.

Aufgabe: Spielen Sie mit Ihren Lernpartnern den landeskundlichen Unterricht (T/D 2), auch auf Deutsch! Machen Sie die Übungen 6 und 7!

6. Substantivierung des Adjektivs in Genitivverbindungen; das Fragewort ‚hangi'

Adjektive (auch Steigerungsformen) werden in Genitivverbindungen substantiviert, indem dem Adjektiv die Possessivendung der 3. Person angefügt wird, z. B.:

güzel (schön, hübsch): kızlar*ın* güzel*i*: das Schöne der Mädchen,
kızlar*ın* daha güzel*i* (das Hübschere der Mädchen),
kızlar*ın* en güzel*i* (das Hübscheste der Mädchen),
arabalar*ın* pahalı*sı* (der Teuere der Wagen),
arabalar*ın* daha pahalı*sı* (der Teurere der Wagen),
arabalar*ın* en pahalı*sı* (der Teuerste der Wagen) usw.

Beim Einkaufen können Sie z. B. fragen:

Bunun daha büyüğü yok mu? (Haben Sie davon keinen Größeren, wörtl.: dessen sein Größer gibt es nicht?),

oder:

Bunun sarısı yok mu? (Haben Sie den, die, das in Gelb, wörtl.: dessen sein Gelb gibt es nicht?).

Wenn Fallendungen angefügt werden, wird ‚n' als Füllkonsonant eingeschoben:

Sarısı*nı* alıyorum (ich kaufe den Gelben); oder:
Daha büyüğü*nü* istiyorum (ich möchte einen Größeren);
Daha küçükleri*ni* arıyorum (ich suche noch kleinere).

Auch dem Fragewort ‚hangi' (welche, r, s) wird die Possessivendung der 3. Person angefügt, wenn es als Pronomen ohne ein Bezugswort benutzt wird:

hangi kazak güzel: welcher Pulli ist schön?, aber:
hangi*si* güzel: welcher ist schön?

im Plural:
hangi kazaklar güzel: welche Pullis sind schön, aber:
hangi*leri* güzel: welche sind schön?

als Genitivverbindung:
kızların hangisi güzel? Welches der Mädchen ist hübsch?
çocukların hangisi çalışkan? Welches der Kinder ist fleißig?
kazakların hangisi ucuz? Welcher der Pullis ist billig?
kazakların hangileri pahalı? Welche der Pullis sind teuer?

Wenn Fallendungen angefügt werden, wird ‚n' als Füllkonsonant eingeschoben:
Kazakların hangisi*n*i alıyorsun? Welchen der Pullis kaufst du?
Hangisi*n*i alıyorsun? Welchen kaufst du?

Aufgabe: Spielen Sie mit Ihrem Lernpartner den Dialog S 2, auch auf Deutsch! Machen Sie die Übungen 8, 9 und 10!

Merken Sie:

* Auch die Ordnungszahlen, die adjektivische Funktion haben, werden in Genitivverbindungen substantiviert:

çocukların birinci*si*: das erste der Kinder,
çocukların ikincisi*n*i gördün mü? Hast du das zweite der Kinder gesehen?

Die Ordnungszahlen sowie Steigerungsformen der Adjektive mit Possessivendung sind zugleich Adverbien:

birincisi: erstens, ikincisi: zweitens, üçüncüsü: drittens ..., en iyisi: am besten, z. B.: En iyisi otobüsle gidelim: Am besten fahren wir mit dem Bus.

7. Verbformen mit Possessivendungen

Eine Reihe von Verben, die zum größten Teil idiomatisiert sind, bestehen aus einem Grundwort und einem Verb, wobei bei der

Konjugation das Grundwort Possessivendungen bekommt. In S 3 begegnen Sie solchen Beispielen:

Film hoş*un*a gitti mi? Oder: Can*ım* Türk kahvesi istiyor, usw.; can*ı* sıkılmak: sich langweilen (wörtl.: jemandes Seele wird bedrückt):

Dem Grundwort ‚can‘ werden Possessivendungen angefügt, während das Prädikat (sıkılıyor) in der 3. Person unverändert bleibt:

can-ım sıkılıyor: ich langweile mich (wörtl.: meine Seele wird bedrückt);
can-ın sıkılıyor: du langweilst dich;
can-ı sıkılıyor: er langweilt sich usw.
So auch ‚canı istemek‘ (jemandes Seele möchte etwas): Lust haben zu, Appetit haben auf;
z. B.: can-ım istemiyor: ich habe keine Lust, oder:
Can-ımız Türk rakısı istiyor: Wir haben Appetit auf türkischen Raki.
Can-ın Türk kahvesi istiyor mu? Hast du Lust auf einen türkischen Kaffee?

Bei
hoşuna gitmek: gefallen (aus ‚hoş‘, Gefallen, wörtl. auf jemandes Gefallen gehen) wird die Possessivendung mit der Dativendung gebraucht:
Hoş-um-a gidiyor: Das gefällt mir (wörtl.: Das geht auf mein Gefallen).
Hoş-un-a gidiyor mu? Gefällt dir das?
Film Ali'nin hoş-u-n-a gitmedi: Der Film hat Ali nicht gefallen.
İstanbul çok hoş-umuz-a gitti: (In) Istanbul hat (es) uns sehr gut gefallen.

Bei
ihtiyacı olmak: brauchen (aus ‚ihtiyaç‘, Bedarf, jemandes Bedarf sein nach) wird keine Dativendung, sondern ein Dativobjekt gebraucht; die Konjugation erfolgt nicht mit ‚olmak‘, sondern

mit unveränderten Strukturwörtern ‚var' und (in Verneinung) ‚yok':

Kitab*a* ihtiyac-*ım* var: Ich brauche ein Buch (wörtl. ich habe Bedarf nach einem Buch).
Sana ihtiyac-ım var: Ich brauche dich.
Defter*e* ihtiyac-ımız yok: Wir brauchen kein Heft.
Yaşar'ın araba*ya* ihtiyac-ı var: Yaşar braucht ein Auto, usw.

Aufgabe: Spielen Sie mit Ihrem Lernpartner den Dialog S 3, auch auf Deutsch! Machen Sie Übung 11.

8. Zusatzaufgabe: Machen Sie Übung 12! Spielen Sie mit Ihrem Lernpartner den Dialog T/D 3, auch auf Deutsch! Lesen Sie den Text T 2.
Machen Sie Übung 13!
Wie Sie in T 2 sehen, wird das Verb ‚evlenmek' (heiraten) im Gegensatz zum Deutschen nicht mit Akkusativ, sondern mit dem Verhältniswort ‚ile' (mit) gebraucht: Nesrin Bilgin ile evlendim: Ich habe Nesrin Bilgin (wörtl. ‚mit Nesrin Bilgin') geheiratet.
Bei der Datumsangabe nur als Jahreszahl verwenden Sie entweder nur die Lokativendung: 1972'de evlendim, oder die Konstruktion ‚... yılında': 1972 yılında evlendim: ich habe im Jahre 1972 geheiratet.

9. Grammatik zum Weiterlernen

In T/D 2 begegnen Sie der Postposition ‚hakkında':
‚Öğrenciler Türkiye hakkında sorular soruyor': Die Studenten stellen Fragen über die Türkei.
Die Postposition ‚hakkında', die dem Verhältniswort ‚über' (thematisch, *nicht* lokal) entspricht, verlangt bei Substantiven den Nominativ, aber bei Pronomen die Possessiv- bzw. Genitiv-

form. Dem Grundwort ‚hak' werden entsprechende Possessivendungen angefügt, z. B.:
benim hakk*ım*da: über mich; senin hak*kı*nda: über dich, usw.
Und: bunun hakkında (darüber).
Benim hakkımda konuştunuz mu? Habt ihr über mich gesprochen?
Bizim hakk*ımız*da konuşuyorlar: Sie sprechen über uns.
Bunun hakkında bir şey biliyor musun? Weißt du etwas darüber?
Bunun hakkında hiç bir şey bilmiyorum: Darüber weiß ich gar nichts.

11 Wörterkiste

W 1

acımak	(hier:) weh tun
aç karnına	nüchtern, auf nüchternen Magen
ada	Insel
ağrı	Schmerz
ağrımak	schmerzen
Akdeniz	Mittelmeer
Akdeniz Bölgesi	Mittelmeergebiet
alan	(hier:) Fläche
alçı	Gips(verband)
alçıya koymak	in Gipsverband nehmen
almak	(hier:) einnehmen
ana	Mutter (volkstümlich); (Mutter-, Haupt-)
anacadde	Hauptstraße
anadil	Muttersprache
Anadolu	Anatolien
anjin	Angina
askerlik	Militär
askerlik hizmeti	Militärdienst
ateş	(hier:) Fieber
bacak	Bein
bakanlık	Ministerium
baş	Kopf; Haupt
başı dönmek:	jemandem schwindlig werden (s. C.1)
başı döndü	ihm (ihr) wurde schwindlig
başım ağrıyor	ich habe Kopfschmerzen (s. C.1)
başkent / başşehir	Hauptstadt
batı	West- Westen
Beyazıt	Stadtteil in Istanbul (Univiertel)
bırakmak	(hier:) aufhören (mit) (s. sigarayı bırakmak)
bilgi	(hier:) Information; Kunde

bir de	und auch
bitirmek	(hier:) absolvieren
boğaz:	Hals; Meeresenge
boğazım ağrıyor	ich habe Halsschmerzen (s. C.1)
Boğaziçi	Bosporus
bozuk para	Kleingeld
bölge	Gebiet, Region
bölüm	(hier:) Abteilung
bunun yeşili var mı?	Haben Sie den in Grün (s. C.6.)
burası	hier ist ... (s. C.3)
Burgazada	eine der Prinzeninseln bei Istanbul (C.4d)
buz	Eis
buz dolabı	Eisschrank (s. C.4)
can	Herz, Seele, Leben
canı istemek	Lust haben (zu), Appetit haben (auf) (s. C.7)
canım istiyor	ich habe Lust (Appetit) zu (auf) ...
canı sıkılmak	sich langweilen (s. C.7)
canım sıkıldı	ich habe mich gelangweilt
coğrafi	geographisch
coğrafi bölge	geographische Region
Çalışma Bakanlığı	Arbeitsministerium (s. C.4)
çamaşır makinesi	Waschmaschine (s. C.4)
çamaşırhane	Wäscherei (s. C.4d)
Çanakkale Boğazı	Dardanellen
çevrelemek	umgeben
çini	Tonfliese, Kachel, Keramik
çocuk kitabı	Kinderbuch
damla	Tropfen
danışman	Berater
dekanlık	Dekanat
derhal	sofort, gleich
deri	Leder
deri ceket	Lederjacke
devam etmek (mit Dativ)	(hier:) besuchen (Kurs usw.)
dikkat etmek (mit Dativ)	aufpassen, achtgeben (auf)
dil kursu	Sprachkurs
dil kursu diploması	Sprachkursdiplom
dilbilgisi	Grammatik
dilekçe	(hier:) Antrag
diş	Zahn
diş fırçası	Zahnbürste
diz	Knie
doğu	Osten, Ost-
Doğu Anadolu	Ostanatolien
dost	Freund
duymak	hören
düşmek	(hier:) (hin-)fallen
eczane	Apotheke
edebiyat	Literatur
Edebiyat Fakültesi	Philosophische Fakultät
Ege	Ägäis
Ege Bölgesi	Ägäische Region
Ege Denizi	Ägäisches Meer
eksik	fehlend
... eksik	es fehlt ein(-e) ...
en iyisi	am besten (s. C.4)
ev kadını	Hausfrau
evlenmek	heiraten
fakülte	Fakultät
Fakülte Dekanlığı	Fakultätsdekanat
fırça	Bürste
fren	Bremse
Galata Köprüsü	Galata-Brücke (s. C.4)
Galata Kulesi	Galata-Turm (s. C.4)
grip	Grippe
grip oldum	ich habe Grippe (s. C.1)
görüşmek	(be-)sprechen
Gülhane Parkı	Park in Istanbul
güney	Süden, Süd-

güneybatı	Südwesten, Südwest-
güneydoğu	Südost-, Südosten
Güneydoğu Anadolu	Südostanatolien
günlük	(hier:) Tagebuch
hakkında	über (thematisch) Postposition mit Nominativ)
halı	Teppich
hangisi	welcher (welche, welches) (s. C.6)
harita	Landkarte
hastalık	Krankheit
hastane	Krankenhaus
havza	Becken, Gebiet
hemşire	(Kranken-)Schwester
hizmet	Dienst
hoşuma gidiyor	... gefällt mir
hoşuna gitmek	gefallen (s. C.7)
hukuk	Jura
İç Anadolu	Inneranatolien
içmek	(hier:) einnehmen
idrar	Harn, Urin
idrar tahlili	Urinuntersuchung
ihtiyacı olmak	brauchen (s. C.7)
ihtiyacım var	ich brauche ...
ihtiyaç	Bedarf
ikisi de	beide
ilaç	Medikament, Arznei
ilkokul	Grundschule
imza	Unterschrift
imzalamak (mit Akkusativ)	unterschreiben
ishal	Durchfall
İstanbul Boğazı	Bosporus
İstanbul Erkek Lisesi	İstanbuler Jungengymnasium (Privatschule mit deutscher Unterrichtssprache)
İstanbul Üniversitesi	Universität Istanbul
İş Bankası	Bank in der Türkei
işadamı	Geschäftsmann
işitmek	hören
işyeri	Arbeitsplatz
kabız	Verstopfung
kan	Blut
kan tahlili	Blutuntersuchung
Kanlıca	Stadtteil in Istanbul
kapatmak	s. telefonu kapatmak
Kapıkule	Grenzort zwischen der Türkei und Bulgarien
Karadeniz	Schwarzes Meer
Karadeniz Bölgesi	Schwarzmeergebiet
karar	Entscheidung, Beschluß, Urteil
karar vermek	(sich) entscheiden, beschließen
karın	Bauch
kayak	Ski
kayak kaymak (oder yapmak)	Ski fahren
kayak kursu	Skikurs
kayıt:	(hier:) Anmeldung
kaydını yaptırmak (mit Dativ)	sich anmelden (sich einschreiben lassen) (wörtl.: seine Anmeldung machen lassen)
kaydımı yaptırmak istiyorum	ich möchte mich immatrikulieren
kırılmak	(hier:) brechen, gebrochen werden (s. C.1)
kiminle görüşüyorum?	mit wem spreche ich?
kol	Arm
kontrol	Kontrolle
köşe	Ecke
köşede	um die Ecke
kule	Turm
kullanmak	verwenden, benutzen, (hier:) einnehmen
kurşun	(hier:) Blei

kurşunkalem	Bleistift
kuş	Vogel
Kuşadası	Halbinsel in der Ägäischen Region
kuvvetli	stark
kuzey	Norden, Nord-
kuzeybatı	Nordwesten, Nordwest-
kuzeydoğu	Nordosten, Nordost-
kül	Asche
kül tablası	Aschenbecher
kürk manto	Pelzmantel
liman	Hafen
liman şehri	Hafenstadt
lise	Gymnasium
makine	Maschine, Apparat
Marmara Bölgesi	Marmara-Gebiet
Marmara Denizi	Marmarameer
meydan	(öffentlicher) Platz
mezun olmak (mit Ablativ)	absolvieren
mide	Magen
midem bulanıyor	ich habe Brechreiz, mir ist übel
midesi bulanmak	Brechreiz empfinden (s. C.1)
nereleri	welche Orte (s. C.2)
nereniz ağrıyor?	wo tut es Ihnen weh? (s. C.2)
neresi	s. C.3
neyin var?	was hast du? (s. C.1)
nezle	Schnupfen
nüfus	Bevölkerung(szahl)
okumak (mit Lokativ)	(hier:) besuchen (Schulen usw.)
oralarda	in jenen Orten, dort
oraları	s. C.2.
orası	s. C.3.
orası neresi	s. C.3
orta	Mitte, Mittel-, mittler-
ortaokul	Mittelschule
Öğrenci İşleri Bürosu	Studentenwerk
... öğrenimi yapmak	... studieren
öksürmek	husten
öksürük	Husten
paket	(hier:) Päckchen (Zigaretten)
pastane	Konditorei
radyogram	Röntgenaufnahme
rastlamak (mit Dativ)	begegnen, treffen
reçete	Rezept
rontken	Röntgen
rontkenini almak	eine Röntgenaufnahme machen (von ...)
saç fırçası	Haarbürste
sağlık	Gesundheit
salon	Saal, Salon
sanıyorum:	ich glaube, ich meine, ich vermute
(von:) sanmak	glauben, meinen, vermuten
sarhoş	betrunken
sarhoş olmak	betrunken werden
saymak	(hier:) (auf-)zählen
sıkıcı	langweilig
sınır	Grenze
sınır şehri	Grenzstadt
sigarayı bırakmak	mit dem Rauchen aufhören
Silivri	Ort in Thrakien
soru(lar) sormak	eine Frage (Fragen) stellen
soyadı	Familienname
şeftali	Pfirsich
şikâyet	Beschwerde; Klage
şöyle	so
şurası	s. C.3
şurup	Sirup
tabla	Tablett, Platte
tahlil	Untersuchung, Analyse

tamam	vollständig
tehlikeli	gefährlich
telefonu kapatmak	einhängen, auflegen
terlemek	schwitzen
Ticaret Bankası	Handelsbank
Trakya	Thrakien
Türk kahvesi	türkischer Kaffee
Türk rakısı	türkischer Raki
Türkçe kursu	Türkischkurs
Türkoloji	Turkologie (türk. Sprache und Literatur)
Türkoloji Bölümü	Institut (wörtl. Abteilung) für Turkologie
ufak para	Kleingeld
uğursuz	unglücklich, Unglücks-
unutmak	vergessen
üşümek	frieren
üşütme	Erkältung
üşütmek	sich erkälten
üşüttüm	ich habe mich erkältet (s. C.1)
vesikalık fotoğraf	Paßbild
yabancı	fremd
Yabancı Diller Yüksek Okulu	Hochschule für Fremdsprachen
yarın sabah	morgen früh
yaşamak	leben
yatmak	(hier:) liegen
yazılı	schriftlich
yedeksubay	Reserveoffizier
yemeklerden sonra	nach den Mahlzeiten
yer	(hier:) Platz, Ort
... yılında	im Jahre ...
yurt	Heimat
yurt bilgisi	Heimat-, Landeskunde
yüzölçümü	Fläche
zeytinyağ(ı)	Olivenöl

W 2 (grammatische Termini)

belirtisiz isim tamlaması	der unbestimmte Genitiv, Zusammensetzung
takısız tamlama	Zusammensetzung ohne Endung

W 3 (Aufbauwortschatz)

a) Körperteile und -organe

akciğer	Lunge
alın	Stirn
ayak	Fuß
ayak parmağı	Zehe
başparmak	Daumen
beyin	Gehirn
boyun	Hals, Nacken
böbrek	Niere
çene	Kinn
damar	Ader
dil	Zunge
dirsek	Ellbogen
dişeti	Zahnfleisch
diz kapağı	Kniescheibe
ense	Nacken
insan vücudu	der menschliche Körper
kafa	Kopf
kafatası	Schädel
kalça	Hüfte
kalp	Herz
karaciğer	Leber
kaş	Augenbraue
kemik	Knochen
kirpik	Wimper

kulak	Ohr
parmak	Finger
tırnak	Fingernagel
vücut	Körper
yanak	Wange
yüz	Gesicht

b) Gesundheit, Krankheit

acı	Weh
ameliyat	Operation
ameliyat etmek	operieren
ameliyat olmak	operiert werden
bandaj	s. Sargı
baş ağrısı	Kopfweh
baygın	bewußtlos, ohnmächtig
baygınlık	Bewußtlosigkeit, Ohnmacht
bayılmak	bewußtlos, ohnmächtig werden
cerrah	Chirurg
dahiliyeci	Internist
derece	(Fieber-)Thermometer
fenalaşmak:	schlecht werden
fenalaşıyorum	mir wird schlecht
fitil	Zäpfchen
hasta olmak	krank werden
hastalanmak	krank werden
iğne	(hier:) Spritze
iğne olmak	Spritzen bekommen
iğne yapmak (mit Dativ)	Spritzen geben
iltihap	Entzündung
iştah	Appetit
iyi olmak	gesund werden
iyileşmek	gesund werden
kanama	Blutung
kanamak	bluten
kanser	Krebs
mide bulantısı	Übelkeit, Brechreiz
muayene	Untersuchung
muayene etmek	untersuchen
nefes	Atem
nefes almak	(ein-)atmen
pansıman	Umschlag
pratisyen doktor	praktischer Arzt
romatizma	Rheuma
sancı	Schmerz
sargı	Verband
sinir	Nerv
sinirli	nervös
soğuk algınlığı	Erkältung
soluk (Neuw.)	(hier:) Atem
tansiyon	Blutdruck
teşhis	Diagnose
ülser	Magengeschwür
yoğunbakım	Intensivstation

12

Lektion 12: Galata Kulesi'ne Nasıl Gideceğim ?

Grammatik:

1. Das Futur
2. Futur der Hilfsverben
3. Wortbildungsfunktion der Futurendung („-ecek")
4. Wichtige Ortsadverbien
5. Funktionswörter: bile (hatta), hem ... hem (sowohl als auch), ne ... ne (weder noch), ya ... ya (entweder oder)
6. Das Hilfsverb ‚olmak'

Sprechsituationen:

1. Zoll
2. Stadtverkehr und -besichtigung
3. Autopanne
4. Restaurant

Aufbauwortschatz:

1. Stadtverkehr und -besichtigung
2. Auto

Zusatzmaterial:

1. Stadtplan von Istanbul
2. Speisekarte eines türkischen Restaurants
3. Fahrschein der Istanbuler Verkehrsgesellschaft
4. Eintrittskarte fürs Museum

12 A

S 1

Mehmet yazın ne yapacak ?
Türkiye'ye gidecek.
Sen de yazın Türkiye'ye gidecek misin ?
Hayır, ben Türkiye'ye gitmeyeceğim. Benim tatilim yok. Ben burada kalacağım ve çalışacağım. Ya sen ?
Ben bir ay çalışacağım, sonra izne gideceğim.
İznini nerede geçireceksin ?
Henüz bilmiyorum, düşüneceğim.

S 2

Öğrenciler yaza kadar Türkçe öğrenecek. Yazın Türkiye'ye gidecekler. İki hafta İstanbul'da kalacaklar, sonra otobüsle İzmir'e gidecekler. Efes'i ve Pamukkale'yi görecekler. Belki Bodrum'a da gidecekler. Eylülde uçakla Almanya'ya dönecekler. Almanya'daki Türk arkadaşlarla artık hep Türkçe konuşacaklar.

S 3

a) Yarın akşam bana uğrayacak mısın ?
Hayır, yarın saat beşe kadar dersim olacak, çok yorgun olacağım.

b) Bana bir Türkçe kitabı lazım olacak.
Neden ? Türkçe kitabını ne yapacaksın ?
Yakında Türkçe öğreneceğim.

c) Evde yiyecek bir şey var mı ?
Evet, evde yiyecek ve içecek şeyler var.
Sende yazacak bir şey var mı ?
Al, burada bir tükenmez ve bir dolmakalem var.

T/D

Mehmet Karataş Karslı bir işçi. On dört yıldan beri Almanya'da yaşıyor. Her yıl iznini Kars'ta geçiriyor ama, bu yıl önce birkaç hafta İstanbul'da kalacak, sonra Kars'a gidecek. Mehmet Kars'taki akrabaları için hediyelik eşyalar aldı, bavulunu hazırladı ve yola çıktı. Arabasıyla Türkiye'ye gitti ve Kapıkule'de sınırda ve gümrükte yedi saat bekledi.

gümrük memuru: Pasaportunuzu gösterin.
Mehmet: Buyurun, işte pasaportum.
gümrük memuru: Gümrüğe tabi eşyanız var mı ?
Mehmet: Yok, efendim.
gümrük memuru: Açın şu bavulu.
Mehmet: Peki, efendim.
gümrü memuru: Kaç tane video kasetiniz var ?
Mehmet: Üç tane, efendim.
gümrük memuru: Başka teknik eşya var mı ?
Mehmet: Yok, efendim.
gümrük memuru: Şunlar ne ?
Mehmet: Onlar akrabalar için ufak tefek hediyelik eşyalar.
gümrük memuru: Şu gümrük beyannamesini doldurun ve geçin.
Mehmet: Tamam, efendim. Sağ olun.

D 1

Mehmet Karataş İstanbul'da:
„Galata Kulesi'ne nasıl gideceğim?"

Mehmet Sultanahmet'te bir otelde kalıyor. Bu sabah Galata Kulesi'ne gitmek istiyor. Yolda bir adama soruyor:

Mehmet: Galata Kulesi'ne nasıl gideceğim. Bana şehir planında gösterin, lütfen. Buraya çok uzak mı ?

adam: Evet, oldukça uzak. Karaköy'e kadar otobüsle gideceksiniz.

Mehmet: Yakında otobüs durağı var mı ?

adam: Evet, otobüs durağı karşıda sağda. 21 numaralı otobüse bineceksiniz, Galata Köprüsü'nden sonra Karaköy'de ineceksiniz.

Mehmet: Aktarma yapacak mıyım ?

adam: Galata Kulesi Karaköy Meydanı'na yakın. Karaköy Meydanı'nda ineceksiniz, aşağı yukarı yüz metre dosdoğru gideceksiniz ve kavşaktan sola sapacaksınız. Oradan tünele bineceksiniz. Ama en iyisi dolmuşla veya taksiyle gidin. Size bir taksi çağırayım. Hey taksi, boş musunuz ?

Mehmet: Bir dakika, arkadaş, ben taksi istemiyorum. Otobüsle gideceğim.

D 2

Mehmet Otobüste
(kişiler: Mehmet, yolcu, şoför)

Mehmet: Bir gidiş dönüş bilet, lütfen.
şoför: Biz bilet satmıyoruz, bileti dışarda büyük gişelerden alacaksınız.
Mehmet: Eyvah, ben şimdi ne yapayım ? Biletim yok.
yolcu: Ben de fazla bir bilet var, size vereyim.
Mehmet: Çok teşekkür ederim.
şoför: Evet, bayanlar, baylar, ilerleyelim lütfen. Gelecek durak Eminönü, inecek var mı ?
Mehmet: Affedersiniz, burası boş mu ?
yolcu: Boş, görmüyor musunuz ?
Mehmet: Karaköy'den geçiyor, değil mi ? Karaköy'e kadar kaç durak var ?
yolcu: Yalnız bir durak. Turist misiniz ?
Mehmet: Buranın yabancısıyım, Almanya'dan geliyorum.
yolcu: Almanya'da mı yaşıyorsunuz ? Çok güzel.
Mehmet: Affedersiniz, yakında yemek yiyecek bir yer var mı ?
yolcu: Karaköy Meydanı'nda çok büfe var, oralarda tost, sandviç, ayran, her şey var. Karaköy'e geldik. Ben de burada iniyorum. Nereye gitmek istiyorsunuz ?
Mehmet: Galata Kulesi'ne. İstanbul'da gezecek başka nereler var ?
yolcu: İstanbul'da gezecek çok yer var, örneğin Topkapı Sarayı, Arkeoloji Müzesi, Gülhane Parkı, Resim ve Heykel Müzesi, ...

D 3

Mehmet Karataş İstanbul'da eski bir arkadaşı Nuri'ye rastlıyor.

Nuri: Vay, Mehmetçiğim, sen buralarda ne yapıyorsun yahu ?

Mehmet: İznimi bu yaz İstanbul'da geçiriyorum. İstanbul çok güzel ve çok büyük bir şehir. Yalnız trafiği çok karışık.

Nuri: Nasılsın, ne var ne yok ?

Mehmet: Sorma, başım dertte. Arabam bozuldu.

Nuri: Arabanın neresi bozuldu ?

Mehmet: Ufak bir kaza yaptım. Bir kamyonla çarpıştım. Tampon ve çamurluk bozuldu, farlar kırıldı.

Nuri: Geçmiş olsun, Mehmetçiğim. Sen mi suçluydun ?

Mehmet: Hayır, kamyon şoförü suçluydu. Karakola gittik. Polis benim de ehliyetimi aldı, onun için hep otobüsle geziyorum.

Nuri: Sigortan yok mu ?

Mehmet: Var ama, Almanya'da.

Nuri: Boş ver, canım, üzülme. Gel, Hacıbaba Lokantası'na gidelim ve iyi bir yemek yiyelim.

D 4

Mehmet ile Nuri lokantaya gidiyor
(kişiler: Mehmet, Nuri, garson)

M.: Çok acıktım.

N.: Ben de çok acıktım ve susadım. Garson nerede yahu ?

M.: Garsoon !

G.: Buyurun, efendim.

N.: Yemek listesi nerede ?
G.: İşte burada.
M.: Bugün ne tavsiye edersiniz ?
G.: Balık bugün çok taze.
M.: Ama ben balık sevmiyorum. Döner kebap yok mu ?
G.: Döner kebap bugün maalesef kalmadı. Ama çok iyi karışık ızgara, Adana kebabı, İskender kebabı ve Urfa kebabı var.
N.: Çorbalardan ne var ?
G.: Sebze çorbası, mercimek çorbası, tarhana çorbası ...
M.: Zeytinyağlılardan ne var ?
G.: Patlıcan kızartması, imambayıldı, pilaki, beyin salatası ...
N.: Ne yiyeceksin, Mehmetçiğim ?
M.: Önce bir tarhana çorbası içeyim, sonra da bir porsiyon Adana kebabı ve bir karışık salata istiyorum. Ya sen Nuriciğim ?
N.: Ben hem imambayıldı hem karışık ızgara yiyeceğim.
G.: Peki, efendim. İçeceklerden ne getireyim ?
M.: Rakı, tabii. Küçük bir şişe rakı ve iki kadeh getirin.
G.: Baş üstüne, efendim. Tatlı istiyor musunuz ?
N.: Bana baklava getirin.
M.: Ben tatlı istemiyorum, kahve içeceğim. Orta şekerli olsun.
G.: Peki, efendim.
...
M.: Sende ateş var mı, Nuri?
N.: Ben artık sigara kullanmıyorum. Sigara bana dokunuyor.
M.: Garson, bana kibrit de getirin, lütfen.
G.: Buyurun, efendim, kibrit, bir küçük şişe rakı, Adana kebabı ve karışık ızgara, bir de çoban salatası.
N.: Sağ olun. Afiyet olsun, Mehmet.
M.: Sana da, Nuriciğim, ve şerefe !
...
N.: Garson, ödemek istiyoruz, hesabı lütfen !
G.: İşte hesap, efendim. Hepsi 3255 Lira ediyor.
N.: Buyurun, 3500 Lira. Üstü kalsın.
G.: Teşekkürler, efendim. Gene buyurun.

Rätsel (bilmece)

Hanım içerde, saçı dışarda.

Karikaturen (karikatürler)

1.

— ESKİ HATALARI TEKRARLAMAYACAĞIZ.

— YENİ HATALAR YAPACAĞIZ...

(aus: Milliyet)

2.

Lied

M. SUN

GEL BİZE KATIL BİZE

Stadtplan von Istanbul

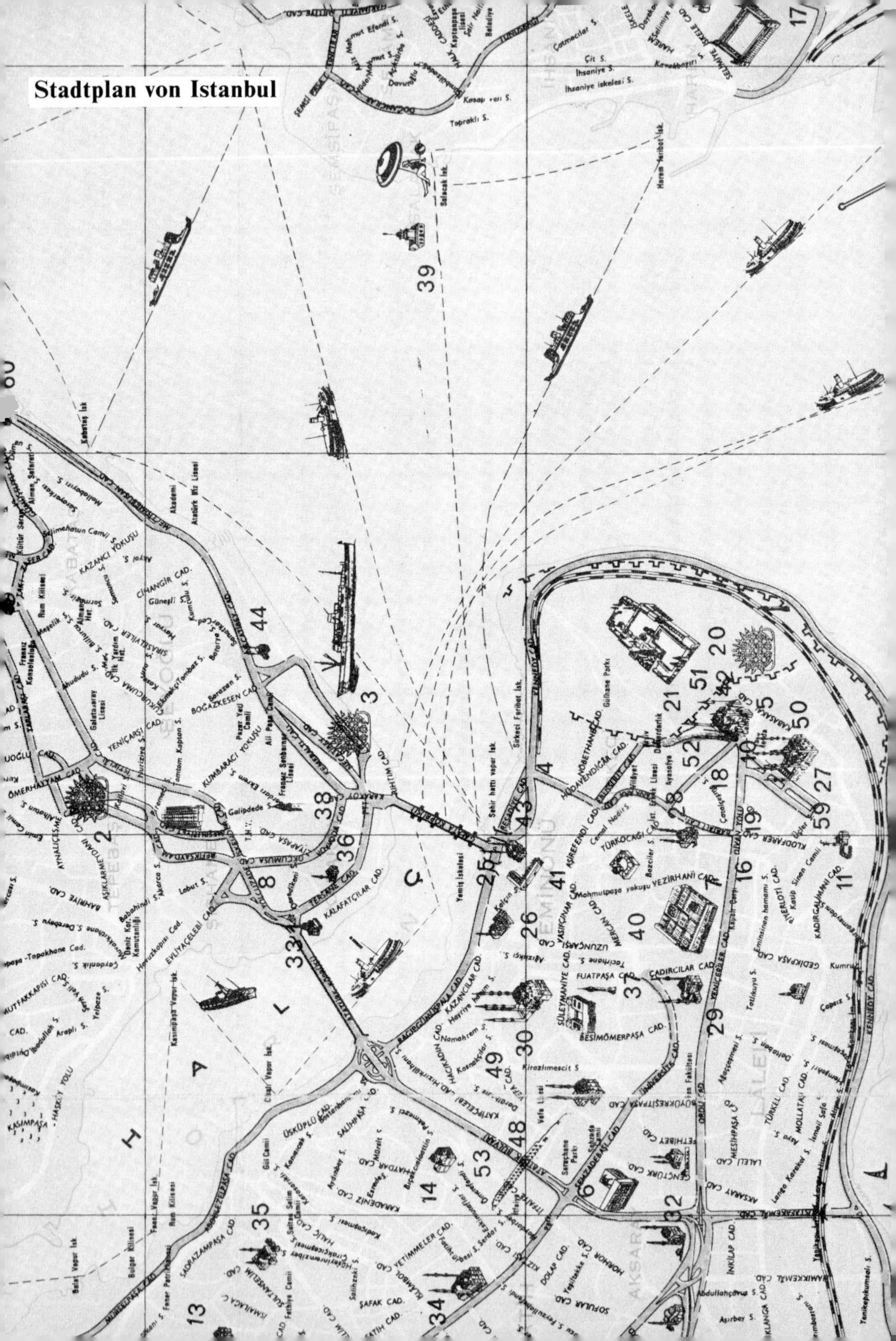

Speisekarte eines türkischen Restaurants

Warme Vorspeisen (Eierspeisen)

Omelette	TL	350
Omelette mit Käse	TL	450
Omelette mit Champignons	TL	450

Türkische Pizza

Kıymalı Pide	Hackfleischpizza	TL	600
Peynirli Pide	Käsepizza	TL	700

HAUPTSPEISEN

Adana Kebap	Hackfleischspieße m. Tomaten u. Zwiebel	TL	950
Adana Yoğurtlu	Hackfleischspieße m. Knoblauchjoghurt	TL	1000
Taskebabı	Gulasch Türkischer Art mit Reis u. Salat	TL	950
Patlıcan Kebap	Gulasch auf gebratenen Auberginen mit Reis und Salat	TL	1100
Köfte	Grill-Hacksteaks m. Reis u. Salat	TL	1100
Döner Kebap	Spindelgrill mit Fladenbrot und Salat	TL	1200
İskender Kebap	Spindelgrill auf Knoblauchjoghurt mit Tomatensauce und Fladenbrot	TL	1250
Pirzola	Lammkotelette mit Reis und Salat	TL	1300
Adana- Şiş Karışık	Gemischtes Hack und Würfellammfleischspieß mit Reis u. Salat	TL	1350
Şiş Kebap	Würfellammspieß mit Reis u. Salat	TL	1400
Karışık Izgara	Grillteller mit Reis u. Salat	TL	1300
Şiş Kebap Yoğurtlu	Würfellammspieß auf Knoblauchjoghurt mit Brot und Grilltomaten	TL	1450
Istanbul Platte für 2 Personen	Gemischte Fleischarten gegrillt, mit Reis und Salat	TL	2150

AFIYET OLSUN ...

Fahrschein der Istanbuler Verkehrsgesellschaft

Erklärung:
İ.E.T.T. ist Abkürzung für ‚Istanbul-Elektrik-Tramvay-Tünel', Bezeichnung für Istanbuler Verkehrsgesellschaft und Stadtwerke

Türkische Republik Kultur- und Fremdenverkehrsministerium Museum-Eintrittskarte

12 B

Ü 1 Bugün Galata Kulesi'ni geziyorum: Yarın Galata Kulesi'ni gezeceğim.

1. Bugün rakı içiyoruz.
2. Nuri bugün karışık ızgara yiyor.
3. Çocuklar bugün televizyon seyrediyor.
4. Bugün İstanbul'daki akrabaları ziyaret ediyorsun.
5. Mehmet bugün Sultanahmet'te bir otelde kalıyor.
6. Bugün Sinan'ın partisinde dans ediyorsunuz.
7. Bugün Sieglinde Yabancı Diller Yüksek Okulu'nda Türkçe öğreniyor.
8. Bugün Ahmet Uludağ'da kayak kayıyor.

Ü 2 (ben)-dün-kitap okumak / bugün-büro-bitmek / yarın-sinema-gitmek:

Dün kitap okudum, bugün büroya gidiyorum, yarın sinemaya gideceğim.

1. (sen)-dün-ütü yapmak / bugün-saz çalmak / yarın-akrabalar-ziyaret etmek
2. (biz)-dün-üniversite-gitmek / bugün-gazete okumak / yarın-top oynamak
3. Necla-dün-mektup yazmak / bugün-postane-gitmek / yarın-ev-telefon etmek
4. Mehmet-dün-kaza yapmak / bugün-karakol-gitmek / yarın-ehliyet-kaybetmek

Ü 3 **(sen)-mektup-yazmak: Mektubu ne zaman yazacaksın ?**
Yazdım bile. (Çoktan yazdım.)

1. (siz)-rakı içmek
2. çocuklar-top oynamak
3. Peter-Türkçe öğrenmek
4. Mehmet-İstanbul-gitmek
5. Ünal-saz çalmak

Ü 4 **film-başlamak: Film başladı mı? / Hayır ama, şimdi başlayacak.**

1. (siz)-televizyon seyretmek
2. İsmail-saz çalmak
3. Nurhan-mektup yazmak
4. baba-gazete okumak
5. Selma-ütü yapmak
6. Monika-Türk kahvesi pişirmek
7. Mehmet-Arkeoloji Müzesi-gezmek
8. Ruth-Sinan için-hediye almak

Ü 5 **(sen)-yazın-Türkiye-gitmek / evet-hayır: Yazın Türkiye'ye gidecek misin? / Evet, gideceğim. / Hayır, gitmeyeceğim.**

1. Norbert-gelecek yıl-Türkçe öğrenmek / evet-hayır
2. (biz)-yarın-sinema-gitmek / evet-hayır
3. Mehmet-izin-İstanbul-geçirmek
4. (siz)-cumartesi günü-Uludağ-çıkmak
5. Mehmet-yarın-Topkapı Sarayı-gezmek
6. öğrenciler-yarın-Gülhane Parkı-gitmek
7. (sen)-İstanbul-teyzen-ziyaret etmek
8. Nuri Bey-yarın akşam-döner kebap yemek

Ü 6 **Türkçe'ye tercüme edin !**

1. Mehmet wird heute abend sehr müde sein.
2. Er wird morgen einen neuen Führerschein haben.
3. Wir werden ein neues Auto haben.
4. Ihr lernt Türkisch, ihr werdet ein Türkischbuch brauchen.

Ü 7 **Bilden Sie Fragesätze zu den Aussagesätzen!**

Al, burada ekmek ve peynir var: Yiyecek bir şey var mı ?

1. Al, burada bir kazak ve bir pantalon var.
2. Al, burada bir dolmakalem var.
3. Al, burada bir kâğıt var.
4. Al, burada bir kitap ve bir gazete var.
5. Bu akşam televizyonda iki tane güzel film var.
6. Al, burada bir saz ve bir gitar var.

Ü 8 a) hem ... hem (de)

Tülin Hanım / et-sebze / pişirmek
Tülin Hanım hem eti hem (de) sebzeyi pişirecek.

1. Peter / saraylar-müzeler / gezmek
2. Nuri / saz-gitar / çalmak
3. (ben) / kitap-dergi / okumak
4. Michael / bira-rakı / içmek
5. Selma / pasta-çörek / yemek

b) ne ... ne (de)

Tülin Hanım / et-sebze / pişirmek:
Tülin Hanım ne eti ne (de) sebzeyi pişirecek.

1. Peter ...
2. Nuri ...
3. (ben) ...
4. Michael ...
5. Selma ...

c) ya ... ya (da)

Tülin Hanım / et-sebze / pişirmek:
Tülin Hanım ya eti ya (da) sebzeyi pişirecek.

1. Peter ...
2. Nuri ...
3. (ben) ...
4. Michael ...
5. Selma ...

Ü 9 Soruları cevaplandırın !

1. Mehmet Karataş kim ?
2. Mehmet'in gümrüğe tabi eşyası var mı ?
3. Mehmet'in bavulunda teknik eşyalar var mı ?
4. Mehmet İstanbul'da nerede kalıyor ?
5. Mehmet Galata Kulesi'ne nasıl gidecek ?
6. Karaköy Meydanı'nda yemek yiyecek yerler var mı ?
7. İstanbul'da gezecek nereleri tanıyorsunuz ?
8. Mehmet'in neden başı dertte ?
9. Mehmet ve Nuri lokantada ne yiyorlar ?
10. Hangi Türk yemeklerini tanıyorsunuz ?

S/Ü Spielen Sie mit Ihrem Lernpartner einen Dialog und benutzen Sie die Alternativantworten. Erweitern Sie ihre Antwortsätze mit Ihrem eigenen Wortschatz. Schreiben Sie dann Ihre Sätze und zeigen Sie sie Ihrem Lehrer!

Yarın ne yapacaksın ?
→ Arkeoloji Müzesi'ni gezeceğim.
→ Türk Lokantası'nda imambayıldı yiyeceğim.
→ Uludağ'a çıkacağım.

B/Ü 1 Erzählen Sie bitte, was diese Personen morgen tun werden!

B/Ü 2 Ali hazine arıyor. Ona yolu tarif edin!

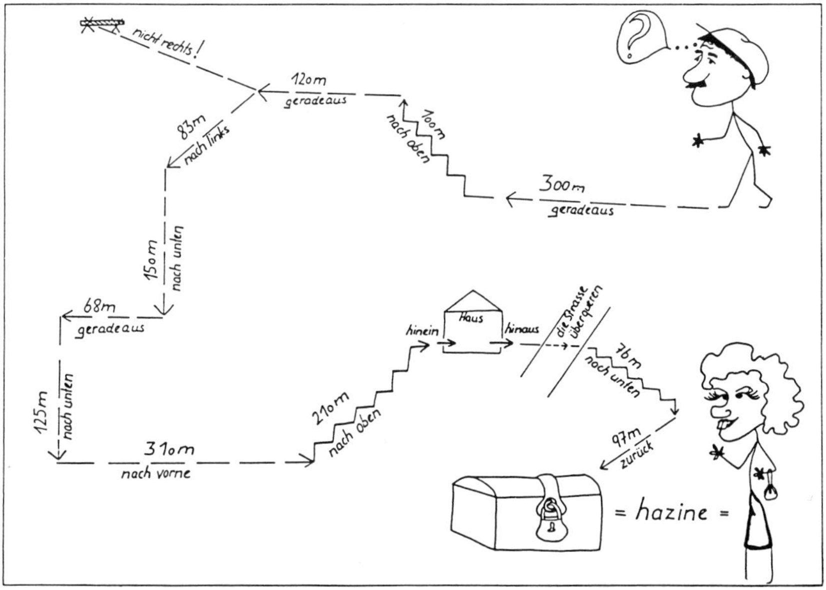

B/Ü 3 Studieren Sie den Stadtplan von Istanbul genau und den Ausschnitt unten. Sie stehen auf der Galata-Brücke und möchten zum Ägyptischen Basar, zur Yeni Cami, zum Hauptbahnhof, zum Hafen, zum Galataturm ... und fragen einen Passanten. Spielen Sie mit Ihrem Lernpartner einen Dialog, tauschen Sie dann die Rollen!

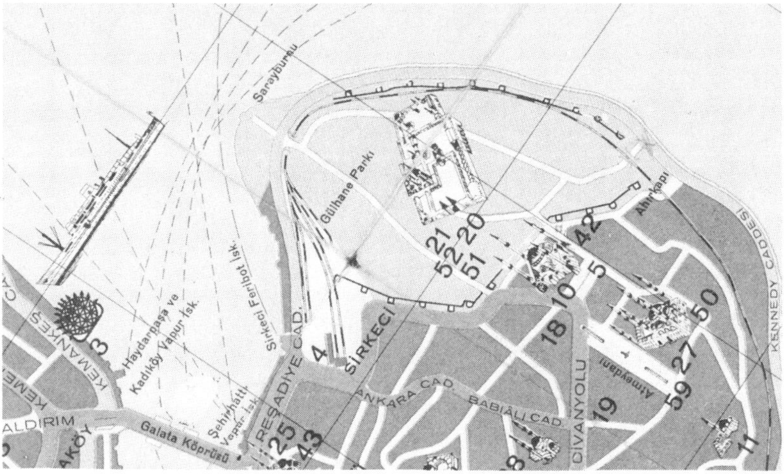

B/Ü 4 Sie sind am Türkischen Zoll in Kapıkule, Ihr Lernpartner ist der Zollbeamte. Spielen Sie den Dialog!

B/Ü 5 **Sie haben eine Autopanne gehabt und sind nun bei einer Autowerkstatt. Erzählen Sie bitte dem Automechaniker, was alles an Ihrem Auto kaputt ist, indem Sie die Wörter von W 3b benutzen!**

B/Ü 6 **Sie sind in einem türkischen Restaurant, der Kellner steht schon vor Ihnen. Studieren Sie die Speisekarte (Seite 293) genau und spielen Sie mit Ihrem Lernpartner einen Dialog!**

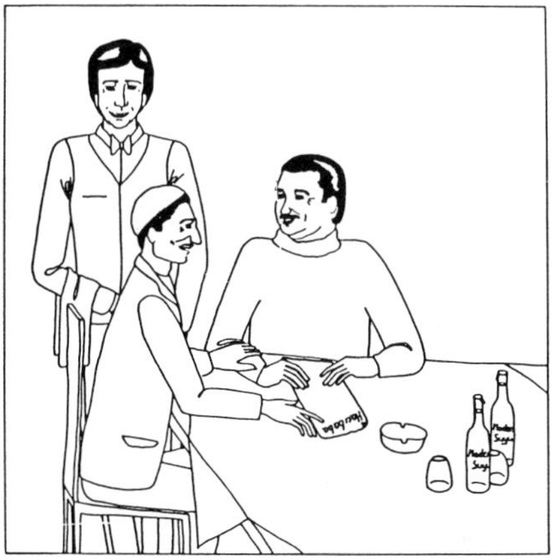

12 c

1. Das Futur (Gelecek Zaman)

Die Futurendung ist ‚-ecek', sie unterliegt der kleinen Vokalharmonie (Variante ‚-acak') und wird zwischen Verbstamm und Personalendung eingeschoben. Vor vokalisch anlautenden Personalendungen wird das ‚k' am Futursuffix weich:

gelmek:

gel-eceğ-im (ich werde kommen)
gel-ecek-sin (du wirst kommen)
gel-ecek (er/sie wird kommen)
gel-eceğ-iz (wir werden kommen)
gel-ecek-siniz (ihr werdet/Sie werden kommen)
gel-ecek-ler (sie werden kommen)

almak:

al-acağ-ım (ich werde kaufen)
al-acak-sın (du wirst kaufen)
al-acak (er/sie wird kaufen)
al-acağ-ız (wir werden kaufen)
al-acak-sınız (ihr werdet/Sie werden kaufen)
al-acak-lar (sie werden kaufen)

Bei vokalischem Auslaut am Verbstamm wird ein ‚y' als Füllkonsonant eingeschoben:

oku-*y*-acağ-ım, ağla-*y*-acak-sın usw.

Bei den Verben ‚gitmek', ‚etmek' (und den Kombinationen mit ‚etmek') und ‚tatmak' wird das ‚t' am Verbstamm weich:

gi*d*-eceğ-im, gi*d*-ecek-sin usw.

Aufgabe: Lesen Sie den Text S 2 und versuchen Sie ihn mit Hilfe der Grammatik und der ‚Wörterkiste' zu verstehen. Lesen Sie ihn mehrmals und erzählen Sie ihn Ihrem Lernpartner nach! Machen Sie die Übungen 1, 2, 3 und 4, S/Ü und B/Ü 1!

In der Frageform wird das Fragewörtchen zwischen Futur- und Personalendung eineschoben, aber in der 3. Person im Plural nachgestellt:

gel-ecek miyim?
gel-ecek misin? usw., aber: gel-ecek-ler mi?

In der Verneinung wird die Futurendung dem durch die Verneinungspartikel ‚-me/-ma' negativisierten Verbstamm angehängt:

gel-me-y-eceğ-im (ich werde nicht kommen)
gel-me-y-ecek-sin (du wirst nicht kommen), usw.

Verneinende Frage:

gel-me-y-ecek miyim? (werde ich nicht kommen?)
gel-me-y-ecek misin? (wirst du nicht kommen), usw., aber:
gel-me-y-ecek-ler mi? (werden sie nicht kommen).

Aufgabe: Spielen Sie mit Ihrem Lernpartner den Dialog S 1, auch auf Deutsch! Machen Sie Übung 5. Versuchen Sie die Karikaturen zu verstehen!

2. Futur der Hilfsverben

Das Futur der Hilfsverben wird mit der Futurform des Hilfsverbs ‚olmak' gebildet, z. B.:

yorgun ol-acağ-ım: ich werde müde sein;
evde ol-acak-sın: du wirst zu Hause sein;
büroda ol-acak: er (sie) wird im Büro sein;
yorgun ol-acağ-ız: wir werden müde sein;
evde ol-acak-sınız: ihr werdet / Sie werden zu Hause sein;
büroda ol-acak-lar: sie werden im Büro sein.

Frageform:

yorgun ol-acak mı-y-ım? (werde ich müde sein?)
evde ol-acak mı-sın? (wirst du zu Hause sein?) usw.

Verneinung:

yorgun ol-ma-y-acağ-ım: ich werde nicht müde sein
evde ol-ma-y-acak-sın: du wirst nicht zu Hause sein, usw.

Verneinende Frage:

yorgun ol-ma-y-acak mıyım? (werde ich nicht müde sein?)
evde ol-ma-y-acak mısın? (wirst du nicht zu Hause sein?), usw.

Auch das Futur von ‚es gibt' wird mit dem Hilfsverb ‚olmak' im Futur ausgedrückt:

Yarın kar olacak: Morgen wird es Schnee geben.
Yarın kar olacak mı? Wird es morgen Schnee geben?
Yarın kar olmayacak: Morgen wird es keinen Schnee geben.
Yarın kar olmayacak mı? Wird es morgen keinen Schnee geben?

Da das Hilfsverb ‚haben' auch mit ‚es gibt' wiedergegeben wird, können Sie die Futurform von Besitzverhältnissen genauso ausdrücken, wobei dem Bezugswort die Possessivendung angefügt werden muß:

ev-im olacak: ich werde ein Haus haben (wörtl.: es wird mein Haus geben),
araba-n olacak: du wirst ein Auto haben,
çanta-sı olacak: er wird eine Tasche haben, usw.

Auch bei der Wiedergabe von ‚brauchen' gebrauchen Sie das Hilfsverb ‚olmak' im Futur:

Bana kitap lazım olacak: ich werde ein Buch brauchen (wörtl.: mir wird ein Buch nötig sein), oder:
kitaba ihtiyacım olacak: ich werde ein Buch brauchen (wörtl.: mein Bedarf nach einem Buch wird sein),
sana kalem lazım olacak (oder: kaleme ihtiyacın olacak),
ona araba lazım olacak (oder: arabaya ihtiyacı olacak), usw.

Aufgabe: Spielen Sie mit Ihrem Lernpartner die Dialoge S 3a–b, machen Sie Übung 6!

Das Verb ‚yapmak' (machen) in S 3b, das in diesem Zusammenhang im Deutschen mit dem Verhältniswort ‚mit' gebraucht wird, wird im Türkischen mit Akkusativ verwendet:
Türkçe kitabın*ı* ne yapacaksın: Was wirst du mit einem Türkischbuch machen?

3. Wortbildungsfunktion der Futurendung

a) Die Futurendung dient auch als Wortbildungsendung: Sie kennen bereits einige Wörter, die mit der Futurendung abgeleitet sind, z. B. ‚giyecek' (aus giymek: anziehen): Kleidungsstück(e), ‚yiyecek' (aus yemek: essen): Lebensmittel. In dieser Lektion lernen Sie auch ‚içecek' (aus içmek: trinken): Getränk.

b) In D 2 fragt der Fahrer ‚in*ecek* var mı?'. Die Futurendung hier ersetzt das Pronomen ‚jemand' und hat zugleich eine Relativfunktion: Ist hier jemand, der aussteigen wird?
Lernen Sie diese Form vorläufig als feststehenden Ausdruck, den man im türkischen Stadtverkehr sehr oft hört.

c) In S 3c begegnen Sie der Form ‚... -ecek bir şey var mı?': Gibt es (hier) etwas zum ..., z. B.:
Yaz-acak bir şey var mı? Gibt es (oder hast du, haben Sie) etwas zum Schreiben?, oder:
Yiyecek bir şey var mı? Gibt es was zum Essen?, oder:
Bunda gülecek bir şey yok: Hier gibt's nichts zum Lachen, usw.

Aufgabe: Spielen Sie mit Ihrem Lernpartner den Dialog S 3c. Machen Sie Übung 7!

4. Den Weg erfragen und beschreiben; wichtige Ortsadverbien

Die wichtigen Formen und Ausdrücke hierfür finden Sie in D 1, D 2 und in der ‚Wörterkiste'. Lernen Sie sie und verwenden Sie sie. Merken Sie sich folgende Formen:

* Wenn Sie einen Weg erfragen, fragen Sie am einfachsten mit ‚nerede':

Affedersiniz, en yakın eczane nerede?
Affedersiniz, en yakın istasyon nerede?
Affedersiniz, en yakın postane nerede, usw.

Oder wie Mehmet Karataş mit Futur oder mit der Möglichkeitsform (vgl. Lektion 14):

İstasyona nasıl gideceğim? }
İstasyona nasıl gidebilirim? } Wie komme ich zum Bahnhof?

Ihre Frage können Sie mit der Bitte ergänzen:

Bana yolu gösterin (oder tarif edin), lütfen:
Zeigen Sie (oder beschreiben Sie) mir bitte den Weg.

* yakın (nah) – uzak (weit) mit Dativ:

Buray*a* çok uzak mı? Ist es sehr weit von hier?
Galata Kulesi Karaköy Meydanı'n*a* yakın: Der Galata-Turm ist nah beim Karaköy-Platz (ist in der Nähe vom Karaköy-Platz).

Neben Dativ kann aber ‚uzak' auch mit Ablativ gebraucht werden:

Postane istasyon*a* (oder istasyon*dan*) uzak mı?
Hayır, postane istasyon*a* çok yakın.

Die Frage ‚wie weit ist es zum ...' stellen Sie mit ‚... ne kadar uzak?' ohne Endung am Bezugswort: İstasyon (buradan) ne kadar uzak? Wie weit ist es (von hier) zum Bahnhof?

* das Verb ‚geçmek'

Das Verb ‚geçmek' (gehen, fahren durch, über, an ... vorbei) verlangt den Ablativ:

Otobüs Karaköy'*den* geçiyor, değil mi?
Der Bus fährt durch (über, an) Karaköy (vorbei), nicht wahr?

Beim Erfragen und Beschreiben eines Weges brauchen Sie Ortsadverbien, die wichtigsten finden Sie unten:

aşağı: unter- (Adjektiv)
aşağı (oder aşağıya): nach unten, hinunter, herunter
(Ableitung: aşağı inmek: nach unten, hinunter-, heruntergehen)
aşağıda: unten
aşağıdan: von unten
aşağıdaki: unten (befindlich)
aşağıki: unter- (Adjektiv)
aşağısı: unten (ist es ..., z. B.: aşağısı karanlık: unten ist es dunkel)

doğru, dosdoğru, düz, dümdüz: geradeaus
(Ableitung: doğrudan doğruya: direkt)
dışarı (oder dışarıya): hinaus, heraus
(Ableitung: dışarı(ya) çıkmak: hinaus-, herausgehen, ausgehen; mit einem Bezugswort mit Ablativ: ev*den* dışarı: aus dem Haus heraus)

dışarıda: draußen
dışarıdan: von draußen
dışarıdaki (oder dışarıki): draußen (befindlich) (Adjektiv)
dışarısı: draußen (ist es ..., z. B.: dışarısı soğuk)

geri (oder geriye): zurück, rückwärts, nach hinten
geride: hinten
geriden: von hinten
gerideki: hinten (befindlich) hinter- (Adjektiv)

içeri (oder içeriye): hinein, herein
(Ableitung: içeri girmek: hineingehen, hereinkommen; mit einem Bezugswort mit Ablativ: ev*den* içeri: in das Haus hinein, herein)
içeride: drinnen
içeriden: von drinnen
içerideki: drinnen (befindlich) (Adjektiv)
içerisi: drinnen (ist es ..., z. B.: içerisi sıcak)
ileri (oder ileriye): nach vorne, weiter vor, vorwärts

ileride: (da) vorne (auch temporal: in Zukunft)
ileriden: von vorne
ilerideki: vorne (befindlich) (auch temporal: künftig) (Adjektiv)

karşı: gegenüberliegende Seite
karşıda: gegenüber, auf der anderen Seite, vis-a-vis, drüben
karşıdan: von der anderen Seite, von drüben
karşıya: auf die andere Seite, nach drüben
karşı, karşıdaki, karşıki: auf der anderen Seite (befindlich) (Adjektiv)
karşısı: auf der anderen Seite (ist es ...)
(Ableitung: karşıdan karşıya geçmek: die Straße überqueren; karşıya geçmek: überqueren; Bezeichnung speziell für Istanbul: auf die europäische bzw. asiatische Seite der Stadt rüberfahren)

sağ: recht- (Adjektiv)
sağa: nach rechts
sağda: rechts
sağdan: von rechts
sağdaki: auf der rechten Seite (befindlich) (Adjektiv)
sol: link- (Adjektiv)
sola: nach links
solda: links
soldan: von links
soldaki: auf der linken Seite (befindlich) (Adjektiv)

taraf: Seite, Gegend, Richtung
bu tarafa: hierher
bu tarafta: hier, auf dieser Seite
bu taraftan: von hier, von dieser Seite
bu taraftaki: hier, auf dieser Seite (befindlich) (Adjektiv)
(entsprechende Ableitungen auch mit ‚şu' und ‚o')
karşı taraf: die andere Seite (auch: Gegenpartei, Gegner)
karşı tarafa: s. karşıya
karşı tarafta: s. karşıda
karşı taraftan: s. karşıdan
karşı taraftaki: s. karşıki

sağ (sol) taraf: die rechte (linke) Seite
sağ (sol) tarafa: s. sağa (sola)
sağ (sol) tarafta: s. sağda (solda)
sağ (sol) taraftan: s. sağdan (soldan)
sağ (sol) taraftaki: s. sağdaki (soldaki)

yukarı: ober- (Adjektiv)
yukarı (oder: yukarıya): nach oben, hinauf, herauf
(Ableitung: yukarı çıkmak: nach oben, hinauf-, heraufgehen)
yukarıda: oben
yukarıdan: von oben
yukarıdaki, yukarıki: oben (befindlich) (Adjektiv)
yukarısı: oben (ist es ..., z. B.: yukarısı aydınlık: oben ist es hell)

Bei den Ortsadverbien ‚dışarı-', ‚içeri-' und ‚yukarı-' kann der letzte Vokal am Grundwort wegfallen, wenn Lokativ- oder Ablativendung angehängt wird, also:

dışar*ı*, aber auch dışarda(n),
içer*i*, aber auch içerde(n),
yukar*ı*, aber auch yukarda(n).

Wie ‚dışarı' und ‚içeri' werden auch ‚aşağı' und ‚yukarı' mit einem Bezugswort mit Ablativ verwendet:

dağ*dan* aşağı: den Berg hinunter (herunter),
merdiven*den* yukarı: die Treppe rauf usw.

Aufgabe: Spielen Sie mit Ihrem Lernpartner die Dialoge D 1 und D 2. Machen Sie die B/Ü 2 und B/Ü 3. Haben Sie die Lösung des Rätsels gefunden? Wenn nicht, schauen Sie im Schlüssel nach!

5. Funktionswörter

Noch einmal zu ‚bile‘ (hatta)

In Ü 3 begegnen Sie wieder dem Funktionswort ‚bile‘:

Mektubu ne zaman yazacaksın? – Yazdım bile.
Wann wirst du den Brief schreiben? (Ich habe ihn) schon geschrieben.

Sie kennen bereits, daß ‚bile‘ auch ‚selbst, sogar‘ bedeutet (vgl. Lektion 10). Lernen Sie nun dazu, daß dieses Wörtchen bei Verneinung ‚nicht einmal‘ heißt, z. B.:

Erol bile bu yaz tatile gitmiyor.
Nicht einmal Erol fährt diesen Sommer in Urlaub.

Das Wörtchen ‚bile‘ kann zur Betonung mit dem Funktionswort ‚hatta‘ zusammen gebraucht werden, wobei das Bezugswort in der Mitte steht:

Hatta profesör bile Sinan'ın partisine geldi.
Sogar der Professor ist zu Sinans Party gekommen.

Hatta Erol bile bu yaz tatile gitmiyor.
Nicht einmal Erol fährt diesen Sommer in Urlaub.

hem … hem (de): sowohl als auch

In D 4 sagt Nuri, der sehr hungrig ist:

„*Hem* imambayıldı *hem* karışık ızgara yiyeceğim."
Ich werde *sowohl* Imambayıldı *als auch* gemischte Grillplatte essen.

Das zweite ‚hem‘ kann auch mit der Partikel ‚de‘ (auch) erweitert werden: Tülin Hanım hem eti hem de sebzeyi pişirecek.

ne … ne (de): weder noch

Auch ‚ne … ne‘ wird mit oder ohne ‚de‘ gebraucht.
Bei ‚ne … ne‘ kann auch das Verb verneint werden (doppelte Verneinung):

Tülin Hanım ne eti ne (de) sebzeyi pişir(mey)ecek:
Frau Tülin wird weder das Fleisch noch das Gemüse kochen.

ya ... ya (da): entweder oder

Ebenso wird ‚ya ... ya' mit oder ohne ‚da' verwendet:

Tülin Hanım ya eti ya (da) sebzeyi pişirecek:
Frau Tülin wird entweder das Fleisch oder das Gemüse kochen.

Aufgabe: Machen Sie Übung 8!

Merken Sie:

* ‚hem ... hem' kann mit dem Synonym ‚gerek ... gerek' getauscht werden:
  Nuri gerek imambayıldıyı gerek karışık ızgarayı hemen yedi.
  Nuri aß sofort sowohl das Imambayıldı als auch die gemischte Grillplatte.

Wenn ‚hem' allein steht, ist es ein Füllwort mit verschiedenen Bedeutungen wie ‚und, außerdem, schon, jedoch, ja sogar'.

Lernen Sie auch die Wendung ‚hem de nasıl': und wie, z. B.:

– Baklava seviyor musun? (Magst du Baklava?)
– Hem de nasıl? (Und wie!)

6. Zusatzaufgaben und -informationen

In dieser Lektion finden Sie neben ‚Stadtbesichtigung' auch andere wichtige Sprechsituationen wie ‚Zoll', ‚Autopanne' und ‚Restaurant'. Lernen Sie die wichtigen Formen und Ausdrücke hierfür in W 1 und W 3. Spielen Sie mit Ihrem Lernpartner die Dialoge T/D, D 3 und D 4, auch auf Deutsch!
Machen Sie Übung 9, B/Ü 4, B/Ü 5 und B/Ü 6!

In D 3 sagt Mehmet Karataş zu Nuri: ‚Başım dertte' (ich bin in der Klemme, ich sitze in der Tinte; wörtl. ‚mein Kopf ist in Sorge').

Wenn Sie diese Wendung auch für andere Personen gebrauchen möchten, gebrauchen Sie entsprechende Possessivendungen, z. B.:

baş-*ın* dertte mi? (sitzst du in der Klemme, wörtl. ‚ist dein Kopf in Sorge'?), oder:

Mehmet'in baş*ı* dertte mi? (Ist Mehmet in der Klemme, wörtl.: ‚Ist Mehmets Kopf in Sorge'?)

In D 4 lernen Sie u. a. auch das türkische Gericht ‚imambayıldı' kennen, imam bayıldı, wörtlich: der Imam fiel in Ohnmacht. Die Bezeichnung dieses Gerichts geht auf eine türkische Anekdote zurück: Das Gericht soll so gut geschmeckt haben, daß der Imam vor (Gaumen-)Freude in Ohnmacht fiel. Nun verstehen Sie die 2. Karikatur sicherlich besser.
Wenn Sie in einem türkischen Restaurant fragen möchten, welche Gerichte, Getränke usw. vorhanden sind, benutzen Sie die Pluralendung im Ablativ wie Nuri: Çorba*lardan* ne var?, oder Mehmet: Zeytinyağlı*lardan* ne var?
Mehmet möchte einen ‚orta şekerli' Kaffee. Lernen Sie und verwenden Sie diesen für den türkischen Kaffee üblichen Ausdruck ‚mittelsüß'. Wenn Sie den Kaffee ohne alles möchten, also einen schwarzen Kaffee wollen, bestellen Sie einen ‚sade kahve'.
Sie lernten den Ausdruck ‚içecek' für Getränk; lernen Sie auch ‚içki' dazu, den Ausdruck speziell für alkoholische Getränke.
Für ‚rauchen' sagt man neben ‚(sigara) içmek' auch ‚(sigara) kullanmak'. Das Verb ‚kullanmak' können Sie in bezug auf alle Genußmittel verwenden: alkol kullanmak, tütün kullanmak usw.

7. Zum Hilfsverb ‚olmak'

Die Grundbedeutung von ‚olmak' ist ‚werden', aber dieses Verb wird auch als Ersatz für ‚sein' verwendet, da für das Hilfsverb ‚sein' im Türkischen kein Infinitiv existiert, und ‚sein' durch Personalendungen ‚... -im, ... -sin ... (Vgl. Lektion 2) aus-

gedrückt wird. In Wörterbüchern steht deshalb unter ‚sein‘ ersatzweise ‚olmak‘.
In der Bedeutung von ‚sein‘ wird ‚olmak‘ beim Imperativ (z. B.: ‚çalışkan ol(un): sei(d) fleißig), Optativ (z. B.: ‚geçmiş olsun‘: gute Besserung, wörtlich: möge vergangen sein) und bei Nebensätzen verwendet. Die Aoristform für die 3. Person steht auch meistens als Synonym für ‚ist‘ (vgl. Lektion 13).
Das Hilfsverb ‚olmak‘ haben Sie in seiner Grundbedeutung als ‚werden‘ beim Futur der Hilfsverben gesehen. Merken Sie sich zu ‚olmak‘ folgende Beispiele:

hasta olmak: krank sein/werden;
hastayım: ich bin krank / hasta oluyorum: ich werde krank;
hastaydım: ich war krank / hasta oldum: ich wurde krank;
hasta olacağım: ich werde krank sein (werden).

Bei Berufen wird auch ‚olmak‘ verwendet:

Ünal öğretmen olacak: Ünal wird Lehrer sein (werden).
Ne olmak istiyorsun? Was möchtest du werden?
Doktor olmak istiyorum: Ich möchte Arzt werden, usw.

12 Wörterkiste

W 1

aktarma yapmak	umsteigen
alkol	Alkohol
almak	(hier:) wegnehmen
Adana kebabı	türk. Fleischspezialität
arabam bozuldu	mein Auto ist kaputt
arkeoloji	Archäologie
Arkeoloji Müzesi	Archäologisches Museum
aşağı-	nach unten (s. C.4)
aşağı inmek	runtergehen (s. C.4)
ateş	(hier:) Feuer
aydınlık	hell
baklava	türk. Süßigkeit
baş üstüne	jawohl, sehr wohl
başım dertte	ich bin in der Klemme (s. C.6)
bavul hazırlamak	Koffer packen
belki	vielleicht
beyin salatası	türk. Vorspeise (Hirnsalat)

bile	(s. C.5.a)
birkaç	einige
Bodrum	Ferienstadt in der Südwesttürkei
boş musunuz?	sind Sie frei?
bozulmak	kaputtgehen
buralarda ne yapıyorsun yahu?	Was machst du denn hier so?
buranın yabancısıyım	ich bin hier fremd
burası boş mu?	ist hier frei?
buraya çok uzak mı?	ist es sehr weit von hier
büfe	Imbiß(-stube)
canım	(hier:) mein Lieber
çağırmak	(hier:) rufen
çamurluk	Kotflügel
çarpışmak	aufeinanderprallen, zusammenstoßen
çoban	Hirt
çoban salatası	Hirtensalat (türk. Salatspezialität)
çörek	Gebäck
dışarda	draußen (s. C.4)
dışarı-	hinaus (s. C.4)
dışarı çıkmak	hinausgehen (s. C.4)
doğru	(hier:) geradeaus
doğrudan doğruya	direkt, unmittelbar
dokunmak	(hier:) nicht bekommen, (der Gesundheit) schaden
dolmakalem	Füller
dolmuş	Sammeltaxi
dosdoğru	geradeaus
dümdüz, düz	(hier:) geradeaus
düşünmek	(hier:) überlegen
Efes	Ephesus
ehliyet	(hier:) Führerschein
eller yukarı!	Hände hoch!
eşya	Sache, Gepäck(stück)
eyvah	o weh, o je
far	Scheinwerfer
fazla	(hier:) übrig
garson	(hier auch als Anrede:) Herr Ober
geçmek (mit Ablativ)	(hier:) passieren; gehen, fahren (durch, üben, (an ... vorbei)
gerek ... gerek	sowohl als auch
geri-	(s. C.4)
gezecek başka nereler var?	welche Sehenswürdigkeiten gibt es noch?
gezmek	(hier:) herumfahren
gümrüğe tabi	zollpflichtig
gümrüğe tabi eşyanız var mı?	Haben Sie etwas zum Verzollen?
gümrük	Zoll
gümrük beyannamesi	Zollerklärung
gümrük memuru	Zollbeamte
Hacıbaba Lokantası	Restaurant in Istanbul
hata	Fehler
hatta	sogar (s. C.5.a)
hazırlamak	s. bavul hazırlamak
hazine	Schatz
hediyelik eşya	Geschenk(artikel)
hem	(s. C.5.a)
hem de nasıl	und wie
hem ... hem (de)	sowohl als auch
hep	immer, nur
hesap	Rechnung
hesabı lütfen	die Rechnung bitte
heykel	Skulptur
ızgara	Grill, gegrillt
içecek	Getränk
içerde	drinnen
içeri-	hinein, herein (s. C.4)
içeri girmek	hinein-, hereingehen (s. C.4)
içki	alkoholisches Getränk
ileri	nach vorne, vorwärts (s. C.4)

ilerlemek	nach vorne gehen
imam	Imam, islamischer Geistlicher
imambayıldı	türk. Gemüsespezialität (s. C.6)
imdat!	Hilfe!
inecek var mı?	wird jemand aussteigen (s. C.3.b)
İskender kebabı	türk. Fleischspezialität
kadeh	Schnapsglas
kamyon	Lastwagen
kar	Schnee
karakol	Polizeiwache
karanlık	dunkel
karışık	a) durcheinander, kompliziert b) gemischt
karışık ızgara	gemischte Grillplatte
karışık salata	gemischter Salat
karşı-	(s. C.4)
karşıda	gegenüber, drüben
karşıdan karşıya geçmek	die Straße überqueren
karşıya geçmek	(s. C.4)
kavşak	Kreuzung
kaza	Unfall
kebap	allgemeine Bezeichnung für Fleischgerichte
kırılmak	(hier:) zerbrechen
kızartma	Braten
kullanmak	rauchen, trinken (s. C.6)
mercimek	Linse
mercimek çorbası	Linsensuppe
merdiven	Treppe
Mısır Çarşısı	Ägyptischer Basar (in Istanbul)
... -e nasıl gideceğim?	wie komme ich zu ...?
ne ... ne (de)	weder noch
numara	(hier:) Linie
oldukça	ziemlich
olmak	(s. C.2; C.7)
onun için	(hier:) deshalb
orta şekerli	mittelsüß (s. C.6)
otobüs durağı	Bushaltestelle
Pamukkale	Hierapolis (mit Travertin-Kaskaden)
patlıcan	Aubergine
patlıcan kızartması	Auberginenbraten
pilaki	eine Art Bohnengericht, das kalt gegessen wird
porsiyon	Portion
Resim ve Heykel Müzesi	Museum für Gemälde und Skulpturen
sade	(hier:) schwarz (für Kaffee, s. C.6)
sağ-	recht- (s. C.4)
sağda	rechts
sandviç	belegtes Brot
sapmak	ab-, ein-biegen
sebze çorbası	Gemüsesuppe
sigorta	Versicherung
Sirkeci	Stadtteil in Istanbul
Sirkeci İstasyonu	Hauptbahnhof in Istanbul (Westbahnhof)
sol-	link- (s. C.4)
sola	nach links
sorma	frag lieber nicht
suçlu	schuldig
Sultanahmet	Stadtteil in Istanbul (Altstadt)
şehir planı	Stadtplan
taksi	Taxi
tampon	(hier:) Stoßstange
tarhana çorbası	eine Art türk. Suppe
taraf	Seite, Gegend, Richtung (s. C.4)
tarif etmek	beschreiben
tatlı	süß; Süßigkeit, Nachtisch
tavsiye etmek	empfehlen

ne tavsiye edersiniz?	was würden Sie empfehlen?
teknik	Technik
teknik eşya	technische Geräte
Topkapı Sarayı	Topkapı-Palast (in Istanbul)
tost	Toast
trafik	Verkehr
turist	Tourist
tükenmez (kalem)	Kugelschreiber
tünel	Tunnel; (hier: Bezeichnung für die Istanbuler U-Bahn)
tütün	Tabak
ufak	klein
ufak tefek	klein, allerhand Kleinigkeiten
Urfa kebabı	türk. Fleischspezialität
üstü kalsın	stimmt so (beim Trinkgeld geben)
üzülmek	sich Sorgen machen
video kaseti	Videokassette
ya ... ya (da)	entweder oder
yabancı	Fremde(r); Ausländer
yahu	Mensch, denn (Füllwort, Interjektion)
yemek listesi	Speisekarte
Yeni Cami	Neue Moschee (Moschee in Istanbul)
yola çıkmak	sich auf den Weg machen, aufbrechen
yolcu	Fahrgast; Reisender
yukarı-	hinauf (s. C.4)
yukarı çıkmak	hinaufgehen (s. C.4)
zeytinyağlı (yemek)	kalte (Vor-)Speise

W 2 (grammatische Termini)

gelecek zaman	Futur

W 3 (Aufbauwortschatz)

a) Stadtbesichtigung, -verkehr

anıt	Denkmal
bina	Bau, Gebäude
çıkış	Ausgang
danışma	Information
danışma bürosu	Informationsbüro
dört yol ağzı	Kreuzung
gar	(Haupt-)Bahnhof
giriş	Eingang
hayvanat bahçesi (aus: hayvan: Tier)	Zoo
iskele	(kleinerer) Hafen, Anlegeplatz
kilise	Kirche
minibüs	Kleinbus
sanat galerisi	Kunstgalerie
sergi	Ausstellung
spor sahası	Sportplatz
stadyum	Stadion
trafik lambası	Verkehrsampel
yaya	(hier:) Fußgänger
yaya geçidi	Fußgängerübergang
yeraltı geçidi	Unterführung
yokuş	Steg

b) Autopanne, Ersatzteile

araba lastiği	Autoreifen
arıza	Panne; Störung
buji	Zündkerze
conta	Dichtung
debreyaj	Kupplung
el freni	Handbremse

korna	Hupe	tamir	Reparatur
lastik	(hier:) Reifen	tamirci	Automechaniker
lastik patladı	ich habe einen Platten	tamirhane	Autoreparaturwerkstatt
plaka	Kennzeichen	vites	Gang
radyatör	Kühler	yedek lastik	Reservereifen
şanzıman	Kupplung	yedek parça	Ersatzteil

13

Lektion 13: Kahveyi Nasıl İstersiniz ?

Grammatik:

1. Der Aorist (das unbestimmte Präsens auf ‚-r'); höfliche Befehlsform
2. Die Endung ‚-dir' (Synonymkonstruktion ‚olur')
3. Der Infinitivsatz mit ‚um … zu': ‚… -mek için'
4. Entsprechung für ‚nicht nur … sondern auch'
5. Endungen an Zahlwörtern: ‚-er' (Distributivzahlen), ‚-z' (-ling)
6. Rechnen auf Türkisch
7. ‚böyle-şöyle-öyle'

Sprechsituationen:

1. Regelmäßige Handlungen, Allgemeingültigkeit und Wahrscheinlichkeit ausdrücken; höfliche Befehle erteilen
2. Besuch bei einer türkischen Familie; Unterhaltung über Wohnungseinrichtung und Freizeit; Reisen in der Türkei

Aufbauwortschatz:

Wendungen mit Aorist

Zusatzmaterial:

Hörfunk- und Fernsehprogramm aus einer türkischen Zeitung; Filmplakate

13 A

T 1

Vural ile Feray'ın yaşamı

Feray her sabah saat yedide kalkar, hemen mutfağa gider ve kahvaltıyı hazırlar. Vural saat yedi buçuğa doğru kalkar. Vural ile Feray beraber kahvaltı ederler, sonra otomobille işe giderler. İkisi de Taksim'de bir büroda mimar olarak çalışıyorlar, henüz çocukları yok. İki yıldan beri evliler.
Öğleyin Taksim'de bir büfede veya büronun kantininde öğlen yemeği yerler. Öğleden sonra saat beşe kadar çalışırlar, sonra evlerine gelirler. Akşam yemeği yerler ve televizyon seyrederler. Bazen klasik müzik dinlerler veya arkadaşlarını ziyaret ederler. Genellikle erken yatarlar.
Ama bugün erken yatmayacaklar, çünkü bu akşam misafir geliyor: Sieglinde ile Markus. Bu yüzden Feray bugün işten biraz erken çıkıyor ve yolda konuklar için alışveriş ediyor. Misafirlere ikram etmek için çeşitli yiyecekler ve içecekler alıyor. Akşam saat yediye doğru misafirler kapıyı çalıyor. Feray ile Vural misafirlerle çok güzel sohbet ediyor.

D 1

Bir ziyaret
(kişiler: Vural, Feray, Sieglinde, Markus)

a) Feray: Oo, hoş geldiniz, efendim.
Sieglinde: Hoş bulduk, Feray Hanım, Vural Bey. Tanıştırayım: Nişanlım Markus.

Markus: Memnun oldum, efendim.
Vural: Biz de memnun olduk, efendim. Türkçe biliyor musunuz ?
Markus: Evet, biraz Türkçe biliyorum. Sieglinde kadar iyi değil tabii.
Feray: Buyurun, oturun. Ne içersiniz ?
Sieglinde: Zahmet etmeyin, Feray Hanım.
Feray: Rica ederim, hiç zahmet olur mu !
Sieglinde: O halde ben kahve rica edeyim. Türk kahvesine bayılırım.
Feray: Kahveyi nasıl istersiniz ? Şekerli mi, orta şekerli mi ?
Sieglinde: Sade, lütfen.

b) Vural: Rakı içer misiniz, Markus Bey ?
Markus: Rakı içmem ama, bu akşam hatırınız için bir kadeh içeyim.
Vural: Elbette, beraber içelim. Ben neşelenmek için her akşam rakı içerim. Meze olarak ne istersiniz ? Fıstık, badem, beyaz peynir, kavun ?
Markus: Kavun ile beyaz peyniri tercih ederim.
Feray: Sigara buyurun, Sieglinde Hanım.
Sieglinde: Sigara kullanmam ama, hatırınız için şimdi bir Samsun içeyim.
Markus: Lütfen bize Türkçe plak veya kaset çalar mısınız ? Türk müziğini çok severim.
Feray: Memnuniyetle. Nasıl müziği tercih edersiniz ? Halk müziği mi, yoksa sanat müziği mi ?
Markus: Halk müziği, lütfen.

c) Sieglinde: Eviniz, çok güzel. Mobilyalar ve kilimler birbirine çok iyi uyuyor.

Vural: Teşekkür ederiz. İltifat ediyorsunuz.

Feray: Buraya yeni taşındık. Bu evimiz eski evimizden daha rahat ve daha konforlu. Üst katta oturuyoruz ama, asansör var. Alt katlar genellikle karanlıktır ama, burası aydınlık ve deniz manzarası var. Şu pencereden bakın, Boğaz'ı görürsünüz.

Markus: Evet, gerçekten çok güzel. Kaç odanız var ?

Vural: Evimiz dört odalı. Şurası çalışma odası, burası oturma odası, orası yatak odası, şurası da çocuk odası ama, henüz çocuğumuz yok. Feray da çalışıyor, ev kadını değil. Şimdilik çocuk istemiyoruz.

Sieglinde: Evet, anlıyorum.

d) Feray: Bir çörek daha alır mısınız, Sieglinde Hanım ?

Sieglinde: Elinize sağlık, kahve ve çörekler çok güzel ama, benim için kâfi.

Vural: Boş zamanınızda ne yaparsınız, Markus Bey ?

Markus: Spor yaparım, sporu çok severim. Sık sık denize girerim, çok yüzerim, balık tutarım, su kayağı yaparım. Genç kalmak için spor yapıyorum. Fotoğraf da çekerim. Yeni bir fotoğraf makinesi aldım. Siz boş zamanınızda ne yaparsınız ?

Feray: Biz hafta sonunda genellikle arkadaşlarımızı ziyaret ederiz, çok sık televizyon seyrederiz veya sinemaya gideriz. Bazen de klasik müzik dinleriz.

Vural: Bazen de seyahat ederiz.

Sieglinde: Biz de yakında bir Türkiye seyahati yapmak istiyoruz. Yarın Markus ve ben turizm bürosuna gideceğiz ve bilgi alacağız.

D 2

Turizm bürosunda
(kişiler: memur, Sieglinde, Markus)

memur: Buyurun efendim.

Sieglinde: Bir Türkiye gezisi yapmak istiyoruz. Sizde karayolları haritası var mı ?

memur: Tabii, efendim. Buyurun. Ne zaman seyahat edeceksiniz ?

Markus: Yazın.

memur: Nerelere gideceksiniz ?

Sieglinde: Ege ve Akdeniz Bölgelerini gezeceğiz.

memur: Yazın Ege ve Akdeniz Bölgeleri çok sıcak olur. Otomobille yolculuk zor olur.

Markus: Ne tavsiye edersiniz ?

memur: Gemi veya TCDD ile seyahat edin.

Markus: TCDD ne demek ?

memur: Türkiye Cumhuriyeti Devlet Demir Yolları demek. Yazın İstanbul'dan Bandırma'ya sürekli vapur seferleri vardır. Bandırma'dan İzmir'e gidersiniz ve trenle veya otobüsle yola devam edersiniz. Türkiye'de otobüs yolculuğu çok rahattır.

Sieglinde: Galiba haklısınız. Her halde böyle daha iyi olur. Peki İzmir'den başka gezmek için nereleri tavsiye edersiniz ?

memur: Bodrum'a her yaz yüzlerce turist gelir. Orada hayat çok canlıdır. Diskotekler ve çeşitli başka eğlenceler vardır. Orada çok turistik eşya dükkânları da vardır, örneğin Türk motifleri ile süslü milli kıyafetler ve bakır eşyalar bulursunuz. Alanya, Marmaris ve Fethiye daha sakindir ama, oralarda da doğa çok güzeldir. Ölüdeniz ve çam ormanları harikadır. Ege ve Akdeniz Bölgeleri'nde yalnız güzel değil, aynı zamanda tarihi kentler bulursunuz. Çok görülmeğe değer yerler vardır.

Markus: Bu bilgiler için teşekkür ederiz.

memur: Rica ederim, efendim, vazifemiz.

T 2

Komşunun kazanı

Günlerden bir gün Nasreddin Hoca komşusundan bir kazan ödünç alır. Birkaç gün sonra kazanı geri götürür ve kazanla birlikte komşuya iki de tencere verir. Komşu çok şaşırır ve sorar:
„Bana neden bu tencereleri veriyorsun, Hoca Efendi?"
Hoca cevap verir: „Senin kazan doğurdu, komşu. Bu tencereler kazanın çocukları."
Komşu tabii çok sevinir ve kazanla birlikte tencereleri de alır. Bir süre sonra hoca yine komşusundan kazanı ödünç alır ve geri götürmez. Birkaç gün sonra komşu hocaya gelir ve kazanı ister. Hoca ona „senin kazan öldü" der. Komşu şaşırır ve bağırır: „Kazan nasıl ölür, Hoca Efendi?" Hoca güler ve şöyle der: „Kazan doğurdu, buna inandın. Şimdi kazan öldü, buna neden inanmıyorsun?"

Rätsel (bilmece)

Bir küçücük kutudur,
bütün dünya yurdudur.

Sprichwörter (atasözleri)

Acı patlıcanı kırağı çalmaz: Unkraut vergeht nicht.
Ağır kazan geç kaynar: Gut Ding will Weile haben.
Akıl yaşta değil, baştadır: Alter schützt vor Torheit nicht.
Hatasız kul olmaz: Irren ist menschlich.
Yalancının mumu yatsıya kadar yanar: Lügen haben kurze Beine.

Gedicht (şiir)

Memleket İsterim (Cahit Sıtkı Tarancı, 1910–1956)

Memleket isterim
Gök mavi, dal yeşil, tarla sarı olsun;
Kuşların, çiçeklerin diyarı olsun.
....

Karikatur (karikatür)

1. Hörfunkprogramm

radyoda bugün

TRT-I

05.00 Açılış, program ve kısa haberler
05.05 Ezgi kervanı
05.30 Şarkılar ve oyun havaları
06.30 Cuma sabahı
07.20 Özel tanıtıcı reklâm programı
07.30 Haberler
07.40 Günün içinden
10.00 Arkası yarın
10.20 Reklâmlar
11.05 Okul radyosu
12.10 Öğle üzeri
12.55 Reklâmlar ve radyo programları
13.00 Haberler
13.15 Saz eserleri
14.45 Öğleen sonra
16.05 Okul radyosu
17.00 Olayların içinden
17.30 Fasıl
18.00 Çocuk bahçesi
18.15 Çocuklar şarkı söylüyor
18.25 Çocuklarla başbaşa
19.00-01.00 TRT-II ile ortak yayın
19.00 Haberler
19.30 Oyun havaları
19.45 Çok sesli koro
20.00 Köyümüz köylümüz
20.20 Suna Batıgün'den şarkılar
20.40 Türkçe sözlü hafif müzik
21.05 Yurttan sesler
21.30 Beraber ve solo şarkılar
22.00 Türküler ve oyun havaları
22.30 Çağdaş Türk Sanat Müziği
23.00 Haberler
23.15 Gecenin içinden
00.55 Günün haberlerinden özetler
01.00 Program ve kapanış

TRT-II

07.00 Açılış ve program
07.02 Solistlerden seçmeler
07.30 Haberler
07.40 Türküler ve oyun havaları
08.00 Sabah için müzik

Suna Batıgün (TRT-I - 20.20)

09.00 Gülşen Paykoç'dan şarkılar
09.15 Eski başkentler
09.30 Sabah konseri
10.00 Selma Ersöz'den şarkılar
10.20 Türkülerimiz ve konuları
10.40 Tarihin dönüm noktaları
11.00 Solistler geçidi
11.30 Tangolar
11.45 Dünya standartlar günü özel programı
12.00 Erkekler topluluğu
12.30 Küçük koro
13.00 Haberler
13.15 Hafif müzik
13.30 Nezahat Bayram'dan türküler
13.45 Bir roman bir yazardan hikâyeler
14.00 İbrahim Şirin ve Mediha Şen Sancakoğlu'ndan şarkılar
15.15 Sevim Süer'den şarkılar
15.30 Küçük konser
16.00 Türküler geçidi
16.20 Arkası yarın
16.40 Kenan Günel'den şarkılar
17.00 Olayların içinden
17.30 Yurttan sesler
18.00 Solistlerden seçmeler
18.30 Çeşitli müzik
18.45 İsmet Akyol'dan türküler
19.00-01.00: TRT-I ile ortak yayın

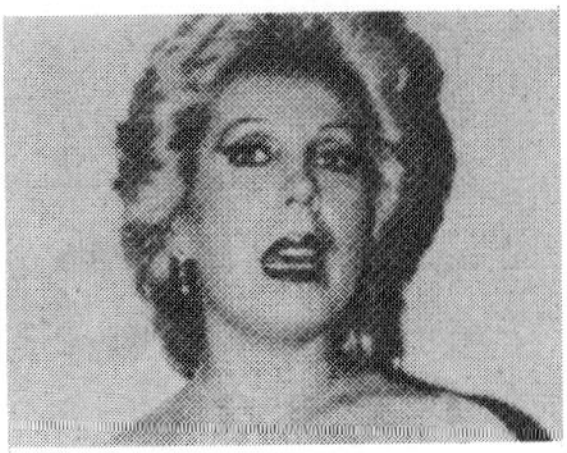

Mediha Şen Sancakoğlu (TRT-II 14.00)

TRT-III

07.00 Açılış ve program
07.02 Güne başlarken
08.00 Sabah konseri
09.00 Türkçe haberler
09.03 The Brecker Brothers Topluluğu
10.00 TRT Ankara Oda Orkestrası
10.30 Dünyadan müzik
11.00 Öğleye doğru
12.00 Haberler
12.12 Diskoteğimizden
13.00 Konser saati
14.30 Klâsik Türk Müziği Korosu
15.00 Müzikli dakikalar
16.00 Günün konseri
17.00 Haberler
17.12 Sizler için
18.00 Pop Caz
19.00 Haberler
19.12 Hafif Müzik
19.30 Besteler, besteciler
20.30 Caz Dünyası
21.00 Müzikal portreler
22.00 Haberler
22.12 Gecenin getirdikleri
23.00 Cuma konseri
24.00 Gece ve müzik
01.00 Program ve kapanış

2. Fernsehprogramm

Bugünkü TV

14.00— Açık Öğretim
16.05— Çocuklar İçin
17.10— Dünyamız
18.00— Bugünkü Pakistan
18.30— TV'de Sinema "Bus Riley'in Dönüşü"
20.00— İş Dünyası
20.30— Haberler
21.00— Hatıralar
22.00 TV'de Türk Sineması "Küskün Çiçek'
23.30— Beraber ve Solo Şarkılar
23.55— Haberler
24.00— Kapanış

TV programlarındaki son değişiklikleri MİLLİYET'in 3. sayfasında bulacaksınız.

22.00 "TV'de Türk Sineması"

Dr. Cüneyt Arkın "hasta", Türkân Şoray ise onun doktoru

Bu geceki "TV'de Türk Sineması"nda "Küskün Çiçek" adlı filmi izleyeceğiz. Filmde başrollerde Türkan Şoray ve Cüneyt Arkın oynuyorlar.

'Küskün Çiçek'

- Yönetmen: **Cüneyt Arkın**
- Yapım yılı: **1979**
- Süresi: **85 dakika.**
- Oynayanlar: **Türkân Şoray, Cüneyt Arkın, Hüseyin Peyda, Sümer Tilmaç, Nejat Özbek, Muzaffer Nebioğlu, Nejat Gürçen.**

3. Filmplakate

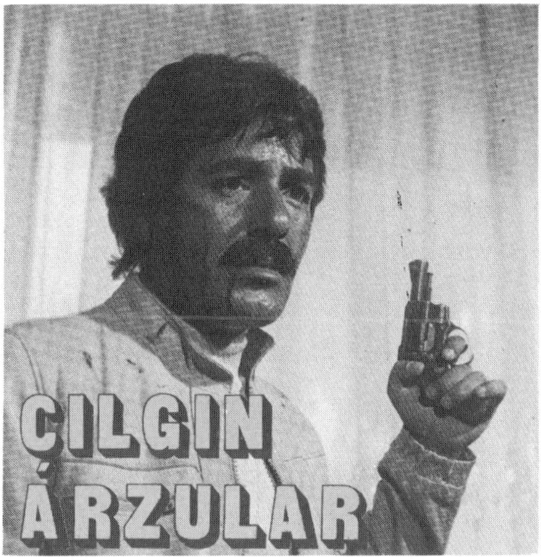

ÇILGIN ARZULAR

MÜZİKAL

FERDİ TAYFUR
Y.ÖZDEMİROĞLU

DÜZENBAZ ŞABAN

KOMEDİ

KEMAL SUNAL
AYŞEN GRUDA

AVANTÜR

YABANCI
KADİR İNANIR-HÜLYA AVŞAR

13 B

Ü 1 **(sen)-boş zaman-ne yapmak / tenis oynamak: Boş zamanında ne yaparsın ? Tenis oynarım.**

1. (siz)-boş zaman-ne yapmak / sinema gitmek
2. Martin-boş zaman-ne yapmak / seyahat etmek
3. Erol-boş zaman-ne yapmak / bisiklete binmek
4. (sen)-boş zaman-ne yapmak / kitap okumak
5. gençler-boş zaman-ne yapmak / müzik dinlemek
6. (siz)-boş zaman-ne yapmak / opera gitmek
7. Nuri-boş zaman-ne yapmak / ata binmek
8. öğrenciler-boş zaman-ne yapmak / Türkçe öğrenmek

Ü 2 **(siz)-sigara içmek: Sigara içer misiniz ? / Hayır, içmem.**

1. Ufuk-gitar çalmak
2. (sen)-rakı sevmek
3. çocuklar-bisiklete binmek
4. (siz)-yarın-bana-uğramak
5. Necla-araba kullanmak
6. (sen)-Türkçe gazete okumak
7. Dietmar-saz çalmak
8. (siz)-Türk yemeği sevmek
9. Sevim-örgü örmek
10. İrmgard-dikiş dikmek
11. öğrenciler-Türkçe bilmek
12 Karin-Türk kahvesi pişirmek

Ü 3 a) Finden Sie das passende Verb und setzen Sie es mit der richtigen Personalendung ein!

1. Biz yarın belki sizi ...
2. Babam belki yazın yeni araba ...
3. Çocuklar her sabah spor ...
4. Peter her gün Türk kahvesi ...
5. Siz her akşam satranç veya iskambil ...
6. Michael saz ...
7. Necdet her sabah gazete ...
8. Sen her gün Türk yemeği ...

b) Setzen Sie die Sätze in Verneinung!

Ü 4 Bestimmte oder unbestimmte Gegenwart?
Gebrauchen Sie die Verben in Klammern in der passenden Tempusform und mit der richtigen Personalendung!

1. Ben sigara (kullanmamak) ama, şimdi hatırınız için bir tane (içmek)
2. Ali her gün işe (gitmek) ama, bugün evde (kalmak), çünkü hasta.
3. Ahmet bugün inşallah bize (uğramak)
4. Ben şimdi eve (gitmek) ama, sonra belki sana (uğramak)
5. Anne bugün her halde misafirler için (alışveriş etmek)
6. Ben asla sinemaya (gitmemek), televizyonu (tercih etmek)
7. Akın akşamları genellikle klasik müzik (dinlemek) ama, bu akşam (televizyon seyretmek)
8. Öğrenciler belki bugün dersten sonra tiyatroya (gitmek)

Ü 5 (sen)-pencere-açmak: Lütfen pencereyi açar mısın ?

1. (siz)-kapı-kapamak
2. (sen)-ben-bira-getirmek
3. (siz)-çocuklar-Türkçe kitabı-almak
4. (sen)-bakkal-rakı-almak
5. (siz)-biz-karayolları haritası-vermek

Ü 6 Mit oder ohne ‚-dir' ?

1. Tülin hanım bugün evde--- (?), Arzu Hanım da her halde evde--- (?)
2. Ünal bugün muhakkak üniversitede--- (?), çünkü sınavları var.
3. Mehmet para biriktiriyor, herhalde çok parası var--- (?)
4. Nurcan kaç gündür hasta--- (?), inşallah bugün iyi --- (?)
5. Gemilerde sigara içmek yasak--- (?)
6. Çocuklar şimdi okulda--- (?)
7. Saat beş--- (?)
8. Bu akşam Peter evde--- (?), tahmin ediyorum.
9. Umarım, Metin Bey şimdi büroda--- (?)
10. Metin Bey avukat--- (?)

Ü 7 Kışın İstanbul'un havası nemli olur:
Kışın İstanbul'un havası nemli*dir.*

1. Kışın Erzurum'un havası çok soğuk olur.
2. Yazın İzmir'in havası çok sıcak olur.
3. Ankara'nın havası daima kirli olur.
4. Baharda Akdeniz Bölgesi çok güzel olur.
5. Kışın Ege Bölgesi yağmurlu olur.

Ü 8 **(sen)-Türkçe öğrenmek / Türk arkadaşlar-sohbet etmek: Neden Türkçe öğreniyorsun ? / Türk arkadaşlarla sohbet etmek için.**

1. Peter-Türkçe kelime-ezberlemek / Türkçe gazete okumak
2. (siz)-acele etmek / geç kalmamak
3. Mehmet-Kars-gitmek / akrabalar-ziyaret etmek
4. Markus-spor yapmak / genç-kalmak
5. Vural-rakı içmek / neşelenmek
6. Feray-yiyecek ve içecek almak / misafirler-ikram etmek
7. Arzu-rejim yapmak / zayıflamak
8. Sieglinde-her gün-Türkçe kursu-devam etmek / Türkçesini ilerletmek
9. Mehmet-para biriktirmek / Kars-ev-almak
10. Yılmaz da-para biriktirmek / harcamak

Ü 9 **yazın- Ankara'nın havası / sıcak-kirli: Yazın Ankara'nın havası yalnız sıcak değil, aynı zamanda kirli olur.**

1. kışın-Istanbul'un havası / yağmurlu-soğuk
2. ilkbaharda-Akdeniz Bölgesi / ılık-güzel
3. yazın-Ege Bölgesi / sıcak-kalabalık
4. İstanbul'un-eğlence yerleri / kalabalık-pahalı

Ü 10 **(siz)-dün-ne-yemek / 2 lahmacun: Dün ne yediniz ? / İkişer tane lahmacun yedik.**

1. çocuklar-dün-ne-içmek / 3 limonata
2. öğrenciler-dün-ne yazmak / 2 dilekçe
3. (siz)-dün-ne-içmek / 4 ayran
4. (siz)-dün-ne yemek / 1 döner kebap
5. Sieglinde ile Markus-dün-ne-yemek / 5 çörek

Ü 11 Rechnen Sie laut auf Türkisch!
5 + 7 = ?: beş artı yedi eşittir on iki / beş artı yedi on iki eder

110 + 320 = ?	450 – 240 = ?
390 + 110 = ?	690 – 410 = ?
15 × 20 = ?	350 : 35 = ?
55 × 30 = ?	1500 : 500 = ?

S/Ü 1 Spielen Sie mit Ihrem Lernpartner einen Dialog und benutzen Sie die Alternativantworten. Erweitern Sie die Antwortsätze mit Ihrem eigenen Wortschatz. Schreiben Sie diese Sätze und zeigen Sie sie Ihrem Lehrer:

a)

Boş zamanında ne yaparsın ? → Televizyon seyrederim. / Kitap okurum. / Sinemaya giderim.

b)

Nasıl filmler seyredersin ? → Polisiye filmleri severim. / Dizi filmleri seyrederim. / Korku filmlerini severim.

c)

Nasıl kitaplar okursun ? → Roman okurum. / Şiir kitapları okurum. / Masal kitaplarını severim.

d)

Nasıl müziği tercih edersin ? → Klasik müzik severim. / Modern müzik severim. / Arabesk dinlerim.

2 **Studieren Sie bitte das Hörfunk- und Fernsehprogramm sowie die Filmplakate auf Seite 327. Wörter, die Sie nicht in der ‚Wörterkiste' finden, können Sie ja im Lexikon nachschlagen. Dann beantworten Sie bitte die Fragen:**

1. Bugün radyoda ne var ? Siz hangi programları izlemek istersiniz?
2. Bugün televizyonda ne var ? Siz hangi programları görmek istersiniz ?
3. Bugün sinemalarda ne var ? Siz hangi filmlere gitmek istersiniz ?

B/Ü 1 **Erzählen Sie bitte, was diese Menschen jeden Tag machen!**

B/Ü 2 Sie besuchen eine türkische Familie. Sie unterhalten sich mit Ihrem Gastgeber über verschiedene Themen (Wohnungseinrichtung, Beruf, Freizeit usw.). Spielen Sie mit Ihrem Lernpartner den Dialog!

13 c

1. Der Aorist (geniş zaman)

1.1. Verwendungsbereich

Der Aorist, auch das unbestimmte Präsens genannt, ist eine Zeitform im Türkischen, deren Verwendungsbereich sehr breit ist. Deshalb wird sie im Türkischen als ‚geniş zaman' („breite Zeit") bezeichnet.
Im Deutschen wird der Aorist mit Präsens wiedergegeben, während er eine genaue Entsprechung in ‚Simple Present Tense' im

Englischen findet. Während das bestimmte Präsens auf ‚-yor' Handlungen ausdrückt, die gerade geschehen, wird der Aorist für folgende Situationen gebraucht:

* Allgemeingültigkeit

Da bei Allgemeingültigkeit der Aorist verwendet wird, begegnet man dieser Zeitform in wissenschaftlichen Texten und in Lehrbüchern, z. B.:

Balık suda yaşar: Der Fisch lebt im Wasser.

* kurze anekdotenhafte Texte

Neben wissenschaftlichen Texten ist der Aorist die Zeitform der Erzählsprache in kurzen, anekdotenhaften Texten. Als Beispiel finden Sie in dieser Lektion eine Anekdote von Nasreddin Hoca, dem türkischen Eulenspiegel.

* Regelmäßige Handlungen, Eigenschaften, Gewohnheiten

okuyor	/ okur
er liest (gerade)	/ er liest (regelmäßig)
(im Englischen:	
he is reading	/ he reads)

Die Regelmäßigkeit kann auch in Eigenschaften oder Gewohnheiten liegen, und in diesem Zusammenhang kann der Aorist auch im Sinne von ‚können' gebraucht werden, z. B.:

Ali saz çalar: Ali spielt Laute (kann Laute spielen).

Somit drückt der Aorist auch eine Möglichkeit aus:

* Möglichkeit, Wahrscheinlichkeit

Bei Möglichkeit, Wahrscheinlichkeit, Vermutung und Hoffnung wird der Aorist benutzt, oft betont und ergänzt durch Füllwörter wie her halde (wahrscheinlich, vermutlich), muhakkak (sicher, sicherlich), inşallah (hoffentlich), belki (vielleicht), z. B.:

Ali her halde yarın bize uğrar.
Peter belki yazın Türkiye'ye gider.
Mehmet inşallah ehliyetini geri alır.

* Höfliche Ausdrucksweise mit konjunktivischem Klang

Die höfliche Ausdrucksweise mit ‚würde' wird auch mit Aorist wiedergegeben. Sie kennen bereits von Lektion 12 (Restaurant) die Frage ‚bugün ne tavsiye edersiniz?' (Was würden Sie heute empfehlen?). Oder in D 1a fragt Feray Sieglinde:

„Kahveyi nasıl istersiniz?" (Wie würden Sie den Kaffee gerne trinken?")

Auch die Geschmacksrichtung wird häufig mit Aorist ausgedrückt; wie Markus in D 1b sagt:

„Türk müziğini çok severim."

Da der Aorist auch Höflichkeit ausdrückt, wird die höfliche Befehlsform (würden Sie bitte ...) mit der Frageform des Aorist gebildet:

Lütfen pencereyi açar mısınız? (Würden Sie bitte das Fenster öffnen?)

Der Aorist wird im Türkischen häufiger als das bestimmte Präsens verwendet, wobei die Grenzen zwischen der bestimmten und unbestimmten Gegenwart für die Verwendungsbereiche 1, 3 und 5 (mit Ausnahme der höflichen Befehlsform) fließend sind. Für diese Verwendungsbereiche können beide Präsensformen gebraucht werden.

1.2. Konjugation

Die Aoristendung ist ‚-r':

okumak:	oku-r-um	oku-r-uz
	oku-r-sun	oku-r-sunuz
	oku-r	oku-r-lar

Beim Konsonantenauslaut am Verbstamm wird ein Bindevokal eingeschoben, der meistens der kleinen Vokalharmonie unterliegt:

açmak: aç-*a*-r / sevmek: sev-*e*-r /
dövmek: döv-*e*-r / koşmak: koş-*a*-r.

Nach ‚l' und ‚r' am Verbstamm richtet sich der Bindevokal meistens nach der großen Vokalharmonie:

gelmek: gel-*i*-r / vermek: ver-i-r.

Es gibt aber viele Ausnahmen, die wichtigsten sind:

gülmek: gül-*e*-r / sormak: sor-*a*-r.

Da der Bindevokal der Aoristendung relativ unregelmäßig ist, finden Sie in Wörterbüchern bei jedem Verb die Aoristform, wenn es sich um einen Zweifelsfall handelt. Als allgemeingültige Regel können Sie sich merken, daß der Bindevokal bei mehrsilbigen Verbstämmen stets der großen Vokalharmonie unterliegt:

getirmek: getir-*i*-r / götürmek: götür-*ü*-r usw.

Vergleichen Sie in der Grammatiktabelle die Übersicht über die Aoristdeklination!

Bei den Verben ‚gitmek', ‚etmek' und ‚tatmak' wird das t am Verbstamm (in der Aussage- und Frageform) weich: gi*d*er, e*d*er, ta*d*ar.

Frageform:

oku-r mu-y-um?	oku-r mu-y-uz?
oku-r mu-sun?	oku-r mu-sunuz?
oku-r mu?	oku-r-lar mı?

Verneinung:

Dem durch das Negationssuffix ‚-me/-ma' negativisierten Verbstamm werden Personalendungen des verneinten Aorist angefügt.

gel-me-	m	al-ma-	m
gel-me-	zsin	al-ma-	zsın
gel-me-	z	al-ma-	z
gel-me-	yiz	al-ma-	yız
gel-me-	zsiniz	al-ma-	zsınız
gel-me-	zler	al-ma-	zlar

Verneinte Frage:

gel-me-m mi?	gel-me-z miyiz?
gel-me-z misin?	gel-me-z misiniz?
gel-me-z mi?	gel-me-zler mi?

Aufgabe: Spielen Sie mit Ihrem Lernpartner den Dialog D 1a, auch auf Deutsch!
Machen Sie die Übungen 1, 2, 3, 4, 5 und B/Ü 1!
Lesen Sie das Gedicht und versuchen Sie es mit Hilfe der ‚Wörterkiste' zu verstehen. Können Sie es auswendiglernen?
Lesen Sie in T 2 die Anekdote von Nasreddin Hoca mit dem Kessel und den Kochtöpfen. Verstehen Sie die Pointe?

1.3. Wortbildungsfunktion der Aoristendung

Wie die Futurendung hat auch die Aoristendung eine wortbildende Funktion, z. B.:

okumak: okur (Leser), yazmak: yazar (Schriftsteller), aber: okuryazar: wer lesen und schreiben kann (Nicht-Analphabet); düşünmek: düşünür (Denker) usw.

Darüber hinaus wird der Aoriststamm auch als Partizip I verwendet, z. B.:

gülmek: güler yüz (lachendes Gesicht).

2. Die Endung ‚-dir':

Sie haben bis jetzt gelernt, daß bei der Entsprechung für das Hilfsverb ‚sein' die Endung für die 3. Person wegfällt. Auch für die 3. Person existiert eine Endung: ‚-dir' (große Vokalharmonie: -dır/-dür/-dur, nach stimmlosen Konsonanten: -tir/-tır/-tür/-tur), die aber nur in ganz bestimmten Situationen gebraucht wird, die den Verwendungsbereichen des Aorist ähneln:

* Allgemeingültigkeit, Unabänderlichkeit

Ankara Türkiye'nin başkenti*dir*: Ankara *ist* die Hauptstadt der Türkei.
Federal Almanya Cumhuriyeti'nin başkenti Bonn'*dur.*
Yazın Antalya çok sıcak*tır.*
Kışın Erzurum çok soğuk*tur.*

* Möglichkeit, Wahrscheinlichkeit, Hoffnung

Ali her halde (muhakkak, inşallah) evde*dir.*
Ali ist wahrscheinlich (sicherlich, hoffentlich) zu Hause.

* Betonung

Da ‚-dir' für die Betonung der Aussage sorgt, wird die Endung in der Regel auch für Verbote benutzt:

Sigara içmek yasak*tır*: Rauchen (*ist*) verboten.

Bei der Frageform wird das Fragewörtchen vor die Endung eingeschoben:

Acaba Ali evde mi*dir*? (Ob Ali wohl zu Hause ist?)

Die Verneinung erfolgt mit ‚değil‘:

Şef her halde büroda değil*dir*.

Um Möglichkeit, Wahrscheinlichkeit und Hoffnung auszudrükken, kann die Endung allen Personalendungen angefügt werden:

Yarın her halde (belki, inşallah, muhakkak) evdey*imdir*.
Ich bin morgen wahrscheinlich (vielleicht, hoffentlich, sicher) zu Hause.

In allen ihren Verwendungsbereichen kann die Endung auch an die Strukturwörter ‚var‘, ‚yok‘ und ‚lazım‘ angehängt werden:

İstanbul'da çok güzel camiler var*dır*.
Ankara'da deniz yok*tur*.
Peter Türkçe öğreniyor. Her halde ona bir Türkçe kitabı lazım*dır*.

Die Aoristform vom Hilfsverb ‚olmak‘: ‚olur‘ wird häufig als Synonym für die Endung ‚-dir‘ gebraucht:

Yazın Antalya çok sıcak olur (statt ‚sıcak*tır*‘);
Mehmet bu akşam muhakkak otelde olur (statt ‚otelde*dir*‘).

Wie die Endung ‚-dir‘ kann auch ‚olur‘ für andere Personen außer bei der 3. Person gebraucht werden:

Yarın her halde evde olur-um. (Morgen bin ich wahrscheinlich zu Hause.)

Die Verneinung erfolgt mit der verneinten Aoristform für ‚olmak‘:

Yarın her halde büroda olmam: Morgen bin ich wahrscheinlich nicht im Büro.
Yarın belki üniversitede olmazsın: Morgen bist du vielleicht nicht in der Uni.
Kışın Antalya soğuk olmaz: Im Winter ist (es in) Antalya nicht kalt, usw.

Aufgabe: Spielen Sie mit Ihrem Lernpartner den Dialog D 2, auch auf Deutsch! Haben Sie schon die Lösung für das Rätsel? Wenn nicht, schauen Sie im ‚Schlüssel‘ nach. Bei den Sprichwörtern ist zwar die deutsche Entsprechung angegeben, aber können Sie die Sprichwörter auch wörtlich übersetzen? Versuchen Sie es!
Machen Sie die Übungen 6 und 7!

3. Der Infinitivsatz mit ‚um ... zu‘

Der Infinitivsatz mit ‚um . . . zu‘ wird im Türkischen mit dem Infinitiv und dem Verhältniswort ‚için‘ gebildet:

Markus genç kal*mak için* spor yapar: Markus treibt Sport, um jung zu bleiben.

Sieglinde Türkçe öğren*mek için* kurslara devam etti: Sieglinde besuchte Kurse, um Türkisch zu lernen.

Die Infinitivkonstruktion kann auch am Satzanfang stehen:

Genç kalmak için Markus spor yapar.
Türkçe öğrenmek için Sieglinde kurslara devam etti.

Bei der Verneinung wird der Infinitiv durch ‚-me/-ma‘ negativisiert:

Kilo al*mamak için* az yemek yiyorum: Um nicht zuzunehmen, esse ich wenig.

Aufgabe: Lesen Sie den Text T 1 und versuchen Sie ihn mit Hilfe der Grammatik und ‚Wörterkiste‘ zu verstehen.
Spielen Sie mit Ihrem Lernpartner die Dialoge D 1b, c, d, auch auf Deutsch!
Machen Sie Übung 8, S/Ü 1–2 und B/Ü 2.

4. Entsprechung für ‚nicht nur ... sondern auch‘

In D 2 sagt die Angestellte zu Sieglinde und Markus:
„Ege ve Akdeniz Bölgeleri'nde yalnız güzel değil aynı zamanda tarihi kentler bulursunuz."
„In den Ägäischen- und den Mittelmeerregionen finden Sie nicht nur schöne, sondern auch historische Städte."

„Nicht nur ... sondern auch" wird ausgedrückt durch „yalnız ... değil, aynı zamanda ...", wobei „yalnız" mit dem Synonymwort „sadece" ausgetauscht werden kann:
Ali yalnız (oder sadece) saz değil aynı zamanda gitar çalar:
Ali spielt nicht nur Laute, sondern auch Gitarre.

Das zweite Bezugswort kann auch mit der Partikel ‚de‘ (‚da‘) (auch) erweitert werden:
Markus yalnız halk müziği değil aynı zamanda sanat müziği de sever.

Aufgabe: Machen Sie Übung 9!

5. Endungen an Zahlwörtern

5.1. Distributivzahlen (üleştirme sayıları)

Mehmet ile Nuri *birer* kadeh rakı içtiler.
Mehmet und Nuri tranken *je ein* Glas Raki.
Çocuklar *üçer* elma yedi.
Die Kinder aßen *je drei* Äpfel.

Nach vokalischem Auslaut am Zahlwort wird ein ‚ş‘ als Bindekonsonant eingeschoben: iki-ş-er (je zwei), altı-ş-ar (je sechs) usw.

Das Zahlwort mit Distributivendung wird häufig mit ‚tane‘ erweitert:
Çocuklar ikişer tane elma yedi.

Aufgabe: Machen Sie Übung 10!

Die Distributivzahlen können Sie auch als Adverb gebrauchen:

ikişer ikişer: zwei und zwei

5.2. die Endung ‚-z' (-ling)

Für ‚Zwilling', ‚Drilling' usw. wird die Endung ‚-z' benutzt:

iki: iki-*z*-ler: Zwillinge.

Nach vokalischem Auslaut am Zahlwort wird ein Bindevokal eingeschoben, der der großen Vokalharmonie unterliegt:

üç: üç-ü-z; beş: beş-i-z usw.

5.3. die Endung ‚-ce'

Diese Endung (kleine Vokalharmonie, Variante ‚-ca') wird an die Pluralform großer Zahlen (yüz, bin, milyon) angehängt: yüzlerce (hunderte von ...), binlerce (tausende von ...) usw. usw.

6. Rechnen auf Türkisch

Die Rechungsarten und -zeichen sind:
toplama: Addition: artı (plus)
(aus ‚toplamak': addieren)

çıkarma: Subtraktion: eksi (minus)
(aus: çıkarmak: subtrahieren)

çarpma: Multiplikation: çarpı (mal)
(aus ‚çarpmak': multiplizieren)

bölme: Division: bölü (durch)
(aus ‚bölmek': teilen)

und: eşit*tir* (*ist* gleich)

Z. B.:

on artı beş eşittir on beş / on eksi beş eşittir beş

10 + 5 = 15 10 − 5 = 5

on çarpı beş eşittir elli / on bölü beş eşittir iki
10 × 5 = 50 10 : 5 = 2

In der Umgangssprache nimmt man aber oft die Form ‚eder' (macht), die dem Ergebnis nachgestellt wird:

on eksi beş beş eder
10 – 5 5
macht

Bei der Addition benutzt man in der Umgangssprache oft ‚daha' statt ‚artı'; vergleichen Sie:

on beş daha on beş eder / on artı beş eşittir on beş
10 + 5 15 10 + 5 = 15
und macht

Bei der Multiplikation sagt man in der Umgangssprache ‚kere' statt ‚çarpı':

on kere beş elli eder.
10 mal 5 50
macht

Aufgabe: Machen Sie Übung 11!

Zusatzaufgabe: Lernen und verwenden Sie die Wendungen in W 4, die mit Aorist gebildet werden!

7. Grammatik zum Weiterlernen

7.1. Zu einigen Verbformen

In Ü 1 und Ü 2 begegnen Sie Verben wie ‚dikiş dikmek' und ‚örgü örmek'. ‚Dikmek' heißt ‚nähen' und ‚örmek' ist ‚stricken', wenn Sie diese Verben mit einem Objekt gebrauchen, z. B.:

Bir elbise diktim: ich habe ein Kleid genäht;
Bir kazak ördüm: Ich habe einen Pulli gestrickt.

Wenn Sie aber diese Verben ohne ein Objekt gebrauchen, müssen Sie Ergänzungen wie ‚dikiş' (Näharbeit) oder ‚örgü' (Strickarbeit) verwenden, z. B.:

Dün dikiş diktim: Gestern habe ich genäht.
Her gün örgü örerim: ich stricke jeden Tag.

7.2. böyle-şöyle-öyle

‚Böyle', ‚şöyle', ‚öyle', die sich aus den Demonstrativpronomen ‚bu-şu-o' ableiten, bedeuten ‚so' und entsprechen in ihrer Unterscheidung und Funktion den Eigenschaften von ‚bu-şu-o'.

Idiomatisiert ist ‚öyle' in der Frageform: Öyle mi? So?
Idiomatisiert ist ‚şöyle' als ‚folgendermaßen', ‚folgendes', z. B.: ‚Şöyle yapın' (Tun Sie folgendes).

Darüber hinaus kann ‚şöyle' eine abwertende Bedeutung haben:

Şef Mehmet'e şöyle bir baktı: Der Chef hat Mehmet (prüfend, mit Verachtung, ohne ihn ernst zu nehmen) angeschaut.

Sie kennen bereits die Wendung ‚şöyle böyle' in der Bedeutung ‚es geht, so la la', die aber auch ‚so etwa, ungefähr' bedeuten kann:

Mehmet şöyle böyle on beş yıldır Almanya'da yaşıyor: Mehmet lebt so etwa (ungefähr) seit 15 Jahren in Deutschland.

‚Böyle bir', ‚şöyle bir', ‚öyle bir' bedeuten ‚so ein(e)', ‚solch-'. Die entsprechenden Adverbformen sind: böylece (oder böylelikle), şöylece (oder şöylelikle), öylece (öylelikle): auf diese Weise, derart, so.

Mit der Possessivendung der 3. Person:

böylesi (şöylesi, öylesi): so etwas; in der Deklination mit ‚n' als Füllkonsonant vor der Fallendung:

Böylesi*n*i hiç bilmiyorum. So etwas kenne ich gar nicht.

Im Plural:

böyle*leri*, şöyle*leri*, öyle*leri*: solche (als Pronomen):

Böyle insanlar çok para kazanır. / Böyleleri çok para kazanır.
Solche Leute verdienen viel Geld. / Solche verdienen viel Geld.

13 Wörterkiste

W 1

acele etmek	sich beeilen
acı	(hier:) ranzig, kaputt
akıl	Verstand
alt-	unter (Adjektiv)
araba kullanmak	Auto fahren
araba sürmek	Auto fahren
arabesk	eine Art modische Musik
artı	plus
asansör	Lift, Aufzug
at	Pferd
ata binmek	reiten
aynı zamanda	gleichzeitig (s. yalnız ...)
badem	Mandel (Delikatesse zum Raki)
bağırmak	schreien
balık tutmak	fischen, angeln
başka	ander-
bayılmak (mit Dativ)	(hier:) sehr gern haben, schwärmen für
bir süre sonra	nach einer Weile, nach einiger Zeit
biriktirmek	(hier:) sparen
birbirine uymak	zusammenpassen
bisiklete binmek	radfahren
boş zaman	Freizeit
bölme	Division
bölmek	teilen, dividieren
bölü	(geteilt) durch
böyle	so (s. C.7.2)
böylece	auf diese Weise (s. C.2.2)
bu yüzden	deshalb
buna	(hier:) daran, das
canlı	(hier:) rege, bunt, bewegt
çalışma odası	Arbeitszimmer
çalmak	s. kapıyı çalmak; kırağı çalmak
çam	Tanne
çarpı	mal (beim Rechnen)
çarpma	Multiplikation
çarpmak	(hier:) multiplizieren
çeşitli	(hier:) verschieden
çıkarma	Subtraktion
çıkarmak	subtrahieren
çıkmak	(hier:) verlassen
çiçek	Blume
çocuk odası	Kinderzimmer
çok sık	sehr oft
daha	(hier:) plus
dal	Zweig
deniz manzarası	Blick übers Meer
denize girmek	im Meer baden

devam etmek	s. yola devam etmek
dikiş	Näharbeit
dikiş dikmek	nähen (s. C.7.1)
dikmek	(hier:) nähen
dilemek	wünschen
diskotek	Diskothek
diyar (Altw.)	Land
dizi film	Fernsehserie
doğa	Natur (Neuw.)
doğum kontrol hapı	Antibabypille
doğurmak	gebären
dolmak	voll werden, sich füllen
dövmek	schlagen
durmadan	ständig, unaufhörlich
düşünür	Denker
eder	macht (beim Rechnen)
eğlence yeri	Vergnügungslokal
eksi	minus
eşit	gleich
eşittir	ist gleich (beim Rechnen)
ezberlemek	auswendig lernen
Federal Almanya Cumhuriyeti	Bundesrepublik Deutschland
fıstık	Pistazie
geniş	breit
gerçekten	wirklich
geri almak	zurückbekommen
geri götürmek	zurückbringen
gezi	(hier:) Reise
gök	Himmel
görülmeğe değer	sehenswert
görülmeğe değer yerler	Sehenswürdigkeiten
günlerden bir gün	eines Tages
hafta sonu	Wochenende
haklısın(ız)	du hast (Sie haben) recht
halk	Volk
halk müziği	Volksmusik

harika	(hier:) sehr schön
hatırın(ız) için	dir (Ihnen) zu liebe
hava	Wetter; Luft; Klima
hayat (Altw.)	Leben
hiç zahmet olur mu	das macht doch keine Mühe
ılık	lauwarm
ikiz(ler)	Zwillings-, (Zwillinge)
ikram etmek	anbieten
ilerletmek	erweitern (Kenntnisse usw.)
iltifat	Kompliment
iltifat etmek	Kompliment machen
inanmak (mit Dativ)	glauben
iskambil	Kartenspiel
iskambil oynamak	Karten spielen
kâfi	genug
kalabalık	voll, überfüllt
kapıyı çalmak	(an der Tür) klingeln, läuten
karayolları	Verkehrsstraßen, Autobahnnetz
karayolları haritası	Straßenkarte
kaynamak	kochen, sieden
kazan	Kessel
kelime	(hier:) Vokabel
kere	mal (beim Rechnen)
kırağı	Reif
kırağı çalmak	(hier:) schaden, beschädigen
kilim	Kelim
kilo almak	zunehmen, dick werden
kilo vermek	abnehmen, schlank werden
kirli	schmutzig
klasik	klassisch
klasik müzik	klassische Musik
konfor	Komfort
konforlu	komfortabel
korku	Angst, Furcht

korku filmi	Horrorfilm
kul	(hier:) Mensch
kullanmak	(hier:) fahren
kutu	Schachtel
küçücük	ganz klein, winzig
limonata	Limonade
memleket (Altw.)	Land, Heimat
meze	kleine Speisen zum Raki
milli	national
milli kıyafet	Nationaltracht
mimar	Architekt
modern	modern
motif	Motiv
muhakkak	sicher, sicherlich
mum	Kerze
Nasreddin Hoca	eine bedeutende Figur der türk. Volksliteratur, vergleichbar mit Eulenspiegel
nemli	feucht
neşelenmek	fröhlich werden, in Stimmung kommen
okur	Leser
okuryazar	wer lesen und schreiben kann
olmaz	(hier:) es gibt nicht
olur	(s. C.2.)
opera	Oper
orman	Wald
oturmak	(hier:) sich setzen
oturma odası	Wohnzimmer
ödünç almak	sich (bei jdm etw.) ausleihen
ölmek	sterben
Ölüdeniz	Totes Meer (bei Fethiye)
öpmek	küssen
örgü	Strickarbeit
örgü örmek	stricken (s. 7.1.)
örmek	stricken
öyle	so (s. C.7.2.)
polisiye film	Krimi

programm	Programm
rahat	gemütlich; bequem
rejim yapmak	Diät machen
roman	Roman
sakin	(hier:) ruhig
Samsun	(hier:) türk. Zigarettenmarke
sanat	Kunst
sanat müziği	Kunstmusik (im Gegensatz zu Volksmusik)
satranç	Schachspiel
sefer	(hier:) Fahrt, Reise
sevinmek	sich freuen
seyahat (Altw.)	Reise
seyahat etmek (Altw.)	reisen
sık sık	oft
sınav	Prüfung
sohbet	Unterhaltung
sohbet etmek	sich unterhalten
söyleşmek	Neuw. zu sohbet etmek
spor	Sport
spor yapmak	Sport treiben
sözcük	Neuw. für kelime
su kayağı	Wasserski
süre	Dauer, Weile s. bir süre sonra
sürekli	(hier:) regelmäßig
süslü	verziert
şaşırmak	staunen, sich wundern
şimdilik	vorläufig
şöyle	so (s. C.7.2.)
şöyle böyle	(hier:) ungefähr (s. C.7.2.)
tabiat (Altw.)	Natur
tahmin	Vermutung
tahmin etmek	vermuten
tarihi	historisch
tarla	Feld, Acker
TCDD	s. Türkiye Cumhuriyeti Devlet ...

tencere	Kochtopf
tenis	Tennis
tercih	Bevorzugung, Vorzug
tercih etmek	bevorzugen, vorziehen
toplama	Addition
toplamak	(hier:) addieren
TRT	Abk. für Türkische Rundfunk- und Fernsehanstalt
turistik eşya	für Touristen interessante Sachen (zum Kaufen)
turizm	Fremdenverkehr
turizm bürosu	Fremdenverkehrsbüro
tutmak	(hier:) fangen (s. balık tutmak)
Türkiye Cumhuriyeti	Türkische Republik
Türkiye Cumhuriyeti Devlet Demiryolları	Staatliche Eisenbahn der Türkischen Republik (etwa wie DB)
ummak:	hoffen
umarım	ich hoffe
uymak	passen, s. birbirine uymak
üst	ober- (Adjektiv)
vapur seferi	Schiffverbindung
vazife	Pflicht
vazifemiz	aber bitte, gern geschehen
yağmurlu	regnerisch
yalancı	Lügner
yalnız ... değil aynı zamanda	nicht nur ... sondern auch
yanmak	brennen
yasak	(hier:) verboten
yaş	(hier:) Alter
yaşam	Leben (Neuw.)
yaşantı	s. yaşam
yatak	Bett
yatak odası	Schlafzimmer
yatsı	Zeit nach Sonnenuntergang (volkstümlich)
yazar	Schriftsteller
yeni	(hier:) vor kurzem
yeter, yeterli	genug, ausreichend
yetmek	genügen, ausreichen
yola devam etmek	weiterfahren
yüzlerce	hunderte von (s. C.5.c)
yüzmek	schwimmen
zahmet	Mühe
zahmet etmeyin(iz)	machen Sie bitte keine Umstände
zayıflamak	(hier:) abnehmen, schlank werden

W 2 (grammatische Termini)

geniş zaman	Aorist
üleştirme sayıları	Distributivzahlen

W 4 (Umgangssprachliches: Wendungen im Aorist)

Allah bilir	Gott weiß
başarılar dilerim (von: dilemek: wünschen)	ich wünsche viel Erfolg
ellerinizden öper	formelhafte Antwort, wenn gefragt wird, wie es Ihrem Kind geht (wörtl.: er, sie küßt Ihre Hand, als Geste des Respekts)

ellerinden öperim	formelhafter Briefschluß in einem Brief an einen viel älteren Verwandten (wörtl.: ich küsse Deine Hand, als Geste des Respekts)
gözlerinden öperim	formelhafter Briefschluß in einem Brief an einen guten Freund (wörtl.: ich küsse Deine Augen, als Geste der Freundschaft)
kim bilir?	wer weiß?
kutlarım	ich gratuliere, herzlichen Glückwunsch
von: kutlamak	gratulieren
ne dersin(iz)?	was meinst du (was meinen Sie?)
olmaz	das geht nicht (strikte Ablehnung)
olur	okay, in Ordnung
olur mu?	geht es, geht das? okay?
olur olmaz	x-beliebig, passend oder nicht passend
sen bilirsin	wie du willst
siz bilirsiniz	wie Sie wollen
tebrik ederim	Altw. für kutlarım
(von: tebrik (Glückwunsch), tebrik etmek)	Altw. für kutlamak
yeter!	jetzt reicht's aber aus!

14

Lektion 14: Size Yardım Edebilirim

Grammatik:

1. Entsprechung für die Modalverben ‚können' und ‚dürfen'; Möglichkeits- und Unmöglichkeitsform; Fähigkeit
2. Vergangenheit und Futur der Möglichkeits- und Unmöglichkeitsform
3. Funktionswörter: ancak, yoksa, nihayet
4. Wortbildungsendungen: ‚-ci'; ‚-lik' (Berufe)
5. Beanstandungen
6. Pronomen mit Possessivendungen (ander-, manch-, meist; einer-keiner-jemand-niemand-jeder-alle; alles-etwas-nichts; irgendein-irgendwo; überall; der-, die-, dasselbe)

Sprechsituationen:

1. Möglichkeit, Unmöglichkeit und Fähigkeit ausdrücken
2. Verbotsschilder verstehen
3. Hotel, Zimmersuche, Anmeldung
4. Unterhaltung über Hobbys
5. Beanstandungen

14 A

S 1

Yarın akşam bana gelebilir misin ?
Evet, gelebilirim, vaktim var.

Gelecek hafta bana uğrayabilir misiniz ?
Maalesef uğrayamam, hiç vaktim yok.

Hakan yarın bana bir Türkçe sözlük alabilir mi ?
Her halde alamaz, yarın onun çok işi var.

S 2

a) Pencereyi kapatabilir miyim ?
Tabii kapatabilirsiniz.
Burada sigara içmek serbest mi ?
Okuma bilmiyor musunuz ? Bakın, [orada ne yazıyor:
Sigara içmek yasaktır !

b) Burada park etmek serbest mi ?
Hayır, burada park etmek yasaktır.

c) Sigara ister misin ?
Hayır, teşekkür ederim, benim sigara içmem yasak, doktorum izin vermiyor.

d) Burada çadır kurabilir miyiz ?
Hayır. Burada çadır kurmak yasak ve [tehlikelidir.
Nerede kamp yapabiliriz ?
Marmaris'te kamp yapabilirsiniz.

S 3

Yüzme biliyor musun ?
Evet, biliyorum. Ya sen ?

Araba kullanmasını biliyor musun ?
Hayır, ehliyetim yok.

Herta Türk yemekleri pişirmesini biliyor mu ?
Tabii biliyor, onun kocası Türk.

S 4

Dün mektubu yazabildin mi ?
Hayır, yazamadım, misafir geldi.
Markus Türkçe konuşabiliyor mu ?
Daha pek iyi konuşamıyor ama, kursa gidiyor.
Yakında çok iyi Türkçe konuşabilecek.

T/D 1

Sieglinde ile Markus Ege Bölgesi'ni gezdiler. Şimdi Akdeniz Bölgesi'ni gezmek istiyorlar. Bu akşam otobüsle Marmaris'e geldiler. Marmaris, Anadolu'nun güneybatısında şirin bir tatil kasabası. Sieglinde ile Markus, Marmaris'te deniz kenarında bir otel veya pansiyon arıyorlar.

Otelde

(kişiler: resepsiyoncu, Sieglinde, Markus)

R.: Buyurun, efendim.

M.: Boş odanız var mı ?

R.: Oda ayırttınız mı ?

S.: Hayır, oda ayırtmadık.

R.: Kaç kişilik ve kaç gecelik olsun ?

M.: İki kişilik ve iki gecelik.

R.: Tek yataklı boş odalar var ama, iki yataklı yok galiba. Ama bir dakika, size yardım edebilirim, sanıyorum. İki yataklı bir odamız şimdi boşaldı, yalnız iki gece için orada kalabilirsiniz.

S.: Harika! Duşlu mu yoksa banyolu mu ?

R.: Maalesef yalnız duşlu.

M.: Zararı yok.

R.: Şu kayıt formülerini doldurun, lütfen. Buyurun, anahtarınız.

S.: Kahvaltı saat kaçta ?

R.: Kahvaltı saat yediden dokuz buçuğa kadar ama, otelimizin restoranı devamlı açıktır. Orada her saat yemek yiyebilirsiniz.

M.: Bizi yarın sabah saat yedide uyandırabilir misiniz ?

R.: Tabii, efendim. Bagajınız nerede ?

S.: Fazla bagajımız yok, sadece iki valiz.

R.: Size hamal lazım mı ?

M.: Hayır, valizleri yalnız taşıyabilirim.

... Ertesi sabah

M.: Bir şikâyette bulunmak istiyorum.

R.: Buyurun ?
M.: Odamızda bir havlu ve bir yatak takımı eksik. Bize bir havlu, bir yastık, bir çarşaf ve ince bir yorgan gönderebilir misiniz ?
R.: Tabii efendim, baş üstüne.

T/D 2

Sieglinde ile Markus Marmaris'teki otelde genç bir Türk çift, Nesrin ve Faruk'la, tanışıyorlar. Otelin plajında sohbet ediyorlar.

Plajda
(kişiler: Nesrin, Faruk, Markus, Sieglinde)

F.: Markus Bey, demek siz sporla ilgileniyorsunuz.
M.: Evet, bilhassa su kayağını çok severim.
F.: Dağa da çıkabilir misiniz ?
S.: Tabii. Markus Münihli, Alpler'i avucunun içi gibi bilir.
N.: Siz de su kayağı yapmasını biliyor musunuz ? Su kayağı zordur.
S.: Ben pek sporla ilgilenmem, Nesrin Hanım.
N.: Sizin meraklarınız nedir, efendim ?
S.: Seyahat ve edebiyat.
N.: Ben de edebiyatla çok ilgilenirim.
F.: Nesrin çok güzel yemek de pişirebilir. Siz Türk yemekleri pişirmesini biliyor musunuz, Sieglinde Hanım ?
S.: Biraz biliyorum, efendim, ama öğreniyorum.
F.: Mesleğiniz ne, Markus Bey, ne iş yapıyorsunuz ?
M.: Aslında mühendisim ama, bu ara işsizim. İstanbul 'daki Alman firmalarında iş arıyorum.
F.: O halde meslektaşız. Ben de mühendisim. Hanımım ise öğretmenlik yapıyor.

Karikatur (karikatür)

(aus: Fırt)

14 B

Ü 1 a) **Pervin-bisiklete binmek / evet-hayır:**
Pervin bisiklete binebilir mi ? / Evet, binebilir-Hayır, binemez.

1. Gürkan-tavla oynamak / evet-hayır
2. Servet-dikiş dikmek / evet-hayır
3. Ruth-örgü örmek / evet-hayır
4. Dietmar-araba-tamir etmek / evet-hayır
5. (sen)-piyano çalmak / evet-hayır
6. (siz)-araba kullanmak / evet-hayır
7. öğrenciler-ata binmek / evet-hayır
8. Filiz-iyi-dans etmek / evet-hayır

b) Pervin bisiklete binmesini biliyor mu ? / Evet biliyor-Hayır bilmiyor.

1. Gürkan-tavla-oynamak ...
2.
3.
4.
5.
6.
7.
8.

Ü 2 Bir terzi dikiş dikebilir ama, radyo tamir edemez. Bir elektrikçi ...

terzi	dikiş dikmek
elektrikçi	radyo tamir etmek
fırıncı	ekmek yapmak
yazar	kitap yazmak
balıkçı	balık tutmak
şarkıcı	şarkı söylemek
berber	saç kesmek
dişçi	diş çekmek
pastacı	pasta yapmak
ressam	resim yapmak ...

Ü 3 Türkçe'ye tercüme edin!

1. Erol kann nicht singen, aber er kann gut tanzen.
2. Kann Nesrin Auto fahren?
3. Darf ich Sie morgen besuchen?
4. Konntest du gestern den Brief zur Post bringen?
5. Markus wird bald türkische Zeitungen lesen können.

Ü 4 **Bilden Sie passende Fragesätze mit ‚können' und ‚dürfen' (‚-ebil / abil', ‚-mesini bilmek', ‚-mek serbest mi') zu den Verneinungssätzen!**

1. Hayır, yüzme bilmiyorum.
2. Hayır, ehliyetim yok.
3. Hayır, sporla pek ilgilenmiyorum.
4. Hayır, burada sigara içmek yasaktır.
5. Hayır, fırıncı değilim.
6. Hayır, pencereyi açmayın lütfen, burası soğuk.
7. Hayır, burada park yapmak yasaktır.
8. Hayır, berber değilim.

Ü 5 **a) (sen)-dün-mektup-yazmak: Dün mektubu yazabildin mi ?**
Hayır, yazamadım. Ancak yarın yazabileceğim.

1. (siz)-dün-kitap-okumak
2. Nesrin-dün-Türk yemeği pişirmek
3. Markus-dün-su kayağı yapmak
4. Sieglinde-dün-Türkçe çalışmak
5. (sen)-dün-piyano çalmak
6. Faruk-dün-satranç oynamak
7. öğrenciler-dün-tenis oynamak

b) (sen)-kitap-okumak / nihayet:
Kitabı okudun mu ? / Evet, nihayet okuyabildim.

1. Hans-Türkçe öğrenmek
2. Ayla-yemek pişirmek
3. Deniz-mektup yazmak
4. Tamer-kahvaltı etmek
5. (siz)-rakı içmek

c) (sen) acele etmek / trene yetişmek:
Acele et, yoksa trene yetişemezsin.

1. (siz) az yemek yemek / kilo vermek
2. (sen) Türkçe öğrenmek / Türkiye'de iş bulmak
3. (sen) erken yatmak / erken kalkmak
4. (siz) Türkçe gazete okumak / Türkçe öğrenmek

Ü 6 Leiten Sie Wörter ab!

1. eine Briefmarke zu 35 TL: otuz beş liralık posta pulu
2. eine Reise für zwei Wochen: ...
3. ein Zimmer für zwei Personen: ...
4. ein Kurs für 20 Studenten: ...
5. ein Besuch für drei Tage: ...
6. ein Auto für 15 000 DM: ...
7. Urlaub für drei Wochen: ...
8. ein Zimmer für vier Nächte: ...

Ü 7 Leiten Sie Wörter mit den Endungen -ci und/oder -lik ab und geben Sie jeweils die deutsche Entsprechung an!

çocuk	gazete	yol
şarkı	göz	söz
genç	anne	ağaç
kapı	sigara	odun

Ü 8 (ben)-şarkı: Şarkıcıyım. / Şarkıcılık yapıyorum.

a. (siz)-diş
b. Nuri-pasta
c. (biz)-elektrik
d. İbrahim-kapı
e. Doğan-gazete
f. (biz)-ayakkabı
g. (siz)-fırın

Ü 9 Soruları cevaplandırın!

1. Marmaris hakkında ne biliyorsunuz ?
2. Sieglinde ile Markus otelde oda bulabiliyorlar mı ?
3. Sieglinde ile Markus'un fazla bagajı var mı ?
4. Markus neden şikâyette bulunmak istiyor ?
5. Nesrin ne ile ilgileniyor ?
6. Sizin meraklarınız ne ?
7. Sieglinde Türk yemekleri pişirmesini biliyor mu ?
8. Siz Türk yemekleri pişirmesini biliyor musunuz ?

B/Ü 1 Erzählen Sie bitte Ihrem Lernpartner, was diese Personen alles können!

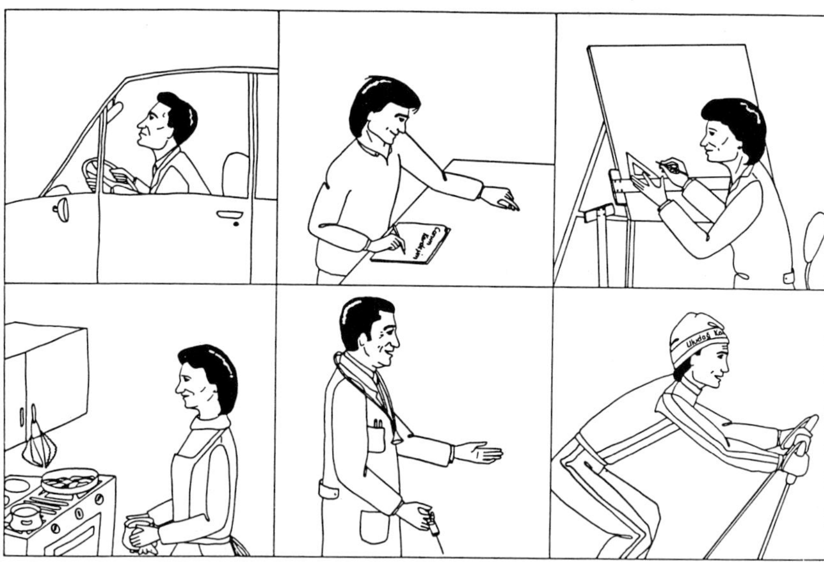

B/Ü 2 **Fragen Sie Ihren Lernpartner, was man hier darf. Bei Pluszeichen erwarten Sie eine positive bei Minuszeichen eine negative Antwort.**

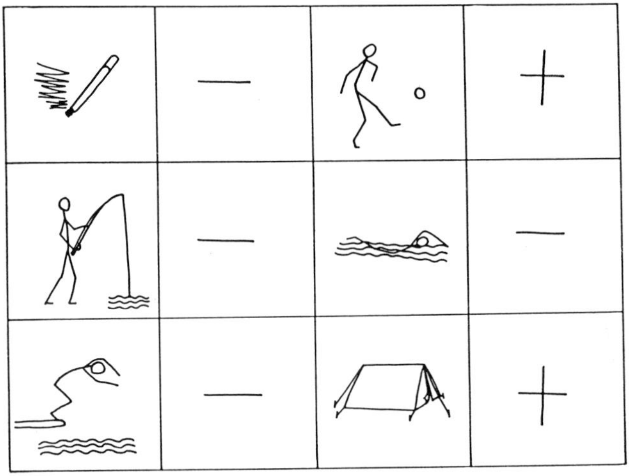

B/Ü 3 **Sie suchen Zimmer bei einem Hotel. Spielen Sie mit Ihrem Lernpartner einen Dialog!**

B/Ü 4 **Sie unterhalten sich mit einem türkischen Bekannten über Ihre Hobbys. Spielen Sie den Dialog mit Ihrem Lernpartner!**

B/Ü 5 **Sie möchten etwas reklamieren, zurückgeben und/oder umtauschen. Spielen Sie mit Ihrem Lernpartner den Dialog!**

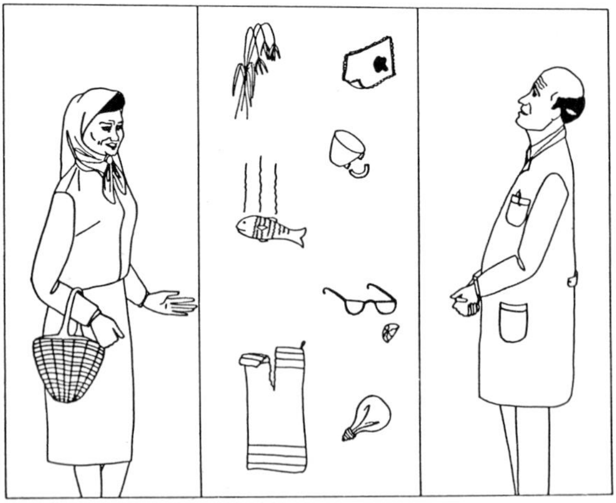

14 c

1. Entsprechung für die Modalverben ‚können' und ‚dürfen'

1.1. Die Partikel ‚-ebil / -abil'

Das Suffix, das die Modalität für ‚können' und ‚dürfen' ausdrückt, ist ‚-ebil' (kleine Vokalharmonie, Variante ‚-abil'). Es ist durch die Verbindung eines Verbs mit ‚bilmek' (wissen) entstanden:

gelmek	bilmek	gel-ebil-mek:	kommen können,
almak	bilmek	al-abil-mek:	kaufen können.

Nach vokalisch auslautendem Verbstamm wird ein ‚y' als Bindekonsonant eingeschoben:

okumak: oku-y-abil-mek.

Bei den Verben ‚gitmek', ‚etmek' und ‚tatmak' wird das t am Verbstamm weich:

gid-ebil-mek: gehen (fahren) können.

Das durch das Anfügen von ‚-ebil / -abil' abgeleitete Verb wird im Aorist konjugiert, weil ‚-ebil / -abil' die Möglichkeit ausdrückt und somit in den Verwendungsbereich des Aorist fällt:

gel-ebil-ir-im	al-abil-ir-im
gel-ebil-ir-sin	al-abil-ir-sin
gel-ebil-ir	al-abil-ir
gel-ebil-ir-iz	al-abil-ir-iz
gel-ebil-ir-siniz	al-abil-ir-siniz
gel-ebil-ir-ler	al-abil-ir-ler

Der Verwendung des bestimmten Präsens auf ‚-yor' begegnet man in seltenen Situationen, z. B. wenn die Handlung augenblicklich geschieht oder vorübergehend ist:

Bu ara iyi uyu-y-abil-iyor-um: Zur Zeit kann ich gut schlafen.

* Frageform

Das Fragewörtchen wird vor die Personalendung eingeschoben, in der 3. Person im Plural aber nachgestellt:

gel-ebil-ir miyim?	gel-ebil-ir miyiz?
gel-ebil-ir misin?	gel-ebil-ir misiniz?
gel-ebil-ir mi?	gel-ebil-ir-ler mi?

* Verneinung

Die Unmöglichkeitsform wird durch die Endung ‚-eme' (kleine Vokalharmonie, Variante ‚-ama') ausgedrückt:

gel-eme-mek: nicht kommen können,
al-ama-mak: nicht kaufen können.

Die Konjugation erfolgt in der Regel im Aorist und in o. g. begrenzten Fällen mit dem bestimmten Präsens:

gel-eme-m	al-ama-m
gel-eme-zsin	al-ama-zsın
gel-eme-z	al-ama-z
gel-eme-yiz	al-ama-yız
gel-eme-zsiniz	al-ama-zsınız
gel-eme-zler	al-ama-zlar

Aber:
Markus henüz çok iyi Türkçe konuş*amıyor.* (Markus kann noch nicht sehr gut Türkisch sprechen.)

In der Konjugation mit dem bestimmten Präsens wird das ‚a' (bzw. ‚e') an der Unmöglichkeitspartikel zu ‚ı' (bzw. zu ‚i'):

gel-emiyor-um, gel-emiyor-sun ...
al-amıyor-um, al-amıyor-sun ...

Verneinende Frage:

gel-eme-z miyim?	al-ama-z mıyım?
gel-eme-z misin?	al-ama-z mısın?
gel-eme-z mi?	al-ama-z mı?

gel-eme-z miyiz?	al-ama-z mıyız?
gel-eme-z misiniz?	al-ama-z mısınız?
gel-eme-zler mi?	al-ama-zlar mı?

Aufgabe: Spielen Sie mit Ihrem Lernpartner den Dialog S 1, auch auf Deutsch!
Machen Sie die Übungen 1a, 2 und B/Ü 1!

1.2. Das Modalverb ‚dürfen' wird durch die Partikel ‚-ebil' ausgedrückt, wenn es sich um höfliche Fragen handelt, z. B.:

Burada sigara içebilir miyim? Darf ich hier rauchen?
Burada sigara içebilirsiniz: Sie dürfen hier rauchen.
Burada sigara içemezsiniz: Sie dürfen hier nicht rauchen.

Bei der Frage ‚darf man ...' gebraucht man den Infinitiv mit dem Wort ‚serbest' (frei, im Sinne von ‚erlaubt') mit dem Fragewörtchen:

Burada sigara içmek serbest mi? Darf man hier rauchen?

Das Modalverb ‚dürfen' im Sinne von ‚keine Erlaubnis haben' wird so ausgedrückt:

Sigara içmem yasak (Ich darf nicht rauchen).
Wörtlich: Mein Rauchen (ist) verboten.

Hierfür brauchen Sie folgende Konstruktion:

Das Verb wird substantiviert, indem das ‚-k' der Infinitivendung weggelassen wird: sigara içme (das Rauchen). Dem substantivierten Verb wird die Possessivendung angefügt: sigara içme-m: mein Rauchen

Aufgabe: Spielen Sie mit Ihrem Lernpartner den Dialog S 2a, b, c, d, auch auf Deutsch!

1.3. ‚Können' als Fähigkeit

In S 2 begegnen Sie der Form:
Okuma bilmiyor musunuz? Können Sie nicht lesen?

Wenn das Modalverb ‚können' nicht die Möglichkeit, sondern die Fähigkeit ausdrückt, wird das substantivierte Verb mit dem Hilfsmodalverb ‚bilmek' gebraucht, wobei ‚bilmek' in diesem Fall häufiger im bestimmten Präsens als im Aorist konjugiert wird:

Yüzme biliyorum (yüzme bilirim): Ich kann schwimmen.

Der Gebrauch des substantivierten Verbs ohne Endung gilt jedoch nur für die Verben ‚okumak', ‚yüzmek' und ‚okumak yazmak', z. B.:

Mehmet okuma yazma biliyor: Mehmet kann lesen und schreiben (im Sinne von ‚nicht Analphabet' sein).

Bei den anderen Verben wird das substantivierte Verb in den Akkusativ gesetzt:

Nesrin araba kullanma-y-ı biliyor mu? Kann Nesrin Auto fahren?
Herta Türk yemeklerini pişir*meyi* biliyor mu? Kann Herta türkische Gerichte kochen?
Filiz dans et*mey*i biliyor mu? Kann Filiz tanzen?

In der Umgangssprache jedoch wird die Akkusativendung am substantivierten Verb durch die Endung ‚-sini' (kleine Vokalharmonie, Variante: ‚-sını') ersetzt:

Faruk piyano çalma*sını* biliyor mu? Kann Faruk Klavier spielen?
Sieglinde Türk yemekleri pişirme*sini* biliyor mu? Kann Sieglinde türkische Gerichte kochen?
Tavla oynama*sını* biliyor musun? Kannst du Tricktrack spielen?

Aufgabe: Spielen Sie mit Ihrem Lernpartner den Dialog S 3, auch auf Deutsch!
Machen Sie die Übungen 1b und 4, sowie B/Ü 2!

Da es im Türkischen keinen Infinitiv für die Modalverben gibt, können diese auch nicht allein gebraucht werden, z. B. ‚ich kann' oder ‚ich kann nicht'. Das übergeordnete Verb muß in einem Antwortsatz immer wiederholt werden, aber Sie können das Objekt weglassen, z. B.:

– Yarın bana gelebilir misin?
– Evet, gelebilirim.

Nur in der Fähigkeitsform können Sie das Hilfsmodalverb ‚bilmek' ohne das Verbindungsverb in einem Antwortsatz gebrauchen, z. B.:

– Piyano çalmasını biliyor musun?
– Evet, biliyorum.

1.4. Vergangenheit und Futur der Möglichkeitsform

Die Endung für die Möglichkeitsform wird durch die Endung der Vergangenheitsform bzw. das Futursuffix erweitert:

gel-ebil-di-m: ich konnte kommen / gel-ebil-eceğ-im: ich werde kommen können.

gel-ebil-di-n / gel-ebil-ecek-sin
gel-ebil-di / gel-ebil-ecek
gel-ebil-di-k / gel-ebil-eceğ-iz
gel-ebil-di-niz / gel-ebil-ecek-siniz
gel-ebil-di-ler / gel-ebil-ecek-ler

Frageform:

gel-ebil-di-m mi?	gel-ebil-ecek miyim?
gel-ebil-di-n mi?	gel-ebil-ecek misin?
gel-ebil-di- mi?	gel-ebil-ecek mi?
gel-ebil-di-k mi?	gel-ebil-ecek miyiz?
gel-ebil-di-niz mi?	gel-ebil-ecek misiniz?
gel-ebil-di-ler mi?	gel-ebil-ecek-ler mi?

Verneinung:

gel-eme-di-m	gel-eme-y-eceğ-im
gel-eme-di-n	gel-eme-y-ecek-sin
gel-eme-di	gel-eme-y-ecek
gel-eme-di-k	gel-eme-y-eceğ-iz
gel-eme-di-niz	gel-eme-y-ecek-siniz
gel-eme-di-ler	gel-eme-y-ecek-ler

Verneinende Frage:

gel-eme-di-m mi?	gel-eme-y-ecek miyim?
gel-eme-di-n mi?	gel-eme-y-ecek misin?
gel-eme-di mi?	gel-eme-y-ecek mi?
gel-eme-di-k mi?	gel-eme-y-ecek miyiz?
gel-eme-di-niz mi?	gel-eme-y-ecek misiniz?
gel-eme-di-ler mi?	gel-eme-y-ecek-ler mi?

Aufgabe: Spielen Sie mit Ihrem Lernpartner den Dialog S 4, auch auf Deutsch!
Machen Sie Übung 3!

2. Funktionswörter ‚ancak', ‚nihayet', ‚yoksa'

2.1. ancak

In Übung 5a heißt es:

Dün mektubu yazabildin mi? Konntest du gestern den Brief schreiben?
Hayır, ancak yarın yazabileceğim. Nein, ich werde (ihn) erst morgen schreiben können.

Das Funktionswort ‚ancak' bedeutet hier also ‚erst' (temporal). In der Vergangenheitsform gebraucht, kann ‚ancak' auch ‚erst gerade' oder ‚endlich' heißen:

Ancak geldim: Ich bin erst gerade gekommen.
Ancak gelebildim: Endlich konnte ich kommen.

Oder aber ‚ancak' bedeutet: knapp, gerade, mit Mühe und Not: Ancak trene yetişebildim.

Das Funktionswort ‚ancak' bedeutet aber auch: nur, allein:

Ancak bir tane Türkçe kitabım var: Ich habe nur ein (einziges) Türkischbuch.

‚Ancak' heißt ebenso: aber, jedoch, indessen:

Dün seni ziyaret etmek istedim, ancak vaktim yoktu.

In der Umgangssprache wird ‚ancak' ohne ‚k', also als ‚anca' gebraucht.

2.2. nihayet

In Übung 5b heißt es:

Kitabı okuyabildin mi? (Konntest du das Buch lesen?)
Evet, nihayet okuyabildim. (Ja, ich konnte (es) endlich lesen).

Das Funktionswort ‚nihayet' heißt also ‚endlich', das Neuwort dazu ist ‚sonunda'.

2.3. yoksa

Sie kennen ‚yoksa' als ‚oder' in Fragesätzen. ‚Yoksa' hat aber auch eine andere Bedeutung als ‚sonst':

Acele et, yoksa trene yetişemezsin (Beeile dich, sonst kannst du den Zug nicht erreichen).

In dieser Bedeutungsebene sind die Synonyme für ‚yoksa':

‚aksi halde', ‚aksi takdirde' (andernfalls).

Aufgabe: Machen Sie die Übungen 5a, b und c!
Spielen Sie mit Ihrem Lernpartner die Dialoge ‚Otelde' und ‚Plajda', auch auf Deutsch.
Machen Sie Übung 9 und B/Ü 3, B/Ü 4!

3. Wortbildungsendungen

3.1. Die Endung ‚-ci'

Die Funktion dieser Endung ist die Ableitung von Berufsbezeichnungen. Das Suffix ‚-ci' ist betont und unterliegt der großen Vokalharmonie: ‚cı/-cü-/-cu' nach stimmlosen Konsonanten: -çi/-çı/-çü/-çu.

Das Stammwort ist in der Regel ein Substantiv, selten ein Verb:

balık: Fisch, balıkçı: Fischer
kapı: Tür, kapıcı: Pförtner
gazete: Zeitung, gazeteci: Journalist, Zeitungsverkäufer
odun: Brennholz, oduncu: Holzfäller, Holzverkäufer
okumak: lesen, oku-y-ucu: Leser
yüzmek: schwimmen, yüzücü: Schwimmer

Durch diese Endung kann auch Anhängerschaft ausgedrückt werden, z. B.:

akşam (Abend), akşamcı: Nachtschwärmer (oder jemand, der zwar kein Trinker ist, aber abends gerne sein Gläschen trinkt, oder: jemand, der in Nachtschicht arbeitet bzw. Nachtdienst hat.)

3.2. Die Endung ‚-lik'

Auch diese Endung ist betont und unterliegt der großen Vokalharmonie: ‚-lık/-lük/-luk'. Sie hat verschiedene Funktionen:

* Ableitung von Gebrauchsgegenständen und Ortsbezeichnungen

göz: Auge, gözlük: Brille
söz: Wort, sözlük: Wörterbuch
gece: Nacht, gecelik: Nachthemd
ağaç: Baum, ağaçlık: Baumhain, kleiner Wald
kömür: Kohle, kömürlük: Kohlenschuppen

* Entsprechung für die Verhältniswörter ‚für', ‚zu'

Als Sieglinde und Markus ein Zimmer im Hotel suchen, fragt der Mann bei der Rezeption:

Kaç kişilik ve kaç gecelik olsun?
Für wieviele Personen und für wieviele Nächte soll es sein?

Oder:

50 Lira*lık* posta pulu: eine Briefmarke zu 50 Lira;
20000 Mark*lık* araba: ein Auto zu 20000 DM.

Lernen Sie auch die Bezeichnungen:

yazlık (wörtl. ‚für Sommer bestimmt') Sommer-, z. B. yazlık ev: Sommerhaus;
kışlık (wörtl. ‚für Winter bestimmt') Winter-, z. B.: kışlık manto: Wintermantel.

Den Ausdruck ‚aylık' (für ... Monate) gebraucht man auch bei Altersangabe von weniger als einem Jahr:

Bebeğim dokuz aylık: Mein Baby ist 9 Monate alt.

Aber als Substantiv ist ‚aylık' Monatsgehalt.

* Ableitung von Abstrakta

çocuk: Kind, çocukluk: Kindheit
güzel: schön, güzellik: Schönheit
hasta: krank, hastalık: Krankheit

Die Entsprechung ist aber nicht immer ‚-heit', denn ‚-lik' leitet auch Kollektiva ab;

Türk: Türke, Türklük: Türkentum,
Müslüman: Moslem, Müslümanlık: Islam,
Hıristiyan: Christ, Hıristiyanlık: Christentum,

und dient als Bezeichnung einer Aufgabe oder eines Amtes:

anne: Mutter, annelik: Mutterschaft,
baba: Vater, babalık: Vaterschaft,

müdür: Direktor; müdürlük: Direktoriat (oder: Beruf eines Direktors),
sekreter: Sekretär, sekreterlik: Sekretariat (oder Beruf eines Sekretärs).

Da die Endung ‚-lik' auch Amt und Beruf ausdrückt, wird sie bei der Angabe des Berufs häufig benutzt, wie z. B. Faruk in T/D 2 sagt:

Hanımım öğretmen*lik* yapıyor: Meine Frau ist Lehrerin (wörtl.: ‚übt den Lehrberuf aus').

Die Endungen ‚-ci' und ‚-lik' können auch zusammen gebraucht werden, z. B. göz (Auge), gözlük (Brille), gözlükçü: Optiker, oder: yol (Weg), yolcu (Reisende), yolculuk: Reise, oder: gazete (Zeitung), gazeteci (Journalist), gazetecilik: Journalismus; Publizistik.

Aufgabe: Machen Sie die Übungen 6, 7 und 8! Verstehen Sie die Karikatur? Als was arbeitet jetzt Hüsnü?

4. Die Wörtchen ‚tek' und ‚çift,

In T/D 1 sagt der Mann an der Rezeption:

Tek yataklı boş odalar var:
Es sind Einbettzimmer frei.

Das Adjektiv ‚tek' (einzeln, auch: einzig, allein) wird im Deutschen in Zusammensetzungen mit ‚Ein-', ‚Einzel-' wiedergegeben, z. B. ‚tek kişilik oda' (Einzelzimmer).

‚Tek' bedeutet auch das Einzelstück von einem Paar, z. B.:

papucun teki: der eine Schuh, eldivenin teki: der eine Handschuh.

Lernen Sie auch die Ableitungen:

tek başına: allein; unbegleitet; ohne fremde Hilfe (Synonym: yalnız başına);

tek sayı: ungerade Zahl;
teker teker: einzeln, gesondert, getrennt; einer nach dem anderen.

In T/D 2 lernen Sieglinde und Markus am Strand ‚genç bir Türk çift' (ein junges türkisches Paar) kennen.
Das Wort ‚çift' bedeutet nicht nur bei Menschen, sondern auch bei Sachen ‚Paar': bir çift pabuç (ein Paar Schuhe).
Als Adjektiv ist ‚çift' das Gegenteil von ‚tek' (doppelt, Doppel-), kann aber wie im Deutschen durch das Zahlwort ‚zwei' ersetzt werden:

çift yataklı oda: Doppelzimmer,
iki yataklı oda: Zweibettzimmer.

Lernen Sie auch die Ableitungen:

çift sayı: gerade Zahl,
çifter çifter: je zwei (gesondert); paarweise.

5. Beanstandungen

Bei Beanstandungen sagen Sie wie Markus in T/D 1:

Bir şikâyette bulunmak istiyorum: Ich möchte mich (über etwas) beschweren, ich möchte etwas reklamieren. (Man kann auch sagen: ‚Bir şikâyetim var'.)

Z. B.: Bir şikâyette bulunmak istiyorum. Bu kazağın bir hatası var. Onu geri verebilir miyim? Dieser Pulli hat einen Fehler. Kann ich ihn zurückgeben?

oder:

Bu mantonun bir düğmesi eksik. Başkasıyla değiştirebilir miyim? An diesem Mantel fehlt ein Knopf. Kann ich ihn mit einem anderen umtauschen? (zu der Form ‚başkası' s. unten 6.2.)

Aufgabe: Machen Sie B/Ü 5!

6. Grammatik zum Weiterlernen

6.1. Die Form ‚-meyebilir'

Eine unterschiedliche Struktur der Unmöglichkeitsform ist ‚-meyebilir' (kleine Vokalharmonie: ‚-mayabilir'), wenn statt der Verneinungspartikel ‚-eme/-ama' das sonst übliche Verneinungssuffix ‚-me/-ma' mit der Möglichkeitspartikel gebraucht wird: gel-me-y-ebil-mek.

Mit dieser Struktur ändert sich aber die Bedeutung: Partiye gel-me-y-ebil-irsin: Du mußt (brauchst) nicht zur Party (zu) kommen.

Oder:

Yarın büroya gel-me-y-ebil-ir-im: Es kann sein, daß ich morgen nicht ins Büro komme.

Auch die Unmöglichkeitspartikel kann mit der Möglichkeitspartikel zusammen gebraucht werden:
gel-*eme*-y-*ebil*-mek:
Mehmet yarın fabrikaya gel-eme-y-ebil-ir:
Vielleicht kann Mehmet morgen nicht in die Fabrik kommen.

Also:

-me-y-ebil- drückt aus:
a) nicht müssen, nicht brauchen (zu)
b) es kann sein, daß ...

-eme-y-ebil- drückt aus:
vielleicht ... kann ... nicht

6.2. Pronomen mit Possessivendungen

-ander-, manch-, meist-

‚başka' bedeutet ‚ander-' bei der Unbestimmtheit:
Plajda başka turistler de var: Am Strand gibt es auch andere Touristen.

Bei der Bestimmtheit wird ‚diğer-' (Synonyme: öbür, öteki) gebraucht:

Plaja diğer (öbür, öteki) turistler de geldi:
Auch die anderen Touristen sind zum Strand gekommen.

Wenn ‚başka' und ‚diğer' als Pronomen gebraucht werden, wird ihnen die Possessivendung der 3. Person angefügt:

başka*sı*: ein anderer / diğer*i* (öbür*ü*, aber nur öteki): der (die, das) andere,

im Plural:

başka*ları*: andere / diğer*leri* (öbür*leri*, aber: ötekiler): die anderen.

Bei der Deklination wird vor die Fallendung ein ‚n' eingeschoben:

başkası*nı* istemiyorum: ich möchte keinen anderen /
diğeri*ni* (öbürü*nü*, öteki*ni*) istemiyorum: ich möchte den anderen nicht;

im Plural:

başkaları*nı* istemiyorum: ich möchte keine anderen /
diğerleri*ni* (öbürleri*ni*, ötekileri) istemiyorum: ich möchte die anderen nicht.

Ableitungen: başka zaman: ein anderes Mal, diğer günler: Werktage, an Werktagen (im Gegensatz zu ‚tatil günleri' Feiertage).

Auch ‚bazı' (Synonym: kimi) (manch-) wird als Pronomen mit Possessivendungen gebraucht:

bazı*sı* (oder kimisi): mancher,
bazıları (oder kimileri): manche, z. B.:
‚Bazıları sıcak sever' (Manche mögen's heiß).

Vor Fallendung mit ‚n':

Bazılarını dün gördüm: Manche habe ich gestern gesehen.

Auch als Genitivverbindung:

Turistlerin bazılarını dün plajda gördüm: Manche Touristen (wörtl.: manche der Touristen) habe ich gestern am Strand gesehen.

Ableitung: kimi zaman (oder kimi vakit): manchmal.

Ebenso kann ‚çoğu' (meist-) adjektivisch und in Genetivverbindung gebraucht werden:

Çoğu turistler Marmaris'e geldi: Die meisten Touristen sind nach Marmaris gekommen.
Turistlerin çoğu Marmaris'i sever: Die meisten (der) Touristen mögen Marmaris.

Ableitung: çoğu zaman: meistens; auch birçok (viel, mehrere):

Birçok arkadaşlar Bodrum'da tatil yapar: Viele Freunde machen Urlaub in Bodrum.
Arkadaşların birçoğu tatilde Bodrum'a gider: Viele (der) Freunde fahren im Urlaub nach Bodrum.

An diese Wörter können auch die Possessivendungen für andere Personen angehängt werden:

bazı-mız: mancher von uns; bazı-ları-mız: manche von uns
bazı-nız: mancher von euch; bazı-ları-nız: manche von euch/ Ihnen;
çoğu-muz: die meisten von uns,
çoğu-nuz: die meisten von euch;
birçoğu-muz (oder birçok-ları-mız): viele von uns,
birçoğu-nuz (oder birçok-ları-nız): viele von euch.

Die gleichen Konstruktionen sind auch mit ‚birkaç' (einige) möglich:

birkaç-ımız: einige von uns, birkaç-ınız: einige von euch ...

* Possessivendungen werden auch Zahlwörtern angefügt:

bir-imiz: einer von uns	iki-miz:	wir beide
bir-iniz: einer von euch	iki-niz:	ihr beide
	iki-si	beide (als Pronomen)

Erweiterung durch ‚hiç' und ‚her':

hiç bir-imiz: keiner von uns,
her iki-miz: jeder von uns beiden,
her birimiz: jeder von uns,
her iki-si: beide (als Pronomen),

aber:

her iki: beide (als Adjektiv):

her iki çocuk: beide Kinder; im Satz meistens durch die Partikel ‚de' erweitert: Her iki çocuk da geldi: Beide Kinder sind gekommen.

Aber:

Her ikisi de geldi: Beide sind gekommen, auch in Fügung: Çocukların (her) ikisi de geldi. Beide (der) Kinder sind gekommen.

* einer – keiner / jemand – niemand / jeder – alle

biri (oder birisi) ist ‚einer', ‚jemand';
hiç biri (oder hiç birisi) ist ‚keiner':

Turistlerin yalnız birisi bakır eşyalar aldı: Nur einer der Touristen hat Kupfersachen gekauft.
Turistlerin hiç birisi bakır eşyalar almadı: Keiner der Touristen hat Kupfersachen gekauft.
(Doppelte Verneinung bei ‚hiç'!)

kimse: jemand (bei Verneinung ‚niemand'):

Kimse beni sordu mu? Hat jemand nach mir gefragt?
Kimse seni sormadı. Niemand hat nach dir gefragt.

Auch:

Hiç kimse seni sormadı.

herkes: jeder, alle:

Sinan'ın partisine herkes geldi: Jeder ist (alle sind) zu Sinans Party gekommen.

hepsi: alle (im darauffolgenden Satz nach ‚bütün': vgl. Lektion 10):

Sinan'ın partisine bütün arkadaşlar geldi mi?
Evet, hepsi geldi. (auch in Fügung: Arkadaşlar*ın* hepsi geldi.)

Außer ‚kimse' und ‚herkes' wird bei der Deklination dieser Pronomen vor der Fallendung ein ‚n' als Bindekonsonant eingeschoben:

Elmaların hepsi*n*i yedik: Wir haben alle (der) Äpfel gegessen.

Merken Sie: * hepimiz (wir alle), hepiniz (ihr alle):

Dün hepinizi plajda gördüm. Ich habe euch gestern alle am Strand gesehen.

* alles-etwas-nichts

Sie wissen bereits, daß ‚hepsi' ‚alle, alles' bedeutet und ohne Bezugswort gebraucht wird. Die Personen oder Sachen, auf die sich ‚hepsi' bezieht, müssen bekannt oder vorher genannt sein. Wenn aber ‚alles' sich nur auf Sachen bezieht, ohne Bezug auf Bekanntes oder vorher Genanntes, wird ‚her şey' verwendet:

Her şey çok güzel: Alles ist schön.

Auch mit Fallendung:

Her şey*i* gördüm: Ich habe alles gesehen.

Sie kennen auch bereits, daß ‚bir şey' ‚etwas' bedeutet, z.B.:

Başka bir şey istiyor musunuz? Möchten Sie sonst noch etwas? (vgl. Lektion 5).

Mit einem verneinten Verb gebraucht, bedeutet jedoch ‚bir şey' ‚nichts': Bir şey bilmiyorum (Ich weiß nichts). Es kann durch ‚hiç' (vgl. Lektion 10, C.2.) hervorgehoben werden:

Hiç bir şey' bilmiyorum: Ich weiß gar nichts.

Auch ‚her şey' und ‚(hiç) bir şey' können mit Possessivendungen gebraucht werden:

Her şey*im* var: Ich habe alles (wörtl.: Mein Alles gibt es).
Hiç bir şeyi*m* yok: Ich habe nichts (wörtl.: Mein Nichts gibt es).

* Possessivendungen können auch Fragewörtern angefügt werden:

kaç-ımız: wieviele von uns? kaç-ınız: wieviele von euch?
hangi-miz: welche(r) von uns? hangi-niz: welche(r) von euch?

* irgendein

her hangi ist ‚irgendein' als Adjektiv:
her hangi bir yerde: irgendwo (wörtl.: an irgendeinem Platz),
her hangi bir zaman: irgendwann (wörtl.: in irgendeiner Zeit),
wird aber auch als Pronomen gebraucht:
her hangi biri: irgendjemand.

* Entsprechung für ‚überall'

Das Adverb ‚überall' wird durch ‚her yer' (wörtl.: jeder Platz) ausgedrückt, wenn es im Deutschen ‚überall ist es ...' heißt, z. B.:

İstanbul'da her yer güzel: Überall ist es schön in Istanbul.
Akdeniz Bölgesi'nde her yer sıcak: Überall ist es warm in der Mittelmeerregion.

Die Konstruktion ‚her yer' kann auch mit Fallendungen versehen werden:

Türkiye'de her yer*i* gezdim: In der Türkei habe ich überall besichtigt (wörtl.: ich habe jeden Ort besichtigt).
Istanbul'da her yer*e* gittim: In Istanbul bin ich überall hingegangen.

‚Überall gibt es …' wird mit der Lokativendung ausgedrückt:

Her yer*de* kar var: Überall gibt es Schnee.

‚Von überall' wird mit der Ablativendung ausgedrückt:

Her yer*den* konuklar geldi: Von überall kamen Gäste.

An ‚her yer' können auch Possessivendungen angefügt werden:

Her yer-im ağrıyor: Mir tut es überall weh (wörtl.: mein Überall schmerzt).

Und ‚her yer' kann auch in Genitivverbindungen stehen:

Türkiye'*nin* her yer*i* güzel: Überall in der Türkei ist es schön (wörtl.: Jeder Ort der Türkei ist schön).

* der-, die-, dasselbe als Pronomen

Das Adjektiv ‚aynı' (gleich) wird auch mit der Possessivendung der 3. Person gebraucht: aynısı (der-, die-, dasselbe; der, die, das gleiche).
Aynısı*nı* aldım: Ich habe denselben (dieselbe, dasselbe) gekauft.
Mantonun aynısını aldım: Ich habe den gleichen Mantel gekauft.

(Oder: aynı mantoyu aldım.)
Im Plural: aynıları (dieselben, die gleichen),
aynıları*nı* çarşıda gördüm: Ich habe die gleichen im Basar gesehen.

6.3. In T/D 2 sagt Sieglinde: Markus Alpler'i avucunun içi gibi bilir: Markus kennt die Alpen wie seine Hosentasche.
Die Wendung leitet sich auch von ‚avuç' (Handfläche) und ‚iç' (das Innere) ab. Bei der Konjugation muß die entsprechende Possessivendung gebraucht werden:

İstanbul'u avuc*um*-un içi gibi bilirim: Ich kenne Istanbul wie meine Hosentasche, usw.

6.4. Die Endung ‚-lik' an einem Grundwort in Verbindung mit dem Hilfsverb ‚etmek' leitet oft Wendungen ab wie:

(aus: akıllı: klug) akıllılık etmek: klug handeln,
(aus: aptal: dumm) aptallık etmek: eine Dummheit begehen,
(aus: çocuk: Kind) çocukluk etmek: sich wie ein Kind benehmen,
(aus: deli: verrückt) delilik etmek: eine Verrücktheit begehen,
(aus: eşek: Esel, eşeklik: Eselei) eşeklik etmek: sich wie ein Esel benehmen.

6.5. Die Endung ‚-ci' kann auch an das Fragewort ‚ne' angefügt werden: neci (etwa: von welchem Beruf), z. B.:

Ahmet neci? Was macht Ahmet beruflich?

14 Wörterkiste

W 1

ağaçlık	Baumhain (s. C.3.b)
akıllı	klug
aksi halde aksi takdirde	sonst, andernfalls
akşamcı	Nachtschwärmer (s. C.3.a.)
Alpler	die Alpen
anahtar	Schlüssel
ancak	erst (zeitlich) (s. C.2.a.)
annelik	Mutterschaft (s. 3.b.)
aptallık	Dummheit (s. C.6.4.)
aslında	(hier:) eigentlich
ateş	Feuer
ateş yakmak	Feuer machen
avucunun içi gibi bilmek	wie seine Hosentasche kennen (s. C.6.3.)

ayırtmak	(hier:) reservieren, buchen
aylık	Monatsgehalt (s. C.3.b.)
aynısı	der- (die-, das-) selbe (s. C.6.2.f.)
babalık	Vaterschaft (s. C.3.b.)
bagaj	Gepäck
balıkçı	Fischer
başka zaman	ein anderes Mal
başkası	ein anderer (s. C.6.2.a.)
berber	Friseur
bir şikâyette bulunmak	sich über etwas beschweren, etwas reklamieren
birçok	viele, mehrere
boş odanız var mı?	haben Sie Zimmer frei?
bu ara	zur Zeit
çadır	Zelt
çadır kurmak	zelten
çalışmak	(hier:) lernen (für ein bestimmtes Fach)
çarşaf	Bettlaken
çekmek	ziehen
çevre	Umgebung, Umwelt
çift	Paar (s. C.4.)
çift sayı	gerade Zahl
çifter çifter	je zwei (gesondert); paarweise (s. C.4.)
çocukluk	Kindheit
çoğu zaman	meistens
dağa çıkmak	Berg steigen
değiştirmek	(hier:) umtauschen
delilik	Verrücktheit (s. C.6.4.)
devamlı	ständig
dikkat	(hier:) Achtung
dişçi	Zahnarzt
düğme	Knopf
ekmek yapmak	Brot backen

eksik: ... -i eksik	vom (von der) ... fehlt ein(e) ...
elektrikçi	Elektriker
en sonunda	letzten Endes
eşek	Esel
eşeklik	Eselei (s. C.6.4.)
fırıncı	Bäcker
gazeteci	Journalist; Zeitungsverkäufer (s. C.3.a.)
gazetecilik	Publizistik (s. C.3.b.)
geri vermek	zurückgeben
gözlükçü	Optiker
güzellik	Schönheit
hamal	Gepäckträger
havlu	Handtuch
hepimiz	wir alle
hepiniz	ihr alle
her hangi	irgendein-
her iki	beide (s. C.6.2.b.)
her ikisi (de)	beide (s. C.6.2.b.)
her şey	alles
her yer	überall
herkes	jeder, alle (s. C.6.2.c.)
Hıristiyan	Christ
Hıristiyanlık	Christentum
(... ile) ilgilenmek	sich interessieren (für)
iki yataklı oda	Zweibettzimmer, Doppelzimmer
ikisi	beide (s. C.6.2.b.)
ince	dünn
izin	Erlaubnis
izin vermek	erlauben, Erlaubnis erteilen
kaç gecelik	für wieviel Nächte (s. C.3.b.)
kaç kişilik	für wieviel Personen (s. C.3.b.)
kamp	Camping
kapıcı	(hier:) Pförtner
kasaba	Kleinstadt

kayıt formüleri	Anmeldeformular
kesmek	(hier:) schneiden
kışlık	für Winter bestimmt, Winter-
kimi	manch-
kimi vakit / kimi zaman	manchmal
kirletmek	verunreinigen
kömür	Kohle
kömürlük	Kohlenschuppen
kurmak	(hier:) aufschlagen (Zelt)
merak	(hier:) Hobby
meslek	Beruf
mesleğin(iz) ne?	was ist dein (euer/Ihr) Beruf
müdür	Direktor
müdürlük	Direktoriat (s. C.3.b.)
mühendis	Ingenieur
Müslüman	Mohammedaner
Müslümanlık	Islam
nihayet	endlich
odun	Brennholz
oduncu	Holzfäller, Holzverkäufer
okuma bilmek	lesen können (s. C.1.c.)
okuyucu	Leser
öbür	ander (s. C.6.2.a.)
öğretmenlik yapmak	den Lehrberuf ausüben (s. C.3.b.)
öteki	ander (s. C.6.2.a.)
pansiyon	Pension, Gasthof
park etmek / park yapmak	parken
pasta yapmak	Kuchen backen
pastacı	Konditor
piyano	Klavier
plaj	(Bade-)Strand
resepsiyon	Rezeption (Hotel)
resepsiyoncu	Empfangschef (Hotel)
resim yapmak	malen

ressam	Maler
restoran	Restaurant
sekreterlik	Sekretariat (s. C.3.b.)
serbest	frei (hier: erlaubt)
... serbest mi?	darf man ...?
söz	Wort (Plural Worte)
şarkı	Lied
şarkı söylemek	singen
şarkıcı	Sänger
şikâyette bulunmak	s. bir şikâyette bulunmak
şirin	süß, lieb, nett
tamir etmek	reparieren
tanışmak (mit ‚ile')	kennenlernen
taşımak	tragen
tatil günleri	Feiertage
tavla	Tricktrack (orientalisches Brettspiel)
tek	einzeln (s. C.4.)
tek başına	allein (s. C.4.)
tek sayı	ungerade Zahl
tek yataklı oda	Einzelzimmer (s. C.4.)
teker teker	einzeln, gesondert (s. C.4.)
terzi	Schneider
Türklük	Türkentum (s. C.3.b.3.)
uyandırmak	wecken
valiz	(kleinerer) Koffer, Reisekoffer
yalamak	(auf-, ab- aus-)lekken
yalnız	(hier:) allein
yalnız başına	allein (s. C.4.)
... -mem yasak	ich darf nicht ...
yastık	(hier:) (Kopf-)Kissen
yatak takımı	Bettzeug
yazlık	für Sommer bestimmt, Sommer-
yazmak	(hier:) (geschrieben) stehen

yetişmek (mit Dativ)	(hier:) erreichen	yüzme bilmek	schwimmen können (s. C.1.c.)
yoksa	(hier:) sonst (s. C.2.c.)	yüzücü	Schwimmer
yorgan	(Bett-)Decke	yakmak	verbrennen, s. ateş yakmak

W 4 Umgangssprachliches

olabilir	kann sein	tanıştırabilir miyim?	darf ich bekannt machen?, darf ich vorstellen?
olamaz	das ist nicht möglich; kommt nicht in Frage; das gibt's doch nicht		

15

Lektion 15: Vapura Yetişmemiz Gerek

Grammatik:

1. Notwendigkeitsform: Entsprechungen für das Modalverb ‚müssen': gerek (lazım), mecbur olmak, zorunda olmak, -meli/-malı
2. Vergangenheit und Futur der Notwendigkeitsform;
3. ‚müssen' bei Hilfsverben und als Ausdruck der Wahrscheinlichkeit
4. Rektion der Verben und Entsprechung für den Infinitivsatz mit ‚zu'
5. Postpositionen: dolayı (ötürü), yüzünden; yerine; rağmen (karşın); sırasında (esnasında)
6. Entsprechung für ‚man' bei der Notwendigkeitsform

Sprechsituationen:

1. Notwendigkeit ausdrücken
2. Intentionen und Wünsche ausdrücken
3. Wetterbericht, Wetter- und Naturerscheinungen, Picknick

Aufbauwortschatz:

Wetter- und Naturerscheinungen

Zusatzmaterial:

Wetterbericht aus einer türkischen Zeitung

15 A

S 1

a) Bu akşam ne yapıyorsun ?
Bu akşam ders çalışmam gerek. Yarın Türkçe sınavım var.
Ya sen bu akşam ne yapıyorsun ?
Benim erken yatmam gerek. Yarın sabah trenim saat altı buçukta hareket ediyor. Trene yetişmeye mecburum, yoksa işe geç kalırım ve şefim kızar.

b) Nesrin zayıflamaya mecbur mu ?
Hayır, Nesrin zayıflamaya mecbur değil. Nesrin şişman değil, kilo vermeye ihtiyacı yok.

c) Dün evde yiyecek hiç bir şey yoktu. Alışveriş yapmam gerekti. Sen dün ne yaptın ?
Ben dün çok hastaydım. Bütün gün yatmak zorundaydım.

d) Yakında Türkçe öğrenmeye mecbur olacağım.
Neden Türkçe öğrenmeniz gerekecek ?
Çünkü okulda Türk öğrencilerim olacak.

S 2

a) Çok borcum var ama, hiç param yok. Borçlarımı nasıl ödeyeceğim, bilmiyorum.
Borçlarını ödemelisin.
Evet ama, nasıl ?

b) Sigara içmemen gerek.
Evet, haklısın. Çok öksürüyorum. Artık sigara içmemeliyim.

S 3

a) – Türkiye'de çalışma izni almak istiyorum.
– Türkiye'de çalışma izni almak için Türkiye'de işin olmalı.
– Burgazada'da ev tutmak istiyoruz.
– Burgazada'da oturmak için çok paranız olmalı.

b) – Mehmet kaç gündür neden fabrikaya gelmiyor ?
– Bilmiyorum. Her halde hasta olmalı.
– Akın bugün neden toplantıya gelmiyor ?
– Bilmiyorum. Her halde yorgun olmalı.

T 1

İstanbul'da yeni yaşam

Sieglinde kış sömestrinde İstanbul Üniversitesi'nde Türkoloji okumaya başlıyor. Markus da İstanbul'da iş bulmaya ve daha iyi Türkçe konuşmaya çalışıyor. Sieglinde ile Markus Türkiye'de yaşamayı seviyorlar ve şimdilik daha birkaç yıl Türkiye'de kalmayı düşünüyorlar. Markus spor yapmaya, Sieglinde Türkçe kitaplar okumaya devam ediyor. Türk Dili ve Edebiyatı başlangıçta oldukça zor ama, Sieglinde Türkoloji okumaktan korkmuyor.

T 2

Vapura yetişmemiz gerek

Pazar günü Feray, Vural ve arkadaşları piknik yapmak istiyor. Önce hava çok güzel, güneş parlıyor, kuşlar ötüyor. Feray, Vural ve arkadaşları Adalar'a gitmeye karar veriyorlar. Piknik sepetlerine ekmek, beyaz peynir, domates, salatalık, haşlanmış yumurta, kavun ve karpuz koyuyorlar. Tabii mayolarını da

alıyorlar. Sirkeci'den gemiye biniyorlar, Burgazada'da iniyorlar. Faytonla Kalpazankaya'ya gidiyorlar ve yolda şarkılar söylüyorlar. Kalpazankaya'da mayolarını giyiyorlar ve güneşleniyorlar. Fakat hava birdenbire bulutlanıyor ve şiddetli bir rüzgâr esmeye başlıyor. Feray, „eyvah!" diyor, „hava bozuyor." Feray, Vural ve arkadaşları hemen giyiniyorlar ve eşyalarını topluyorlar. O sırada yağmur yağmaya başlıyor. Vural, „on dakika sonra bir vapur var", diyor, „şehre dönmek için vapura yetişmemiz gerek. Vapuru kaçırmamalıyız!"
Fayton bulamıyorlar ve iskeleye doğru koşmaya başlıyorlar. Bardaklardan boşanırcasına yağmur yağıyor. Nefes nefese iskeleye geliyorlar ama, iskele memuru, „vapur bir dakika önce kalktı", diyor. O zaman Feray, Vural ve arkadaşları sahilde bir balıkçı kahvesine çay içmeye gidiyorlar ve titreyerek gelecek vapuru bekliyorlar.

T 3

Hava raporu

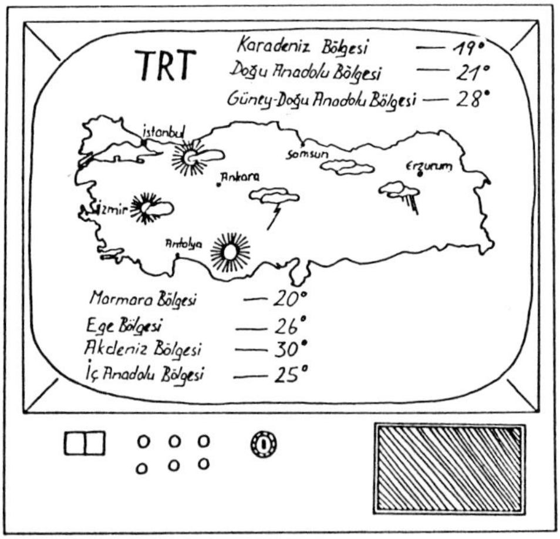

Burası TRT, Türkiye Radyoları ve Televizyonu. Sayın dinleyiciler, şimdi Marmara Bölgesi için yarınki hava raporunu veriyoruz: Yarın sabah hava güneşli ve 20 derece olacak, fakat öğlene doğru kuzeybatıdan rüzgâr esmeye başlayacak. Öğleden sonra hava bulutlu olacak ve ısı gittikçe düşecek ve gece Marmara Bölgesi'nde genellikle yağışlı geçecek. Bursa, Balıkesir ve Bozcaada'da yağmur yağacak, İstanbul ve İzmit'te gece kuru, fakat rüzgârlı geçecek.

T 4

Kötü havaya karşın

Piknik sırasında yağmur yağmaya başladı. Kötü havadan dolayı Feray, Vural ve arkadaşları piknik yapamadı. Şehre dönmek istediler ama, vapuru kaçırdılar. Bu yüzden adada bir kahvede gelecek vapuru beklemek zorunda kaldılar. Domates veya salatalık yerine kahvede pasta ve taze simit yediler. Kötü havaya karşın çok güzel vakit geçirdiler.

T 5

Eşeğin sözü

Bir gün bir komşu hocaya gelir ve ondan eşeğini ödünç almak ister. Hoca eşeğini komşuya vermek istemez ve yalan söyler:
„Eşeğimi pazara gönderdim." Tam o sırada ahırdaki eşek anırmaya başlar. Bunun üzerine komşu Hoca'ya şöyle der:
„Ayıp, Hoca Efendi, bu beyaz sakalına rağmen yalan söylemeye utanmıyor musun?" Hoca da şöyle cevap verir:
„Asıl sana ayıp, komşum. Bu beyaz sakalıma rağmen bana inanmıyorsun ama, eşeğin sözüne inanıyorsun."

Gedichte (Şiirler)

1. Güzel Havalar (Orhan Veli Kanık, 1914–1950)

Beni bu güzel havalar mahvetti,
Böyle havada istifa ettim
Evkaftaki memuriyetimden.
Tütüne böyle havada alıştım,
Böyle havada aşık oldum;
Eve ekmekle tuz götürmeyi
Böyle havalarda unuttum;
Şiir yazma hastalığım
Hep böyle havalarda nüksetti;
Beni bu güzel havalar mahvetti.

2. Kerem Gibi (Nazım Hikmet, 1902–1963)

Hava kurşun gibi ağır
Bağır
        bağır
                bağır
                        bağırıyorum.

Koşun
          kurşun
                    erit-
                          meğe
                                çağırıyorum …

…

Karikaturen (Karikatürler)

1.

(aus: ‚Fırt')

2.

(aus: ‚Milliyet')

Sprichwort (atasözü)

Bilmemek ayıp değil, sormamak ayıp:
Es ist keine Schande, (etwas) nicht zu wissen,
(sondern) eine Schande, nicht zu fragen.

Wetterbericht aus einer türkischen Zeitung

ÇEŞİTLİ KENTLERDE HAVA

	Dün	Bugün
Adana:	31°, p. az B.	32°, p. az B.
Ankara:	23°, sa. si.	22°, sa. si.
Diyarbakır:	26°, a.ve az B.	25°, a.ve az B.
Erzurum:	18°, sa. si.	17°, sa. si.
İstanbul:	21°, sa. si.	20°, sa. si.
İzmir:	24°, p. az B.	25°,p. çok B.
Samsun:	19°, p. çok B.	20°, p. çok B.
New York:	17°, p. az B.	18°, p. az B.
Paris:	14°, sa. si.	15°, sa. si.
Londra:	11°, p. az. B.	12°, çok B. Y
Tokyo:	19°, p. çok. B.	20°, p. çok. B
Frankfurt:	9°, sğ. Y.	10°, sğ. Y.

Y: Yağmurlu, B: Bulutlu, p: Parçalı,
si: Sisli, sa: sakin.

Yine batıdaki yüksek basınç ile güneydeki alçak basıncın etkisindeyiz. Buna göre de, Marmara, Ege ve Doğu Karadeniz bölgeleri parçalı çok bulutlu, diğer yerlerde açık ve az bulutlu geçecek. Ancak, Marmara ile yurdun iç kesimlerinde sabah saatlerinde sis olacak.
Sıcaklıklar ise, biraz artacak.

15 B

Ü 1 **a) (ben)-Türkçe öğrenmek: Türkçe öğrenmem gerek.**

1. (sen)-yarın-doktor-gitmek
2. Gülşen-hafta sonu için-alışveriş etmek
3. öğrenciler-Türkçe kelimeler-öğrenmek
4. Sieglinde-Feray-hediye götürmek
5. (siz)-zayıflamak
6. (ben)-şefin bürosu-gitmek
7. (biz)-Nesrin-telefon etmek
8. Nevzat-yarın-Türkiye-gitmek

b) Bilden Sie die gleichen Sätze mit den Konstruktionen mit ‚mecbur olmak' und ‚zorunda olmak'

Ü 2 **(ben)-Vural-uğramak: Vural'a uğramam gerek mi ?**
Hayır, Vural'a uğraman gerek değil.
Vural'a uğramana gerek yok.
Vural'a uğramaya mecbur değilsin
Vural'a uğramak zorunda değilsin.
Vural'a uğramaya ihtiyacın yok.

a. (sen)-yarın sabah-erken kalkmak
b. (biz)-yarın-büroya gitmek
c. (siz)-bugün-alışveriş etmek
d. Hülya-kilo vermek

Ü 3 Türkçe öğrenmeye mecburum: Türkçe öğrenmeye mecburdum / Türkçe öğrenmeye mecbur olacağım.

a. Peter'in pasaportunu bulması gerek.
b. Her sabah erken kalkmaya mecburuz.
c. Vapura yetişmemiz gerek.
d. Markus Türkiye'de oturma izni almak zorunda.
e. Mehmet'in Kars'taki akrabalarını ziyaret etmesi gerek.
f. Sınavlar için ders çalışmaya mecburum.

Ü 4 (ben)-şimdi-bira içmek / hayır-önce-mektup yazmak: Şimdi bir bira içeyim. / Hayır, önce mektubu yazmalısın.

1. (biz)-şimdi-televizyon seyretmek / hayır-önce-Türkçe çalışmak
2. çocuklar-şimdi-top oynamak / hayır-önce-kitap okumak
3. (ben)-şimdi-sinema-gitmek / hayır-önce-hasta arkadaş-ziyaret etmek
4. (biz)-yeni araba-almak / hayır-önce-borçlar-ödemek
5. (ben)-şimdi-lahmacun yemek / hayır-artık-rejim yapmak

Ü 5 (sen)-(ben)-sigara içmemek: Sigara içmemen lazım. / Evet, sigara içmemeliyim.

1. (siz)-(ben)-çok içki içmemek:
2. (siz)-(biz)-çok geç yatmamak:
3. (sen)-(ben)-çocuklara kızmamak:
4. (siz)-(ben)-fazla kilo almamak:
5. (sen)-(ben)-vapuru kaçırmamak

Ü 6 (sen)-araba kullanmak / ehliyet: Araba kullanmak için ehliyetin olmalı

1. Markus-Türkiye'de çalışmak / çalışma izni
2. Sieglinde-Türkiye'de oturmak / oturma izni
3. (biz)-vapurla Adalar'a gitmek / vapur bileti
4. (siz)-Adalar'da ev tutmak / çok para
5. Peter-Türkiye'ye gitmek / pasaport

Ü 7 Bilden Sie sinnvolle Sätze mit ‚-mem gerek', ‚mecbur olmak', ‚zorunda olmak' oder ‚-meli/-malı', z. B.:
Trene yetişmek için erken kalkmam gerek.

Hülya	trene yetişmek	para biriktirmek
Özcan	izne gitmek	perhiz yapmak
(sen)	zayıflamak	iyi Türkçe bilmek
Sieglinde	iyileşmek	erken kalkmak
(ben)	ıslanmamak	iyice dinlenmek
öğrenciler	vapuru kaçırmamak	şemsiye almak
Gül	Türkoloji okumak	hızlı koşmak

Ü 8 Finden Sie den passenden Satzteil heraus und setzen Sie ihn ein!

1. Markus spor yapmaya ______________________
   a. seviyor
   b. tercih ediyor.
   c. devam ediyor.

2. Faruk iki hafta sonra Adana'da çalışmaya ________
   a. düşünüyor.
   b. başlıyor.
   c. unutuyor.

3. Mehmet artık Türkiye'ye dönmeyi ______________
   a. çalışıyor.
   b. düşünüyor.
   c. karar veriyor.

Ü 9 Bilden Sie Infinitivsätze mit Akkusativ, Dativ und Ablativ, z. B.:
Orhan-yarın-çalışmak / başlamak: Orhan yarın çalışmaya başlıyor.

1. Ruth-Türkler'le sohbet etmek / sevmek
2. Faruk-yeni bir iş bulmak / çalışmak
3. Peter-Türkçe öğrenmek / devam etmek
4. Mehmet-Almanya'da çalışmak / bıkmak
5. Mehmet-Türkiye'ye dönmek / düşünmek
6. Sieglinde-İstanbul'da oturmak / tercih etmek
7. doktor-Nevzat'a içki içmek / yasak etmek
8. Salih-hasta olmak / korkmamak

Ü 10 Geben Sie den Wetterbericht auf türkisch an!

İstanbul:	*Ankara:*	*İzmir:*
sonnig, 20 Grad, aber am Nachmittag bewölkt und etwas Regen	trocken, aber kalt, 9 Grad	zuerst etwas Regen später sonnig und warm, 23 Grad

Balıkesir:	*Erzurum:*	*Antalya:*
zuerst bewölkt, am Nachmittag stark windig, 15 Grad	Schnee, –1 Grad	sonnig, heiß und trocken, 25 Grad

Ü 11 Setzen Sie mit der richtigen Kasusendung ein: dolayı (yüzünden, ötürü) / karşın (rağmen) / sırasında / yerine

1. Filiz bluz .... kazak aldı.
2. Piknik .... yağmur yağmaya başladı.
3. Yağmur .... piknik yapamadık.
4. Kötü hava .... Ada'da güzel vakit geçirdik.
5. Sis .... uçak inemedi.
6. Ders .... öğrenciler sigara içmez.
7. Feray konuklara pasta .... çörek ikram etti.

Ü 12 Setzen Sie ein: bunun yerine; buna rağmen; bundan dolayı (bu yüzden)!

1. Dün hava çok sisliydi ama, uçak .... rötar yapmadı.
2. Dün vaktim yoktu, ... sana gelemedim.
3. Sieglinde kitapçıdan sözlük almadı, ... iki tane roman aldı.
4. Mehmet'in az parası var ama, ... her akşam lokantada yemek yiyor.
5. Dün hava güzeldi, ... öğrenciler ormanda piknik yaptı.
6. Hafta sonunda hava çok soğuktu, ... evden çıkmadık.

Ü 13 Türkçe'ye tercüme edin!

1. Mehmet muß jeden morgen sehr früh aufstehen.
2. Muß ich jetzt Nesrin anrufen ?
3. Du brauchst sie nicht anzurufen, sie wird morgen sowieso bei uns vorbeischauen.
4. Mehmet mußte an der Grenze sieben Stunden warten.

5. Markus wird besser Türkisch sprechen müssen.
6. Ich gehe jetzt schlafen. / Nein, du mußt jetzt für die Prüfung lernen.
7. Um in der Türkei zu arbeiten, muß Markus eine Arbeitserlaubnis haben.
8. Ünal ist heute nicht zur Uni gekommen. Er muß wohl krank sein.
9. Nesrin geht gerne ins Kino, Faruk geht lieber ins Theater.
10. Faruk beginnt nächste Woche, in Adana zu arbeiten.

B/Ü 1 Erzählen Sie Ihrem Lernpartner, was diese Personen jeden Tag tun müssen!

B/Ü 2 Erzählen Sie Ihrem Lernpartner die Geschichte vom Picknick auf der Insel!

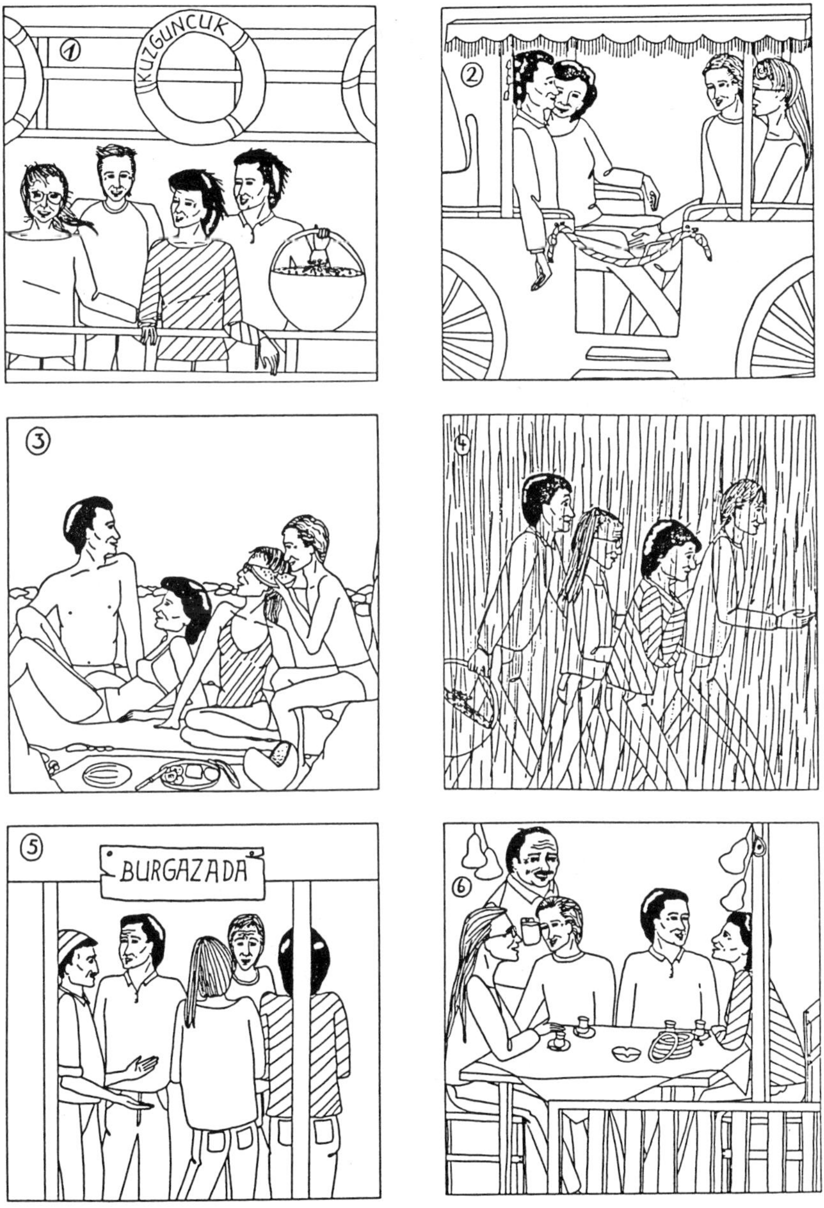

B/Ü 3 Beschreiben Sie das Wetter!

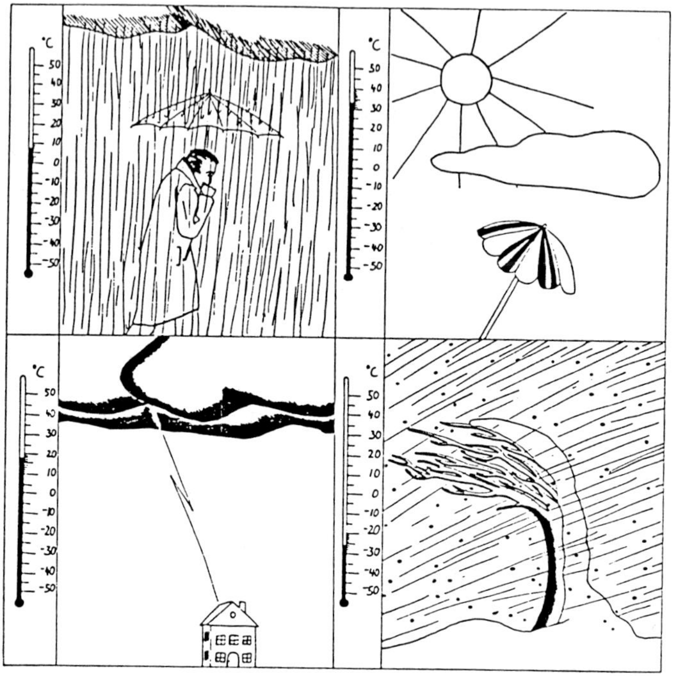

15 c

1. Notwendigkeitsform: Entsprechungen für das Modalverb ‚müssen'

Für die Notwendigkeitsform gibt es im Türkischen verschiedene Ausdrucksmöglichkeiten. Die gebräuchlichste ist mit ‚gerek' (nötig):

1.1. Substantiviertes Verb (durch k-Ausfall verkürzter Infinitiv) mit Possessivendung und ‚gerek':

Türkçe öğrenmek: Türkisch lernen; der Infinitiv wird durch k-Ausfall verkürzt und dadurch wird das Verb substantiviert: Türkçe öğrenme: das Türkischlernen:

(Benim) Türkçe öğrenme-*m*gerek: Ich muß Türkisch lernen. (wörtl.: Mein Türkischlernen ist nötig.)

Das Possessivpronomen wird nach üblichen Regeln (wenn es keine Betonung oder Gegenüberstellung ist) weggelassen:

Türkçe öğrenme-m gerek	Türkçe öğrenme-miz gerek
Türkçe öğrenme-n gerek	Türkçe öğrenme-niz gerek
Türkçe öğrenme-si gerek	Türkçe öğrenme-leri gerek.

Wenn die Person durch ein Substantiv oder einen Namen ausgedrückt werden muß, ist in der 3. Person eine Genitivkonstruktion erforderlich:

Markus'*un* Türkçe öğrenme*si* gerek.
Öğrenciler*in* Türkçe öğrenme*si* gerek.

Statt ‚gerek' wird in der Umgangssprache oft sein Synonym ‚lazım' (nötig, vgl. Lektion 6) gebraucht:

Bugün alışveriş etme*m* lazım. (Heute muß ich einkaufen.)

Man begegnet auch oft der Form:

Alışveriş etme-m gerekiyor („gerekmek' als Vollverb: nötig sein).
Doktora gitme-n gerekiyor.
Metin'in büroya gitmesi gerekiyor, usw.

Veraltet ist die Form mit ‚icap etmek' (nötig sein), beherrschen Sie sie deshalb nur passiv: Alışverişe gitme-m icap ediyor.

1.2. Substantiviertes Verb (durch k-Ausfall verkürzter Infinitiv) mit Dativendung und ‚mecbur':

Etwas stärker ist die Notwendigkeit bei dem Verb ‚mecbur olmak' (müssen, wörtl.: genötigt sein zu). Bei dieser Konstruktion wird an das substantivierte Verb die Dativendung angefügt:

gitmek: gehen, gitme: das Gehen, gitmeye: zum Gehen.
Gitmeye mecburum: Ich muß gehen (wörtl.: Ich bin genötigt zum Gehen).

Bei der Konjugation werden die Personalendungen für das Hilfsverb ‚sein' an das Strukturwort ‚mecbur' angefügt:

gitmeye mecbur*um* gitmeye mecbur*uz*
gitmeye mecbur*sun* gitmeye mecbur*sunuz*
gitmeye mecbur gitmeye mecbur*lar*.

1.3. Der Infinitiv in der Grundform

Noch stärker wird die Notwendigkeit durch das Verb ‚zorunda olmak' (müssen, wörtl.: gezwungen sein) ausgedrückt. Bei dieser Konstruktion wird der Infinitiv in der Grundform gebraucht. Bei der Konjugation werden die Endungen für das Hilfsverb ‚sein' an das Strukturwort ‚zorunda' (gezwungen) angefügt:

Gitmek zorunda*yım* (ich muß – unbedingt – gehen)
zorunda*sın*
zorunda
zorunda*yız*
zorunda*sınız*
zorunda*lar*

Merken Sie:

* Bei der Konstruktion mit ‚gerek' (lazım, gerekiyor, icap ediyor) wird die Person durch die Possessivendung am substantivierten Verb ausgedrückt, bei den Konstruktionen mit ‚mecbur' und ‚zorunda' durch die Personalendung für das Hilfsverb ‚sein' an den Strukturwörtern ‚mecbur' und ‚zorunda'.

1.4. Frageform

Bei der Konstruktion mit substantiviertem Verb und Possessivendung wird das Fragewörtchen nachgestellt:

Yarın gelme-m gerek mi (lazım mı, gerekiyor mu, icap ediyor mu)?
-n
-si
⋮

Die Frageformen ‚gerek mi' (lazım mı, gerekiyor mu, icap ediyor mu) bleiben unverändert.
Eine zusätzliche Möglichkeit für die Frageform ist die Konstruktion der mit der Dativendung erweiterten Possessivendung am substantivierten Verb, wobei hier nur das Strukturwort ‚gerek' (hier: Bedarf) verwendet wird; die Frage wird durch ‚var mı' (gibt es) gestellt:

gelme-m-e gerek var mı: muß ich kommen (wörtl.: gibt es Bedarf nach meinem Kommen?)
-n-e gerek var mı?
si-n-e gerek var mı? usw.

Da die Frageform mit „... -e gerek var mı?' sehr häufig gebraucht wird, beherrschen Sie sie bitte aktiv.
Bei den Konstruktionen mit ‚mecbur' und ‚zorunda' wird das Fragewörtchen vor die Personalendung eingeschoben:

gelmeye mecbur muyum?	gelmek zorunda mıyım?
gelmeye mecbur musun?	gelmek zorunda mısın? usw.

1.5. Verneinung

Bei der Konstruktion mit Possessivendung gibt es drei Möglichkeiten für die Verneinung:

gelme-m gerek (oder lazım) değil
gelme-n gerek (oder lazım) değil, usw.

oder:

gelme-m gerekmiyor (oder icap etmiyor)
gelme-n gerekmiyor (oder icap etmiyor), usw.

oder:

gelme-m-e gerek yok
gelme-n-e gerek yok, usw.

Da die Person durch die Possessivendung am substantivierten Verb ausgedrückt wird, sind die Verneinungsformen ‚gerek

(oder lazım) değil‘, ‚gerekmiyor (oder icap etmiyor)‘ und ‚gerek yok‘ unveränderlich.
Bei den Konstruktionen mit ‚mecbur‘ und ‚zorunda‘ erfolgt die Verneinung nur mit ‚değil‘, wobei die Personalendungen für das Hilfsverb ‚sein‘ an ‚değil‘ angefügt werden:

gelme-ye mecbur değil*im* — gelmek zorunda değil*im*
gelme-ye mecbur değil*sin* — gelmek zorunda değil*sin*, usw.

Es gibt auch eine zusätzliche Verneinungsform im Sinne von ‚nicht brauchen ... zu‘, die mit ‚ihtiyaç‘ (Bedarf, vgl. Lektion 11) ausgedrückt wird, wobei das substantivierte Verb in den Dativ gesetzt wird und an ‚ihtiyaç‘ Possessivendungen angefügt werden:
gelme-ye ihtiyac-ım yok: Ich brauche nicht zu kommen.
gelme-ye ihtiyac-ın yok
Ali’nin gelme-ye ihtiyac-ı yok, usw.

1.6. Verneinende Frage:

* Türkçe öğrenme-m gerek (lazım) değil mi?
Türkçe öğrenme-m gerekmiyor mu?
Türkçe öğrenme-m icap etmiyor mu?
* Türkçe öğrenme-m-e gerek yok mu?
} Muß ich nicht T. lernen?

Türkçe öğrenme-ye ihtiyac-ım yok mu? Brauche ich nicht T. zu lernen?

Gelme*ye* mecbur değil miyim? Gelmek zorunda değil miyim?
\Muß ich nicht kommen?/

Aufgabe: Spielen Sie mit Ihrem Lernpartner den Dialog S 1a–b, auch auf Deutsch! Machen Sie die Übungen 1, 2 und B/Ü 1.

1.7. Vergangenheit und Futur der Notwendigkeitsform

Vergangenheit:

Bei der Konstruktion mit substantiviertem Verb und Possessivendung:

gelme-m gerekti (oder lazımdı, oder icap etti)
gelme-n gerekti (oder lazımdı, oder icap etti)
Ali'nin gelme-si gerekti (oder lazımdı, oder icap etti)
⋮

Frage:

gelme-m gerek miydi (lazım mıydı, gerekti mi, icap etti mi)?
-n gerek miydi (lazım mıydı, gerekti mi, icap etti mi)?

Verneinung:

gelme-m gerek (lazım) değildi (gerekmedi, icap etmedi)

Verneinende Frage:

gelme-m gerek (lazım) değil miydi (gerekmedi mi, icap etmedi mi)?

auch:

gelme-m-e gerek yoktu: Ich mußte nicht kommen.
gelme-m-e gerek var mıydı? Mußte ich kommen?
gelme-m-e gerek yok muydu? Mußte ich nicht kommen?

Bei den Konstruktionen mit ‚mecbur' und ‚zorunda' wird die Vergangenheitspartikel vor die Personalendung der Vergangenheit eingeschoben:

gelme-ye mecbur-du-m gelmek zorunda-y-dı-m
-du-n -y-dı-n, usw.

Frage:
gelmeye mecbur muydum? gelmek zorunda mıydın?

Verneinung:
gelmeye mecbur değildim gelmek zorunda değildim

Verneinende Frage:
gelmeye mecbur değil miydim? gelmek zorunda değil miydim?
gelmeye mecbur değil miydin gelmek zorunda değil miydin, usw.

Merken Sie:

* Bei der Vergangenheit von ‚mecbur' ‚olmak' kann dieses Verb statt der Personalendungen für die Vergangenheit des Hilfsverbs ‚sein' auch mit der Vergangenheitsform von ‚olmak' (werden) konjugiert werden:

Doktora gitmeye mecbur oldum
oldun
oldu, usw.

In diesem Fall gibt es aber einen Bedeutungsunterschied. Diese Form wird für eine vorher nicht erwartete, plötzlich eingetretene und/oder vorübergehende Situation verwendet, z. B.:

Dün birdenbire hastalandım ve doktora gitmeye mecbur oldum.

Gestern wurde ich plötzlich krank und mußte zum Arzt gehen (wörtl.: wurde genötigt, zum Arzt zu gehen).

Neben ‚olmak' wird in diesem Zusammenhang häufig auch das Verb ‚kalmak' verwendet, das letztere auch bei Konstruktionen mit ‚zorunda', z. B.:

Dün şemsiyem yoktu, yağmurda ıslanmak zorunda kaldım:

Gestern hatte ich keinen Schirm, ich mußte beim Regen naß werden (wörtl.: ich wurde gezwungen, naß zu werden.)
Für Näheres zum Verb ‚kalmak' vgl. unten 5.1.

1.8. Futur:

Bei der Konstruktion mit substantiviertem Verb und Possessivendungen wird statt ‚gerek', ‚gerekli' (nötig) gebraucht:

gelme-m gerekli (oder lazım) olacak (gerekecek, icap edecek)
-n gerekli (oder lazım) olacak (gerekecek, icap edecek).

Während die Formen ‚olacak', ‚gerekecek', ‚icap edecek' hier unveränderlich sind, wird das Hilfsverb ‚olmak' bei den Konstruktionen mit ‚mecbur' und ‚zorunda' im Futur konjugiert:

gelme-ye mecbur olacağım-gelmek zorunda olacağım
gelme-ye mecbur olacaksın-gelmek zorunda olacaksın, usw.

Frage:

gelme-m gerekli (lazım) olacak mı (gerekecek mi, icap edecek mi)?
-n gerekli (lazım) olacak mı (gerekecek mi, icap edecek mi)?

gelme-m-e gerek olacak mı?
-n-e gerek olacak mı?

gelme-ye mecbur olacak mıyım / gelmek zorunda olacak mıyım?
olacak mısın? mısın?,
usw.

Verneinung:

gelme-m gerekli (lazım) olmayacak (gerekmeyecek, icap etmeyecek)
gelme-m-e gerek olmayacak
gelme-ye mecbur olmayacağım / gelmek zorunda olmayacağım
olmayacaksın olmayacaksın, usw.

Verneinende Frage:

gelme-m gerekli (lazım) olmayacak mı (gerekmeyecek mi, icap etmeyecek mi)?
gelme-m-e gerek olmayacak mı?
gelme-ye mecbur olmayacak mıyım- gelmek zorunda olmayacak mıyım?
gelme-ye mecbur olmayacak mısın gelmek zorunda olmayacak mısın? usw.

Wie in der Vergangenheit wird auch im Futur das Verb ‚kalmak' für o.g. Situationen gebraucht:

Doktora gitmeye mecbur kalacağım; Yağmurda ıslanmak zorunda kalacak.

Aufgabe: Spielen Sie mit Ihrem Lernpartner den Dialog S 1c–d, auch auf Deutsch! Machen Sie Übung 3!

1.9. Notwendigkeitsform mit ‚-meli'

Die Notwendigkeitsform mit der Partikel ‚-meli' (kleine Vokalharmonie, Variante ‚-malı'), die am Verbstamm angefügt und mit der Personalendung versehen wird, drückt neben der Notwendigkeit auch oft eine (moralische) Verpflichtung aus und entspricht im Aussage- und Fragesatz den Modalverben ‚müssen' und ‚sollen' zugleich. Da die 2. Person im Singular und Plural für Optativ (sollen) in der Hochsprache ausfällt (vgl. Lektion 7), wird sie oft durch die Form ‚-melisin(iz) / -malısın(ız)' ersetzt.

Mektubu yaz-malı-y-ım: Ich muß (ich soll) den Brief schreiben.
Mektubu yaz-malı-sın
Mektubu yaz-malı
Mektubu yaz-malı-sınız
Mektubu yaz-malı-lar

Frageform:

Mektubu yaz-malı mıyım? Mektubu yaz-malı mıyız?
Mektubu yaz-malı mısın? mısınız?
Mektubu yaz-malı mı? -malılar mı?

Verneinung:

Die durch die Verneinungspartikel ‚-me/-ma' abgeleitete verneinte Form ‚-memeli' (-mamalı) drückt ‚nicht dürfen' aus:

Sigara iç-me-meli-y-im: Ich darf nicht rauchen.
Sigara iç-me-meli-sin
sigara iç-me-meli
Sigara iç-me-meli-y-iz
Sigara iç-me-meli-siniz
Sigara iç-me-meli-ler

Verneinte Frageform:

Sigara iç-me-meli miyim? Darf ich nicht rauchen?
Sigara iç-me-meli misin?

Sigara iç-me-meli mi?
Sigara iç-me-meli miyiz?
Sigara iç-me-meli misiniz?
Sigara iç-me-meli-ler mi?

‚Nicht dürfen' wird neben der Struktur ‚-me-meli' auch durch die Konstruktion mit dem substantivierten Verb und Possessivendung ausgedrückt, wobei die Verneinungspartikel zwischen Verbstamm und Possessivendung eingeschoben wird:

	Sigara iç-me-me-m gerek (oder lazım):	Ich darf nicht
	Sigara iç-me-me-n gerek	rauchen.
Ali'nin	Sigara iç-me-me-si gerek	
	Sigara iç-me-me-miz gerek	
	Sigara iç-me-me-niz gerek	
	Sigara iç-me-me-leri gerek.	

Die verschiedenen Strukturen ‚-me-meli' und ‚-me-me-si gerek' sind in ihrer Bedeutung als ‚nicht dürfen' identisch.

Aufgabe: Spielen Sie mit Ihrem Lernpartner den Dialog S 2a-b, auch auf Deutsch! Machen Sie die Übungen 4, 5 und 7!

Merken Sie:

* Es gibt keine Futurbildung mit ‚-meli'. Die Vergangenheit mit ‚-meli' wird konjunktivisch gebraucht. Sie werden diese Form im Fortsetzungsband lernen.

1.10. Gebrauch von ‚-meli' mit Hilfsverben

Bei der Entsprechung für die Hilfsverben ‚sein' und ‚haben' wird ‚-meli' mit dem Hilfsverb ‚olmak' (sein) gebraucht:

çalışkan ol-malı-y-ım: ich muß (soll) fleißig sein
çalışkan ol-malı-sın
çalışkan ol-malı
çalışkan ol-malı-y-ız

çalışkan ol-malı-sınız
çalışkan ol-malı-lar

Frage:
çalışkan olmalı mıyım? çalışkan olmalı mıyız?
çalışkan olmalı mısın? sınız?
çalışkan olmalı mı? olmalılar mı?

Verneinung:
sein:
deli ol-ma-malı-y-ım (ich darf (soll) nicht verrückt sein (werden))
ol-ma-malı-sın, usw.
haben:
para-m ol-malı: ich muß Geld haben (wörtl.: mein Geld muß sein)
-n olmalı
Ali'nin -sı olmalı
⋮

Bei der Entsprechung für ‚haben müssen' bleibt die Form ‚ol-malı' unverändert, die Person wird durch die Possessivendung am Bezugswort ausgedrückt.

Frage:
para-m olmalı mı? (muß ich Geld haben?)
para-n olmalı mı?
Ali'nin para-sı olmalı mı? usw.

Verneinung:
ateş-im olma-malı (ich darf kein Fieber haben)
ateş-in olma-malı
Ali'nin ateş-i olma-malı, usw.

Die Partikel ‚-meli' drückt gleichzeitig Vermutung und Wahrscheinlichkeit aus, in diesem Fall aber erfolgt der Gebrauch oft mit dem Füllwort ‚her halde' (wahrscheinlich, sicherlich, wohl):

Ali her halde hasta olmalı: Ali muß wohl krank sein.
Ali'nin her halde çok parası olmalı: Ali muß wohl viel Geld haben.

Aufgabe: Spielen Sie mit Ihrem Lernpartner den Dialog S 3a–b, auch auf Deutsch! Machen Sie Übung 6!

2. Rektion der Verben und Entsprechung für den Infinitivsatz mit ‚zu'

Im Deutschen und Türkischen haben die Verben zum größten Teil die gleiche Rektion. Unterschiedliche Fallfolgen werden bei jedem Verb in der Wörterliste angegeben.
Um den Infinitivsatz mit ‚zu' zu bilden, ist es nötig, die Rektion der Verben zu kennen, denn der Fall, in dem das substantivierte Verb bzw. der durch den k-Ausfall verkürzte Infinitiv steht, wird von der Fallfolge des Hauptverbs bestimmt, z. B.:

‚başlamak' (anfangen) regiert den Dativ:
Faruk gelecek hafta Adana'da çalışma-*ya* başlıyor.
Faruk fängt nächste Woche an, in Adana zu arbeiten.

Im folgenden sind die Fallfolgen der gebräuchlichsten Verben zusammengestellt:

Akkusativ:	*Dativ:*	*Ablativ:*
bırakmak: lassen, sein lassen, aufhören mit	alışmak: sich gewöhnen an	bıkmak: es satt haben
düşünmek: planen, vorhaben	başlamak: anfangen	hoşlanmak: Gefallen finden an
istemek: wünschen, wollen	çalışmak: sich Mühe geben, versuchen zu	korkmak: Angst haben vor
sevmek: gerne tun	devam etmek: weitermachen, fortsetzen	vazgeçmek: verzichten auf
tercih etmek: etw. lieber tun		

Akkusativ:	*Dativ:*	*Ablativ:*
unutmak: vergessen ummak: hoffen yasak etmek: verbieten	gelmek: kommen gitmek: gehen izin vermek: erlauben karar vermek: beschließen, sich entscheiden söz vermek: versprechen	

Unter den Verben, die den Akkusativ regieren, wird ‚istemek' auch im Nominativ gebraucht:

Markus Türkiye'de yaşamak (oder: yaşamayı) istiyor: Markus will in der Türkei leben.

Hierzu einige Beispiele für die Bildung des Infinitivsatzes mit ‚zu' Çocuklar top oynama*yı* bırakın, yemeğe gelin:
Kinder, hört damit auf, Ball zu spielen und kommt zum Essen (oder: Laßt das Ballspielen sein).
Vural ekmek alma*yı* unuttu: Vural hat vergessen, Brot zu kaufen.
Nesrin sinemaya gitme*yi* seviyor: N. geht gerne ins Kino.
Faruk tiyatroya gitme*yi* tercih ediyor: F. geht lieber ins Theater.
Doktor bana sigara içme*yi* yasak etti: Der Arzt hat mir verboten zu rauchen (oder: Der Arzt hat mir das Rauchen verboten).

Einige Beispiele für Dativ-Verben:

Markus Türkçe öğrenme*ye* çalışıyor: M. versucht, Türkisch zu lernen.
Nesrin dikiş dikme*ye* devam ediyor: N. näht weiter (oder: N. setzt das Nähen fort).
Size çay içme*ye* geldik: Wir sind zu Euch gekommen, Tee zu trinken (oder: zum Teetrinken).
Peter postaneye telgraf çekme*ye* gitti: P. ist zum Postamt gegangen, ein Telegramm aufzugeben.
Doktor sigara içme*ye* izin vermiyor: Der Arzt erlaubt das Rauchen nicht.
Sieglinde Türkoloji okuma*ya* karar verdi: S. hat sich entschieden, Turkologie zu studieren.
Mehmet Kars'taki akrabaları ziyaret etme*ye* söz verdi: Mehmet hat versprochen, die Verwandten in Kars zu besuchen.

Bei den Verben, die den Ablativ regieren, wird der Infinitiv nicht verkürzt, sondern mit ‚k' gebraucht:

Markus Türkiye'de yaşamak*tan* hoşlanıyor: M. gefällt es, in der Türkei zu leben.
Mehmet işini kaybetmek*ten* korkuyor: M. hat Angst davor, seine Arbeit zu verlieren.
Mehmet Almanya'da çalışmak*tan* vazgeçiyor: M. verzichtet darauf, in Deutschland zu arbeiten.

Bei dem Verb ‚bıkmak' wird vorwiegend die Vergangenheitsform gebraucht:

Mehmet fabrikada çalışmak*tan* bıktı: M. hat es satt, in der Fabrik zu arbeiten.

Aufgabe: Lesen Sie die Texte T 1 und T 2 und versuchen Sie sie mit Hilfe der Grammatik und der ‚Wörterkiste' zu verstehen. Lesen Sie sie mehrmals und erzählen Sie sie Ihrem Lernpartner nach!

Lesen Sie auch die Gedichte mehrmals, bis Sie sie verstehen. Lernen Sie das 2. Gedicht auswendig. Verstehen Sie die Pointe der 1. Karikatur? Wenn nicht, suchen Sie die Übersetzung im ‚Schlüssel'. Machen Sie die Übungen 8, 9, 13 und B/Ü 2!

Merken Sie:

* Bei den Infinitivsätzen im Akkusativ und Dativ mit verkürztem Infinitiv, begegnet man in der Orthographie statt ‚y' auch ‚ğ', z. B.: Çalışmağa başlıyorum (neben ‚çalışma*y*a başlıyorum). Es gibt auch Infinitivsätze, die wie im Deutschen in der Grundform und ohne Fallendung gebraucht werden. In diesem Fall ist das Hauptverb die Entsprechung für das Hilfsverb ‚sein':

Türkçe öğrenmek kolay: Es *ist* leicht, Türkisch zu lernen.
Türkçe öğrenmek zor değil: Es *ist* nicht schwer, Türkisch zu lernen.
Her gün erken kalkmak çok zor: Es *ist* sehr schwer, jeden Tag früh aufzustehen.
İstanbul'da yaşamak güzel: Es *ist* schön, in Istanbul zu leben.

Aufgabe: Haben Sie das Sprichwort verstanden?

Bei der Entsprechung für das Hilfsverb ‚haben' wird wieder der verkürzte Infinitiv im Dativ gebraucht:

Kitap okuma*ya* vaktim yok: Ich habe keine Zeit, ein Buch zu lesen.

3. Wetter

Die wichtigen Ausdrücke für Wetter- und Naturerscheinungen finden Sie in T 2 und in der ‚Wörterkiste' (W 1, W 3). Lernen Sie sie und verwenden Sie sie. Wie Sie im 1. Gedicht und bei der 2. Karikatur sehen, wird ‚hava' (Wetter) auch im Plural gebraucht.
Da es im Türkischen kein unbestimmtes Subjekt ‚es' gibt, muß bei allen Wettererscheinungen ‚hava' als Subjekt gebraucht werden, z. B. ‚hava bulutlu' (es ist bewölkt), ‚hava rüzgârlı' (es ist windig) usw. Merken Sie bitte, daß für alle Niederschläge

das Verb ‚yağmak' gebraucht wird: yağmur yağıyor (es regnet), kar yağıyor (es schneit), dolu yağıyor (es hagelt) usw.

Aufgabe: Studieren Sie den Wetterbericht (Z/M) genau ein und lesen Sie T 3. Machen Sie Ü 10 und B/Ü 3!

4. Entsprechung für deutsche Genitivpräpositionen

Die Genitivpräpositionen ‚wegen', ‚statt', ‚trotz' und ‚während' haben im Türkischen folgende Entsprechungen:

wegen: dolayı (oder veraltend: ötürü) verlangt den Ablativ:

kötü hava*dan* dolayı (oder ötürü): wegen des schlechten Wetters; sis*ten* dolayı (oder ötürü): wegen des Nebels, usw.

‚yüzünden' verlangt den Nominativ:
kötü hava yüzünden, sis yüzünden; bei Personalpronomen jedoch die Possessivform:
benim yüzümden: wegen mir (auch pejorativ: wegen meiner Schuld);
senin yüzünden, onun yüzünden, im Plural:
das Grundwort ‚yüz' (Gesicht) wird auch mit Possessivendungen versehen: bizim yüz-ümüz-den, sizin yüz-ünüz-den, aber: onların yüzünden.
Ableitungen (Bindewörter): bundan (oder ondan) dolayı (oder ötürü); bu (oder o) yüzden: deshalb.

statt: yerine, verlangt den Nominativ:

Manto yerine ceket aldım: Statt eines Mantels kaufte ich eine Jacke. Bei Pronomen wird die Possessivform gebraucht, wobei das Grundwort ‚yer' (Stelle) ebenfalls mit Possessivendungen versehen wird: benim yer-im-e: statt meiner, an meiner Stelle

senin yer-in-e
onun yer-i-n-e
bizim yer-imiz-e
sizin yer-iniz-e aber: onların yerine.
Ableitung (Bindewort): bunun (oder onun) yerine: stattdessen.

trotz: rağmen (Neuwort: karşın) verlangt den Dativ:

kötü hava*ya* rağmen (karşın): trotz des schlechten Wetters.
Ableitung (Bindewort): buna rağmen, buna karşın, ona rağmen, ona karşın: trotzdem

während: sırasında (Altw. esnasında) verlangt den Nominativ:

Yemek sırasında hiç konuşmadı: Während des Essens hat er nichts gesprochen.
Ders sırasında sigara içmeyiz: Während des Unterrichts rauchen wir nicht.
Ableitungen (Zeitadverbien): bu (oder o) sırada: in diesem Augenblick, bu (oder o) esnada: in diesem Augenblick.

Aufgabe: Lesen Sie die Texte T 4 und T 5 und versuchen Sie sie, mit Hilfe der Grammatik und der ‚Wörterkiste' zu verstehen. Lesen Sie sie mehrmals und erzählen Sie sie Ihrem Lernpartner nach! Machen Sie die Übungen 11 und 12!

Merken Sie sich auch die Postpositionen ‚dolayısıyla' (infolge, anläßlich, wegen) und ‚nedeniyle' (Altw. ‚sebebiyle': aufgrund: neden, sebep: Grund), die den Nominativ verlangen. Für ‚sırasında ' (während) kann für einen längeren Zeitraum auch ‚sürèsince' (Altw. devamınca) und ‚boyunca' (das letztere auch lokal: entlang) gebraucht werden, auch diese Postpositionen regieren den Nominativ.

Merken Sie:

* Die Postposition ‚dolayı' kann auch weggelassen werden, ‚wegen' wird auch durch den Ablativ allein ausgedrückt:

Sis*ten* uçak inemedi: Wegen des Nebels konnte das Flugzeug nicht landen.

5. Grammatik zum Weiterlernen

5.1. Das Verb ‚kalmak'

Neben seiner Grundbedeutung ‚bleiben, sich aufhalten' wird das Verb ‚kalmak' auch als ‚werden' gebraucht in Verbindungen wie ‚işsiz kalmak': arbeitslos werden, seine Arbeit verlieren, ‚evsiz kalmak': obdachlos werden (wörtl.: ohne Wohnung bleiben, wohnungslos werden).

5.2. Entsprechung für ‚man' bei der Notwendigkeitsform

Das unbestimmte Subjekt ‚man' wird bei der Notwendigkeitsform durch Subjektlosigkeit und durch die Struktur mit ‚gerek' (lazım) oder ‚gerekmek' (als Vollverb) mit dem Infinitiv in der Grundform ausgedrückt, z. B.:

Hastayı ziyaret et*mek gerek* (lazım, gerekir): Man muß den Kranken besuchen.

oder mit ‚-meli':

Hastayı ziyaret et*meli*: Man muß (soll) den Kranken besuchen.

Die Verneinung mit ‚-memek gerek' und ‚-memeli' entspricht dann ‚man darf nicht ...', z. B.:

Kilo al*mamak gerek* / Kilo al*mamalı*: Man darf (soll) nicht zunehmen.

5.3. Erweiterung der Infinitivsätze mit der Modalitätspartikel

Türkçe öğren-ebil-me-*yi* umuyorum: Ich hoffe, Türkisch lernen zu können.
Yarın sana uğra-y-abil-me-*yi* istiyorum: Ich wünsche es, morgen bei dir vorbeischauen zu können.
Mehmet akrabalarını ziyaret ed-ebil-me-*ye* söz verdi: Mehmet hat versprochen, seine Verwandten besuchen zu können.

Der Infinitivsatz mit ‚... zu können' wird gebildet, indem die Modalitätspartikel ‚-ebil/-abil' für die Möglichkeits- und Fähigkeitsform an den Verbstamm des verkürzten Infinitivs angefügt wird.

Die Erweiterung durch die Modalitätspartikel ‚-ebil/-abil' kann auch bei der Entsprechung für den Infinitivsatz mit ‚um ... zu' vorkommen: Sieglinde Türkçe öğren-ebil-mek için Türkçe kurslarına devam etti: S. besuchte Türkischkurse, um Türkisch lernen zu können.

15 Wörterkiste

W 1

açık	(hier:) klar (Wetter)
Adalar	Prinzeninseln (bei Istanbul)
ahır	Stall
alçak	niedrig
alçak basınç	Tief (meteorologisch)
alışmak (mit Dativ)	sich gewöhnen (an)
almak	(hier:) mitnehmen
anırmak	schreien (Esel)
artmak	(hier:) steigen, sich erhöhen
asıl	(hier:) eigentlich
aşık olmak	sich verlieben
ayıp	(hier:) Schande
ayırmak	(hier:) auslesen, raustun
bardaklardan boşanırcasına yağmur yağıyor	es gießt in Strömen
başlangıç	Anfang
bıkmak	es satt haben (s. C.2.)
bir garip	etwas seltsam
bir gün	eines Tages
birdenbire	plötzlich
borç	Schuld(en) (finanziell)
boyunca	während, entlang (s. C.4.)
Bozcaada	Insel im Marmarameer (Meteorologiestation)
bozmak	(hier:) sich verschlechtern, umschlagen (Wetter)
bu sırada	in diesem Augenblick
bu yüzden	deshalb
bulutlanmak:	sich bewölken
hava bulutlanıyor	es bewölkt sich
bulutlu	bewölkt
hava bulutlu	es ist bewölkt
bunun yerine	stattdessen
buna göre	demnach
buna rağmen	trotzdem
bundan dolayı	deshalb
bunun üzerine	darauf (beim Erzählen)
çalışma izni	Arbeitserlaubnis
çalışmak	(hier:) sich Mühe geben (um), versuchen (zu)

çürük	(hier:) verfault
derece	Thermometer; Grad
ders çalışmak	lernen (für ein bestimmtes Fach)
devam etmek (mit Dativ)	(hier:) weitermachen, fortsetzen
devamınca	während (s. C.4.)
dinlenmek	(hier:) sich erholen, ausruhen
dinleyici	Hörer
doğru	gegen (lokal), in Richtung auf
dolar	Dollar
dolayı	wegen
dolayısıyla	infolge; anläßlich; wegen
düşmek	(hier:) sinken, fallen
düşünmek	(hier:) planen, vorhaben
eritmek	(etwas) schmelzen
esnasında (Altw.)	während
esmek	wehen (Wind)
etki	Einfluß, Wirkung(sbereich)
evkaf	Verwaltung der Frommen Stiftungen
fayton	Pferdekutsche
garip	(hier:) seltsam
geçmek	verlaufen, (hier:) sein (Wetterbericht)
gerek	nötig (s. C.1.)
gerekli	nötig (s. C.1.)
gerekmek	nötig sein (s. C. 1.)
gittikçe	allmählich
giyinmek	sich anziehen
güneşlenmek	sich sonnen
hafta sonu	Wochenende
hal:	s. ne bu halin
haşlanmış yumurta	gekochtes Ei (gekochte Eier)
hava	(hier auch:) Himmel

hava raporu	Wetterbericht
her an	jeden Augenblick
hoşlanmak	Gefallen finden (an), gefallen
ısı	Temperatur
ıslanmak	naß werden
icap etmek	nötig sein (s. C.1.)
iç kesimler	innere Gebiete (hier: Landesinnere)
inmek	(hier:) landen
istifa etmek (mit Ablativ)	zurücktreten (von einem Amt)
iyice	(hier:) gründlich
izin vermek	erlauben
kaçırmak	(hier:) verpassen, versäumen
kalmak	(hier:) werden, (s. C.1f., C. 5a.)
Kalpazankaya	Ort auf der Burgaz-Insel
karşın	trotz
Kerem	Held einer türkischen Sage
kızmak	(hier:) böse werden, sich ärgern
kitapçı	Buchhändler, Bücherladen
korkmak (mit Ablativ)	Angst haben (vor)
koşmak	laufen, rennen
koymak	(hier:) hineintun
kurşun	(hier:) Blei
kuru	trocken
mahvetmek	verderben
mecbur olmak (kalmak)	müssen (s. C.1.b., f.)
memuriyet	Amt, Beamtenberuf
ne bu halin?	wie siehst du denn aus?
neden	(hier:) Grund
nedeniyle	aufgrund (s. C.4.)
nefes nefese	außer Atem
-nüksetmek	einen Rückfall haben

o sırada	in diesem Augenblick
oturma izni	Aufenthaltserlaubnis
ödemek	(hier:) zurückzahlen
ötmek	singen (Vögel)
ötürü	wegen (s. C.4.)
parçalı (bulutlu)	heiter bis bewölkt
parlamak	scheinen
pazar	(hier:) Wochenmarkt
perhiz (oder pehriz)	Diät, Schonkost
piknik	Picknick
piknik sepeti	Picknickkorb
pusu	Lauer
pusuda	auf der Lauer
radyo	(hier:) Rundfunk
rağmen	trotz
rüzgâr	Wind
rüzgârlı:	windig
hava rüzgârlı	es ist windig
sahil	Strand
sebebiyle	aufgrund (s. C.4.)
sebep	Grund
sevmek (mit Akkusativ)	(hier:) etw. gerne tun
sıcaklık	Wärme, Hitze, Temperatur
sırasında	während
simit	Sesamkringel (türk. Spezialität)
sis	Nebel
sisli:	neblig
hava sisli	es ist neblig
söz vermek	versprechen, Wort geben
süresince	während
şemsiye	Regenschirm
şiddetli	(hier:) stark
tam	(hier:) gerade (zeitlich)
tercih etmek (mit Akkusativ)	lieber tun
titremek:	zittern
titreyerek	zitternd
toplamak: eşyalarını toplamak	(seine, ihre Sachen) packen, aufräumen
toplantı	Versammlung
tutmak	(hier:) mieten
TRT	Abk. für türk. Rundfunk- und Fernsehanstalt
Türk Dili ve Edebiyatı	Türkische Sprache und Literatur
utanmak (mit Dativ oder Ablativ)	sich schämen (vor)
vapur bileti	Schiffahrtskarte
vazgeçmek	verzichten (auf), (etwas) aufgeben
yağışlı	regnerisch
yağmur	Regen
yağmak	regnen (schneien, hageln ...)
yağmurlu	regnerisch
yalan	Lüge
yalan söylemek	lügen
yarınki	morgen
yasak	Verbot
yasak etmek (mit Akkusat.)	verbieten
yer	Ort, Platz, Stelle
yerine	statt
yüksek	hoch
yüksek basınç	Hoch (meteorologisch)
yükselmek	steigen
yüzünden	wegen
zam	(hier:) Preiserhöhung
zorunda olmak	müssen (s. C.1.)
zorunda kalmak	müssen (s. C.1.f., C. 5.a.)

W 3 (Aufbauwortschatz: Wetter- und Naturerscheinungen)

anakara (Neuw.)	Kontinent
ay	Mond
ay ışığı	Mondschein
ay tutulması	Mondfinsternis
barometre	Barometer
basınç	Druck
batmak	untergehen (Sonne usw.)
boğucu	s. bunaltıcı
bulut	Wolke
bulutsuz	wolkenlos
bunaltıcı	schwül
çiy	Tau
dalga	Welle
dalgalı	wellig
dalgasız	wellenlos
değişken	veränderlich
değişmez	beständig
doğmak	aufgehen (Sonne usw.)
dolu:	(hier:) Hagel
dolu yağıyor	es hagelt
don	Frost
donmak	gefrieren
erimek	schmelzen, tauen
fırtına	Sturm
fırtınalı	stürmisch
gelgit	Ebbe und Flut
gök gürlüyor	es donnert
gök gürültüsü	Donner
göl	(der) See
güneş tutulması	Sonnenfinsternis
hava basıncı	Luftdruck
hava durumu	Witterung, Wetterlage, Wetterbericht
hava tahmini	Wettervorhersage
ılıman	gemäßigt (Klima)
ıslak	naß
ıslaklık	Nässe; Feuchtigkeit
iklim	Klima
kapalı:	(hier:) bewölkt
hava kapalı	es ist bewölkt
kar yağıyor	es schneit
kara	Land (im Gegensatz zu Wasser)
karlı	verschneit, Schnee-
karlı hava	Schneewetter
kasırga:	Wirbelsturm
kasırga çıktı	ein Wirbelsturm hat sich erhoben
kırağı	Reif
kıta (Altw.)	Kontinent
kuraklık	Dürre
mehtap	Mondschein
nem	Feuchtigkeit
okyanus	Ozean
rüzgâr çıktı	es hat sich ein Wind erhoben
serin	kühl
serinlemek:	kühl (frisch) werden
hava serinledi	es wird kühl (frisch)
şimşek:	Blitz
şimşek çakıyor	es blitzt
termometre	Thermometer
yağış	Niederschlag
yağışsız	ohne Niederschläge
yağmur:	Regen
yağmur serpiştiriyor	es nieselt
yağmur yağacağa benziyor	es sieht nach Regen aus
yağmur yağıyor	es regnet
yıldırım	Blitz(-schlag)
yıldırım düşüyor	der Blitz schlägt ein
yıldız	Stern
zelzele	Erdbeben

Grammatiktabellen

I. Übersicht über die Deklination

1. Substantive

a) Konsonantischer Auslaut, der letzte Vokal ist

	e oder i	a oder ı	ö oder ü	o oder u
Nominativ	ev (das Haus)	adam (der Mann)	göz (das Auge)	okul (die Schule)
Akkusativ	ev*i* (das Haus)	adamı (den Mann)	göz*ü* (das Auge)	okul*u* (die Schule)
Dativ	ev*e* (dem Haus, ins Haus)	adam*a* (dem Mann)	göz*e* (dem Auge, ins Auge)	okul*a* (in die Schule)
Lokativ	ev*de* (im Haus, zu Hause)	adam*da* (bei dem Mann)	göz*de* (im Auge)	okul*da* (in der Schule)
Ablativ	ev*den* (von (aus) dem Haus)	adam*dan* (von dem Mann)	göz*den* (vom Auge)	okul*dan* (von, aus der Schule)
Genitiv	ev*in* (des Hauses)	adam*ın* (des Mannes)	göz*ün* (des Auges)	okul*un* (der Schule)

b) Vokalischer Auslaut, der letzte Vokal ist

	e oder i	a oder ı	ö oder ü	o oder u
Nominativ	kedi	çanta	ütü	manto
Akkusativ	kedi*yi*	çanta*yı*	ütü*yü*	manto*yu*
Dativ	kedi*ye*	çanta*ya*	ütü*ye*	manto*ya*
Lokativ	kedi*de*	çanta*da*	ütü*de*	manto*da*
Ablativ	kedi*den*	çanta*dan*	ütü*den*	manto*dan*
Genitiv	kedi*nin*	çanta*nın*	ütü*nün*	manto*nun*

c) Konsonantischer Auslaut auf ç, k, p, t

Nominativ	ağaç	çocuk	kitap	kâğıt
Akkusativ	ağa*cı*	çocu*ğu*	kita*bı*	kâğı*dı*
Dativ	ağa*ca*	çocu*ğa*	kita*ba*	kâğı*da*
Lokativ	ağaç*ta*	çocu*kta*	kitap*ta*	kâğıt*ta*
Ablativ	ağaç*tan*	çocuk*tan*	kitap*tan*	kâğıt*tan*
Genitiv	ağa*cın*	çocuğ*un*	kita*bın*	kâğı*dın*

d) Lautliche Besonderheiten im Lokativ und Ablativ: Nach allen stimmlosen Konsonanten (ç, f, h, k, p, s, ş, t) im Auslaut, der letzte Vokal ist

e, i, ö, ü	a, ı, o, u
Münih'*te* Münih'*ten*	Kars'*ta* Kars'*tan*

e) Plural: Konsonantischer oder vokalischer Auslaut; der letzte Vokal ist

	e, i, ö, ü (ev)	a, ı, o, u (adam)
Nominativ	evler (die Häuser)	adamlar (die Männer)
Akkusativ	evleri (die Häuser)	adamları (die Männer)
Dativ	evlere (den Häusern, in die Häuser)	adamlara (den Männern)
Lokativ	evlerde (in den Häusern)	adamlarda (bei den Männern)
Ablativ	evlerden (von, aus den Häusern)	adamlardan (von den Männern)
Genitiv	evlerin (der Häuser)	adamların (der Männer)

f) Possessivendungen an Substantiven

– Konsonantischer Auslaut, der letzte Vokal ist

e oder i	a oder ı	ö oder ü	o oder u
ev	kız	göz	okul
ev*im* (mein Haus)	kız*ım* (meine Tochter)	göz*üm* (mein Auge)	okul*um* (meine Schule)
ev*in* (dein Haus)	kız*ın* (deine Tochter)	göz*ün* (dein Auge)	okul*un* (deine Schule)
ev*i* (sein/ihr Haus)	kız*ı* (seine/ihre Tochter)	göz*ü* (sein/ihr Auge)	okul*u* (seine/ihre Schule)
ev*imiz* (unser Haus)	kız*ımız* (unsere Tochter)	göz*ümüz* (unser Auge)	okul*umuz* (unsere Schule)
ev*iniz* (euer/Ihr Haus)	kız*ınız* (eure/Ihre Tochter)	göz*ünüz* (euer/Ihr Auge)	okul*unuz* (eure/Ihre Schule)
ev*leri* (ihr Haus, ihre Häuser)	kız*ları* (ihre Tochter, ihre Töchter)	göz*leri* (ihr Auge, ihre Augen)	okul*ları* (ihre Schule, ihre Schulen)

– Vokalischer Auslaut, der letzte Vokal ist

e oder i	a oder ı	ö oder ü	o oder u
kedi	çanta	ütü	manto
kedi*m*	çanta*m*	ütü*m*	manto*m*
kedi*n*	çanta*n*	ütü*n*	manto*n*
kedi*si*	çanta*sı*	ütü*sü*	manto*su*
kedi*miz*	çanta*mız*	ütü*müz*	manto*muz*
kediniz	çanta*nız*	ütü*nüz*	manto*nuz*
kedi*leri*	çanta*ları*	ütü*leri*	manto*ları*

– Konsonantischer Auslaut auf

ç	k	p	t
ağaç	çocuk	kitap	kâğıt
ağa*cım*	çocu*ğum*	kita*bım*	kâğı*dım*
ağa*cın*	çocu*ğun*	kita*bın*	kâğı*dın*
ağa*cı*	çocu*ğu*	kita*bı*	kağı*dı*
ağa*cımız*	çocu*ğumuz*	kita*bımız*	kâğı*dımız*
ağa*cınız*	çocu*ğunuz*	kita*bınız*	kâğı*dınız*
ağaç*ları*	çocuk*ları*	kitap*ları*	kâğıt*ları*

– Plural: Konsonantischer oder vokalischer Auslaut, der letzte Vokal ist

e, i, ö, ü	a, ı, o, u
ev, evler	çanta, çantalar
ev*lerim* (meine Häuser)	çanta*larım* (meine Taschen)
ev*lerin* (deine Häuser)	çanta*ların* (deine Taschen)
ev*leri* (seine/ihre Häuser)	çanta*ları* (seine/ihre Taschen)
ev*lerimiz* (unsere Häuser)	çanta*larımız* (unsere Taschen)
ev*leriniz* (eure/Ihre Häuser)	çanta*larınız* (eure/Ihre Taschen)
ev*leri* (ihr Haus, ihre Häuser)	çanta*ları* (ihre Tasche(n))

– Deklination der Possessivendungen, konsonantischer oder vokalischer Auslaut, der letzte Vokal ist e oder i

Nominativ	Akkusativ	Dativ	Lokativ	Ablativ	Genitiv
evim (mein Haus)	evim*i* (mein Haus)	evim*e* (in mein Haus)	evim*de* (in meinem Haus)	evim*den* (aus meinem Haus)	evim*in* (meines Hauses)
evin (dein Haus)	evin*i* (dein Haus)	evin*e* (in dein Haus)	evin*de* (in deinem Haus)	evin*den* (aus deinem Haus)	evin*in* (deines Hauses)
evi (sein/ihr Haus)	evi*ni* (sein/ihr Haus)	evi*ne* (in sein/ihr Haus)	evi*nde* (in seinem/ihrem Haus)	evi*nden* (aus seinem/ihrem Haus)	evi*nin* (seines/ihres Hauses)
evimiz (unser Haus)	evimiz*i* (unser Haus)	evimiz*e* (in unser Haus)	evimiz*de* (in unserem Haus)	evimiz*den* (aus unserem Haus)	evimiz*in* (unseres Hauses)
eviniz (euer/Ihr Haus)	eviniz*i* (euer/Ihr Haus)	eviniz*e* (in euer/Ihr Haus)	eviniz*de* (in eurem/Ihrem Haus)	eviniz*den* (aus eurem/Ihrem Haus)	eviniz*in* eures/Ihres Hauses
evleri (ihr Haus, ihre Häuser)	evleri*ni* (ihr Haus, ihre Häuser)	evleri*ne* (in ihr Haus, in ihre Häuser)	evleri*nd*e (in ihrem Haus, in ihren Häusern)	evleri*nde*n (aus ihrem Haus, aus ihren Häusern)	evleri*nin* (ihres Hauses, ihrer Häuser)

nach a oder ı nach ö oder ü nach o oder u

Nominativ	Akkusativ	Dativ	Lokativ	Ablativ	Genitiv
kızım	kızım*ı*	kızım*a*	kızım*da*	kızım*dan*	kızı*mın*
gözüm	gözüm*ü*	gözüm*e*	gözüm*de*	gözüm*den*	gözüm*ün*
okulum	okulum*u*	okulum*a*	okulum*da*	okulum*dan*	okulum*un*
kızın	kızın*ı*	kızın*a*	kızın*da*	kızın*dan*	kızın*ın*
gözün	gözün*ü*	gözün*e*	gözün*de*	gözün*den*	gözün*ün*
okulun	okulun*u*	okulun*a*	okulun*da*	okulun*dan*	okulun*un*
kızı	kızı*nı*	kızı*na*	kızı*nda*	kızı*ndan*	kızı*nın*
gözü	gözü*nü*	gözü*ne*	gözü*nde*	gözü*nden*	gözü*nün*
okulu	okulu*nu*	okulu*na*	okulu*nda*	okulu*ndan*	okulu*nun*
kızımız	kızımız*ı*	kızımız*a*	kızımız*da*	kızımız*dan*	kızımız*ın*
gözümüz	gözümüz*ü*	gözümüz*e*	gözümüz*de*	gözümüz*den*	gözümüz*ün*
okulumuz	okulumuz*u*	okulumuz*a*	okulumuz*da*	okulumuz*dan*	okulumuz*un*
kızınız	kızınız*ı*	kızınız*a*	kızınız*da*	kızınız*dan*	kızınız*ın*
gözünüz	gözünüz*ü*	gözünüz*e*	gözünüz*de*	gözünüz*den*	gözünüz*ün*
okulunuz	okulunuz*u*	okulunuz*a*	okulunuz*da*	okulunuz*dan*	okulunuz*un*
kızları	kızları*nı*	kızları*na*	kızları*nda*	kızları*ndan*	kızları*nın*
gözleri	gözleri*ni*	gözleri*ne*	gözleri*nde*	gözleri*nden*	gözleri*nin*
okulları	okuları*nı*	okulları*na*	okulları*nda*	okulları*ndan*	okulları*nın*

– Deklination der Possessivendungen im Plural:
Konsonantischer oder vokalischer Auslaut; der letzte Vokal ist
e, i, ö, ü oder a, ı, o, u

Nominativ	Akkusativ	Dativ	Lokativ	Ablativ	Genitiv
evlerim	evlerim*i*	evlerim*e*	evlerim*de*	evlerim*den*	evlerim*in*
kızlarım	kızlarım*ı*	kızlarım*a*	kızlarımd*a*	kızlarım*dan*	kızlarım*ın*
evlerin	evlerin*i*	evlerin*e*	evlerin*de*	evlerin*den*	evlerin*in*
kızların	kızların*ı*	kızların*a*	kızların*da*	kızların*dan*	kızların*ın*
evleri	evleri*ni*	evleri*ne*	evleri*nde*	evleri*nden*	evleri*nin*
kızları	kızları*nı*	kızları*na*	kızları*nda*	kızları*ndan*	kızları*nın*
evlerimiz	evlerimiz*i*	evlerimiz*e*	evlerimiz*de*	evlerimiz*den*	evlerimiz*in*
kızlarımız	kızlarımız*ı*	kızlarımız*a*	kızlarımız*da*	kızlarımız*dan*	kızlarımız*ın*
evleriniz	evleriniz*i*	evleriniz*e*	evleriniz*de*	evleriniz*den*	evleriniz*in*
kızlarınız	kızlarınız*ı*	kızlarınız*a*	kızlarınız*da*	kızlarınız*dan*	kızlarınız*ın*
evleri	evleri*ni*	evleri*ne*	evleri*nde*	evleri*nden*	evleri*nin*
kızları	kızları*nı*	kızları*na*	kızları*nda*	kızları*ndan*	kızları*nın*

2. Pronomen

a) Personalpronomen

Nominativ	Akkusativ	Dativ	Lokativ	Ablativ	Possessiv
ben (ich)	beni (mich)	bana (mir)	bende (bei mir)	benden (von mir)	benim (mein)
sen (du)	seni (dich)	sana (dir)	sende (bei dir)	senden (von dir)	senin (dein)
o (er, sie, es)	onu (ihn, sie, es)	ona (ihm, ihr)	onda (bei ihm/ihr)	ondan (von ihm/ihr)	onun (sein/ihr)
biz (wir)	bizi (uns)	bize (uns)	bizde (bei uns)	bizden (von uns)	bizim (unser)
siz (ihr/Sie)	sizi (euch/Sie)	size (euch/Ihnen)	sizde (bei euch/Ihnen)	sizden (von euch/Ihnen)	sizin (euer/Ihr)
onlar (sie)	onları (sie)	onlara (ihnen)	onlarda (bei ihnen)	onlardan (von ihnen)	onların (ihr)

b) Demonstrativpronomen: bu, şu, o

(mit einem Bezugswort werden ‚bu-şu-o' in der Grundform gebraucht, aber ohne ein Bezugswort dekliniert)

Nominativ	Akkusativ	Dativ	Lokativ	Ablativ	Genitiv
bu	bunu	buna	bunda	bundan	bunun
şu	şunu	şuna	şunda	şundan	şunun
o	onu	ona	onda	ondan	onun

Plural:

bunlar	bunları	bunlara	bunlarda	bunlardan	bunların
şunlar	şunları	şunlara	şunlarda	şunlardan	şunların
onlar	onları	onlara	onlarda	onlardan	onların

3. Fragewörter: kim; ne

Nominativ	Akkusativ	Dativ	Lokativ	Ablativ	Genitiv
kim (wer)	kimi (wen)	kime (wem)	kimde (bei wem)	kimden (von wem)	kimin (wessen)
ne (was)	neyi (was)	neye (zu was, wozu)	nede (in was, worin)	neden (woraus, wovon)	neyin (von was, wowon)

Plural:

kimler	kimleri	kimlere	kimlerde	kimlerden	kimlerin
neler	neleri	nelere	nelerde	nelerden	nelerin

4. Ortsadverbien: nere(si), bura(sı), şura(sı), ora(sı)

Nominativ	Akkusativ	Dativ	Lokativ	Ablativ	Genitiv
nere, neresi (welcher Ort, wo)	nereyi (welchen Ort)	nereye (wohin)	nerede (wo)	nereden (woher)	nerenin (welchen Ortes)
bura(sı) (dieser Ort, hier)	burayı (diesen Ort)	buraya (hierher)	burada (hier)	buradan (von hier)	buranın (dieses Ortes)
şura(sı) (jener Ort, da)	şurayı (jenen Ort)	şuraya (dorthin)	şurada (dort, da)	şuradan (von dort)	şuranın (jenes Ortes)
ora(sı) (jener Ort, da)	orayı (jenen Ort)	oraya (dorthin)	orada (dort)	oradan (von dort)	oranın (jenes Ortes)

Plural:

nereler	nereleri	nerelere	nerelerde	nerelerden	nerelerin
buralar	buraları	buralara	buralarda	buralardan	buraların
şuralar	şuraları	şuralara	şuralarda	şuralardan	şuraların
oralar	oraları	oralara	oralarda	oralardan	oraların

II. Übersicht über die Konjugation

1. Entsprechung für Hilfsverben

a) *‚sein' (Personalendungen)*

– Konsonantischer Auslaut, der letzte Vokal ist

e oder i	a oder ı	ö oder ü	o oder u
güzel*im* (ich bin hübsch)	çalışkan*ım* (ich bin fleißig)	üzgün*üm* (ich bin traurig)	yorgun*um* (ich bin müde)
güzel*sin* (du bist hübsch)	çalışkan*sın* (du bist fleißig)	üzgün*sün* (du bist traurig)	yorgun*sun* (du bist müde)
güzel (er, sie, es ist hübsch)	çalışkan (er, sie, es ist fleißig)	üzgün (er, sie, es ist traurig)	yorgun (er, sie, es ist müde)
güzel*iz* (wir sind hübsch)	çalışkan*ız* (wir sind fleißig)	üzgün*üz* (wir sind traurig)	yorgun*uz* (wir sind müde)
güzel*siniz* (ihr seid/Sie sind hübsch)	çalışkan*sınız* (ihr seid/Sie sind fleißig)	üzgün*sünüz* (ihr seid/Sie sind traurig)	yorgun*sunuz* (ihr seid/Sie sind müde)
güzel(*ler*) (sie sind hübsch)	çalışkan(*lar*) (sie sind fleißig)	üzgün(*ler*) (sie sind traurig)	yorgun(*lar*) (sie sind müde)

– Vokalischer Auslaut, der letzte Vokal ist

e oder i	a oder ı	ö oder ü	o oder u
evde*yim*	hasta*yım*	güçlü*yüm*	tutumlu*yum*
evde*sin*	hasta*sın*	güçlü*sün*	tutumlu*sun*
evde	hasta	güçlü	tutumlu
evde*yiz*	hasta*yız*	güçlü*yüz*	tutumlu*yuz*
evde*siniz*	hasta*sınız*	güçlü*sünüz*	tutumlu*sunuz*
evde(*ler*)	hasta(*lar*)	güçlü(*ler*)	tutumlu(*lar*)

(güçlü: stark; tutumlu: sparsam)

Frageform: Konsonantischer oder vokalischer Auslaut, der letzte Vokal ist

e oder i	a oder ı	ö oder ü	o oder u
güzel miyim? (bin ich hübsch?)	hasta mıyım? (bin ich krank?)	Türk müyüm? (bin ich Türke/Türkin?)	yorgun muyum? (bin ich müde?)
güzel misin?	hasta mısın?	Türk müsün?	yorgun musun?
güzel mi?	hasta mı?	Türk mü?	yorgun mu?
güzel miyiz?	hasta mıyız?	Türk müyüz?	yorgun muyuz?
güzel misiniz?	hasta mısınız?	Türk müsünüz?	yorgun musunuz?
güzel(ler) mi?	hasta(lar) mı?	Türk(ler) mi?	yorgun(lar) mı?

Verneinung: mit ‚değil'

tembel değil*im*	(ich bin nicht faul)
tembel değil*sin*	(du bist nicht faul)
tembel değil	(er/sie/es ist nicht faul)
tembel değil*iz*	(wir sind nicht faul)
tembel değil*siniz*	(ihr seid/Sie sind nicht faul)
tembel değil(*ler*)	(sie sind nicht faul)

Verneinende Frage

yorgun değil *miyim*	(bin ich nicht müde)?
yorgun değil *misin*	(bist du nicht müde)?
yorgun değil *mi*	(ist er/sie/es nicht müde)?
yorgun değil *miyiz*	(sind wir nicht müde)?
yorgun değil *misiniz*	(seid ihr/sind Sie nicht müde)?
yorgun değil(*ler*) *mi*	(sind sie nicht müde)?

– Personalendung für die 3. Person (s. auch Lektion 13 C.2.)

Vokalischer oder konsonantischer Auslaut, der letzte Vokal ist

e oder i	*a oder ı*	*ö oder ü*	*o oder u*
güzel*dir*	hasta*dır*	üzgün*dür*	yorgun*dur*

Simmlose Konsonanten im Auslaut, der letzte Vokal ist

e oder i	*a oder ı*	*ö oder ü*	*o oder u*
bebek*tir*	aç*tır*	küçük*tür*	soğuk*tur*

Frageform: Vokalischer oder konsonantischer Auslaut, der letzte Vokal ist:

e oder i	a oder ı	ö oder ü	o oder u
güzel midir?	hasta mıdır?	üzgün müdür?	yorgun mudur?

Verneinung:
tembel değil*dir*

Verneinende Frage:
tembel değil *midir*?

– Vergangenheit

Konsonantischer Auslaut am Bezugswort, der letzte Vokal ist			
e oder i	*a oder ı*	*ö oder ü*	*o oder u*
güzel*dim* (ich war hübsch)	çalışkan*dım* (ich war fleißig)	üzgün*düm* (ich war traurig)	yorgun*dum* (ich war müde)
güzel*din*	çalışkan*dın*	üzgün*dün*	yorgun*dun*
güzel*di*	çalışkan*dı*	üzgün*dü*	yorgun*du*
güzel*dik*	çalışkan*dık*	üzgün*dük*	yorgun*duk*
güzel*diniz*	çalışkan*dınız*	üzgün*dünüz*	yorgun*dunuz*
güzel*diler*	çalışkan*dılar*	üzgün*düler*	yorgun*dular*
(güzel*lerdi*)	(çalışkan*lardı*)	(üzgün*lerdi*)	(yorgun*lardı*)
nach stimmlosen Konsonanten (ç, f, h, k, p, s, ş, t)			
bebek*tim*	aç*tım*	küçük*tüm*	tok*tum*
bebek*tin*	aç*tın*	küçük*tün*	tok*tun*
bebek*ti*	aç*tı*	küçük*tü*	tok*tu*
bebek*tik*	aç*tık*	küçük*tük*	tok*tuk*
bebek*tiniz*	aç*tınız*	küçük*tünüz*	tok*tunuz*
bebek*tiler*	aç*tılar*	küçük*tüler*	tok*tular*
(bebek*lerdi*)	(aç*lardı*)	(küçük*lerdi*)	(tok*lardı*)
Vokalischer Auslaut am Bezugswort			
evde*ydim*	hasta*ydım*	güçlü*ydüm*	tutumlu*ydum*
evde*ydin*	hasta*ydın*	güçlü*ydün*	tutumlu*ydun*
evde*ydi*	hasta*ydı*	güçlü*ydü*	tutumlu*ydu*
evde*ydik*	hasta*ydık*	güçlü*ydük*	tutumlu*yduk*
evde*ydiniz*	hasta*ydınız*	güçlü*ydünüz*	tutumlu*ydunuz*
evde*ydiler*	hasta*ydılar*	güçlü*ydüler*	tutumlu*ydular*
(evde*lerdi*)	(hasta*lardı*)	(güçlü*lerdi*)	(tutumlu*lardı*)

Frageform

(konsonantischer oder vokalischer Auslaut)			
evde *miydim?* (war ich zu Hause?)	aç *mıydım?* (war ich hungrig?)	küçük *müydüm?* (war ich klein?)	tok *muydum?* (war ich satt?)
evde *miydin*	aç *mıydın?*	küçük *müydün?*	tok *muydun?*
evde *miydi*	aç *mıydı?*	küçük *müydü?*	tok *muydu?*
evde *miydik?*	aç *mıydık?*	küçük *müydük?*	tok *muyduk?*
evde *miydiniz?*	aç *mıydınız?*	küçük *müydünüz?*	tok *muydunuz?*
evde *miydiler?*	aç *mıydılar?*	küçük *müydüler?*	tok *muydular?*
(evde*ler miydi?*)	(aç*lar mıydı?*)	(küçük*ler miydi?*)	(tok*lar mıydı?*)

Verneinung

hasta değil*dim*	(ich war nicht krank)
küçük değil*din*	(du warst nicht klein)
aç değil*di*	(er/sie/es war nicht hungrig)
hasta değil*dik*	(wir waren nicht krank)
küçük değil*diniz*	(ihr wart / Sie waren nicht klein)
aç değil*diler*	(sie waren nicht hungrig)
(aç değil*lerdi*)	

Verneinende Frage

hasta değil *miydim?*	(war ich nicht krank?)
küçük değil *miydin?*	(warst du nicht klein?)
aç değil *miydi?*	(war er/sie/es nicht müde?)
hasta değil *miydik?*	(waren wir nicht krank?)
küçük değil *miydiniz?*	(wart ihr / waren Sie nicht klein?)
aç değil miydiler?	(waren sie nicht hungrig?)
(aç değiller miydi?)	

b) ‚haben'

1. Besitzverhältnisse für alltägliche Gebrauchsgegenstände, etwa ‚bei sich haben', ‚dabei haben' (Vgl. auch Lektion 3, C.6.)

bende para par	(ich habe Geld (dabei); wörtlich: bei mir gibt es Geld)
sende para var	(du hast Geld)
onda para var	(er/sie/es hat Geld)
bizde para var	(wir haben Geld)
sizde para var	(ihr habt / Sie haben Geld)
onlarda para var	(sie haben Geld)

– *Frageform*

bende para var mı?	(habe ich Geld?)
sende par var mı?	(hast du Geld?)
onda para var mı?	(hat er/sie/es Geld?)
bizde para var mı?	(haben wir Geld?)
sizde para var mı?	(habt ihr / haben Sie Geld?)
onlarda para var mı?	(haben sie Geld?)

– *Verneinung*

bende para yok	(ich habe kein Geld)
sende para yok	(du hast kein Geld)
onda para yok	(er/sie/es hat kein Geld)
bizde para yok	(wir haben kein Geld)
sizde para yok	(ihr habt / Sie haben kein Geld)
onlarda para yok	(sie haben kein Geld)

– *Verneinende Frage*

bende para yok mu?	(habe ich kein Geld?)
sende para yok mu?	(hast du kein Geld?)
onda para yok mu?	(hat er/sie/es kein Geld?)
bizde para yok mu?	(haben wir kein Geld?)
sizde para yok mu?	(habt ihr / haben Sie kein Geld?)
onlarda para yok mu?	(haben Sie kein Geld?)

2. Besitzverhältnisse allgemein (vgl. auch Lektion 9, C.3.)

evim var	(ich habe ein Haus, wörtlich: mein Haus es gibt)
evin var	(du hast ein Haus)
evi var	(er/sie/es hat ein Haus)
evimiz var	(wir haben ein Haus)
eviniz var	(ihr habt / Sie haben ein Haus)
evleri var	(sie haben ein Haus/Häuser)

– *Frageform*

evim var mı?	(habe ich ein Haus?)
evin var mı?	(hast du ein Haus?)
evi var mı?	(hat er/sie/es ein Haus?)
evimiz var mı?	(haben wir ein Haus?)
eviniz var mı?	(habt ihr / haben Sie ein Haus?)
evleri var mı?	(haben sie ein Haus/Häuser?)

– *Verneinung*

evim yok	(ich habe kein Haus)
evin yok	(du hast kein Haus)
evi yok	(er/sie/es hat kein Haus)
evimiz yok	(wir haben kein Haus)
eviniz yok	(ihr habt / Sie haben kein Haus)
evleri yok	(sie haben kein Haus/keine Häuser)

– *Verneinende Frage*

evim yok mu?	(habe ich kein Haus?)
evin yok mu?	(hast du kein Haus?)
evi yok mu?	(hat er/sie/es kein Haus?)
evimiz yok mu?	(haben wir kein Haus?)
eviniz yok mu?	(habt ihr / haben Sie kein Haus?)
evleri yok mu?	(haben sie kein Haus/keine Häuser?)

– *Vergangenheit*

bende para vardı / param vardı (ich hatte Geld)
sende para vardı / paran vardı
onda para vardı / parası vardı
bizde para vardı / paramız vardı
sizde para vardı / paranız vardı
onlarda para vardı / paraları vardı

– *Frageform*

bende para var mıydı? / param var mıydı? (hatte ich Geld?)
sende para var mıydı? / paran var mıydı?
onda para var mıydı? / parası var mıydı?
bizde para var mıydı? / paramız var mıydı?
sizde para var mıydı? / paranız var mıydı?
onlarda para var mıydı? / paraları var mıydı?

– *Verneinung*

bende para yoktu / param yoktu (ich hatte kein Geld)
sende para yoktu / paran yoktu
onda para yoktu / parası yoktu
bizde para yoktu / paramız yoktu
sizde para yoktu / paranız yoktu
onlarda para yoktu / paraları yoktu

– *Verneinende Frage*

bende para yok muydu? / param yok muydu? (hatte ich kein Geld?)
sende para yok muydu / paran yok muydu?
onda para yok muydu? / parası yok muydu?
bizde para yok muydu? / paramız yok muydu?
onlarda para yok muydu? / paraları yok muydu?

2. Entsprechung für ‚brauchen'

a)

bana para lazım	(ich brauche Geld, wörtlich: mir ist Geld nötig)
sana para lazım	(du brauchst Geld)
ona para lazım	(er/sie/es braucht Geld)
bize para lazım	(wir brauchen Geld)
size para lazım	(ihr braucht / Sie brauchen Geld)
onlara para lazım	(sie brauchen Geld)

– *Frageform*

bana para lazım mı?	(brauche ich Geld?)
sana para lazım mı?	(brauchst du Geld?)
ona para lazım mı?	(braucht er/sie/es Geld?)
bize para lazım mı?	(brauchen wir Geld?)
size para lazım mı?	(braucht ihr / brauchen Sie Geld?)
onlara para lazım mı?	(brauchen sie Geld?)

– *Verneinung*

bana para lazım değil	(ich brauche kein Geld)
sana para lazım değil	(du brauchst kein Geld)
ona para lazım değil	(er/sie/es braucht kein Geld)
bize para lazım değil	(wir brauchen kein Geld)
size para lazım değil	(ihr braucht / Sie brauchen kein Geld)
onlara para lazım değil	(sie brauchen kein Geld)

– *Verneinende Frage*

bana para lazım değil mi?	(brauche ich kein Geld?)
sana para lazım değil mi?	(brauchst du kein Geld?)
ona para lazım değil mi?	(braucht er/sie/es kein Geld?)
bize para lazım değil mi?	(brauchen wir kein Geld?)
size para lazım değil mi?	(braucht ihr/brauchen Sie kein Geld?)
onlara para lazım değil mi?	(brauchen sie kein Geld?)

b)

paraya ihtiyacım yok	(ich brauche kein Geld, wörtlich: ich habe keinen Bedarf an Geld)
paraya ihtiyacın yok	(du brauchst kein Geld)
paraya ihtiyacı yok	(er/sie/es braucht kein Geld)
paraya ihtiyacımız yok	(wir brauchen kein Geld)
paraya ihtiyacınız yok	(ihr braucht / Sie brauchen kein Geld)
paraya ihtiyaçları yok	(sie brauchen kein Geld)

– *Frageform*

paraya ihtiyacım var mı?	(brauche ich Geld?)
paraya ihtiyacın var mı?	(brauchst du Geld?)
paraya ihtiyacı var mı?	(braucht er/sie/es Geld?)
paraya ihtiyacımız var mı?	(brauchen wir Geld?)
paraya ihtiyacınız var mı?	(braucht ihr / brauchen Sie Geld?)
paraya ihtiyaçları var mı?	(brauchen sie Geld?)

– *Verneinung*

eve ihtiyacım yok	(ich brauche kein Haus)
eve ihtiyacın yok	(du brauchst kein Haus)
eve ihtiyacı yok	(er/sie/es braucht kein Haus)
eve ihtiyacımız yok	(wir brauchen kein Haus)
eve ihtiyacınız yok	(ihr braucht / Sie brauchen kein Haus)
eve ihtiyaçları yok	(sie brauchen kein Haus)

– *Verneinende Frage*

kitaba ihtiyacım yok mu?	(brauche ich kein Buch?)
kitaba ihtiyacın yok mu?	(brauchst du kein Buch?)
kitaba ihtiyacı yok mu?	(braucht er/sie/es kein Buch?)
kitaba ihtiyacımız yok mu?	(brauchen wir kein Buch?)
kitaba ihtiyacınız yok mu?	(braucht ihr / brauchen Sie kein Buch?)
kitaba ihtiyaçları yok mu?	(brauchen sie kein Buch?)

– *Vergangenheit*

bana çanta lazımdı / çantaya ihtiyacım vardı (ich brauchte eine Tasche)
sana çanta lazımdı / çantaya ihtiyacın vardı
ona çanta lazımdı / çantaya ihtiyacı vardı
bize çanta lazımdı / çantaya ihtiyacımız vardı
size çanta lazımdı / çantaya ihtiyacınız vardı
onlara çanta lazımdı / çantaya ihtiyaçları vardı

– *Frageform*

bana çanta lazım mıydı? / çantaya ihtiyacım var mıydı? (brauchte ich eine Tasche?)
sana çanta lazım mıydı? / çantaya ihtiyacın var mıydı?
ona çanta lazım mıydı? / çantaya ihtiyacı var mıydı?
bize çanta lazım mıydı? / çantaya ihtiyacımız var mıydı?
size çanta lazım mıydı? / çantaya ihtiyacınız var mıydı?
onlara çanta lazım mıydı? / çantaya ihtiyaçları var mıydı?

– *Verneinung*

bana çanta lazım değildi / çantaya ihtiyacım yoktu (ich brauchte keine Tasche)
sana çanta lazım değildi / çantaya ihtiyacın yoktu
ona çanta lazım değildi / çantaya ihtiyacı yoktu
bize çanta lazım değildi / çantaya ihtiyacımız yoktu
size çanta lazım değildi / çantaya ihtiyacınız yoktu
onlara çanta lazım değildi / çantaya ihtiyaçları yoktu

– *Verneinende Frage*

bana çanta lazım değil miydi? / çantaya ihtiyacım yok muydu? (brauchte ich keine Tasche?
sana çanta lazım değil miydi? / çantaya ihtiyacın yok muydu?
ona çanta lazım değil miydi? / çantaya ihtiyacı yok muydu?
bize çanta lazım değil miydi? / çantaya ihtiyacımız yok muydu?
size çanta lazım değil miydi? / çantaya ihtiyacınız yok muydu?
onlara çanta lazım değil miydi? / çantaya ihtiyaçları yok muydu?

3. Verben

a) *das bestimmte Präsens auf -yor*

1. *Konsonantischer Auslaut am Verbstamm, der letzte Vokal ist*

e oder i	*a oder ı*	*ö oder ü*	*o oder u*
gelmek	almak	görmek	koşmak
gel*iyorum* (ich komme)	al*ıyorum* (ich nehme)	gör*üyorum* (ich sehe)	koş*uyorum* (ich laufe)
gel*iyorsun* (du kommst)	al*ıyorsun* (du nimmst)	gör*üyorsun* (du siehst)	koş*uyorsun* (du läufst)
gel*iyor* (er/sie/es kommt)	al*ıyor* (er/sie/es nimmt)	g*örüyor* (er/sie/es sieht)	koş*uyor* (er/sie/es läuft)
gel*iyoruz* (wir kommen)	al*ıyoruz* (wir nehmen)	gör*üyoruz* (wir sehen)	koş*uyoruz* (wir laufen)
gel*iyorsunuz* (ihr kommt/ Sie kommen)	al*ıyorsunuz* (ihr nehmt/ Sie nehmen)	gör*üyorsunuz* (ihr seht/Sie sehen)	koş*uyorsunuz* (ihr lauft/Sie laufen)
gel*iyorlar* (sie kommen)	al*ıyorlar* (sie nehmen)	gör*üyorlar* (sie sehen)	koş*uyorlar* (sie laufen)

– *Frageform*

gel*iyor muyum*? (komme ich?)	al*ıyor muyum*? (nehme ich?)	gör*üyor mu-yum*? (sehe ich?)	koş*uyor mu-yum*? (laufe ich?)
gel*iyor musun*	al*ıyor musun*?	gör*üyor mu-sun*?	koş*uyor mu-sun*?
gel*iyor mu*?	al*ıyor mu*?	gör*üyor mu*?	koş*uyor mu*?
gel*iyor muyuz*?	al*ıyor muyuz*?	gör*üyor mu-yuz*?	koş*uyor mu-yuz*?
gel*iyor musunuz*?	al*ıyor musunuz*?	gör*üyor mus-sunuz*?	koş*uyor mu sunuz*?
geliyor*lar mı*?	al*ıyorlar mı*?	görüyor*lar mı*?	koşuyor*lar mı*?

– *Verneinung*

gel*miyorum* (ich komme nicht)	al*mıyorum* (ich nehme nicht)	görm*üyorum* (ich sehe nicht)	koş*muyoru*m (ich laufe nicht)
gel*miyorsun*	al*mıyorsun*	görm*üyorsun*	koş*muyorsun*
gel*miyor*	al*mıyor*	görmüyor	koş*muyor*
gel*miyoruz*	al*mıyoruz*	gör*müyoruz*	koş*muyoruz*
gel*miyorsunuz*	al*mıyorsunuz*	gör*müyorsunuz*	koş*muyorsunuz*
gel*miyorlar*	al*mıyorlar*	gör*müyorlar*	koş*muyorlar*

– *Verneinende Frage*

gel*miyor mu-* *yum?* (komme ich nicht?)	al*mıyor muyum?* (nehme ich nicht?)	gör*müyor mu-* *yum?* (sehe ich nicht?)	koş*muyor mu-* *yum?* (laufe ich nicht?)
gel*miyor mu-* *sun?*	al*mıyor musun?*	görm*üyor mu-* *sun?*	koş*muyor mu-* *sun?*
gel*miyor mu?*	al*mıyor mu?*	gör*müyor mu?*	koş*muyor mu?*
gel*miyor muyuz?*	al*mıyor muyuz?*	gör*müyor mu-* *yuz?*	koş*muyor mu-* *yuz?*
gel*miyor musu-* *nuz*	al*mıyor musu-* *nuz?*	gör*müyor* *musunuz?*	koş*muyor* *musunuz?*
gel*miyorlar mı?*	al*mıyorlar mı?*	gör*müyorlar* *mı?*	koş*muyorlar* *mı?*

2. *Vokalischer Auslaut am Verbstamm*

a)

Aussage	*Frage*	*Verneinung*	*Verneinende Frage*
oku*yorum* (ich lese)	oku*yor muyum?* (lese ich?)	oku*muyorum* (ich lese nicht)	oku*muyor mu-* *yum?* (lese ich nicht?)
oku*yorsun*	oku*yor musun?*	oku*muyorsun*	oku*muyor mu-* *sun?*
oku*yor*	oku*yor mu?*	oku*muyor*	oku*muyor mu?*
oku*yoruz*	oku*yor muyuz?*	oku*muyoruz*	oku*muyor mu-* *yuz?*
oku*yorsunuz*	oku*yor musu-* *nuz?*	oku*muyor-* *sunuz*	oku*muyor* *musunuz?*
oku*yorlar*	oku*yorlar mı?*	oku*muyorlar*	oku*muyorlar mı?*

b) Lautliche Besonderheiten

– *Vokalischer Auslaut auf ‚-e', nur bei den Verben ‚demek' und ‚yemek'*

d*i*yorum	d*i*yor muyum?	demiyorum	demiyor muyum?
d*i*yorsun	d*i*yor musun?	demiyorsun	demiyor musun?
d*i*yor	d*i*yor mu?	demiyor	demiyor mu?
d*i*yoruz	d*i*yor muyuz?	demiyoruz	demiyor muyuz?
d*i*yorsunuz	d*i*yor musunuz?	demiyorsunuz	demiyor musunuz?
d*i*yorlar	d*i*yorlar mı?	demiyorlar	demiyorlar mı?

– *Vokalischer Auslaut auf ‚e-' oder ‚-a', der vorletzte Vokal ist e oder i:* istemek

ist*i*yorum	istiyor muyum?	istemiyorum	istemiyor muyum?
istiyorsun	istiyor musun?	istemiyorsun	istemiyor musun?
istiyor	istiyor mu?	istemiyor	istemiyor mu?
istiyoruz	istiyor muyuz?	istemiyoruz	istemiyor muyuz?
istiyorsunuz	istiyor musunuz?	istemiyorsunuz	istemiyor musunuz?
istiyorlar	istiyorlar mı?	istemiyorlar	istemiyorlar mı?

der vorletzte Vokal ist a oder ı: başlamak

başlıyorum	başlıyor muyum?	başlamıyorum	başlamıyor muyum?
başlıyorsun	başlıyor musun?	başlamıyorsun	başlamıyor musun?
başlıyor	başlıyor mu?	başlamıyor	başlamıyor mu?
başlıyoruz	başlıyor muyuz?	başlamıyoruz	başlamıyor muyuz?
başlıyorsunuz	başlıyor musunuz?	başlamıyorsunuz	başlamıyor musunuz?
başlıyorlar	başlıyorlar mı?	başlamıyorlar	başlamıyorlar mı?

der vorletzte Vokal ist ö oder ü: söylemek

söylüyorum	söylüyor muyum?	söylemiyorum	söylemiyor muyum?
söylüyorsun	söylüyor musun?	söylemiyorsun	söylemiyor musun?
söylüyor	söylüyor mu?	söylemiyor	söylemiyor mu?
söylüyoruz	söylüyor muyuz?	söylemiyoruz	söylemiyor muyuz?
söylüyorsunuz	söylüyor musunuz?	söylemiyorsunuz	söylemiyor musunuz?
söylüyorlar	söylüyorlar mı?	söylemiyorlar	söylemiyorlar mı?

der vorletzte Vokal ist o oder u: oynamak

oynuyorum	oynuyor muyum?	oynamıyorum	oynamıyor muyum?
oynuyorsun	oynuyor musun?	oynamıyorsun	oynamıyor musun?
oynuyor	oynuyor mu?	oynamıyor	oynamıyor mu?
oynuyoruz	oynuyor muyuz?	oynamıyoruz	oynamıyor muyuz?
oynuyorsunuz	oynuyor musunuz?	oynamıyorsunuz	oynamıyor musunuz?
oynuyorlar	oynuyorlar mı?	oynamıyorlar	oynamıyorlar mı?

b) *der Aorist (das unbestimmte Präsens auf -r)*

1. Vokalischer Auslaut am Verbstamm, der letzte Vokal ist

e oder i	*a oder ı*	*ö oder ü*	*o oder u*
Aussage			
iste*rim* (ich möchte)	başla*rım* (ich beginne)	yürü*rüm* (ich gehe)	oku*rum* (ich lese)
iste*rsin*	başla*rsın*	yürü*rsün*	oku*rsun*
iste*r*	başla*r*	yürü*r*	oku*r*
iste*riz*	başla*rız*	yürü*rüz*	oku*ruz*
iste*rsiniz*	başla*rsınız*	yürü*rsünüz*	oku*rsunuz*
iste*rler*	başla*rlar*	yürü*rler*	oku*rlar*
Frage			
iste*r miyim*? (möchte ich?)	başla*r mıyım*? (beginne ich?)	yürü*r müyüm*? (gehe ich?)	oku*r muyum*? (lese ich?)
iste*r misin*?	başla*r mısın*?	yürü*r müsün*?	oku*r musun*?
iste*r mi*?	başla*r mı*?	yürü*r mü*?	oku*r mu*?
iste*r miyiz*?	başla*r mıyız*?	yürü*r müyüz*?	oku*r muyuz*?
iste*r misiniz*?	başla*r mısınız*?	yürü*r müsünüz*?	oku*r musunuz*?
iste*rler mi*?	başlar*lar mı*?	yürü*rler mi*?	oku*rlar mı*?
Verneinung			
iste*mem* (ich möchte nicht)	başla*mam* (ich beginne nicht)	yürü*mem* (ich gehe nicht)	oku*mam* (ich lese nicht)
iste*mezsin*	başla*mazsın*	yürü*mezsin*	oku*mazsın*
iste*mez*	başla*maz*	yürü*mez*	oku*maz*
iste*meyiz*	başla*mayız*	yürü*meyiz*	oku*mayız*
iste*mezsiniz*	başla*mazsınız*	yürü*mezsiniz*	oku*mazsınız*
iste*mezler*	başla*mazlar*	yürü*mezler*	oku*mazlar*
Verneinende Frage			
iste*mez miyim*? (möchte ich nicht?)	başla*maz mıyım*? (beginne ich nicht?)	yürü*mez miyim*? (gehe ich nicht?)	oku*maz mıyım*? (lese ich nicht?)
iste*mez misin*?	başla*maz mısın*?	yürü*mez misin*?	oku*maz mısın*?
iste*mez mi*?	başla*maz mı*?	yürü*mez mi*?	oku*maz mı*?
iste*mez miyiz*?	başla*maz mıyız*?	yürü*mez miyiz*?	oku*maz mıyız*?
iste*mez misiniz*?	başla*maz mısınız*?	yürü*mez misiniz*?	oku*maz mısınız*?
iste*mezler mi*?	başla*mazlar mı*?	yürü*mezler mi*?	oku*mazlar mı*?

2. Konsonantischer Auslaut am Verbstamm, der letzte Vokal ist
   e, i, ö, ü (Bindevokal ‚e‘)
   a, ı, o, u (Bindevokal ‚a‘)
   der Bindevokal richtet sich nach der kleinen Vokalharmonie

Aussage

sev*erim*	koş*arım*
sev*ersin*	koş*arsı*n
sev*er*	koş*ar*
sev*eriz*	koş*arız*
sev*ersiniz*	koş*arsınız*
sev*erler*	koş*arlar*

Frage

sev*er miyim*?	koş*ar mıyım*?
sever misin	*koşar mısın*?
se*ver mi*?	koş*ar mı*?
sev*er miyiz*?	koş*ar mıyız*?
sev*er misiniz*?	koş*ar mısınız*?
sev*erler mi*?	koş*arlar mı*?

Verneinung

sev*mem*	koş*mam*
sev*mezsin*	koş*mazsın*
sev*mez*	koş*maz*
sev*meyiz*	koş*mayız*
sev*mezsiniz*	koş*mazsınız*
sev*mezler*	koş*mazlar*

Verneinende Frage

sev*mem mi*?	koş*mam mı*?
sev*mez misin*?	koş*maz mısın*?
sev*mez mi*?	koş*maz mı*?
sev*mez miyiz*?	koş*maz mıyız*?
sev*mez misiniz*?	koş*maz mısınız*?
sev*mezler mi*?	koş*mazlar mı*?

3. Konsonantischer Auslaut am Verbstamm, der Bindevokal richtet sich nach der großen Vokalharmonie

a) bei den Verben

almak(al*ı*r), bilmek (bil*i*r), bulmak (bul*u*r), durmak (dur*u*r), gelmek (gel*i*r), görmek (gör*ü*r), kalmak (kal*ı*r), olmak (ol*u*r), ölmek (öl*ü*r), sanmak (san*ı*r), varmak (var*ı*r), vermek (ver*i*r), vurmak (schlagen) (vur*u*r):

nach

e oder i	*a oder ı*	*ö oder ü*	*o oder u*
Aussage			
gel*irim*	al*ırım*	gör*ürüm*	dur*urum*
gel*irsin*	al*ırsın*	gör*ürsün*	dur*ursun*
gel*ir*	al*ır*	gör*ür*	dur*ur*
gel*iriz*	al*ırız*	gör*ürüz*	dur*uruz*
gel*irsiniz*	al*ırsınız*	gör*ürsünüz*	dur*ursunuz*
gel*irler*	al*ırlar*	gör*ürler*	dur*urlar*
Frage			
gel*ir miyim*?	al*ır mıyım*?	gör*ür müyüm*?	dur*ur muyum*?
gel*ir misin*?	al*ır mısın*?	gör*ür müsün*?	dur*ur musun*?
gel*ir mi*?	al*ır mı*?	gör*ür mü*?	dur*ur mu*?
gel*ir miyiz*?	al*ır mıyız*?	gör*ür müyüz*?	dur*ur muyuz*?
gel*ir misiniz*?	al*ır mısınız*?	gör*ür müsünüz*?	dur*ur musunuz*?
gel*irler mi*?	al*ırlar mı*?	gör*ürler mi*?	dur*urlar mı*?
Verneinung			
gel*mem*	al*mam*	gör*mem*	dur*mam*
gel*mezsin*	al*mazsın*	gör*mezsin*	dur*mazsın*
gel*mez*	al*maz*	gör*mez*	dur*maz*
gel*meyiz*	al*mayız*	gör*meyiz*	dur*mayız*
gel*mezsiniz*	al*mazsınız*	gör*mezsiniz*	dur*mazsınız*
gel*mezler*	al*mazlar*	gör*mezler*	dur*mazlar*
Verneinende Frage			
gel*mez miyim*?	al*maz mıyım*?	gör*mez miyim*?	dur*maz mıyım*?
gel*mez misin*?	al*maz mısın*?	gör*mez misin*?	dur*maz mısın*?
gel*mez mi*?	al*maz mı*?	gör*mez mi*?	dur*maz mı*?
gel*mez miyiz*?	al*maz mıyız*?	gör*mez miyiz*?	dur*maz mıyız*?
gel*mez misiniz*?	al*maz mısınız*?	gör*mez misiniz*?	dur*maz mısınız*?
gel*mezler mi*?	al*mazlar mı*?	gör*mezler mi*?	dur*mazlar mı*?

b) bei mehrsilbigen Verbstämmen, z. B.:

getirmek:	*çalışmak*:	*düşünmek*:	*konuşmak*:
getir*irim*	çalış*ırım*	düşün*ürüm*	konuş*urum* usw.

(die gleiche Konjugationstabelle wie oben)

c) Die Bestimmte *Vergangenheit auf -‚di'*

1. Konsonantischer oder vokalischer Auslaut am Verbstamm, der letzte Vokal ist

e oder i	*a oder ı*	*ö oder ü*	*o oder u*
Aussage			
gel*dim* (ich bin gekommen)	*aldım* (ich habe genommen)	*gördüm* (ich habe gesehen)	oku*dum* (ich habe gelesen)
gel*din*	al*dın*	gör*dün*	oku*dun*
gel*di*	al*dı*	gör*dü*	oku*du*
gel*dik*	al*dık*	gör*dük*	oku*duk*
gel*diniz*	al*dınız*	gör*dünüz*	oku*dunuz*
gel*diler*	al*dılar*	gör*düler*	oku*dular*
Frage			
gel*dim mi*? (bin ich gekommen?)	al*dım mı*? (habe ich genommen?)	gör*düm mü*? (habe ich gesehen?)	oku*dum mu*? (habe ich gelesen?)
gel*din mi*?	al*dın mı*?	gör*dün mü*?	oku*dun mu*?
gel*di mi*?	al*dı mı*?	gör*dü mü*?	oku*du mu*?
gel*dik mi*?	al*dık mı*?	gör*dük mü*?	oku*duk mu*?
gel*diniz mi*?	al*dınız mı*?	gör*dünüz mü*?	oku*dunuz mu*?
gel*diler mi*?	al*dılar mı*?	gör*düler mi*?	oku*dular mı*?
Verneinung			
gel*medim* (ich bin nicht gekommen)	al*madım* (ich habe nicht genommen)	gör*medim* (ich habe nicht gesehen)	oku*madım* (ich habe nicht gelesen)
gel*medin*	al*madın*	gör*medin*	oku*madın*
gel*medi*	al*madı*	gör*medi*	oku*madı*
gel*medik*	al*madık*	gör*medik*	oku*madık*
gel*mediniz*	al*madınız*	gör*mediniz*	oku*madınız*
gel*mediler*	al*madılar*	gör*mediler*	oku*madılar*

e oder i	*a oder ı*	*ö oder ü*	*o oder u*
Verneinende Frage			
gel*medim mi*? (bin ich nicht gekommen?)	al*madın mı*? (habe ich nicht genommen?)	gör*medim mi*? (habe ich nicht gesehen?)	oku*madım mı*? (habe ich nicht gelesen?)
gel*medin mi*?	al*madın mı*?	gör*medin mi*?	oku*madın mı*?
gel*medi mi*?	al*madı mı*?	gör*medi mi*?	oku*madı mı*?
gel*medik mi*?	al*madık mı*?	gör*medik mi*?	oku*madık mı*?
gel*mediniz mi*?	al*madınız mı*?	gör*mediniz mi*?	oku*madınız mı*?
gel*mediler mi*?	al*madılar mı*?	gör*mediler mi*?	oku*madılar mı*?

2. Konsonantischer Auslaut auf stimmlose Konsonanten (ç, f, h, k, p, s, ş, t), der letzte Vokal ist

e oder i	*a oder ı*	*ö oder ü*	*o oder u*
Aussage			
git*tim*	aç*tım*	öp*tüm*	koş*tum*
git*tin*	aç*tın*	öp*tün*	koş*tun*
git*ti*	aç*tı*	öp*tü*	koş*tu*
git*tik*	aç*tık*	öp*tük*	koş*tuk*
git*tiniz*	aç*tınız*	öp*tünüz*	koş*tunuz*
git*tiler*	aç*tılar*	öp*tüler*	koş*tular*
Frage			
git*tim mi*?	aç*tım mı*?	öp*tüm mü*?	koş*tum mu*?
git*tin mi*?	aç*tın mı*?	öp*tün mü*?	koş*tun mu*?
git*ti mi*?	aç*tı mı*?	öp*tü mü*?	koş*tu mu*?
git*tik mi*?	aç*tık mı*?	öp*tük mü*?	koş*tuk mu*?
git*tiniz mi*?	aç*tınız mı*?	öp*tünüz mü*?	koş*tunuz mu*?
git*tiler mi*?	aç*tılar mı*?	öp*tüler mi*?	koş*tular mı*?
Verneinung			
git*medim*	aç*madım*	öp*medim*	koş*madım*
git*medin*	aç*madın*	öp*medin*	koş*madın*
git*medi*	aç*madı*	öp*medi*	koş*madı*
git*medik*	aç*madık*	öp*medik*	koş*madık*
git*mediniz*	aç*madınız*	öp*mediniz*	koş*madınız*
git*mediler*	aç*madılar*	öp*mediler*	koş*madılar*

e oder i	*a oder ı*	*ö oder ü*	*o oder u*
Verneinende Frage			
git*medim mi*?	aç*madım mı*?	öp*medim mi*?	koş*madım mı*?
git*medin mi*?	aç*madın mı*?	öp*medin mi*?	koş*madın mı*?
git*medi mi*?	aç*madı mı*?	öp*medi mi*?	koş*madı mı*?
git*medik mi*?	aç*madık mı*?	öp*medik mi*?	koş*madık mı*?
git*mediniz mi*?	aç*madınız mı*?	öp*mediniz mi*?	koş*madınız mı*?
git*mediler mi*?	aç*madılar mı*?	öp*mediler mi*?	koş*madılar mı*?
(öpmek: küssen)			

d) *das Futur*

1. Konsonantischer Auslaut am Verbstamm, der letzte Vokal ist

e, i, ö, ü	*a, ı, o, u*
Aussage	
gel*eceğim* (ich werde kommen)	al*acağım* (ich werde nehmen)
gel*eceksin*	al*acaksın*
gel*ecek*	al*acak*
gel*eceğiz*	al*acağız*
gel*eceksiniz*	al*acaksınız*
gel*ecekler*	al*acaklar*
Frage	
gel*ecek miyim*? (werde ich kommen?)	al*acak mıyım*? (werde ich nehmen?)
gel*ecek misin*?	al*acak mısın*?
gel*ecek mi*?	al*acak mı*?
gel*ecek miyiz*?	al*acak mıyız*?
gel*ecek misiniz*?	al*acak mısınız*?
gel*ecekler mi*?	al*acaklar mı*?

e, i, ö, ü	*a, ı, o, u*
Verneinung	
gel*meyeceğim* (ich werde nicht kommen)	al*mayacağım* (ich werde nicht nehmen)
gel*meyeceksin*	al*mayacaksın*
gel*meyecek*	al*mayacak*
gel*meyeceğiz*	al*mayacağız*
gel*meyeceksiniz*	al*mayacaksınız*
gel*meyecekler*	al*mayacaklar*
Verneinende Frage	
gel*meyecek miyim*? (werde ich nicht kommen?)	al*mayacak mıyım*? (werde ich nicht nehmen?)
gel*meyecek misin*?	al*mayacak mısın*?
gel*meyecek mi*?	al*mayacak mı*?
gel*meyecek miyiz*?	al*mayacak mıyız*?
gel*meyecek misiniz*?	al*mayacak mısınız*?
gel*meyecekler mi*?	al*mayacaklar mı*?

2. Vokalischer Auslaut am Verbstamm, der letzte Vokal ist

e, i, ö, ü,	*a, ı, o, u*
Aussage	
bekle*yeceğim*	oku*yacağım*
bekle*yeceksin*	oku*yacaksın*
bekle*yecek*	oku*yacak*
bekle*yeceğiz*	oku*yacağız*
bekle*yeceksiniz*	oku*yacaksınız*
bekle*yecekler*	oku*yacaklar*
Frage	
bekle*yecek miyim*?	oku*yacak mıyım*?
bekle*yecek misin*?	oku*yacak mısın*?
bekle*yecek mi*?	oku*yacak mı*?
bekle*yecek miyiz*?	oku*yacak mıyız*?
bekle*yecek misiniz*?	oku*yacak mısınız*?
bekle*yecekler mi*?	oku*yacaklar mı*?

e, i, ö, ü,	*a, ı, o, u*
Verneinung	
bekle*meyeceğim*	oku*mayacağım*
bekle*meyeceksin*	oku*mayacaksın*
bekle*meyecek*	oku*mayacak*
bekle*meyeceğiz*	oku*mayacağız*
bekle*meyeceksiniz*	oku*mayacaksınız*
bekle*meyecekler*	oku*mayacaklar*
Verneinende Frage	
bekle*meyecek miyim*?	oku*mayacak mıyım*?
bekle*meyecek misin*?	oku*mayacak mısın*?
bekle*meyecek mi*?	oku*mayacak mı*?
bekle*meyecek miyiz*?	oku*mayacak mıyız*?
bekle*meyecek misiniz*?	oku*mayacak mısınız*?
bekle*meyecekler mi*?	oku*mayacaklar mı*?

4. *Optativ: Wunsch-Befehl-Form* (vgl. Lektion 7 C.5.)

1. Konsonantischer Auslaut am Verbstamm, der letzte Vokal ist

e oder i	*a oder ı*	*ö oder ü*	*o oder u*
Aussage			
gel*eyim* (ich soll kommen; ich komme mal)	aç*ayım* (ich soll öffnen; ich öffne mal)	gör*eyim* (ich soll sehen; ich sehe mal)	koş*ayım* (ich soll laufen; ich laufe mal)
(gel*esin*) gel*sin* (er/sie/es soll kommen)	(aç*asın*) aç*sın* (er/sie/es soll öffnen	(gör*esin*) gör*sün* (er/sie/es soll sehen)	(koş*asın*) koş*sun* (er/sie/es soll laufen)
gel*elim* (wir sollen kommen; laßt uns kommen)	aç*alım* (wir sollen öffnen; laßt uns öffnen)	gör*elim* (wir sollen sehen; laßt sehen)	koş*alım* (wir sollen laufen; laßt uns laufen
(gel*esiniz*) gel*sinler* (sie sollen kommen)	(aç*asınız*) aç*sınlar* (sie sollen öffnen)	(gör*esiniz*) gör*sünler* (sie sollen sehen)	(koş*asınız*) koş*sunlar* (sie sollen laufen)

e oder i	*a oder ı*	*ö oder ü*	*o oder u*
Frage			
gel*eyim mi*? (soll ich kommen?)	aç*ayım mı*? (soll ich öffnen?)	gör*eyim mi*? (soll ich sehen?)	koş*ayım mı*? (soll ich laufen?)
(gel*esin mi*?) gel*sin mi*? gel*elim mi*? (gel*esiniz mi*?) gel*sinler mi*?	(aç*asın mı*) aç*sın mı*? aç*alım mı*? (aç*asınız mı*?) aç*sınlar mı*?	(gör*esin mi*?) gör*sün mü*? gör*elim mi*? (gör*esiniz mi*?) gör*sünler mi*?	(koş*asın mı*?) koş*sun mu*? koş*alımı mı*? (koş*asınız mı*?) koş*sunlar mı*?
Verneinung			
gel*meyeyim* (ich soll nicht kommen; ich komme nicht) (gel*meyesin*)	aç*mayayım* (ich soll nicht öffnen; ich öffne nicht) (aç*mayasın*)	gör*meyeyim* (ich soll nicht sehen: ich sehe nicht) (gör*meyesin*)	koş*mayayım* (ich soll nicht laufen; ich laufe nicht) (koş*mayasın*)
gel*mesin* (er/sie/es soll nicht kommen)	aç*masın* (er/sie/es soll nicht öffnen)	gör*mesin* (er/sie/es soll nicht sehen)	koş*masın* (er/sie/es soll nicht laufen)
gel*meyelim* (gel*meyesiniz*) gel*mesinler*	aç*mayalım* (aç*mayasınız*) aç*masınlar*	gör*meyelim* (gör*meyesiniz*) gör*mesinler*	koş*mayalım* (koş*mayasınız*) koş*masınlar*
Verneinende Frage			
gel*meyeyim mi*? (soll ich nicht kommen?)	aç*mayayım mı*? (soll ich nicht öffnen?)	gör*meyeyim mi*? (soll ich nicht sehen?)	koş*mayayım mı*? (soll ich nicht laufen?)
(gel*meyesin mi*?) gel*mesin mi*? gel*meyelim mi*? (gel*meyesiniz mi*?) gel*mesinler mi*?	(aç*mayasın mı*?) aç*masın mı*? aç*mayalım mı*? (aç*mayasınız mı*?) aç*masınlar mı*?	(gör*meyesin mi*?) gör*mesin mi*? gör*meyelim mi* ? (gör*meyesiniz mi*?) gör*mesinler mi*?	(koş*mayasın mı*?) koş*masın mı*? koş*mayalım mı*? (koş*mayasınız mı*?) koş*masınlar mı*?

2. Vokalischer Auslaut am Verbstamm, der letzte Vokal ist

e oder i	*a oder ı*	*ö oder ü*	*o oder u*
Aussage			
bekle*yeyim*	başla*yayım*	yürü*yeyim*	oku*yayım*
(bekle*yesin*)	(başla*yasın*)	(yürü*yesin*)	(oku*yasın*)
bekle*sin*	başla*sın*	yürü*sün*	oku*sun*
bekle*yelim*	başla*yalım*	yürü*yelim*	oku*yalım*
(bekle*yesiniz*)	(başla*yasınız*)	(yürü*yesiniz*)	(oku*yasınız*)
bekle*sinler*	başla*sınlar*	yürü*sünler*	oku*sunlar*
Frage			
bekle*yeyim mi*?	başla*yayım mı*?	yürü*yeyim mi*?	oku*yayım mı*?
(bekle*yesin mi*?)	(başla*yasın mı*?)	(yürü*yesin mi*)	(oku*yasın mı*?)
bekle*sin mi*?	başla*sın mı*?	yürü*sün mü*?	oku*sun mu*?
bekle*yelim mi*?	başla*yalım mı*?	yürü*yelim mi*?	oku*yalım mı*?
(bekle*yesiniz mi*?)	(başla*yasınız mı*?)	(yürü*yesiniz mi*?)	(oku*yasınız mı*?)
bekle*sinler mi*?	başla*sınlar mı*?	yürü*sünler mi*?	oku*sunlar mı*?

Verneinung und verneinende Frage wie beim konsonantischen Auslaut am Verbstamm.

5. *Entsprechung für Modalverben* (vgl. Lektion 14, C.1.)

a) *Möglichkeitsform*

1. Konsonantischer Auslaut am Verbstamm, der letzte Vokal ist

e, i, ö, ü	*a, ı, o, u*
Aussage	
gel*ebilirim* (ich kann / darf kommen)	yaz*abilirim* (ich kann / darf schreiben)
gel*ebilirsin*	yaz*abilirsin*
gel*ebilir*	yaz*abilir*
gel*ebiliriz*	yaz*abiliriz*
gel*ebilirsiniz*	yaz*abilirsiniz*
gel*ebilirler*	yaz*abilirler*

e, i, ö, ü	*a, ı, o, u*
Frage	
gel*ebilir miyim*	yaz*abilir miyim*?
(kann / darf ich kommen?)	(kann / darf ich schreiben?)
gel*ebilir misin*?	yaz*abilir misin*?
gel*ebilir mi*?	yaz*abilir mi*?
gel*ebilir miyiz*?	yaz*abilir miyiz*?
gel*ebilir misiniz*?	yaz*abilir misiniz*?
gel*ebilirler mi*?	yaz*abilirler mi*?
Verneinung	
gel*emem*	yaz*amam*
(ich kann / darf nicht kommen)	(ich kann / darf nicht schreiben)
gel*emezsin*	yaz*amazsın*
gel*emez*	yaz*amaz*
gel*emeyiz*	yaz*amayız*
gel*emezsiniz*	yaz*amazsınız*
gel*emezler*	yaz*amazlar*
Verneinende Frage	
gel*emez miyim*?	yaz*amaz mıyım*?
(kann / darf ich nicht kommen?)	(kann / darf ich nicht schreiben?)
gel*emez misin*?	yaz*amaz mısın*?
gel*emez mi*?	yaz*amaz mı*?
gel*emez miyiz*?	yaz*amaz mıyız*?
gel*emez misiniz*?	yaz*amaz mısınız*?
gel*emezler mi*?	yaz*amazlar mı*?

2. Vokalischer Auslaut, der letzte Konsonant ist

e, i, ö, ü	*a, ı, o, u*
Aussage	
bekle*yebilirim*	oku*yabilirim*
bekle*yebilirsin*	oku*yabilirsin*
bekle*yebilir*	oku*yabilir*
bekle*yebiliriz*	oku*yabiliriz*
bekle*yebilirsiniz*	oku*yabilirsiniz*
bekle*yebilirler*	oku*yabilirler*

e, i, ö, ü	*a, ı, o, u*
Frage	
bekle*yebilir miyim?*	oku*yabilir miyim?*
bekle*yebilir misin?*	oku*yabilir misin?*
bekle*yebilir mi?*	oku*yabilir mi?*
bekle*yebilir miyiz?*	oku*yabilir miyiz?*
bekle*yebilir misiniz?*	oku*yabilir misiniz?*
bekle*yebilirler mi?*	oku*yabilirler mi?*
Verneinung	
bekle*yemem*	oku*yamam*
bekle*yemezsin*	oku*yamazsın*
bekle*yemez*	oku*yamaz*
bekle*yemeyiz*	oku*yamayız*
bekle*yemezsiniz*	oku*yamazsınız*
bekle*yemezler*	oku*yamazlar*
Verneinende Frage	
bekle*yemez miyim?*	oku*yamaz mıyım?*
bekle*yemez misin?*	oku*yamaz mısın?*
bekle*yemez mi?*	oku*yamaz mı?*
bekle*yemez miyiz?*	oku*yamaz mıyız?*
bekle*yemez misiniz?*	oku*yamaz mısınız?*
bekle*yemezler mi?*	oku*yamazlar mı?*

b) *Notwendigkeitsform* (vgl. Lektion 15, C.1.)

1. Konjugation mit ‚gerek', der letzte Vokal ist

e, i, ö, ü	*a, ı, o, u*
Aussage	
gel*mem gerek* (ich muß kommen)	oku*mam gerek* (ich muß lesen)
gel*men gerek*	oku*man gerek*
gel*mesi gerek*	oku*ması gerek*
gel*memiz gerek*	oku*mamız gerek*
gel*meniz gerek*	oku*manız gerek*
gel*meleri gerek*	oku*maları gerek*

Frage

gel*mem* (oku*mam*) *gerek mi*?
(muß ich kommen (lesen))?
gel*men* (oku*man*) *gerek mi*?
gel*mesi* (oku*ması*) *gerek mi*?
gel*memiz* (oku*mamız*) *gerek mi*?
gel*meniz* (oku*manız*) *gerek mi*?
gel*meleri* (oku*maları*) *gerek mi*?

auch:
gel*meme* (oku*mama*) *gerek var mı*?
(muß ich kommen (lesen))?
gel*mene* (oku*mana*) *gerek var mı*?
gel*mesine* (oku*masına*) *gerek var mı*?
gel*memize* (oku*mamıza*) *gerek var mı*?
gel*menize* (oku*manıza*) *gerek var mı*?
gel*melerine* (oku*malarına*) *gerek var mı*?

Verneinung

gel*mem* (oku*mam*) *gerek değil*
(ich muß nicht kommen (lesen))
gel*men* (oku*man*) *gerek değil*
gel*mesi* (oku*ması*) *gerek değil*
gel*memiz* (oku*mamız*) *gerek değil*
gel*meniz* (oku*manız*) *gerek değil*
gel*meleri* (oku*maları*) *gerek değil*

gelmeme (oku*mama*) *gerek yok*
(ich muß nicht kommen (lesen))
gel*mene* (oku*mana*) *gerek yok*
gel*mesine* (oku*masına*) *gerek yok*
gel*memize* (oku*mamıza*) *gerek yok*
gel*menize* (oku*manıza*) *gerek yok*
gelme*lerine* (okuma*larına*) *gerek yok*

auch:
gel*meye* (oku*maya*) *ihtiyacım yok*
(ich brauche nicht zu kommen (lesen))
gel*meye* (oku*maya*) *ihtiyacın yok*
gel*meye* (oku*maya*) *ihtiyacı yok*
gel*meye* (oku*maya*) *ihtiyacımız yok*
gel*meye* (oku*maya*) *ihtiyacınız yok*
gel*meye* (oku*maya*) *ihtiyaçları yok*

Verneinende Frage

gel*mem* (oku*mam*) *gerek değil mi*?
(muß ich nicht kommen (lesen))?
gel*men* (oku*man*) *gerek değil mi*?
gel*mesi* (oku*ması*) *gerek değil mi*?
gel*memiz* (oku*mamız*) *gerek değil mi*?
gel*meniz* (oku*manız*) *gerek değil mi*?
gel*meleri* (oku*maları*) *gerek değil mi*?

auch:
gel*meme* (oku*mama*) *gerek yok mu*?
(muß ich nicht kommen (lesen))?
gel*mene* (oku*mana*) *gerek yok mu*?
gel*mesine* (oku*masına*) *gerek yok mu*?
gel*memize* (oku*mamıza*) *gerek yok mu*?
gel*menize* (oku*manıza*) *gerek yok mu*?
gel*melerine* (oku*malarına*) *gerek yok mu*?

auch:
gel*meye* (oku*maya*) *ihtiyacım yok mu*?
(brauche ich nicht zu kommen (lesen))?
gel*meye* (oku*maya*) *ihtiyacın yok mu*?
gel*meye* (oku*maya*) *ihtiyacı yok mu*?
gel*meye* (oku*maya*) *ihtiyacımız yok mu*?
gel*meye* (oku*maya*) *ihtiyacınız yok mu*?
gel*meye* (oku*maya*) *ihtiyaçları yok mu*?

2. *Konjugation mit ‚mecbur olmak'*,
der letzte Vokal ist e, i, ö, ü, (a, ı, o, u)

Aussage

gel*meye* (oku*maya*) *mecburum*
(ich muß kommen (lesen))

gel*meye* (oku*maya*) *mecbursun*
gel*meye* (oku*maya*) *mecbur*
gel*meye* (oku*maya*) *mecburuz*
gel*meye* (oku*maya*) *mecbursunuz*
gel*meye* (oku*maya*) *mecburlar*

Frage

gel*meye* (oku*maya*) *mecbur muyum*?
(muß ich kommen (lesen))?

gel*meye* (oku*maya*) *mecbur musun*?
gel*meye* (oku*maya*) *mecbur mu*?
gel*meye* (oku*maya*) *mecbur muyuz*?
gel*meye* (oku*maya*) *mecbur musunuz*?
gel*meye* (oku*maya*) *mecburlar mı*?

Verneinung

gel*meye* (oku*maya*) *mecbur değilim*
(ich muß nicht kommen (lesen))

gel*meye* (oku*maya*) *mecbur değilsin*
gel*meye* (oku*maya*) *mecbur değil*
gel*meye* (oku*maya*) *mecbur değiliz*
gel*meye* (oku*maya*) *mecbur değilsiniz*
gel*meye* (oku*maya*) *mecbur değiller*

Verneinende Frage

gel*meye* (oku*maya*) *mecbur değil miyim*?
(muß ich nicht kommen (lesen))?

gel*meye* (oku*maya*) *mecbur değil misin*?
gel*meye* (oku*maya*) *mecbur değil mi*?
gel*meye* (oku*maya*) *mecbur değil miyiz*?
gel*meye* (oku*maya*) *mecbur değil misiniz*?
gel*meye* (oku*maya*) *mecbur değiller mi*?

---

3. *Konjugation mit ‚zorunda olmak‘*

der letzte Vokal ist e, i, ö, ü (a, ı, o, u)

Aussage

gel*mek* (oku*mak*) *zorundayım*
(ich muß kommen (lesen))

gel*mek* (oku*mak*) *zorundasın*
gel*mek* (oku*mak*) *zorunda*
gel*mek* (oku*mak*) *zorundayız*
gel*mek* (oku*mak*) *zorundasınız*
gel*mek* (oku*mak*) *zorundalar*

Frage

gel*mek* (oku*mak*) *zorunda mıyım*?
(muß ich kommen (lesen))?

gel*mek* (oku*mak*) *zorunda mısın*?
gel*mek* (oku*mak*) *zorunda mı*?
gel*mek* (oku*mak*) *zorunda mıyız*?
gel*mek* (oku*mak*) *zorunda mısınız*?
gel*mek* (oku*mak*) *zorundalar mı*?

Verneinung

gel*mek* (oku*mak*) *zorunda değilim*
(ich muß nicht kommen (lesen))

gel*mek* (oku*mak*) *zorunda değilsin*
gel*mek* (oku*mak*) *zorunda değil*
gel*mek* (oku*mak*) *zorunda değiliz*
gel*mek* (oku*mak*) *zorunda değilsiniz*
gel*mek* (oku*mak*) *zorunda değiller*

Verneinende Frage

gel*mek* (oku*mak*) *zorunda değil miyim*?
(muß ich nicht kommen (lesen))?

gel*mek* (oku*mak*) *zorunda değil misin*?
gel*mek* (oku*mak*) *zorunda değil mi*?
gel*mek* (oku*mak*) *zorunda değil miyiz*?
gel*mek* (oku*mak*) *zorunda değil misiniz*?
gel*mek* (oku*mak*) *zorunda değiller mi*?

---

4. Konjugation mit ‚-meli'

Konsonantischer oder vokalischer Auslaut am Verbstamm, der letzte Vokal ist

e, i, ö, ü	*a, ı, o, u*
Aussage	
git*meliyim* (ich muß / soll gehen)	yaz*malıyı*m (ich muß / soll schreiben)
git*melisin*	yaz*malısın*
git*meli*	yaz*malı*
git*meliyiz*	yaz*malıyız*
git*melisiniz*	yaz*malısınız*
git*meliler*	yaz*malılar*
Frage	
git*meli miyim*? (muß / soll ich gehen?)	yaz*malı mıyım*? (muß / soll ich schreiben?)
git*meli misin*?	yaz*malı mısın*?
git*meli mi*?	yaz*malı mı*?
git*meli miyiz*?	yaz*malı mıyız*?
git*meli misiniz*?	yaz*malı mısınız*?
git*meliler mi*?	yaz*malılar mı*?
Verneinung	
git*memeliyim* (ich darf / soll nicht gehen)	yaz*mamalıyım* (ich darf / soll nicht schreiben)
git*memelisin*	yaz*mamalısın*
git*memeli*	yaz*mamalı*
git*memeliyiz*	yaz*mamalıyız*
git*memelisiniz*	yaz*mamalısınız*
git*memeliler*	yaz*mamalılar*
Verneinende Frage	
git*memeli miyim*? (darf / soll ich nicht gehen?)	yaz*mamalı mıyım*? (darf / soll ich nicht schreiben?)
git*memeli misin*?	yaz*mamalı mısın*?
git*memeli mi*?	yaz*mamalı mı*?
git*memeli miyiz*?	yaz*mamalı mıyız*?
git*memeli misiniz*?	yaz*mamalı mısınız*?
git*memeliler mi*?	yaz*mamalılar mı*?

6. *Imperativ*

a) Konsonantischer Auslaut am Verbstamm, der letzte Vokal ist

e, i	*a, ı*	*ö, ü*	*o, u*
gel (komm)	al (nimm)	gül (lache)	koş (lauf)
gel*sin* (er/sie/es soll kommen)	al*sın* (er/sie/es soll nehmen)	gül*sün* (er/sie/es soll lachen)	koş*sun* (er/sie/es soll laufen)
gel*in* (kommt, kommen Sie)	al*ın* (nehmt, nehmen Sie)	gü*lün* (lacht, lachen Sie)	koş*un* (lauft, laufen Sie)
gel*iniz* (kommen Sie)	al*ınız* (nehmen Sie)	gül*ünüz* (lachen Sie)	koş*unuz* (laufen Sie)
gel*sinler* (sie sollen kommen)	al*sınlar* (sie sollen nehmen)	gül*sünler* (sie sollen lachen)	koş*sunlar* (sie sollen laufen)

Vokalischer Auslaut am Verbstamm, der letzte Vokal ist

e, i	*a, ı*	*ö, ü*	*o, u*
bekle	başla	yürü	oku
bekle*sin*	başla*sın*	yürü*sün*	oku*sun*
bekle*yin*	başla*yın*	yürü*yün*	oku*yun*
bekle*yiniz*	başla*yınız*	yürü*yünüz*	oku*yunuz*
bekle*sinle*r	başla*sınlar*	yürü*sünle*r	oku*sunlar*

Verneinung

Konsonantischer oder vokalischer Auslaut am Verbstamm, der letzte Vokal ist

e, i, ö, ü	*a, ı, o, u*
gel*me* (komm nicht)	oku*ma* (lies nicht)
gel*mesi*n (er/sie/es soll nicht kommen)	oku*masın* (er/sie/es soll nicht lesen)
gel*meyi*n (kommt nicht, kommen Sie nicht)	oku*mayın* (lest nicht, lesen Sie nicht)
gel*meyiniz* (kommen Sie nicht)	oku*mayınız* (lesen Sie nicht)
gel*mesinler* (sie sollen nicht kommen)	oku*masınlar* (sie sollen nicht lesen)

b) Konsonantischer oder vokalischer Auslaut am Verbstamm, der letzte Vokal ist

e, i, ö, ü	*a, ı, o, u*
gel*sene* (komm doch)	oku*sana* (lies doch)
gel*senize* (kommt doch, kommen Sie doch)	okusanıza (lest doch, lesen Sie doch)
Verneinung	
gel*mesene* (komm doch nicht)	oku*masana* (lies doch nicht)
gel*mesenize* (kommen Sie doch nicht)	oku*masanıza* (lest doch nicht, lesen Sie doch nicht)

Sachregister

Das Sachregister enthält Stichworte zur Grammatik sowie türkische Endungen. Endungen, die der kleinen Vokalharmonie unterliegen, sind mit -e-, Endungen, die der großen Vokalharmonie unterliegen, mit -i- aufgeführt. Das Sachregister ist alphabetisch geordnet.

Die Zahlen links des Kommas verweisen auf die Lektionen, die Zahlen rechts des Kommas auf den jeweiligen Grammatikabschnitt und Angaben mit W auf den Wortschatzabschnitt in der betreffenden Lektion.

Verweise mit E beziehen sich auf die Einführungslektion und die Zahlen rechts des Kommas auf den jeweiligen Abschnitt in der Einführungslektion.

Bei gleichlautenden Endungen oder Partikeln verschiedener Funktion ist jeweils in Klammern entweder die deutsche Entsprechung oder ein Anwendungsbeispiel angegeben.

Neben Stichworten zur Grammatik finden Sie im Sachregister auch Stichworte zu einigen Wortschatzbereichen und/oder Sprechsituationen wie ‚Körperteile', ‚Selbstvorstellung', ‚Wetter' usw., die auch im Inhaltsverzeichnis aufgeführt sind.

A

B

C

G

H

I

J

K

L

M

N

T

U

V

Alev Tekinay

GÜNAYDIN

Einführung in die moderne türkische Sprache

unter Mitwirkung von Osman Tekinay

Schlüssel und Wörterverzeichnis
zu Teil 1

DR. LUDWIG REICHERT VERLAG WIESBADEN

CIP-Kurztitelaufnahme der Deutschen Bibliothek

Tekinay, Alev:
Günaydın : Einf. in d. moderne türk. Sprache ; e. Lehrgang mit vielen Ill., Karikaturen, Gedichten, Anekdoten u. Liedern / Alev Tekinay. Unter Mitw. von Osman Tekinay. – Wiesbaden : Reichert

Teil 1.
Schlüssel und Wörterverzeichnis. – 1985.
ISBN 3-88226-264-8

Gesamtherstellung: Hubert & Co., Göttingen

Printed in Germany

Inhaltsverzeichnis

Übersetzung der Texte und Dialoge (A)
Schlüssel der Übungen (B)

Übersetzung der Texte und Dialoge,

Schlüssel der Übungen

1 A

S

a) Was ist das?
Das ist ein Buch.
Und was ist das da?
Das ist eine Zeitung.

b) Wer ist das?
Das ist Arzu Ersoy.
Und wer ist das da?
Das ist Metin Gürpınar.

c) Ist das ein Fahrrad?
Ja, das ist ein Fahrrad.
Ist das ein Radio?
Nein, das ist kein Radio, das ist ein Fernseher.

d) Ist das Arzu Ersoy?
Nein, das ist nicht Arzu Ersoy, das ist Metin Gürpınar.

e) Wer sind das?
Das sind Emine und Hüseyin Yılmaz.

f) Was sind das?
Das sind Zeitungen.
Sind diese Zeitungen in türkischer Sprache?
Ja, diese Zeitungen sind in türkischer Sprache.
Und diese Zeitungen da?
Die da sind nicht in türkischer Sprache, die sind in deutscher Sprache.

D 1

Guten Morgen.
Guten Morgen.
Wie geht es Ihnen?
Danke, mir geht's gut. Und Ihnen?
Danke, Mir geht's auch gut.
Auf Wiedersehn.
Auf Wiedersehn.

D 2

Grüß Gott.
Grüß Gott.
Wie geht's dir?
Danke, mir geht's gut. Und dir?
Danke, mir geht's auch gut.
Auf Wiedersehn.
Auf Wiedersehn. (Bis morgen.)

1 B

Ü 2 (Lückentest)

a) Günaydın.
Teşekkür ederim, iyiyim. Ya siz?
Allaha ısmarladık.

b) Merhaba.
Teşekkür ederim, iyiyim. Ya sen?
Allaha ısmarladık.

Ü 3

1. Bu radyo mu? Evet, bu radyo. / Hayır, bu radyo değil, bu, televizyon.
2. Bu sigara mı? Evet, bu sigara. / Hayır, bu sigara değil, bu, çakmak.
3. Bu Arzu Ersoy mu? Evet, bu Arzu Ersoy. / Hayır, bu Arzu Ersoy değil, bu, Metin Gürpınar.
4. Bu otomobil mi? Evet, bu otomobil. / Hayır, bu otomobil değil, bu, bisiklet.
5. Bu kalem mi? Evet, bu kalem. / Hayır, bu kalem değil, bu, kâğıt.
6. Bu kapı mı? Evet, bu kapı. / Hayır, bu kapı değil, bu, pencere.
7. Bu sandalye mi? Evet, bu sandalye. / Hayır, bu, sandalye değil, bu, masa.
8. Bu gözlük mü? Evet, bu gözlük. / Hayır, bu gözlük değil, bu, lamba.
9. Bu pantalon mu? Evet, bu pantalon. / Hayır, bu pantalon değil, bu, ceket.
10. Bu dolap mı? Evet, bu dolap. / Hayır, bu dolap değil, bu, sandalye.
11. Bu otobüs mü? Evet, bu otobüs. / Hayır, bu otobüs değil, bu, araba.
12. Bu tahta mı? Evet, bu tahta. / Hayır, bu tahta değil, bu, tebeşir.
13. Bu kitap mı? Evet, bu kitap. / Hayır, bu kitap değil, bu, çanta.
14. Bu gazete mi? Evet, bu gazete. / Hayır, bu gazete değil, bu, dergi.
15. Bu manto mu? Evet, bu manto. / Hayır, bu manto değil, bu, ceket.

Ü 4

1. Şunlar gazete. Şu gazeteler Almanca.

2. Bunlar dergi. Bu dergiler Türkçe.
3. Şunlar kalem. Şu kalemler kırmızı.
4. Onlar televizyon. O televizyonlar renkli.
5. Bunlar radyo. Bu radyolar yeni.
6. Bunlar telefon. Bu telefonlar kırmızı.

Ü 5

A: 1, B: 4, C: 5, D: 6, E: 3, F: 7, G: 2

Ü 6:

kitap,
kitaplar radyo
radyolar
televizyon,
televizyonlar
bisiklet,
bisikletler

otobüs,
otobüsler
pantalon,
pantalonlar
kapı,
kapılar
gazete,
gazeteler

sandalye,
sandalyeler
pencere,
pencereler
çanta,
çantalar
masa,
masalar

2 A

S 1

Wie heißen Sie?
Ich heiße Arzu Ersoy. Ich bin Türkin, ich komme aus Ankara. Ich bin Lehrerin. Ich bin verheiratet.
Sehr erfreut, gnädige Frau. Ich heiße Metin Gürpınar. Ich bin auch Türke. Ich bin Rechtsanwalt. Ich bin ledig.
Hat mich auch gefreut.

S 2

a) Wie heißt du?
Ich heiße Ferdi Eder.
Bist du Student?
Ja, ich bin Student.
Bist du Türke?
Nein, ich bin nicht Türke, ich bin Deutscher.

b) Bist du verheiratet?
Nein, ich bin nicht verheiratet, ich bin verlobt. Und du?
Ich bin auch Student und ledig.
Wie heißt du?
Ich heiße Sinan Özdemir.
Du bist Türke, nicht wahr?
Ja, ich bin Türke.
Woher kommst du?
Ich bin aus Kars. Und du?
Ich bin aus Augsburg.

T

Das ist Arzu Ersoy. Frau Arzu ist Türkin, sie ist aus Ankara. Sie ist Lehrerin. Sie ist verheiratet. Das ist Metin Gürpınar. Herr Metin ist auch Türke, er ist aus İzmir. Er ist Rechtsanwalt. Er ist ledig. Das sind Ferdi und Sinan. Ferdi ist Deutscher, Sinan ist Türke. Ferdi und Sinan sind Studenten. Ferdi ist aus Augsburg, Sinan ist aus Kars. Ferdi ist verlobt, Sinan ist ledig. Das sind Emine und Hüseyin Yılmaz. Herr und Frau Yılmaz sind aus Erzurum.

D 1

Sinan: Darf ich vorstellen, das ist Ferdi Eder, das ist Arzu Ersoy.

Ferdi: Hat mich gefreut, Sie kennenzulernen, Frau Ersoy. Sie sind Türkin, nicht wahr?
Arzu: Ja, ich bin Türkin, Herr Eder.
Ferdi: Woher (aus welcher Stadt) kommen Sie?
Arzu: Ich bin aus Ankara. Und Sie?
Ferdi: Ich bin aus Augsburg.
Sinan: Ah, grüß dich, Sabine.
Sabine: Hallo, Freunde.
Sinan: Darf ich vorstellen, das ist Arzu Ersoy, das ist Sabine Huber.
Arzu: Sind Sie auch aus Augsburg, Fräulein Sabine?
Sabine: Nein, ich bin nicht aus Augsburg, ich bin aus Köln.

D 2

Ferdi: Sinan, was heißt ‚Schrank' auf Türkisch?
Sinan: Auf Türkisch heißt ‚Schrank' dolap.
Ferdi: Wie bitte? Noch einmal bitte.
Sinan: Do-lap.
Ferdi: Alles klar. Auf Türkisch heißt ‚Schrank' dolap.

2 B

Ü 3 S. 19

a. Yorgunuz
b. Evliyim.
c. Arzu Ersoy öğretmen.
d. Sinan öğrenci.
e. Hastasınız.
f. Çalışkansın.
g. Serap'ım.
h. Açız.
ı. Tokum.
i. Öğrenciler Alman.
j. Profesör Türk.
k. Çocuklar çalışkan.

Ü 2 S. 19

1. Erol yorgun mu? Evet, yorgun. / Hayır, yorgun değil.
2. Tok muyuz? Evet, tokuz. / Hayır, tok değiliz.
3. Öğrenciler çalışkan mı? Evet, çalışkanlar. / Hayır, çalışkan değiller.
4. Aydın Bey profesör mü? Evet, profesör. / Hayır, profesör değil.
5. Martin şoför mü? Evet şoför. / Hayır, şoför değil.
6. Evli misiniz? Evet, evliyim (evliyiz). / Hayır evli değilim (değiliz).
7. Orhan bekâr mı? Evet, bekâr. / Hayır, bekâr değil.
8. Yorgun musun? Evet, yorgunum. / Hayır, yorgun değilim.
9. Doktor musunuz? Evet, doktorum (doktoruz). / Hayır, doktor değilim (değiliz).
10. Üzgün müyüz? Evet, üzgünüz. / Hayır, üzgün değiliz.

Ü 3 S. 20

1. Ferdi Alman, değil mi? Evet, Alman.
2. Arzu Hanım öğretmen, değil mi? Evet, öğretmen.
3. Metin Bey avukat, değil mi? Evet, avukat.
4. Hastasınız, değil mi? Evet, hastayım (hastayız).
5. Sabine Kölnlü, değil mi? Evet, Kölnlü.
6. Çocuklar çalışkan, değil mi? Evet, onlar çalışkan (çalışkanlar).
7. Erol tembel, değil mi? Evet, tembel.
8. Sinan Karslı, değil mi? Evet, Karslı.
9. Doktorsunuz, değil mi? Evet, doktorum (doktoruz).
10. Augsburgluyuz, değil mi? Evet, Augsburgluyuz.

Ü 4 S. 20

1. Nilgün Türk, Erol da Türk.
2. Biz çalışkanız, siz de çalışkansınız.

3. Ahmet işsiz, Yaşar da işsiz.
4. Ben hastayım, sen de hastasın.
5. Arzu Hanım öğretmen, Helga Hanım da öğretmen.
6. Metin Bey avukat, Franz Bey de avukat.
7. Bu kitaplar Türkçe, şu kitaplar da Türkçe.
8. Bu gazeteler Almanca, şu gazeteler de Almanca.
9. Siz üzgünsünüz, biz de üzgünüz.
10. Sinan öğrenci, Ferdi de öğrenci.

Ü 5 S. 21

1. Ich bin Deutsche(r).
2. Du bist Türke. (Türkin).
3. Öğrencisin.
4. Profesör.
5. Er (sie) ist verheiratet.
6. Bekârız.
7. Wir sind krank.
8. Ihr seid (Sie sind) Fahrer.
9. Sie sind fleißig.
10. Erol ist faul.
11. Avukatım.
12. Hastasın.
13. Seid ihr (sind Sie) verrückt?
14. Sie sind arbeitslos.
15. Sie sind keine Polizisten.
16. Doktor musunuz?
17. Üzgün değiliz.
18. Çalışkan değil.
19. Öğrenciler çalışkan.
20. Evli misiniz?
21. Ist Ferdi ledig?
22. Ist Sabine keine Studentin?
23. Hasta değil mi?
24. Sei ihr (sind Sie) nicht traurig?
25. Sind sie nicht krank?

Ü 6 S. 22

1. Nerelisiniz? Ürgüplüyüm (Ürgüplüyüz).
2. Akın nereli? Gaziantepli.
3. Sinan nereli? Karslı.
4. Metin Bey nereli? İzmirli.
5. Nerelisin? Frankfurtluyum.
6. Sabine nereli? Kölnlü.
7. Nereliyiz? Münihliyiz.
8. Arzu Hanım nereli? Ankaralı.
9. Nereliyim? Istanbulluyum.
10. Öğrenciler nereli? Onlar Augsburglu (Augsburglular).

Ü 7 S. 22

1. Evet, Alman.
2. Evet, Türk.
3. Hayır, Sinan öğretmen değil, öğrenci.
4. Hayır, Ferdi evli değil, nişanlı.
5. Hayır, Sinan nişanlı değil, bekâr.
6. Hayır, Arzu Ersoy öğrenci değil, öğretmen.
7. Arzu Ersoy Ankaralı.
8. Evet, Metin Gürpınar avukat.
9. Hayır, Sabine Huber Augsburglu değil, Kölnlü.
10. Hayır, Metin Gürpınar Karslı değil, İzmirli.

3 A

T S.41

Jetzt ist Frau Arzu in der Schule, Herr Metin ist im Büro. Der Vater ist auch im Büro, die Mutter ist in der Küche, die Kinder sind im Garten. Ferdi und Sinan sind in der Universität. Sabine ist in der Klasse. Ayşe ist zu Hause, Mehmet ist in der Fabrik. Semra ist beim Nachbarn. Die Jugendlichen sind im Kino. Nuray ist beim Arzt. Selim ist in der Türkei, Oya hingegen in Ulm.

S 1

a) Wo ist das Heft?
Das Heft ist hier.
Wo ist der Stift.
Der Stift ist dort.
Wo ist die Tasche?
Die Tasche ist da.

b) Wo ist Ayşe?
Ayşe ist zu Hause.
Wo ist Mehmet?
Mehmet ist in der Fabrik.
Wo sind die Studenten?
Sie sind in der Universität.
Wo ist der Professor?
Er ist auch in der Uni.

c) Sind Sie heute zu Hause?
Nein, heute bin ich nicht zu Hause, ich bin bei der Ayşe. Und Sie?
Ich bin heute zu Hause, morgen bin ich im Büro.

S 2

S. 42

Wo ist das Buch?
Das Buch ist in der Tasche.
Was gibt es noch in der Tasche?
Fünf Stifte, zwei Radiergummis, drei Bleistiftspitzer und vier Zeitschriften.
Wieviel Lineale gibt es in der Tasche?
In der Tasche gibt es kein Lineal.

D 1

a) Wie alt bist du, Sinan?
Ich bin 22 Jahre alt.
Wie alt ist Frau Arzu?
Sie ist 33 Jahre alt.

b) Wie alt sind Sie, Herr Metin?
Ich bin 44 Jahre alt. Und Sie?
Ich bin 29 Jahre alt.

c) Sinan, wieviele Personen seid Ihr im Unterricht?
Wir sind 16 Personen.
Herr Metin, wieviele Personen sind Sie im Büro?
Wir sind vier Personen.
Frau Arzu, wieviele Personen sind Sie in der Klasse?
Wir sind 20 Personen, 19 Schüler und ich.

D 2

S. 43

a) Hast du ein Buch?
Ja, ich habe ein Buch. Hast du Geld?
Leider habe ich kein Geld.
Was? Hast du kein Geld?

b) Hast du das Türkischbuch?
Ja, ich habe das Türkischbuch. Hast du das Heft?
Nein, ich habe das Heft nicht.
Wer hat das Heft?
Wahrscheinlich Sabine.

Karikatur

1. Bild: Wie geht's, Ayşe? (wörtlich: gibt's was Neues?)
Alles bestens (wörtlich: Güte und Schönheit).
2. Bild: Und wie geht's dir, Hüdaverdi? (gibt es bei dir etwas?)
3. Bild: Nur Güte.

3 B

Ü 1

1. Neredesiniz? – Okuldayım (Okuldayız).
2. Çocuklar nerede? – Onlar sinemada (sinemadalar).
3. Nuray nerede? – Doktorda.
4. Neredesin? – Bürodayım.
5. Neredeyiz? – Üniversitedeyiz.
6. Yaşar nerede? – Bremen'de.
7. Hans nerede? – Erzurum'da.
8. Neredeyiz? – Almanya'dayız.
9. Bayan Özer nerede? – Türkiye'de.
10. Neredesiniz? – Bahçedeyim (Bahçedeyiz).

Ü 3

1. Kaç yaşındasınız? – Otuz altı yaşındayım.
2. Akın kaç yaşında? – On sekiz yaşında.

3. Çocuklar kaç yaşında? – Onlar dokuz yaşında (Dokuz yaşındalar).
4. Baba kaç yaşında? – Elli iki yaşında.
5. Anne kaç yaşında? – Kırk sekiz yaşında.
6. Kaç yaşındasın? – Yirmi beş yaşındayım.
7. Semra kaç yaşında? – Otuz beş yaşında.
8. Sabine kaç yaşında? Yirmi bir yaşında.

Ü 4 S. 45

1. Sınıfta kaç kişiniz? – On beş kişiyiz.
2. Kursta kaç kişisiniz? – Yirmi bir kişiyiz.
3. Evde kaç kişisiniz? – Beş kişiyiz.
4. Okulda kaç kişisiniz? – Yedi yüz elli kişiyiz.
5. Büroda kaç kişisiniz? – Altı kişiyiz.
6. Fabrikada kaç kişisiniz? – Beş yüz seksen kişiyiz.

Ü 5

1. Çantada üç tane kalemtıraş var.
2. Şimdi Metin Bey büroda.
3. Semra komşuda.
4. Ferdi ve Sinan üniversitede.
5. ?
6. Arzu Hanım otuz üç yaşında.
7. Sinan yirmi iki yaşında.
8. ?

Ü 6

1. Sende kitap var mı? Evet, bende kitap var / Hayır, bende kitap yok.
2. Nihat'ta bisiklet var mı? Evet, Nihat'ta bisiklet var / Hayır, Nihat'ta bisiklet yok.

3. Semra'da domates var mı? Evet, Semra'da domates var / Hayır, Semra'da domates yok.
4. Annede ekmek var mı? Evet, annede ekmek var / Hayır, annede ekmek yok.
5. Sizde çakmak var mı? Evet, bende (bizde) çakmak var / Hayır, bende (bizde) çakmak yok.
6. Nuri'de sigara var mı? Evet, Nuri'de sigara var / Hayır, Nuri'de sigara yok.
7. Çocuklarda top var mı? Evet, çocuklarda top var / Hayır, çocuklarda top yok.
8. Sende kalem var mı? Evet, bende kalem var / Hayır, bende kalem yok.
9. Sinan'da televizyon var mı? Evet, Sinan'da televizyon var / Hayır, Sinan'da televizyon yok.
10. Bizde radyo var mı? Evet, bizde radyo var / Hayır, bizde radyo yok.

Ü 7 S. 46

1. Sende çanta var mı?
2. Kalemtıraş sizde mi?
3. Sind Sie (seid ihr) heute zu Hause?
4. Der Professor ist heute nicht in der Uni.
5. Bisiklet kimde?
6. Çocuklar şimdi sinemada.
7. Sabine ist morgen in der Uni.
8. Yarın büroda değil misiniz?
9. Dolapta bir çanta var.
10. Die Tasche ist im Schrank.

Ü 8

A: 1, B: 8, C: 7, D: 6, E: 4, F: 3, G: 2, H: 5.

4 A

S. 62

T 1

Das ist Peter Ruf. Herr Ruf kommt aus Bremen. Er wohnt in München, aber er arbeitet in Augsburg. Er ist Assistent. Er ist verlobt. Er ist 27 Jahre alt. Das sind Emine und Hüseyin Yılmaz. Herr und Frau Yılmaz arbeiten in Deutschland als Arbeiter. Sie wohnen in Dortmund. Das ist Ünal Akyiğit. Ünal kommt aus Antalya, aber jetzt wohnt er in Augsburg. Er ist ledig, er ist 24 Jahre alt. Er studiert Pädagogik an der Universität. Auch Sabine Huber ist Studentin in Augsburg. Sie studiert Volkswirtschaft.

S 1

a) Was machst du?
Ich? Ich schreibe einen Brief.
Was macht Ayşegül?
Sie liest ein Buch.

b) Wo wohnen Sie, Herr Peter?
Ich wohne in München, aber ich arbeite in Augsburg.
Was machen Sie beruflich?
Ich arbeite als Assistent an der Universität.

S 2

S. 63

Rauchst du?
Nein, ich rauche nicht.
Trinkst du Raki?
Nein, ich trinke nicht Raki.
Tanzst du?
Nein, ich tanze nicht.

Du bist sehr dumm.
Wie bitte? Ich habe nicht verstanden.

S. 63

T 2

In diesem Augenblick klingelt zu Hause das Telefon. Ali spielt Laute im Park. Der Dieb stiehlt Geld. Die Mutter kocht in der Küche, der Vater telefoniert im Büro. Die Kinder sitzen im Zimmer und schauen fern. Gül bügelt. Die Jugendlichen hören Musik und tanzen. Nuri trinkt Raki, Süleyman raucht. Fahri ißt eine Suppe. Özcan spielt im Garten Ball.

S. 63

D

a) Können Sie Türkisch?
Ja, ich kann etwas Türkisch.
Kann Max Türkisch?
Ja, er kann sehr wenig Türkisch.
Spricht Gisela Türkisch?
Ja, einigermaßen.
Spricht der Professor Türkisch?
Herr Weber? Er spricht sehr gut Türkisch.

S. 64

b) Lernt Peter Türkisch?
Ja, Peter lernt Türkisch.
Lernt auch Andrea Türkisch?
Nein, Sie lernt nicht Türkisch, sie lernt Italienisch.
Welche Sprache lernt Ayşegül?
Sie lernt keine Sprache.

Karikatur

1. Bild: Rıfkı, Rıfkı, im Zimmer ist ein Geräusch.
3. Bild: Nicht (so) wichtig, der Dieb spielt Gitarre.

4 B

S. 65

Ü 1

1. Peter ne yapıyor? / Türkçe öğreniyor.
2. Ayşegül ne yapıyor? / Kitap okuyor.
3. Ali ne yapıyor? / Saz çalıyor.
4. Anne ne yapıyor? / Yemek pişiriyor.
5. Ne yapıyorsunuz? / Televizyon seyrediyorum (seyrediyoruz).
6. Selma ne yapıyor? / Ütü yapıyor.
7. Gençler ney yapıyor? / Dans ediyorlar (onlar dans ediyor).
8. Fahri ne yapıyor? / Domates alıyor.

Ü 2

1. Bayan Özer nerede oturuyor? / İstanbul'da oturuyor.
2. Ünal nerede oturuyor? / Augsburg'ta oturuyor.
3. Nerede oturuyorsun? / Zonguldak'ta oturuyorum.
4. Kemal Bey nerede oturuyor? / Edirne'de oturuyor.
5. Profesör nerede oturuyor? / Göggingen'de oturuyor.

Ü 3

1. Hüseyin Dortmund'da oturuyor ama, Duisburg'ta çalışıyor.
2. Üsküdar'da oturuyorum ama, Taksim'de çalışıyorum.
3. Demir Bey Orhangazi'de oturuyor ama, Bursa'da çalışıyor.
4. İzmir'de oturuyorsunuz ama, Bornova'da çalışıyorsunuz.

S. 66

Ü 4

1. Metin Bey ne iş yapıyor? – Avukat / Avukat olarak çalışıyor.
2. Ne iş yapıyorsun? – Doktorum / Doktor olarak çalışıyorum.

3. Ne iş yapıyorsunuz? – Profesörüm / Profesör olarak çalışıyorum.
4. Emine ve Hüseyin Yılmaz ne iş yapıyor? – Onlar işçi / İşçi olarak çalışıyorlar.
5. Peter ne iş yapıyor? – Asistan / Asistan olarak çalışıyor.

Ü 5 (zum Beispiel ...)

1. Baba gazete okuyor.
2. Anne domates alıyor.
3. Kitap okuyoruz. (Mektup yazıyoruz.)
4. Gençler müzik dinliyor.
5. Ali saz çalıyor (kitap okuyor, mektup yazıyor, müzik dinliyor)
6. Rakı içiyorsun (kitap okuyorsun, mektup yazıyorsun ...)

Ü 6

1. Hakan domates yiyor mu? – Evet yiyor / Hayır, yemiyor.
2. İngilizce konuşuyor musunuz – Evet konuşuyorum (konuşuyoruz) / Hayır, konuşmuyorum (konuşmuyoruz).
3. İtalyanca biliyor musun? – Evet, biliyorum / Hayır, bilmiyorum.
4. Gül kitap okuyor mu? – Evet, okuyor / Hayır, okumuyor.
5. Selma ütü yapıyor mu? – Evet yapıyor / Hayır, yapmıyor.
6. Televizyon seyrediyor muyuz? – Evet, seyrediyoruz / Hayır, seyretmiyoruz.
7. Ünal pedagoji okuyor mu? – Evet, okuyor / Hayır, okumuyor.
8. Çocuklar bahçede futbol oynuyor mu? – Evet, oynuyorlar / Hayır, oynamıyorlar.

Ü 7

1. Sen gülüyorsun, ben ağlıyorum.
2. Ali saz çalıyor, Fritz gitar çalıyor.

3. Siz Ispanyolca öğreniyorsunuz, biz Türkçe öğreniyoruz.
4. Sen Almanca biliyorsun, ben Türkçe biliyorum.
5. Anne kahve pişiriyor, baba kahve içiyor.
6. Nesrin müzik dinliyor, Faruk film seyrediyor.

Ü 8

1. Anne dans etmiyor mu? / Hayır, etmiyor.
2. Çay içmiyor musun? / Hayır, içmiyorum.
3. Gençler kitap okumuyor mu? / Hayır, okumuyorlar.
4. Gitar çalmıyor musunuz? / Hayır, çalmıyorum (çalmıyoruz).
5. Şu anda telefon çalmıyor mu? / Hayır, çalmıyor.
6. Ütü yapmıyor musun? / Hayır, yapmıyorum.
7. Tamer film seyretmiyor mu? / Hayır, seyretmiyor.
8. Dondurma yemiyor muyuz? / Hayır, yemiyoruz.

Ü 9

1. Peter asistan (olarak çalışıyor), Münih'te oturuyor, Augsburg'ta çalışıyor.
2. Hüseyin ve Emine Yılmaz Almanya'da işçi olarak çalışıyorlar, Dortmund'da oturuyorlar.
3. ?
4. Ünal pedagoji okuyor, Sabine iktisat okuyor.
5. ?
6. Evet, Peter Türkçe öğreniyor.
7. Ayşegül lisan öğrenmiyor.
8. ? (Türkçe, değil mi?)

Ü 10

1. İngiliz değilsin, İngilizce bilmiyorsun.
2. Tom Alman değil, Almanca bilmiyor.
3. Macar değilsiniz, Macarca bilmiyorsunuz.

4. İspanyol değiliz, İspanyolca bilmiyoruz.
5. Peter Fransız değil, Fransızca bilmiyor.
6. Ünal İtalyan değil, İtalyanca bilmiyor.
7. Arap değilim, Arapça bilmiyorum.
8. Türk değilsin, Türkçe bilmiyorsun.

Ü 11

1. Hasta değilim.
2. Sende Türkçe kitabı yok.
3. Hakan rakı içmiyor.
4. Bugün evde değiliz.
6. Sizde televizyon yok.
7. Selma ütü yapmıyor.
8. Fahri ekmek almıyor.

Ü 12

1. a) Peter mi Türkçe öğreniyor?
   b) Peter Türkçe mi öğreniyor?
   c) Peter Türkçe öğreniyor mu?
2. a) Ünal mı üniversitede pedagoji okuyor?
   b) Ünal üniversitede mi pedagoji okuyor?
   c) Ünal üniversitede pedagoji mi okuyor?
   d) Ünal üniversitede pedagoji okuyor mu?
3. a) Baba mı bugün evde gazete okuyor?
   b) Baba bugün mü evde gazete okuyor?
   c) Baba bugün evde mi gazete okuyor?
   d) Baba bugün evde gazete mi okuyor?
   e) Baba bugün evde gazete okuyor mu?
4. a) Anne mi şimdi mutfakta yemek pişiriyor?
   b) Anne şimdi mi mutfakta yemek pişiriyor?
   c) Anne şimdi mutfakta mı yemek pişiriyor?
   d) Anne şimdi mutfakta yemek pişiriyor mu?

5 A

S 1

Woher kommst du?
Ich komme vom Kurs.
Was machst du im Kurs?
Ich lerne Türkisch. Und woher kommst du?
Ich komme vom Büro.
Was machst du im Büro?
Ich arbeite als Sekretär.
Woher kommt Frau Gönül?
Sie kommt vom Lebensmittelhändler.

S 2

Ist Ünal zufrieden mit Augsburg (Gefällt es Ü. in Augsburg)?
Ja, Ünal ist zufrieden mit Augsburg (Ja, es gefällt Ü. in A.).
Und bist du zufrieden mit München (Und gefällt es dir in M.)?
Nein, ich bin nicht sehr zufrieden (mir gefällt es nicht so gut).
München ist eine große Stadt, ich mag kleine Städte.
Ist Herr Braun mit der neuen Wohnung zufrieden?
(Gefällt es Herrn Braun in der neuen Wohnung)?
Er ist nicht sehr zufrieden. Er mag alte Häuser.

D 1

Frau Gönül kauft beim Lebensmittelhändler ein

G.: Guten Tag.
L.: Guten Tag, ja bitte?
G.: Haben Sie Tomaten?
L.: Ja.

G.: Wie sind die Tomaten heute?
L.: Die Tomaten sind heute sehr frisch.
G.: Was kosten sie?
L.: Ein Kilo 70 Lira.
G.: Ein Kilo Tomaten, bitte.
L.: Jawohl. Möchten Sie sonst noch was?
G.: Haben Sie Honig- oder Wassermelonen?
L.: Wir haben keine Wassermelonen, aber Honigmelonen. Ein Stück kostet 250 Lira.
G.: Teuer, aber na ja. Ich möchte auch zwei Stück Honigmelonen.
L.: Jawohl.
G.: Was kostet der Schafskäse?
L.: Ein Kilo 700 Lira.
G.: Ich möchte auch ein Pfund Schafskäse.
L.: Ja, hier bitte, ein Pfund Schafskäse.
G.: Haben Sie Oliven?
L.: Heute haben wir leider keine Oliven.
G.: Also dann 250 g Pastırma, 750 g Sucuk und eineinhalb Kilo Zucker, bitte, und ein Stück Brot.
L.: Jawohl. Sonst noch etwas (Außerdem)?
G.: Ich möchte auch drei Flaschen kaltes Bier. Das ist alles. Was macht alles zusammen?
L.: Einen Moment, ich rechne zusammen. Ein Kilo Tomaten 70 Lira, zwei Stück Honigmelonen 500 Lira ... alles (macht) 1985 Lira.
G.: Hier bitte, 2000 Lira.
L.: Danke. Hier das Restgeld. Kommen Sie wieder.
G.: Auf Wiedersehn. Gutes Geschäft.
L.: Danke. Schönen Tag noch.

D 2

a) Was kauft Frau Gönül außer Tomaten?

Sie kauft viele Sachen. Zum Beispiel kauft sie auch Honigmelonen und Schafskäse.

Kannst du außer Türkisch (auch) andere Sprachen?

Ja, ich kann auch etwas Englisch.

Was trinkt Herr Metin außer Raki?

Er trinkt auch Bier.

b) Seit wann lernst du Türkisch?

Seit einem Monat lerne ich Türkisch.
Auch ich lerne ab morgen Türkisch.

Was macht ihr (machen Sie) nach dem Essen?
Nach dem Essen trinken wir Kaffee.

Was macht ihr vor dem Unterricht?
Vor dem Unterricht rauchen wir in der Kantine.

D 3

Ist das Wetter heute warm?
Nein, heute ist das Wetter nicht warm, (sondern) kalt.
Ist Sinan alt?
Nein, Sinan ist nicht alt, (er ist) jung.
Sind die Studenten faul?
Nein, sie sind nicht faul, (sie sind) fleißig.
Ist die Honigmelone billig?
Nein, die Honigmelone ist nicht billig, (sie ist) teuer.
Ist Ayten häßlich?
Nein, Ayten ist nich häßlich, (sie ist) hübsch.

T

Heute kauft Frau Gönül beim Lebensmittelhändler ein. Sie kauft ein Kilo Tomaten, ein Pfund Schafskäse und auch andere Sachen. Frau Gönül ist mit dem Lebensmittelhändler zufrieden. Seit fünf Jahren kauft sie bei diesem Lebensmittelhändler ein.

Hans lernt ab morgen Türkisch an der Volkshochschule.
Vor dem Kurs kauft er ein Türkischbuch und zwei Wörterbücher.
Hüseyin und Emine Yılmaz arbeiten seit siebzehn Jahren in Deutschland. Hüseyin kann Deutsch, aber Emine kann nicht Deutsch. Sie lernt Deutsch bei einem Kurs in Dortmund. Nach dem Kurs kauft sie beim Supermarkt ein und kocht zu Hause.

Übersetzung des Liedtextes

Es regnet, es gießt in Strömen,
das Mohrenmädchen schaut aus dem Fenster hinaus.

5 B

Ü 1

a. Nereden geliyorsunuz? / Doktordan geliyorum (geliyoruz).
b. Ayşe nereden geliyor? / Evden geliyor.
c. Gönül Hanım nereden geliyor? / Bakkaldan geliyor.
d. Öğrenciler nereden geliyor? / Üniversiteden geliyorlar.
e. Baba nereden geliyor? / İzmir'den geliyor.
f. Filiz nereden geliyor? / Mutfaktan geliyor.
g. Emine nereden geliyor? / Kurstan geliyor.
h. Nereden geliyorsunuz? / Arzu Hanım'dan geliyorum (geliyoruz).
ı. Hüseyin nereden geliyor? / Fabrikadan geliyor.
i. Fatma nereden geliyor? / Sivas'tan geliyor.

Ü 2 z.B.:

1. Filiz mutfaktan bira getiriyor.
2. Can kasaptan et alıyor.

3. Öğrenciler kantinden çay getiriyor.
4. Kitaplıktan kitap getiriyoruz.
5. Bürodan kâğıt getiriyorum.

Ü 3

a. Baba çocuklardan memnun mu? / Evet, memnun.
b. Gönül Hanım bakkaldan memnun mu? / Evet, memnun.
c. Yeni evden memnun musunuz? / Evet, memnunuz (memnunum).
d. Yeni arabadan memnun musun? / Evet, memnunum.
e. Emine kurstan memnun mu? / Evet, memnun.
f. Arkadaşlardan memnun musun? / Evet, memnunum.
g. Öğrenciler profesörden memnun mu? / Evet, memnunlar.
h. Yeni televizyondan memnun musunuz? / Evet, memnunuz (memnunum).
ı. Bizden memnun musunuz? / Evet, memnunuz (memnunum).
i. Şef işçilerden memnum mu? / Evet, memnun.

Ü 4

Merhaba / Domates var mı? / Domates bugün nasıl? / Kavun da var mı?/ Kavun kaça? / Sucuk var mı?

Ü 5

1. Dört tane kavun 1000 Lira.
2. 100 gram zeytin 40 Lira.
3. Yarım kilo pastırma 600 Lira.
4. İki kilo beyaz peynir 1500 Lira.

Ü 6

1. Kim kursta Almanca öğreniyor? / Emine nerede Almanca öğreniyor? / Emine kursta ne öğreniyor?

2. Kim bakkaldan ekmek alıyor? / Gül kimden ekmek alıyor? Gül bakkaldan ne alıyor?
3. Ekmek nasıl? / Ne taze?
4. Kim mutfaktan bira getiriyor? / Filiz nereden bira getiriyor? Filiz mutfaktan ne getiriyor?
5. Bira nasıl? / Ne soğuk?
6. Mektup kimden geliyor?
7. Çakmak kimde?
8. Kim üniversitede pedagoji okuyor? / Ünal nerede pedagoji okuyor? / Ünal üniversitede ne okuyor?

Ü 7

1. Mutfakta kaç tane bira var?
2. Mutfakta kaç tane ekmek var?
3. Gönül Hanım ne kadar pastırma alıyor?
4. Sınıfta kaç tane öğrenci var?
5. Burhan ne kadar şeker alıyor?
6. Emine kaç tane sözlük ve kaç tane defter alıyor?
7. Fahri kaç tane domates yiyor?
8. Çocuklar ne kadar muz yiyor?

Ü 8

1. -ten sonra / 2. -dan beri / 3. -den başka / 4. -ten önce (oder sonra) / 5. -dan itibaren / 6. -tan önce / 7. -ten başka / 8. -dan beri

Ü 9

A: 1, B: 5, C: 6, D: 2, E: 3, F: 7, G: 4

Ü 10

a. Ev büyük mü? – Hayır, küçük.
b. Kavun ucuz mu? – Hayır, pahalı.

c. Ekmek bayat mı? – Hayır, taze.
d. Baba yaşlı mı? – Hayır, genç.
e. Tembel misiniz? – Hayır, çalışkanız (çalışkanım).
f. Bisiklet eski mi? – Hayır, yeni.
g. Üniversite uzak mı? – Hayır, yakın.
h. Hasta mısın? – Hayır, iyiyim.
ı. Radyo bozuk mu? – Hayır, sağlam.
i. Cümle doğru mu? – Hayır, yanlış.
j. Aç mısınız? – Hayır tokum (tokuz).
k. Türkçe zor mu? – Hayır, kolay.
l. Çanta ağır mı? – Hayır, hafif.
m. Yol uzun mu? – Hayır, kısa.
n. Pencere açık mı? – Hayır, kapalı.
o. Ali fakir mi? – Hayır, zengin.
ö. Sepet boş mu? – Hayır, dolu.

Ü 11

1. Baba yeni bir araba alıyor.
2. Yeni araba kırmızı.
3. Bay Braun yeni bir evde oturuyor.
4. Gül taze bir ekmek alıyor.
5. Filiz mutfaktan soğuk bir bira getiriyor (alıyor).
6. Hans yarından itibaren Türkçe öğreniyor.
7. Emine ve Hüseyin Yılmaz on yedi yıldan beri Dortmund'da oturuyor.

Ü 12

1. Gönül Hanım bakkaldan domates, kavun, beyaz peynir, pastırma, sucuk, şeker, ekmek ve bira alıyor.
2. Evet, domates taze.
3. Maalesef bakkalda bugün zeytin yok.
4. Tanesi 250 Lira.
5. Kilosu 700 Lira.

6. Gönül Hanım beç yıldan beri bu bakkaldan alışveriş ediyor.
7. Evet, Ünal Augsburg'tan memnun.
8. Hayır, Bay Braun yeni evden memnun değil.
9. Hans Volkshochschule'de Türkçe öğreniyor.
10. Hans kurstan önce bir Türkçe kitabı ve iki tane sözlük alıyor.

6 A

S 1

a) Wohin gehst du?
Ich gehe ins Kino.
Viel Spaß!
Danke. Wohin gehst du?
Ich fahre in die Türkei in Urlaub.
Also dann gute Reise und schöne Ferien!

b) Wohin gehst du?
Ich gehe zur Arbeit.
Womit fährst du zur Arbeit?
Ich fahre nicht, ich gehe zu Fuß.
Wohin gehen Ayşe und Ali?
Sie fahren mit dem Fahrrad in den Park.

T

Der Vater fährt jeden Tag mit dem Auto zur Arbeit

Der Vater fährt jeden Tag mit dem Auto zur Arbeit. Die Kinder fahren mit dem Fahrrad zur Schule. Gisela fährt jede Woche mit dem Zug von Köln nach Düsseldorf. Herr Metin fährt jeden Monat nach Ankara. Manchmal fährt er mit dem Zug, aber im allgemeinen fliegt er. Die Mutter geht heute zum Metzger, sie kauft Fleisch. Dann geht sie zum Obst- und Gemüsehändler, kauft Gemüse und Obst. Heute abend kommen Gäste. Die Mutter möchte für die Gäste ein gutes Essen vorbereiten.

S 1

Ich brauche einen Stift. Hast du einen Stift?
Leider habe ich keinen Stift, aber ein Türkischbuch.
Ich brauche das Türkischbuch nicht, ich suche einen Stift.
Warum suchst du einen Stift?
Weil ich einen Brief schreiben möchte.
An wen möchtest du schreiben?
An Ali.

S 3

Wohin gehst du?
Ich gehe zum Metzger.
Warum gehst du zum Metzger?
Weil ich Fleisch brauche. Wohin gehst du?
Ich gehe zum Obst- und Gemüsehändler.
Warum gehst du zum Obst- und Gemüsehändler?
Weil ich Obst und Gemüse brauche.
Wohin geht Akın?
Er geht zur Bäckerei.
Warum geht er zur Bäckerei?
Weil er Brot braucht.
Wohin geht Peter?
Er geht zum Postamt.
Warum geht er zum Postamt?
Weil er ein Telegramm nach Deutschland schicken möchte.

S 4

a) Lerne Türkisch!
Gut, ich lerne Türkisch.
Sprecht Türkisch!
Gut, wir sprechen Türkisch.

b) Sprechen Sie bitte laut, ich verstehe Sie nicht.
Gut, ich spreche laut.

D 1

Auf dem Postamt
(ein kleines Spiel; Personen: Peter, der Beamte)

P.: Ich möchte ein Telegramm nach Deutschland schicken.
B.: Wieviel Wörter?
P.: Zehn Wörter.
B.: Zahlen Sie bitte 1000 Lira.
P.: Was kosten ein Brief und eine Postkarte nach Deutschland?
B: Ein Brief kostet 70 Lira, eine Postkarte kostet 50 Lira.
P.: Haben Sie Briefmarken?
B.: Nein, gehen Sie zum Schalter nebenan.
P.: Ich brauche auch Telefonmünzen. Haben Sie Telefonmünzen?
B.: Warum möchten Sie Telefonmünzen (haben)?
P.: Weil ich nach Deutschland telefonieren möchte.
B.: Für das Ausland haben wir keine Telefonmünzen, (sondern) für das Inland. Fragen Sie am Schalter nebenan.
P.: Ich möchte auch ein Paket schicken.
B.: Wohin?
P.: Nach Erzurum, zu einem Freund.

D 2

Es ist ein Brief für Sie da
(ein kleines Spiel; Personen: Briefträger, Peter)

B.: Es ist ein Brief für Sie da.
P.: Woher?
B.: Aus Deutschland.
P.: Wer ist der Absender!
B.: Johannes Weber.
P.: Dieser Brief ist nicht für mich. Schauen Sie auf den Briefumschlag, die Adresse ist falsch.
B.: Sind Sie nicht der Empfänger?
P.: Ich bin nicht der Empfänger. Wahrscheinlich ist der Brief für Herrn Martin.
B.: Herr Martin? Wer ist das?
P.: Ein deutscher Nachbar. Er wohnt auch in dieser Straße. Fragen Sie den Hausmeister.

D 3

In der Bank
(ein kleines Spiel; Personen: Peter, Fikret, Angestellter)

A.: Ja bitte? Möchten Sie ein Konto eröffnen?
F.: Nein, ich möchte abheben.
A.: Möchten Sie einzahlen?
F.: Nein, ich möchte abheben. Dieser Freund ist ein Deutscher. Ich helfe ihm.
A.: Almanca konuşuyor musunuz?
P.: Ich kann Türkisch. Ich möchte 100 DM wechseln.
A.: Füllen Sie ein Formular aus und gehen Sie zur Devisenstelle.
P.: Wechseln Sie auch (einen) Scheck?
A.: Nein, wir wechseln keinen Scheck. Gehen Sie in eine große Bank.

6 B

Ü 1

1. Nereye gidiyorsunuz? – Ankara'ya gidiyoruz (gidiyorum).
2. Gönül Hanım nereye gidiyor? – Bakkala gidiyor.
3. Peter nereye gidiyor? – Postaneye ve bankaya gidiyor.
4. Öğrenciler nereye gidiyor? – Üniversiteye gidiyorlar.
5. Nereye gidiyoruz? – Sinemaya gidiyoruz.

Ü 2

İşçi fabrikaya gidiyor / Profesör üniversiteye gidiyor / Hasta doktora gidiyor / Garson lokantaya gidiyor / Sekreter büroya gidiyor / Postacı postaneye gidiyor / Öğrenci okula gidiyor / Anne manava gidiyor / Baba işe gidiyor.

Ü 3

1. Öğretmen öğrenciye bir şey soruyor.
2. Öğrenci öğretmene cevap veriyor.
3. Baba çocuklara para veriyor.
4. Postacı zarfa bakıyor.
5. Ayşegül aynaya bakıyor.
6. Misafirler çocuklara hediye getiriyor.
7. Peter arkadaşa paket gönderiyor.
8. Sabine Sinan'a telefon ediyor.
9. Polis yaşlı kadına yardım ediyor.

Ü 4

1. Bisikletle üniversiteye gidiyoruz.
2. Hüseyin otobüsle fabrikaya gidiyor.

3. Metin Bey uçakla Ankara'ya gidiyor.
4. Gemiyle İzmir'e gidiyorum.
5. Turhan uçakla Antalya'ya gidiyor.
6. Trenle Edirne'ye gidiyorsunuz.

Ü 5

1. için / 2. ile / 3. için / 4. ile / 5. ile

Ü 6

1. '-de; -a; -dan / 2. -ya / 3. -tan; -a / 4. -ta / 5. -dan; -e; -de / 6. -de

Ü 7

1. kâğıt, kalem, zarf / 2. sebze, et / 3. çanta, defter, kalem

Ü 8

1. Bize bisiklet lazım mı? / Evet, bize bisiklet lazım-Hayır, bize bisiklet lazım değil.
2. Size araba lazım mı? / Evet, bize araba lazım-Hayır, bize araba lazım değil.
3. Ankara'ya metro lazım mı? / Evet, Ankara'ya metro lazım-Hayır, Ankara'ya metro lazım değil.
4. Çocuklara top lazım mı? / Evet, çocuklara top lazım-Hayır, çocuklara top lazım değil.
5. Ayla'ya televizyon lazım mı? Evet, Ayla'ya televizyon lazım-Hayır, Ayla'ya televizyon lazım değil.
6. Sana kibrit lazım mı? / Evet, bana kibrit lazım-Hayır, bana kibrit lazım değil.
7. Emel'e çakmak lazım mı? / Evet, Emel'e çakmak lazım-Hayır, Emel'e çakmak lazım değil.

Ü 9

1. Gülten Almanca öğreniyor, çünkü Almanya'da çalışmak istiyor.
2. Peter postaneye gidiyor, çünkü Almanya'ya telgraf çekmek istiyor.
3. Ruth'a Türkçe kitabı lazım, çünkü Ruth Türkçe öğrenmek istiyor.
4. Postaneye gidiyorum, çünkü Türkiye'ye kart atmak istiyorum.
5. Ali Almanca öğrenmiyor, çünkü Türkiye'ye dönmek istiyor.

Ü 10

z. B.:

Saz çalmak istiyorum. / Rakı içmek istiyor musun? / Peter Türkiye'ye gitmek istiyor. / Çocuklar top oynamak istiyor. / Fabrikada çalışmak istemiyoruz. Türkiye'de oturmak istiyoruz. / Gönül hanım alışveriş etmek istiyor. / Türkiye'ye gitmek istiyor musunuz? / Öğrenciler kitap okumak istiyor (istemiyor).

Ü 11

a) b)

1. Öğrenciler için Türkçe kitabı alın. (almayın)
2. Postaneye git, Türkiye'ye telgraf çek. (gitme, çekme)
3. Çocuklar için bisiklet al. (alma)
4. Bana para ver. (verme)
5. Tamer'e uğrayın. (uğramayın)
6. Fuat'a telefon et. (telefon etme)
7. Uçakla Türkiye'ye gidin. (gitmeyin)
8. Emel'e sigara ver. (verme)

Ü 12

1. Baba her gün arabayla işe gidiyor.
2. Metin Bey her ay Ankara'ya gidiyor.
3. Anne bugün kasaba ve manava gidiyor.
4. Peter postaneye gidiyor, çünkü Almanya'ya telgraf çekmek istiyor.
5. Almanya'ya mektup 70 Lira, kart 50 Lira.
6. Peter jeton istiyor, çünkü Almanya'ya telefon etmek istiyor.
7. Peter Erzurum'a bir arkadaşa paket göndermek istiyor.
8. Fikret Peter'le bankaya gidiyor, çünkü Peter'e yardım etmek istiyor.

Ü 13

1. Die Mutter sucht ein Geschenk für die Kinder.
2. Lütfen bana mutfaktan bir şişe bira getir.
3. Hans Türkçe öğreniyor, çünkü tatilde Türkiye'ye gitmek istiyor.
4. Sinan fährt manchmal mit dem Bus zur Uni, aber meistens fährt er mit dem Fahrrad.
5. Bana posta pulu lazım değil, ben zarf arıyorum.
6. Emine geht nach dem Kurs nach Hause und kocht für die Kinder.
7. Bisiklet sana lazım mı? (Sana bisiklet lazım değil mi?)
8. Hesap mı açtırmak istiyorsunuz?
9. Peter ile Fikret trenle Türkiye'ye gidiyor.
10. Ich möchte ein Paket nach Deutschland schicken.

7 A

S

Wen siehst du heute?
Ich sehe Necdet.
Was machst du mit Necdet?
Ich gehe ins Lokal und trinke Raki. Und was machst du heute?
Ich verkaufe das Auto.
Was verkaufst du?
Das Auto.
Warum? Bist du verrückt?
Was soll ich machen? Ich brauche Geld.

T

Filiz kauft den blauen Pullover

Filiz braucht neue Kleidung. Filiz geht mit Doğan zuerst in kleine Läden, dann in Kaufhäuser. Bei Atalar zeigt die Verkäuferin Filiz viele Pullis und Blusen. Filiz sieht im Umkleideraum die Pullis und Blusen und probiert sie an, aber diese gefallen Doğan nicht. Schließlich gefällt Doğan ein blauer Pullover. Der Pulli ist hübscher als die Blusen, aber er ist (auch) teurer. Filiz hat nicht so viel Geld (dabei). Doğan leiht Filiz Geld, und Filiz kauft den blauen Pullover. Der blaue Pulli steht ihr sehr gut.

T/D

Im Diwan
(Personen: Feray, Sieglinde, der Kellner)

Feray und Sieglinde gehen heute zum Diwan. Kennen Sie Diwan? Diwan ist ein berühmtes Café am Taksim. Sieglinde gefällt es hier sehr gut.

K.: Ja bitte?
F.: Was trinken wir, Sieglinde?
S.: Ich trinke einen Tee.
F.: Bringen Sie mir einen Kaffee, bitte.
K.: (Soll er) mit Milch und Zucker (sein)?
F.: Ohne Zucker, bitte. Nur mit Milch (soll er sein).
K.: Wie soll der Tee sein?
S.: Ohne Zucker und mit Zitrone, bitte.
K.: Jawohl. Möchten Sie auch was anderes?
S.: Ich nehme auch einen Kuchen. Welche Kuchen haben Sie (gibt es)?
K.: Soll ich einen Kuchen mit Sahne bringen?
S.: Ja, bitte. Und du, Feray?
F.: Ich soll keinen Kuchen essen, weil ich zunehme.

D

Welchen Pulli soll ich kaufen?
(die Personen: Filiz, Doğan, die Verkäuferin)

F.: Ich brauche neue Kleidung.
D.: Los, komm, gehen wir einkaufen.
F.: Gehen wir zu Atalar?
D.: Einverstanden!
...
V.: Ja bitte?
F.: Ich möchte einen Pulli oder eine Bluse kaufen.
V.: Was für einen Pulli oder eine Bluse suchen Sie?
F.: Soll der letzte Schrei sein.
V.: Welche Größe soll es sein?
F.: Größe 38.
V.: Wie finden Sie die hier?
F.: Nicht so schön. Haben Sie keine anderen?
V.: Klar, haben wir. Schauen Sie, hier gibt es auch Pullis und Blusen Größe 38.

F.: Ich probiere die mal an.
V.: Selbstverständlich. Gehen Sie in den Umkleideraum.
...
F.: Wie findest du diese Bluse, Doğan?
D.: Schrecklich! Katastrophal! Miserabel!
F.: Die ist sowieso zu eng für mich.
D.: Zieh doch mal auch die an.
F.: Okay. ... Wie (findest du die)?
D.: Nicht schlecht, es geht.
F.: Und wie findest du diesen Pulli?
D.: Toll! Er steht dir sehr gut.
F.: Aber die Pullis sind teurer als die Blusen. Ich weiß nicht, soll ich einen Pulli oder eine Bluse kaufen?
D.: Natürlich kaufst du einen Pulli. Die Pullis sind dicker als die Blusen und meiner Meinung nach viel schicker.
F.: Welchen Pulli soll ich kaufen?
D.: Kauf den blauen Pulli.
F.: Was kostet dieser Pulli?
V.: 2850 Lira.
F.: Und der Pulli da?
V.: Die Preise sind gleich.
F.: Ich hab nicht so viel Geld (dabei). Geht es nicht billiger?
V.: Leider. Bei uns wird nicht runtergehandelt.
D.: Das ist egal, Filiz, ich leihe dir Geld.
F.: Danke, Doğan.
D.: Aber ich bitte (dich), trag es mit Vergnügen.

Karikatur: Herr Osman, diesmal möchte ich Komödien. Sollen zwei Stück sein!

7 B

Ü 1

Ali bugün Peter'i görüyor. / A. bugün öğretmeni görüyor / A. bugün profesörü görüyor / A. bugün Hans'ı görüyor / A. bugün arkadaşı görüyor / A. bugün Ünal'ı görüyor / A. bugün Sıtkı'yı görüyor / A. bugün Erol'u görüyor / A. bugün Udo'yu görüyor / A. bugün doktoru görüyor. / A. bugün polisi görüyor / A. bugün Monika'yı görüyor / A. bugün Gabi'yi görüyor …

Ü 2

Metin Bey televizyonu satıyor / M. evi satıyor / M. radyoyu satıyor / M. masayı satıyor / M. sandalyeyi satıyor / M. kitapları satıyor / M. dolabı satıyor / M. ütüyü satıyor / M. resimleri satıyor / M. sazı satıyor / M. gitarı satıyor …

Ü 3

z. B.:

Baba mektubu yazıyor / Profesör cümleyi tekrarlıyor / Kapıyı kapıyorsun / Filiz kazağı giyiyor / Garson salatayı getiriyor / Kitabı okuyoruz / Doğan Filiz'i seviyor / Fuat İpek'i görüyor / Çocuk oyuncağı bozuyor …

Ü 4

1. -tan; -yı / 2. -ğa; keine Endung / 3. -yi; -yı / 4. -e (oder: -de); -u (oder keine Endung) / 5. -e; keine Endung / 6. -da; -yi (oder keine Endung) / 7. -bu; -ye / 8. -u / 9. -da; -i / 10. -dan; -a

Ü 5

1. Metin Bey genç, Yaşar daha genç, Sinan en genç.
2. Hans çalışkan, Erol daha çalışkan, Martin en çalışkan.
3. Fuat zengin, Doğan daha zengin, Nuri en zengin.
4. Bu ev büyük, şu ev daha büyük, o ev en büyük.
5. Bluz pahalı, kazak daha pahalı, elbise en pahalı.

Ü 6

1. Peter Udo'dan daha çabuk Türkçe öğreniyor.
2. Fuat Doğan'dan daha çok para kazanıyor.
3. Bisiklet arabadan daha yavaş gidiyor.
4. Ruth Sabine'den daha iyi Türkçe konuşuyor.
5. Ayla Semra'dan daha iyi yemek pişiriyor.

Ü 7

1. Motosiklet otomobil gibi hızlı gidiyor. / Motosiklet neredeyse otomobil kadar hızlı gidiyor.
2. Heike Ayşegül gibi lahmacun yapıyor. Heike neredeyse Ayşegül kadar iyi lahmacun yapıyor.
3. Martin Ünal gibi saz çalıyor. / Martin neredeyse Ünal kadar güzel saz çalıyor.
4. Petra Ayla gibi kahve pişiriyor. / Petra neredeyse Ayla kadar iyi kahve pişiriyor.

Ü 8

1. Köfte döner kebaptan daha ucuz ama, döner kebap kadar lezzetli değil.
2. Ayşe Nurten'den daha güzel ama, Nurten kadar çalışkan değil.
3. Tren uçaktan daha ucuz ama, uçak kadar hızlı değil.

4. Doğan Fuat'tan daha yakışıklı ama, Fuat kadar zengin değil.
5. Çizgili gömlek kareli gömlekten daha pahalı ama, kareli gömlek kadar güzel değil.

Ü 9

1. Hangi salatayı yiyorsunuz?
2. Nasıl bir eteklik istiyorsunuz?
3. Hangi elbiseyi giyiyorsunuz?
4. Nasıl bir pantalon arıyorsunuz?
5. Nasıl bir hırka istiyorsunuz?
6. Hangi bisikleti satıyorsunuz?
7. Nasıl gömlekler istiyorsunuz?
8. Hangi evleri satıyorsunuz?

Ü 10

1. Bugün doktora gideyim / (gitmeyeyim).
2. Meral kırık aynayı çöpe atsın / (atmasın).
3. Peter Almanya'ya telefon etsin / (etmesin).
4. Filiz mavi bir kazak alsın / (almasın).
5. Yarın alışverişe gidelim / (gitmeyelim)
6. Televizyonu açalım / (açmayalım).
7. Işığı yakalım / (yakmayalım).
8. Çocuklar okula gitsin(ler) / (gitmesinler).

Ü 11

1. Işığı söndürsenize / Peki, söndürelim.
2. Kapıyı açsana / Peki, açayım.
3. Pencereyi kapasanıza / Peki, kapayalım.
4. Televizyonu kapasanıza / Peki, kapayalım.
5. Elektriği açsana / Peki, açayım.
6. Bana kalem versene / Peki, vereyim.

7. Kırık aynayı çöpe atsanıza / Peki, atalım.
8. Bize masal anlatsanıza / Peki, anlatalım.
9. Bizi anlasanıza / Peki, anlayalım.
10. Profesöre kitabı götürsene / Peki, götüreyim.

Ü 12

1. Siz otomobil alıyorsunuz. Biz de motosiklet alalım.
2. Peter Türkçe öğreniyor. Ali de Almanca öğrensin.
3. Sen Antalya'ya gidiyorsun. Ben de İzmir'e gideyim.
4. Tülin kahve pişiriyor. Monika da çay pişirsin.
5. Siz köfte yiyorsunuz. Biz de döner kebap yiyelim.
6. Sen çiklet çiğniyorsun. Ben de çikolata yiyeyim.

Ü 13

a) 1. Radyo pilli ve cereyanlı mı olsun? / Yalnız pilli, cereyansız olsun.
2. Lahmacun acılı ve yağlı mı olsun? / Yalnız acılı, yağsız olsun.
3. Çorba limonlu ve tuzlu mu olsun? / Yalnız limonlu, tuzsuz olsun.
4. Salata sirkeli ve limonlu mu olsun? / Yalnız sirkeli, limonsuz olsun.
5. Pide peynirli ve maydanozlu mu olsun? / Yalnız peynirli, mayadanozsuz olsun.
6. Pide kıymalı ve yumurtalı mı olsun? / Yalnız kıymalı, yumurtasız olsun.

b) 1. Limonlu salatayı mı yiyelim? / Hayır, limonsuz salatayı yiyin.
2. Ali peynirli pideyi mi yesin? / Hayır, peynirsiz pideyi yesin.
3. Kremalı pastayı mı yiyeyim? / Hayır, kremasız pastayı ye.

4. Şekerli çayı mı içelim? / Hayır, şekersiz çayı için.
5. Feray meyveli pastayı mı yesin? / Hayır, meyvesiz pastayı yesin.

Ü 14

1. Sana çay mı yoksa kahve mi pişireyim?
2. Sinemaya mı yoksa tiyatroya mı gidelim?
3. Feray kahveyi sütsüz içiyor.
4. Mavi mantoyu nasıl buluyorsun?
5. Bence kırmızı manto çok daha güzel.
6. Akın yarın bize uğrasın.
7. Çocuklar televizyon seyrediyor, veya müzik dinliyorlar.
8. Nurten Emine'den daha iyi Almanca konuşuyor.
9. Nurten bir Alman kadar iyi Almanca konuşuyor.
10. Çizgili eteklik kareli eteklikten daha ucuz ama, kareli eteklik kadar güzel değil.

8 A

S

a) Wie spät ist es?

Es ist fünf nach drei.

Diese Uhr geht nach, jetzt ist es 20 vor vier.

b) Um wieviel Uhr gehst du schlafen?

Ich gehe um elf Uhr schlafen. Und du?

Ich gehe jede Nacht um 12 Uhr schlafen.

Du gehst sehr spät zu Bett.

Ja, so (ist es). Ich schlafe sofort. Und ich stehe sehr früh auf. Ich bin immer müde und ich komme immer zu spät zum Unterricht.

Um wieviel Uhr beginnt der Unterricht?

Er beginnt um Viertel nach neun, hört um Viertel vor elf auf. Er dauert eineinhalb Stunden.

c) Wann ist das Zuckerfest dieses Jahr?

Dieses Jahr ist das Zuckerfest im Juni.

Wie lange dauert das Fest?

Es dauert drei Tage.

Wann beginnt das Semester und wann endet es?

Das Semester beginnt im November und endet im Februar, es dauert vier Monate.

d) Seit wann lernt Peter Türkisch?

Peter lernt seit sechs Monaten Türkisch.

Seit wann lernt der Professor Türkisch?

Der Professor lernt seit drei Jahren Türkisch und spricht fast so gut Türkisch wie ein Türke.

Auch ich lerne ab morgen Türkisch.

T 1

Cengiz möchte von Ankara nach Istanbul fahren. Er geht zum Bahnhof und fragt am Schalter: „Um wieviel Uhr gibt es einen Zug nach Istanbul?" Dann kauft er eine Fahrkarte und steigt in den Zug ein. Der Zug fährt um 13.30 Uhr ab. Zwischen Ankara und Istanbul sind es 598 Kilometer, die Reise dauert achteinhalb Stunden. Der Zug hat keine Verspätung und kommt pünktlich an. Cengiz kommt am Abend um neun Uhr in Istanbul an. Er steigt aus dem Zug aus, gibt die Koffer bei der Gepäckaufbewahrung ab und sucht ein gutes Hotel.

Karikatur

1. Bild: Okay, hier anhalten.
2. Bild: Komm am Abend um fünf Uhr, verspäte dich nicht.

T 2

Ein langer Tag

Peter wacht morgens um sieben Uhr auf und steht um Viertel nach sieben auf. Er wäscht sich, rasiert sich, frühstückt um halb acht, verläßt die Wohnung um acht Uhr. Dann wartet er an der Haltestelle auf einen Bus und fährt mit dem Bus zur Uni. Von neun bis 12 Uhr gibt es Vorlesung(en). Peter ißt um halb eins in der Kantine zu Mittag. Nach dem Essen trinkt er (einen) Kaffee. Am Nachmittag arbeitet er bis vier Uhr. Gegen halb fünf kommt Peter nach Hause. Unterwegs kauft er beim Lebensmittelhändler für das Abendessen ein. Zu Hause bereitet er das Abendessen vor. Vor dem Essen liest er Zeitung. Um sieben Uhr herum ißt er zu Abend. Nach dem Essen liest er ein Buch, oder er schaut fern. Um elf Uhr geht er zu Bett, er schläft und träumt.

D 1

Frühstück

Bist du fertig?

Nein, ich mache mich noch fertig. Zuerst möchte ich duschen. Und mach du bitte das Frühstück. Ich komme in fünf Minuten.

Was möchtest du zum Frühstück?

Weißbrot, Schafskäse, schwarze und grüne Oliven, Marmelade und natürlich Tee. Der Tee soll stark sein.

Und du beeile dich, der Tee soll nicht kalt werden.

D 2

Um wieviel Uhr gibt es einen Zug nach Istanbul?
(die Personen: Cengiz, der Schaffner)

C.: Um wieviel Uhr gibt es einen Zug nach Istanbul?
S.: Wann möchten Sie fahren?
C.: Mittags.
S.: Der erste Zug ist um 8.15 Uhr der Bosporus-Expreß. Dann gibt es den Taurus-Expreß um 8.41 Uhr, aber er verkehrt nicht dienstags, mittwochs und sonntags. Die anderen Züge verkehren jeden Tag. Der letzte Zug ist um 13.30 Uhr der Blaue Zug.
C.: Gibt es Umsteigen beim Blauen Zug?
S.: Nein, er hält nur in Eskişehir 15 Minuten.
C.: Wann kommt der Blaue Zug in Istanbul an?
S.: Einen Moment, ich schaue im Fahrplan nach. Um 21 Uhr.
C.: Es ist etwas spät, aber, na ja. Geben Sie mir eine Hin- und Rückfahrkarte für den Blauen Zug, bitte. Gibt es Ermäßigung für Studenten?
S.: Ja, gibt es. Sind Sie Student?
C.: Ja, ich bin Student.
S.: Dann geben Sie (mir) 350 Lira, bitte.
C.: Hier bitte. Auf welchem Gleis fährt der Zug ab?
S.: Auf Gleis Eins.
C.: Danke.
S.: Wiedersehn, gute Reise.

8 B

Ü 1

yirmi elli (dokuza on var) / dokuz on beş (dokuzu çeyrek geçiyor) / on iki otuz (yarım) / sekiz kırk beş (dokuza çeyrek var) / on yirmi (onu yirmi geçiyor) / on altı yirmi beş (dördü yirmi beş geçiyor; dört buçuğa beş var) / dokuz otuz beş (dokuzu otuz beş geçiyor; dokuz buçuğu beş geçiyor; ona yirmi beş var) / on sekiz kırk beş (yediye çeyrek var) / yirmi bir on beş (dokuzu çeyrek geçiyor).

Ü 3

1. Tiyatro sekizi çeyrek geçe başlıyor, onu çeyrek geçe bitiyor, iki saat sürüyor.
2. Konser üçte başlıyor, dört buçukta bitiyor, bir buçuk saat sürüyor.
3. Parti ikide başlıyor, sekizde bitiyor, altı saat sürüyor.
4. Ders bir buçukta başlıyor, üç buçukta bitiyor, iki saat sürüyor.
5. Parti sekizde başlıyor, on ikide bitiyor, dört saat sürüyor.

Ü 4

1. Tren ne zaman Erzurum'dan kalkıyor? / Dokuza on kala.
2. Ünal ne zaman üniversiteye geliyor? / Dokuzu on geçe.
3. Gemi ne zaman Bandırma'ya varıyor? / Beşe beş kala.
4. Tülin Hanım ne zaman uyanıyor? / Yediyi çeyrek geçe.
5. Ne zaman kalkıyorsunuz? / Sekizi on geçe.
6. Haberler televizyonda ne zaman başlıyor? / Sekize çeyrek kala.

Ü 5

1. Noel 24 Aralık'ta.
2. Yılbaşı (gecesi) 31 Aralık'ta.
3. Kış 21 Aralık'ta başlıyor, 21 Mart'ta bitiyor.
4. Yaz 21 Haziran'da başlıyor, 21 Eylül'de bitiyor.
5. Cuhuriyet Bayramı 29 Ekim'de.
6. ?
7. ?
8. ?
9. ?
10. Sömestr kasımda başlıyor, şubatta bitiyor, dört ay sürüyor.
11. Tatil martta başlıyor, mayısta bitiyor, iki ay sürüyor.

Ü 6

1. Ankara'dan Istanbul'a Boğaziçi Ekspresi, Toros Ekspresi ve Mavi Tren işliyor.
2. Ankara'dan Istanbul'a her gün tren var.
3. Trenler Istanbul'a saat 8'de, 8.41'de ve 13.30'da hareket ediyor.
4. Trenler bir ve iki numaralı peronlardan hareket ediyor.
5. Trenler saat 17.05'te, 18.25'te ve 21.00'de Istanbul'a varıyor.

Ü 7

1. M.K. on dört yıldır BMW'de işçi olarak çalışıyor.
2. Şükran Hanım beş aydır bu bakkaldan alışveriş ediyor.
3. On iki yıldır Münih'te oturuyorum.
4. Profesör üç yıldır Türkçe konuşuyor.
5. Monika sekiz haftadır büroda sekreter olarak çalışıyor.
6. Nurcan üç gündür hasta.

Ü 8

M.K. yirmi yıldan beri Almanya'da, her sabah saat beşte kalkıyor, otobüsle fabrikaya gidiyor, her gün saat altıdan on beşe kadar çalışıyor, saat on altıda eve geliyor, mektup yazıyor veya Türkçe müzik dinliyor, her zaman çok yorgun; saat on yedi de akşam yemeği yiyor, sonra televizyon seyrediyor; saat yirmide yatıyor, uyuyor ve rüya görüyor.

Ü 9

1. Saat on iki otuzdan on üç on beşe kadar öğrenciler kantinde yemek yiyor.
2. Saat yirmi otuzdan yirmi iki kırk beşe kadar Meral evde televizyon seyrediyor.
3. Saat dokuz on beşten on kırk beşe kadar çocuklar bahçede futbol oynuyor.
4. Saat sekiz on beşten sekiz otuza kadar Peter durakta otobüs bekliyor.
5. Saat sekiz otuzdan on beş otuza kadar Gönül Hanım büroda çalışıyor.

Ü 10

1. -dan, -ye kadar / 2. -e kadar, -ya doğru / 3. sularında / 4. -dan, -e kadar / 5. sularında (oder: -a doğru)

Ü 11

1. Tren ne zaman (saat kaçta) kalkıyor?
2. Yaşar ne zaman televizyon seyrediyor?
3. Gönül Hanım ne zamana kadar (saat kaça kadar) büroda çalışıyor?
4. Peter ne zaman Türkiye'ye gidiyor?
5. Sömestr ne kadar sürüyor?
6. Ne zaman (saat kaçta) kahvaltı edelim?

Ü 12

1. Yazın Antalya'ya gidiyoruz.
2. Bu yaz Peter Türkiye'ye gidiyor.

3. Yaşar pazartesileri futbol oynuyor.
4. Bugünkü gazeteyi mi arıyorsun?
5. Sinan akşamları televizyon seyrediyor, veya gazete okuyor.
6. Ders sabahleyin saat dokuzda başlıyor ve on buçuğa kadar sürüyor.

Ü 13

1. Peter altı aydan beri Türkçe öğreniyor.
2. ?
3. Peter saat yediyi çeyrek geçe kalkıyor.
4. Peter saat yarımda kantinde öğlen yemeği yiyor.
5. Cengiz istasyona gidiyor, çünkü Ankara'dan Istanbul'a gitmet istiyor. Cengiz biletçiye soruyor: „Saat kaçta Istanbul'a tren var?"
6. Tren saat on üç otuzda hareket ediyor.
7. Cengiz akşam saat dokuzda Istanbul'a varıyor.

9 A

S

a) Ist dein Auto neu?
Ja, mein Auto ist neu.
Meines ist alt.
Ist deine Wohnung groß?
Nein, meine Wohnung ist klein.
Meine ist auch klein.

b) Hast du einen Stift?
Nein, ich habe keinen Stift.

Hast du Zigaretten?
Ja, ich habe Zigaretten.
Gib mir doch eine.

c) Wer hat einen Fernseher?
Ich habe einen Fernseher.
Ist dein Fernseher in Farbe?
Nein, mein Fernseher ist schwarz-weiß.

d) Wem gehört die Tasche?
(Sie gehört) Akın.
Wem gehört dieser Stift?
(Er gehört) Sabine.
Und wem gehören die Bücher dort?
Wahrscheinlich Erol.

D 1

Ist Sinans Familie in Deutschland?
Nein, Sinans Familie ist in der Türkei.
Was macht der Mann von Arzu beruflich?
Der Mann von Arzu arbeitet als Arzt in Kempten.
Hat Tülin Kinder?
Ja, Tülin hat eine Tochter und einen Sohn.
Wo wohnt Gönüls Mutter?
Gönüls Mutter wohnt in Kadıköy.
Wo ist Kadıköy?
Kadıköy ist ein Stadtteil von Istanbul.

D 2

a) Sinan hat am Samstag Geburtstag. Sinan ruft Ruth an und lädt sie zu seinem Geburtstag ein.

Sinan: Hallo.
Ruth: Hallo. Wer ist am Apparat?
Sinan: Ich bin Sinan. Grüß dich, Ruth, wie geht es dir?

Ruth: Oh, grüß dich, Sinan. Wie geht's?
Sinan: Danke, Ruth, Gott sei Dank alles bestens. Ich möchte dich am Samstag einladen. Hast du Zeit?
Ruth: Der wievielte ist am Samstag?
Sinan: Es ist der 12. März.
Ruth: Ja, ich habe Zeit. Um wieviel Uhr soll ich kommen?
Sinan: Paßt es dir um drei Uhr?
Ruth: Ja, gerne.
Sinan: Weißt du, am Samstag ist mein Geburtstag. Ich gebe eine große Party.
Ruth: Toll!

b) Ruth möchte für Sinan ein Geschenk kaufen. Deshalb (darüber) spricht sie mit Peter.

Ruth: Peter, du weißt, wir gehen am Samstag zu Sinans Party. Was für ein Geschenk soll ich (ihm) kaufen?
Peter: Kaufen wir zusammen einen Plattenspieler.
Ruth: Sinan hat (schon) einen Plattenspieler. Sinan hat auch einen Cassettenrecorder.
Peter: Dann kauf du ihm eine Schallplatte oder eine Cassette. Zum Beispiel kauf (ihm) eine Cassette von Orhan Gencebay. Sinan liebt seine Musik.
Ruth: Gute Idee. Und was möchtest du Sinan kaufen?
Peter: Ich bringe (ihm) dann einen Rosen- oder Nelkenstrauß (mit).

D 3

Gül sucht eine Wohnung

Gül möchte seit langer Zeit in eine neue Wohnung umziehen. Sie sucht Inserate in Zeitungen, ruft an und spricht mit dem Vermieter:

G.: Hallo.
V.: Hallo, ja bitte, wer ist am Apparat?

G.: Mein Name ist Gül Özgüner, Entschuldigung, ich möchte etwas fragen. Sie haben in der Zeitung annonciert, um eine Wohnung zu vermieten. Ob sie noch frei ist?

V.: Leider ist sie schon weg.

G.: Ach, wie schade.

V.: Aber bald wird noch eine Wohnung von mir frei.

G.: Wo (ist sie)?

V.: Genau im Zentrum, in Cihangir, fünf Minuten zu Fuß nach Taksim.

G.: Wieviel Zimmer hat die Wohnung?

V.: Sie hat vier Zimmer, einen Balkon, ein Bad und eine große Küche. Außerdem einen herrlichen Blick. Sie schaut auf Bosporus und Marmara-Meer.

G.: Sehr schön. Wie hoch ist die Miete der Wohnung?

V.: 65.000 Lira.

G.: Gibt es auch Nebenkosten?

V.: Ja, Zentralheizung, Strom und Wasser. Alles macht ungefähr 85.000 Lira im Monat.

G.: Es ist etwas teuer für mich, aber trotzdem schaue ich die Wohnung mal an. Wie ist ihre Adresse?

V.: Kumrulu Straße 76.

G.: Vielen Dank. Ich komme gleich. Wiederhören.

V.: Ich erwarte Sie, Frau Gül, Wiederhören.

D 4

Sinans Familie

P.: Ist deine Familie hier, Sinan?

S.: Nein, meine Familie ist in der Türkei. Ich zeige euch mal das Album meiner Familie.

R.: O ja, bitte.

S.: Hier ist das Album.

P.: Wer sind das, Sinan?

S.: Das sind meine Eltern, meine Oma und mein Opa.

R.: Und wer ist das?

S.: Das ist meine Tante, die Schwester meiner Mutter. Und das ist mein Onkel, der Bruder meiner Mutter.

P.: Wer sind das?

S.: Das sind die Schwester und der Bruder meines Vaters, meine Tante und mein Onkel. Und das (hier) ist meine Tante, die Frau meines Onkels.

R.: Sind das deine Geschwister?

S.: Nein, das sind die Kinder meiner Tante, meine Kusinen.

P.: Und wer ist das da?

S.: Das ist mein Onkel, der Mann meiner Tante.

R.: Gibt es im Album keine Fotos von deinen Geschwistern?

S.: Doch. Hier. Meine große Schwester, mein großer Bruder und meine kleinen Geschwister.

P.: Wieviele Geschwister seid ihr?

S.: Wir sind fünf Geschwister.

R.: Du hast eine große Familie.

S.: Ja, so (ist es). Ich liebe meine Familie sehr.

Rätsel

Übersetzung: Ihr Mantel ist grün, ihr Kleid ist rot, rate mal, wessen Tochter ist das?

Lösung: Wassermelone.

Gedichte

1. Erzählung

Deine Lippen sind rot,
deine Hände weiß,
nimm, halte meine Hände Baby,
halte etwas.
...

2. Abschied

Mein Weg ist Asphalt,
mein Weg ist Erde,
mein Weg ist das Himmelsgewölbe,
mein Weg ist ein offenes Gelände,
und was (woran) denke ich alles!
...

Karikatur

Auf Ihr Wohl, Herr Serdar.

9 B

Ü 1

1. Eviniz büyük mü? / Hayır, evimiz (evim) küçük.
2. Telivizyonun renkli mi? / Hayır, televizyonum siyah beyaz.
3. Radyomuz bozuk mu? / Hayır, radyomuz sağlam.
4. Bavulu ağır mı? / Hayır, bavulu hafif.
5. Öğrencileriniz tembel mi? / Hayır, öğrencilerim(iz) çalışkan.

Ü 2

1. euer (Ihr) Zimmer
2. dein Bad
3. bluzlarım
4. bisikletleriniz
5. unsere Küche
6. sein (ihr) Auto
7. ihre Bügeleisen (Singular und Plural), ihr (Plural) Bügeleisen

8. çocukları
9. çocuklarınız
10. meine Katzen

Ü 3

1. Sizin babanız genç. Bizimki de genç.
2. Bizim bahçemiz büyük. Onlarınki de büyük.
3. Benim gazetem Türkçe. Sizinki de Türkçe.
4. Senin bisikletin yeni. Onunki de yeni.
5. Senin dergin Almanca. Bizimki de Almanca.

Ü 4

1. Kitabınız var mı? Evet, kitabım(ız) var. / Hayır, kitabım(ız) yok.
2. Pikabımız var mı? Evet, pikabımız var. / Hayır, pikabımız yok.
3. Ütün var mı? Evet, ütüm var. / Hayır, ütüm yok.
4. Bisikletiniz var mı? Evet, bisikletim(iz) var. / Hayır, bisikletim(iz) yok.
5. Evleri (onların evi) var mı? Evet, evleri (onların evi) var. / Hayır, evleri (onların evi) yok.
6. Odası var mı? Evet, odası var. / Hayır, odası yok.
7. Teybin var mı? Evet, teybim var. / Hayır, teybim yok.
8. Köpeğiniz var mı? Evet köpeğim(iz) var. / Hayır, köpeğim(iz) yok.
9. Kedimiz var mı? Evet, kedimiz var. / Hayır, kedimiz yok.
10. Arabaları (onların arabası) var mı? / Evet, arabaları (onların arabası) var. / Hayır, arabaları (onların arabası) yok.

Ü 5

1. Araba kimin? Nuri'nin.
2. Çakmak kimin? Benim.

3. Plak kimin? Ayten'in.
4. Rakı kimin? Peter'in.
5. Domates kimin? Gabi'nin.
6. Bisiklet kimin? Çocukların.
7. Sigara kimin? Arzu'nun.
8. Elma kimin? Bizim.

Ü 6

a) 1. Ünal'ın babası genç.
2. Filiz'in kazağı mavi.
3. Doğan'ın gömleği kareli.
4. Sinan'ın ablası güzel.
5. Arzu'nun kocası zengin.
6. Evin mutfağı büyük.
7. Peter'in rakısı soğuk.
8. Monika'nın ütüsü bozuk.

b) a. Akın'ın bisikleti ne renk? Akın'ın bisikleti sarı.
b. Öğretmenin arabası ne renk? Öğretmenin arabası yeşil.
c. Çocukların topu ne renk? Çocukların topu kahverengi.
d. Tuna'nın bluzu ne renk? Tuna'nın bluzu eflatun.
e. Serap'ın etekliği ne renk? Serap'ın etekliği pembe.
f. Gönül Hanım'ın mantosu ne renk? Gönül Hanım'ın mantosu kavuniçi.

Ü 7

1. Arzu'nun kocası Köln'de çalışıyor.
2. Sinan'ın ailesi Türkiye'de oturuyor.
3. Cihangir İstanbul'un bir semti.
4. Martin dersten sonra kantine gidiyor ve orada bir kahve içiyor.
5. Vural Güner'e kitabı (kitap) veriyor.
6. Çocuk ablaya bisikleti (bisiklet) veriyor.

7. Ünal'ın babası bugün Kars'tan geliyor, yarın Erzurum'a gidiyor.
8. Salih'in arabası bozuk. Salih arabayı satıyor.

Ü 8

a. Bugün ekimin onu.
b. Bugün haziranın yirmi yedisi.
c. Bugün aralığın dördü.
d. Bugün şubatın sekizi.
e. Bugün nisanın altısı.
f. Bugün martın yirmi sekizi.
g. Bugün ağustosun yirmisi.
h. Bugün mayısın on sekizi.
i. Bugün temmuzun on beşi.
j. Bugün ocağın on dördü.

Ü 9

a) 1. ev-leri-n-de: in ihrem Haus (in ihren Häusern)
2. kitap-lar-ım-ı: meine Bücher (Akkusativ)
3. anne-si-nin: seiner (ihrer) Mutter
4. dede-si-n-i-: seinen (ihren) Opa
5. abla-mız-ın: unserer großen Schwester
6. enişte-miz-den: von unserem Onkel
7. bahçe-ler-iniz-in: euer (Ihrer) Gärten
8. teyze-leri-n-den: von seinen (ihren) Tanten; von ihrer (Plural) Tante
9. hala-m-ın: meiner Tante
10. amca-nız-da: bei eurem (Ihrem) Onkel

b) 1. Kavunumuzu yiyoruz.
2. Evinize gidiyorsunuz.
3. Odasında oturuyor.
4. Gazetemizi okuyoruz.

5. Şef bürosuna geliyor.
6. Arabana biniyorsun.
7. Çocuklar odalarına gidiyor.
8. Biramı içiyorum.

Ü 10

1. Ali bugün arkadaşının babasını görüyor.
2. Hakan geht in das Zimmer seines Professors.
3. Suna kommt aus der Wohnung ihrer großen Schwester.
4. Peter Sinan'ın balkonunda oturuyor ve rakı içiyor.
5. Sabine annesinin otomobiliyle Kiel'e gidiyor.
6. Özcan zieht den Pulli seines großen Bruders an.
7. Salih schreibt die Briefe seines Vaters.

Ü 11

1. Sinan Ruth'a telefon ediyor, çünkü Ruth'u doğum gününe çağırmak istiyor.
2. Evet, Sinan'ın pikabı var.
3. ?
4. Sinan Orhan Gencebay'ın müziğini seviyor.
5. Peter Sinan'a bir demet gül vey karanfil götürmek istiyor.
6. Gül gazetelerde ilanlara bakıyor, çünkü yeni bir eve taşınmak istiyor.
7. Yeni ev tam merkezde, Cirhangirde, Taksim'e yaya beş dakika. Yeni evin dört odası var.
8. ?
9. Hayır, Sinan'ın ailesi Almanya'da değil, Türkiye'de.

10 A

S 1

a) Was hast du gestern gemacht?
Ich bin in die Uni gegangen.
Hast du in der Uni Ünal gesehen?
Nein, ich habe Ünal nicht gesehen, aber ich habe mit seiner Freundin gesprochen.
Hast du gestern abend ferngeschaut?
Nein, ich habe gestern abend nicht ferngeschaut. Und du?
Ich habe auch nicht ferngesehen. Ich war sehr müde, ich ging früh schlafen.

b) Was hat Mehmet letzte Woche gemacht?
Er ist in die Fabrik gegangen, er hat gearbeitet.
Was haben Faruk und Nesrin letzte Woche gemacht?
Faruk ist nach Adana gefahren, Nesrin war die ganze Woche zu Hause, weil sie krank war.
Was habt ihr letzte Woche gemacht?
Wir sind nach Bolu gefahren, dort haben wir Freunde besucht und sind zwei Tage geblieben. Am Sonntag sind wir nach Istanbul zurückgefahren.

S 2

a) Hast du ein Auto?
Ich hatte voriges Jahr ein gutes Auto, aber ich habe es verkauft.
Warum hast du (es) verkauft?
Ich hatte kein Geld, ich brauchte Geld.

b) Warst du jemals in Ankara?
Nein, ich kenne Ankara überhaupt nicht.

Errata

Alev Tekinay
GÜNAYDIN – Einführung in die moderne türkische Sprache
Schlüssel und Wörterverzeichnis zu Teil 1, Wiesbaden 1985

Seite 85, D 4 statt: O.: Das ist sie
richtig: O.: Da ist sie.

DR. LUDWIG REICHERT VERLAG · TAUERNSTR. 11 · 6200 WIESBADEN

c) Wann bist du geboren?
Ich bin am 16. April 1961 geboren.
Du hast also bald Geburtstag.
Ja, so (ist es). Und wann ist dein Geburtstag?
Ich bin am 24. Dezember 1960 geboren.
Dein Geburtstag ist also an Weihnachten.

S 3

Wen (alles) hat Sinan zu seiner Party eingeladen?
Er hat alle Freunde eingeladen.
Sind alle gekommen?
Nein, nicht alle sind gekommen. Und manche Freunde sind sehr spät gekommen.

T 1

Peter ist in der Türkei

Peter ist neulich in die Türkei gefahren und dort drei Wochen geblieben. Die erste Woche war er in Istanbul. Er hat in Istanbul in einem Hotel namens ‚Perle' am Meer gewohnt. Er besichtigte die Moscheen, Museen, Paläste in Istanbul. Er kaufte im Großen Basar viel ein. Er kaufte Kupfersachen für seine Verlobte. In Istanbul gefiel es Peter sehr gut. In der zweiten Woche ist er mit dem Schiff nach Yalova, von dort mit dem Bus nach Bursa gefahren. Er besichtigte in Bursa die alten Badehäuser und die berühmten Mausoleen, bestieg den Uludağ. Er hat in Bursa seinen Paß verloren, aber dann wieder gefunden. Von Bursa ist er mit dem Bus nach Konya gefahren und verbrachte die dritte Woche in Konya. Die berühmten Medresen und Karawansereien in Konya haben ihm sehr gut gefallen, und er hat viele Fotos gemacht. Von Konya hat er Zafer, seinem türkischen Freund in Deutschland, einen Brief geschrieben. Peter verbrachte die letzten Tage in der Türkei in Antalya und flog nach Deutschland zurück.

D

Wie war die Reise?
(die Personen: Peter, Zafer)

Peter ist aus der Türkei zurückgekehrt. Er hat sich gestern in Augsburg mit seinem türkischen Freund Zafer getroffen.

Z.: Mensch, Peter, herzlich willkommen. Wie war die Reise?
P.: Danke, lieber Zafer. Die Reise verlief sehr gut, ich verbrachte einen sehr schönen Urlaub.
Z.: Ich habe deinen Brief bekommen, danke. Es hat dir also in der Türkei gut gefallen. Ich habe mich sehr darüber gefreut.
P.: Ja, es hat mir sehr gut gefallen. Von nun an möchte ich jedes Jahr in die Türkei fahren. Fahren wir nächstes Jahr zusammen?
Z.: Natürlich, gerne. Wir fahren nächsten Sommer zusammen in die Türkei.

T 2

Konya, 10.8.19..

Mein lieber Zafer,
seit zwei Wochen bin ich in der Türkei. Die Türkei ist ein sehr schönes Land, alles ist sehr interessant, die Menschen hier sind sehr gastfreundlich. Die Moscheen und Museen in Istanbul sind so interessant! Ich habe in Istanbul in einem Hotel namens ‚Perle' am Meer gewohnt. Im Großen Basar habe ich viel eingekauft, ich habe als Geschenk für meine Verlobte Kupfersachen gekauft. In Bursa habe ich die alten Badehäuser und die berühmten Mausoleen besichtigt, ich stieg auf den Uludağ und machte viele Fotos. Ich habe in Bursa meinen Paß verloren, aber dann Gott sei Dank (wieder) gefunden. Von Bursa bin ich mit dem Bus nach Konya gekommen. Die Medresen, Marktplätze, Karawansereien in Konya gefielen mir sehr gut. Morgen fahre ich nach Antalya. Bis bald, herzliche Grüße an Dich und alle Freunde. Grüß auch Deine Familie von mir.

Peter

T 3

Faruk sucht seit langer Zeit eine neue Arbeit, schaut die Inserate in Zeitungen an und schreibt Gesuche für die Bewerbung. Heute bekam Faruk einen Brief von einer Firma in Adana, Faruk hat sofort geantwortet:

Istanbul, 16.8.19..

Firma Özpamuk
Palmen-Str. Nr. 49
Adana

Betreff: Ihr Schreiben vom 12.8.

Sehr geehrte Herren,

ich habe Ihr Schreiben vom 12.8. bekommen, vielen Dank für Ihr Interesse. Für das Vorstellungsgespräch komme ich nächste Woche nach Adana. Anbei überreiche ich (Ihnen) die für die Bewerbung nötigen Unterlagen (Lebenslauf, Diplome).

Hochachtungsvoll
Faruk Tokaç

1. Gedicht

Damhirsch

Ich war ein Kind, ganz klein,
ich spielte Ball (und) bekam Hunger.
Ich fand auf dem Boden eine Pflaume,
ein Damhirsch hat sie mir weggenommen.
...

2. Gedicht

In tausend Stücken

Der Baum ist ganz,
das Licht ist ganz,

die Frucht ist ganz,
meine Welt ist in tausend Stücken.
...

1. Karikatur

Wir bedanken uns, Herr Ober, wir haben unser Essen von Zuhause (mit)gebracht.

2. Karikatur

Ist das so schlimm, Schatz, nun haben wir auch ein Importware-Baby gekriegt.

Faruk schickt aus Adana eine Karte an seine Frau

Meine liebe Nesrin,

ich bin heute morgen um 8.30 Uhr in Adana angekommen. Hier ist das Wetter sehr warm. Bis bald herzliche Grüße (und)

in Liebe
Faruk

10 B

S. 224

Ü 1

1. Geçen hafta ne yaptınız? Istanbul'a gittik (gittim).
2. Akın dün akşam ne yaptı? Kitap okudu.
3. Geçen hafta ne yaptın? Arkadaşları ziyaret ettim.
4. Peter Istanbul'da ne yaptı? Camileri ve müzeleri gezdi.

5. Peter Konya'da ne yaptı? Medreseleri gördü.
6. Peter Bursa'da ne yaptı? Uludağ'a çıktı.
7. Dün akşam ne yaptınız? Televizyon seyrettik (seyrettim).
8. Çocuklar dün sabah ne yaptı. Bahçede futbol oynadılar.

Ü 2 S-225

1. İpek dün büroda çalıştı, bugün tatil yapıyor.
2. Nurhan dün arkadaşları ziyaret etti, bugün evde kitap okuyor.
3. Peter dün İstanbul'da müzeleri gezdi, bugün dağa çıkıyor.
4. Dün mektup yazdınız, bugün televizyon seyrediyorsunuz.
5. Salih dün ceket aldı, bugün pantalon alıyor.
6. Necdet dün köfte yedi, bugün döner kebap yiyor.
7. Dün ayran içtik, bugün rakı içiyoruz.
8. Gençler dün gitar çaldı, bugün saz çalıyorlar.

Ü 3

1. Akın dün neredeydi? Sinemadaydı.
2. Öğrenciler dün neredeydi? Üniversitedeydiler. (Üniversitedelerdi.)
3. Çocuklar dün neredeydi? Bahçedeydiler. (Bahçedelerdi.)
4. Geçen hafta neredeydiniz? Istanbul'daydık. (İstanbul'daydım.)
5. Geçen yıl neredeydin? Türkiye'deydim.
6. Peter geçen ay neredeydi? Bursa'daydı.
7. Anne bir saat önce neredeydi? Mutfaktaydı.
8. Baba iki saat önce neredeydi? Bürodaydı.

Ü 4

1. Dün Necdet hastaydı.
2. Dün çocuklar okuldaydı.
3. Dün param vardı.

4. Dün sana para lazım mıydı?
5. Dün Peter'e sözlük lazım değildi.
6. Dün çocukların bisikleti yoktu.
7. Melek Hanım dün evdeydi.
8. Dün sana sözlük lazım değil miydi?

S. 226

Ü 5

1. Dün hasta mıydın?
2. Nein, ich war gestern nicht krank.
3. Bize yeni bir araba lazımdı.
4. Kahraman'ın parası var mıydı?
5. Nein, er hatte kein Geld.
6. Arabanız yok muydu?
7. Çok aptaldık.
8. Waren die Schüler (Studenten) faul?
9. Dün yorgun değil miydin?
10. Brauchtest du kein Geld?
11. Radyomuz yoktu ama, televizyonumuz vardı.
12. Hiç İzmir'e gittin mi?
13. Metin deniz kenarında bir ev aldı.
14. Bu şehri hiç sevmiyorum.
15. Ich kenne Ali gar nicht.

Ü 6

1. Ne zaman doğdunuz? 11 Eylül 1947'de doğdum. / Doğum günüm eylülün on birinde.
2. Ünal ne zaman doğdu? 27 Nisan 1960'ta doğdu. / Ünal'ın doğum günü nisanın yirmi yedisinde.
3. Ne zaman doğdun? 7 Şubat 1952'de doğdum. / Doğum günüm şubatın yedisinde.
4. Fikret ne zaman doğdu? 16 Mart 1944'te doğdu. / Fikret'in doğum günü martın on altısında.
5. Ne zaman doğdunuz? 30 Ağustos 1956'da doğdum. / Doğum günüm ağustosun otuzunda.

Ü 7

1. Film başladı mı? Henüz (daha) başlamadı.
2. Ders bitti mi? Henüz (daha) bitmedi.
3. Rakı içtin mi? Henüz (daha) içmedim.
4. Filiz bluzu aldı mı? Henüz (daha) almadı.
5. Televizyon seyrettiniz mi? Henüz (daha) seyretmedik (seyretmedim).
6. Anne kahve pişirdi mi? Henüz (daha) pişirmedi.
7. Baba büroya gitti mi? Henüz (daha) gitmedi.
8. Semra ütü yaptı mı? Henüz (daha) ütü yapmadı.
9. Gençler futbol oynadı mı? Henüz (daha) oynamadılar.
10. Türkçe öğrendik mi? Henüz (daha) öğrenmedik.

Ü 8 S. 227

1. Günter hala rakı mı içiyor? / Günter rakıyı çoktan içti. – Günter rakıyı içti bile.
2. Selma hala kitabı mı okuyor? / Selma kitabı çoktan okudu. – Selma kitabı okudu bile.
3. Nurcan hala yemeği mi pişiriyor? / Nurcan yemeği çoktan pişirdi. – Nurcan yemeği pişirdi bile.
4. Peter hala müzeleri mi geziyor? / Peter müzeleri çoktan gezdi. – Peter müzeleri gezdi bile.
5. Filiz hala alışveriş mi ediyor? / Filiz çoktan alışveriş etti. – Filiz alışveriş etti bile.

Ü 9

1. Sigara içtin mi? Artık sigara içmiyorum.
2. Rakı içtiniz mi? Artık rakı içmiyoruz.
3. Ali saz çaldı mı? Ali artık saz çalmıyor.
4. Gençler döner kebap yedi mi? Artık döner kebap yemiyorlar.
5. Gisela kahve pişirdi mi? Artık kahve pişirmiyor.

6. Müzik dinledin mi? Artık müzik dinlemiyorum.
7. Futbol oynadınız mı? Artık futbol oynamıyoruz (oynamıyorum.)
8. Çocuklar televizyon seyretti mi? Artık televizyon seyretmiyorlar.

Ü 10

1. Bütün çocuklar bugün bahçede top oynadı, şimdi hepsi yorgun.
2. Öğrenciler bütün gün üniversitedeydiler, saat beşte hepsi eve gitti.
3. Bütün arkadaşlar tatilde Istanbul'a gitti, hepsi çok memnundu.
4. Bütün elmalar taze mi? Evet, hepsi taze.

Ü 11

1. Duisburg'taki Türklerle konuştunuz mu? Evet, konuştum (konuştuk).
2. Münih'teki birahanelere gittin mi? Evet, gittim.
3. Peter Bursa'daki hamamları gördü mü? Evet, gördü.
4. Üniversitedeki profesörlerle konuştun mu? Evet, konuştum.
5. Konya'daki ve Sivas'taki medreseleri gördünüz mü? Evet gördük (gördüm).

Ü 12

Peter saat 7.30 da kalktı.
Saat 8'de otelde kahvaltı etti.
Saat 8.30'da otobüsle şehre gitti.
Saat 9'da bankada D-Mark bozdurdu.
Saat 9.15't en 11.30'a kadar müzeleri gezdi.
Saat 12'de deniz kenarında bir lokantada öğlen yemeği yedi.

Saat 13.30'dan 16'ya kadar camileri gezdi.
Saat 16.15'ten 18.15'e kadar Kapalıçarşıdan alışveriş etti.
Saat 19'da otele (geri) geldi.
Saat 19.30'da otelde akşam yemeği yedi.
Saat 20'de odasında müzik dinledi ve rakı içti.
Saat 21'de nişanlısına mektup yazdı.
Saat 22'de yattı.

Ü 13

Dördüncü gün gemiyle Bandırma'ya gittik.
Beşinci gün İzmir'deki çarşıdan alışveriş ettik.
Yedinci gün Antalya'daki parkta fotoğraf çektik.
Dokuzuncu gün Erzurum'da bakır eşyalar (satın) aldık.
Onuncu gün Almanya'ya döndük.

Ü 14

Sevgili Arzucuğum, Sayın Arzu Hanım / Sevgili Erolcuğum, Sayın Erol Bey / Sevgili Filizciğim, Sayın Filiz Hanım / Sevgili Doğancığım, Sayın Doğan Bey / Sevgili İpekçiğim, Sayın İpek Hanım / Sevgili Serapçığım, Sayın Serap Hanım / Sevgili Zeynepçiğim, Sayın Zeynep Hanım / Sevgili Hansçığım, Sayın Hans Bey / Sevgili Günterciğim, Sayın Günter Bey / Sevgili Markusçuğum, Sayın Markus Bey / Sevgili Tülinciğim, Sayın Tülin Hanım / Sevgili Sinancığım, Sayın Sinan Bey / Sevgili Nihatçığım, Sayın Nihat Bey / Sevgili Gabiciğim, Sayın Gabi Hanım / Sevgili Monikacığım, Sayın Monika Hanım / Sevgili Ünalcığım, Sayın Ünal Bey / Sevgili Sabineciğim, Sayın Sabine Hanım / Sevgili Martinciğim Sayın Martin Bey /

11 A

S 1

Was hast du? Bist du krank?
Ja, ich habe etwas Kopfschmerzen und Fieber.
Wahrscheinlich habe ich Grippe.
Geh sofort zum Arzt.
Was hat Ahmet?
Er hat sich das Bein und den Arm gebrochen. Er liegt im Krankenhaus.
Dann besuchen wir ihn.

S 2

Welchen Mantel kaufst du?
Ich weiß nicht, ich habe mich noch nicht entschieden.
Welcher ist hübscher?
Beide sind hübsch.
Welchen soll ich kaufen?
Kauf den gelben meiner Meinung nach.
Der blaue gefällt mir besser, aber er ist zu eng für mich.
Gibts den auch in Grün? Am besten kaufst du den grünen.

S 3

Hat der Film dir gefallen? Ich fand (ihn) etwas langweilig.
Ich habe mich auch gelangweilt.
Ich brauche ein neues Türkischbuch. Ob du eins hast?
Ich habe auch kein neues, (sondern) ein altes.
Ich habe Appetit auf einen guten türkischen Kaffee.
Gute Idee. Komm, gehen wir in die Küche und kochen türkischen Kaffee.

T/D 1

Wer ist am Apparat?

Sinan ruft aus Deutschland seine Familie in der Türkei an, spricht mit seiner Mutter und seiner Schwester Hülya.

S.: Hallo, Hallo! Wo ist es dort? (Wer ist am Apparat?)

M.: Hallo, wer sind Sie? (Wer ist am Apparat?) Ich höre Sie nicht.

S.: Ist dort Izmit? Mit wem spreche ich?

M.: Hallo? Hier ist Izmit. Mit wem spreche ich? Sinan, bist du's?

S.: Ja, Mutter, ich bin's. Hörst du mich? Grüß Gott. Wie geht's euch? Geht's euch gut?

M.: Gott sei Dank, es geht uns (allen) gut, mein lieber Sinan. Schau mal, auch Hülya möchte mir dir sprechen.

H.: Mein lieber großer Bruder, wie geht es dir?

S.: Es geht mir gut, meine liebe Hülya, danke. Mein Kleingeld ist alle, ich hänge ein. Viele Grüße, Servus.

H.: Dir auch viele Grüße, mein lieber großer Bruder, auf Wiedersehn.

T 1

Skikurs auf dem Uludağ

Ahmet macht seit einer Woche einen Skikurs auf dem Uludağ. Der 13. Januar war für ihn ein Unglückstag. An jenem Tag ist Ahmet am Morgen Ski gefahren, am Mittag hat er im Hotel gegessen und nach dem Essen traf er einen alten Freund. Ahmet trank im Salon des Hotels mit seinem alten Freund Wein und wurde betrunken. Am Nachmittag wollte er wieder Ski fahren, aber ihm wurde schwindlig und er fiel hin. Er brach sich das Bein und den Arm. Sein Freund brachte ihn sofort ins Krankenhaus. Der Arzt nahm Ahmets Bein und Arm in Gipsverband. Nun liegt Ahmet im Krankenhaus, und sein Freund besucht ihn jeden Tag.

D

Wo tut es Ihnen weh?

(ein kleines Spiel, die Personen: der Patient, der Arzt, die Krankenschwester)

A.: Was haben Sie? Was sind Ihre Beschwerden?
P.: Ich bin sehr krank, Herr Doktor.
A.: Wo tut es Ihnen weh?
P.: Am meisten tut mir der Magen weh.
A.: Wo haben Sie sonst Schmerzen?
P.: Mein Kopf tut weh, mein Hals tut weh.
A.: Husten Sie?
P.: Ja, ich huste. Ich schwitze sehr und ich friere sehr.
A.: Sagen Sie bitte ‚Aaa'.
P.: Aaa.
A.: Ja, Ihr Hals ist sehr rot.
P.: Was habe ich, Herr Doktor?
A.: Eine starke Erkältung. Wir machen eine Röntgenaufnahme von Ihrem Magen. Wir machen auch eine Urin- und Blutuntersuchung. Nehmen Sie dieses Medikament morgen früh auf nüchternen Magen und kommen Sie für die Röntgenaufnahme morgen wieder zu mir.
P.: Ist das eine gefährliche Krankheit?
A.: Geben Sie acht auf Ihre Gesundheit. Rauchen Sie?
P.: Ein Päckchen am Tag.
A.: Hören Sie sofort mit dem Rauchen auf. Ich (ver)schreibe Ihnen ein Rezept. Nehmen Sie sofort Ihre Medikamente ein. Tabletten und Tropfen. Dreimal am Tag nach den Mahlzeiten. Die Tropfen benutzen Sie ab morgen und kommen Sie zu mir in zwei Wochen zur Kontrolle.
P.: Wo ist die nächste Apotheke, Herr Doktor?
A.: Fragen Sie die Schwester.
P.: Schwester, wo ist die nächste Apotheke?
S.: Gleich um die Ecke. Vergessen Sie nicht, morgen kommen Sie wieder zu uns für die Röntgenaufnahme, für die Urinuntersuchung und Blutuntersuchung.

P.: Ja, ich weiß, Schwester, danke.
S.: Wiedersehn, gute Besserung.

T/D 2

Wir machen Landeskunde (unser Unterricht ist Landeskunde)

Im Türkischkurs an der Hochschule für Fremdsprachen machen wir heute keine Grammatik, (sondern) Landeskunde. Die Studenten stellen Fragen über die Türkei, der Lehrer gibt Informationen über die Türkei; er zeigt Städte und Gebiete auf der Landkarte.

Martin: Wie hoch ist die Bevölkerungszahl und (wie groß ist) die Fläche der Türkei?
Lehrer: In der Türkei leben ungefähr 50 Millionen Menschen. Die Fläche der Türkei (beträgt) 780.000 Quadratkilometer.
Heike: Was (welcher Ort) ist die Hauptstadt der Türkei?
Lehrer: Die Hauptstadt der Türkei ist Ankara. Ankara ist in Mittelanatolien.
Norbert: Wo ist Erzurum?
Lehrer: Erzurum ist im Osten der Türkei.
Susanne: Wo ist Mardin?
Lehrer: Mardin ist im Südosten der Türkei.
Martin: Welche Meere umgeben die Türkei?
Lehrer: Im Norden der Türkei gibt es das Schwarze Meer, im Nordwesten den Bosporus, das Marmara-Meer und die Dardanellen, im Westen das Ägäische Meer und im Süden das Mittelmeer.
Heike: Welche geographischen Regionen gibt es in der Türkei?
Lehrer: In der Türkei gibt es sieben geographische Regionen: Die Marmara-Region, die Ägäische Region, die Mittelmeer-Region, die Schwarzmeer-Region, Inneranatolien, Ostanatolien und Südostanatolien(-Region).

Norbert: Wo (in der Türkei) (liegt) Samsun?

Lehrer: Samsun (liegt) in der Schwarzmeer-Region, im Norden der Türkei. Samsun ist eine Hafenstadt.

Norbert: Ist Mersin auch eine Hafenstadt?

Lehrer: Ja, Mersin ist in der Mittelmeer-Region, im Süden der Türkei, eine wichtige Hafenstadt.

Susanne: Wißt ihr, welche Orte in der Türkei ich am meisten sehen möchte?

Norbert: Welche Orte, Susanne?

Susanne: Die Ägäische- und die Mittelmeer-Region.

Martin: Warum möchtest du jene Orte sehen?

Susanne: Weil es in jenen Orten vier Jahreszeiten (lang) Sommer ist.

Heike: Und ich möchte am meisten Edirne sehen, weil es (dort) eine wichtige Grenzstadt ist.

Norbert: Wo ist Edirne?

Lehrer: Edirne ist in Thrakien.

T/D 3

Ich möchte mich für die Philosophische Fakultät immatrikulieren

Sieglinde Bauer lernt seit zwei Jahren an der Hochschule für Fremdsprachen Türkisch, weil sie an der Universität Istanbul Turkologie studieren möchte. Heute geht sie zum Studentenwerk und spricht mit dem dortigen Beamten.

B.: Ja bitte?

S.: Ich möchte mich für die Turkologie-Abteilung der Philosophischen Fakultät immatrikulieren. Zwei Jahre besuchte ich Sprachkurse und absolvierte dieses Jahr den Kursus.

B.: Sind Ihre nötigen Unterlagen vollständig?

S.: Ich glaube (schon). Meine Grundschul-, Mittelschul- und Gymnasium-Diplome, 12 Paßbilder, Sprachkursdiplom. Was ist noch nötig?

B.: Es fehlt nur ein Gesuch. Für das Fakultätsdekanat ist ein schriftlicher Antrag nötig.

S.: Was soll ich schreiben? Helfen Sie mir bitte.

B.: Natürlich, gerne. Schreiben Sie so: „Ich möchte mich für die Turkologie-Abteilung der Philosophischen Fakultät immatrikulieren. Ich absolvierte den Türkischkurs der Hochschule für Fremdsprachen. Anbei überreiche ich die nötigen Unterlagen." Und auch hier unterschreiben, bitte.

S.: Danke.

T 2

Lebenslauf

Sie wissen (schon), Faruk hat für die Firma in Adana mit seinem Bewerbungsgesuch seinen Lebenslauf geschickt:
Ich heiße Faruk Tokaç. Ich bin am 17.11.1947 in Balıkesir geboren. Ich besuchte die Grundschule und Mittelschule in Balıkesir. 1965 absolvierte ich das Istanbuler Jungengymnasium. An der Universität Istanbul studierte ich Volkswirtschaft und Jura. Im Jahre 1970 absolvierte ich (die Universität) und machte meinen Militärdienst als Reserveoffizier in Kars. Im Jahre 1972 heiratete ich Nesrin Bilgin. Fünf Jahre arbeitete ich bei der Iş-Bank und drei Jahre bei der Handelsbank als Berater. Seit vier Jahren arbeite ich bei einer deutschen Firma in Istanbul.

Karikatur

Was sind Ihre Beschwerden?
Meine Nachbarn machen viel Krach.

11 B

Ü 1

a) 1. Neyiniz var, şikâyetiniz ne? Dişim(iz) ağrıyor.
2. Çocuğun nesi var, şikâyeti ne? Midesi bulanıyor.
3. Ahmet'in nesi var, şikâyeti ne? Bacağı ve kolu kırıldı.
4. Gönül Hanım'ın nesi var, şikâyeti ne? Başı dönüyor.
5. Neyiniz var, şikâyetiniz ne? Karnım(ız) ağrıyor.

b) 6. Öğrencilerin nesi var? Grip oldular.
7. Neyin var? Üşüttüm.
8. Neyiniz var? Anjin oldum (olduk).
9. Çocukların nesi var? İshal oldular.
10. Bebeğin nesi var? Kabız oldu.

Ü 2

a. Nerenin şeftalisi meşhur? Bursa'nın şeftalisi meşhur.
Nerelerin şeftalisi meşhur? Bursa'nın ve Niğde'nin şeftalisi meşhur.

b. Nerenin kedisi meşhur? Ankara'nın kedisi meşhur.
Nerelerin kedisi meşhur? Ankara'nın ve Van'ın kedisi meşhur.

c. Nerenin elması meşhur? Niğde'nin elması meşhur.
Nerelerin elması meşhur? Niğde'nin ve Amasya'nın elması meşhur.

d. Nerenin çinisi meşhur? Kütahya'nın çinisi meşhur.
Nerelerin çinisi meşhur? Kütahya'nın ve İznik'in çinisi meşhur.

e. Nerenin halısı meşhur? Isparta'nın halısı meşhur.
Nerelerin halısı meşhur? Isparta'nın ve İzmir'in halısı meşhur.

Ü 3

1. Nerede
2. Neresi
3. Neresi
4. Burası
5. nerede
6. burada.

Ü 4

1. Neresi ağrıyor?
2. Neren acıyor?
3. Nereniz ağrıyor?
4. Arabanın neresi bozuk?
5. Nereleri gezdi?
6. Istanbul'un neresinde oturuyor?

Ü 5

z. B.:
dil kursu: Sieglinde dil kursuna devam etti /
çamaşır makinesi: Çamaşır makinesini aldım /
diş fırçası: Diş fırçam nerede?
kayak kursu: Ahmet kayak kursuna gidiyor.
Münih birası: Münih birasını seviyorum.
elbise dolabı: Elbise dolabında elbiseler var.
buz dolabı: Buz dolabında ne var?
Türk kahvesi: Türk kahvesini seviyor musunuz?
Ankara Üniversitesi: Ankara Üniversitesi'nde okuyorum.
öksürük şurubu: Öksürük şurubunu içtim.
çocuk doktoru: Anne bebeği çocuk doktoruna götürdü.
çocuk kitabı: Çocuk kitabını okudum.
lise diploması: Sieglinde lise diplomasını Öğrenci İşleri Bürosuna götürdü.

boğaz ağrısı: Doktor hastaya boğaz ağrısı için hap verdi.
ev kadını: Ev kadını değilim.
kadın doktoru: Ayşe kadın doktoruna gitti.

Ü 7

KAR-	A	-DENİZ TÜRKİYE'NİN KUZEYİNDE
A-	N	-TALYA TÜRKİYE'NİN GÜNEYİNDE
	A	-NKARA TÜRKİYE'NİN BAŞKENTİ
AK-	D	-ENİZ TÜRKİYE'NİN GÜNEYİNDE
B-	O	-ĞAZİÇİ İSTANBUL'DA
EGE BÖ-	L	-GESİ TÜRKİYE'NİN BATISINDA
ERZUR-	U	-M TÜRKİYE'NİN DOĞUSUNDA

Ü 8

a. Odaların en büyüğü 25 metrekare.
b. Karpuzların en küçüğü 2 kilo.
c. Şehirlerin en güzeli İstanbul.
d. Mantoların en pahalısı kürk manto.
e. Bluzların en ucuzu 900 Lira.

Ü 9

a. Bu bluzun sarısı yok mu? Sarısı yok, pembesi var.
b. Bu etekliğin karelisi yok mu? Karelisi yok, çizgilisi var.
c. Bu radyonun cereyanlısı yok mu? Cereyanlısı yok, pillisi var.
d. Bu televizyonun renklisi yok mu? Renklisi yok, siyah beyazı var.
e. Bu pidenin peynirlisi yok mu? Peynirlisi yok, kıymalısı var.

Ü 10

1. Hangi karpuz pahalı, hangi karpuz ucuz?
   Büyük karpuz pahalı, küçük karpuz ucuz.

Hangisi pahalı, hangisi ucuz?
Büyüğü pahalı, küçüğü ucuz.
Gönül Hanım hangisini alıyor? Büyüğünü alıyor.

2. Hangi kalem uzun, hangi kalem kısa?
Mavi kalem uzun, kırmızı kalem kısa.
Hangisi uzun, hangisi kısa.
Mavisi uzun, kırmızısı kısa.
Ünal hangisini alıyor?
Mavisini alıyor.
3. Hangi araba hızlı, hangi araba yavaş?
Yeni araba hızlı, eski araba yavaş.
Hangisi hızlı, hangisi yavaş?
Yenisi hızlı, eskisi yavaş.
Fikret hangisini alıyor?
Yenisini alıyor.
4. Hangi bisiklet yeni, hangi bisiklet eski?
Kırmızısı bisiklet yeni, yeşil bisiklet eski.
Hangisi yeni, hangisi eski?
Kırmızısı yeni, yeşili eski.
Günter hangisini alıyor?
Kırmızısını alıyor.
5. Hangi pide yağlı, hangi pide yağsız?
Kıymalı pide yağlı, peynirli pide yağsız.
Hangisi yağlı, hangisi yağsız?
Kıymalısı yağlı, peynirlisi yağsız.
Murat Bey hangisini alıyor?
Kıymalısını alıyor.

Ü 11

1. Film hoşunuza gitti mi?
2. Sinemada canınız sıkıldı mı?
3. Canın rakı istedi mi?
4. Ahmet'in hastanede canı sıkıldı mı?
5. Müzik Nurcan'ın hoşuna gitti mi?

6. Çocukların yeni bisiklete ihtiyacı var mı?
7. Peter'in yeni gözlüğe ihtiyacı var mı?

Ü 12

1. Ahmet için 13 Ocak uğursuz bir gün, çünkü Ahmet o gün Ahmet Uludağ'da düştü, bacağını ve kolunu kırdı.
2. S. B. bugün Öğrenci İşleri Bürosu'na gidiyor, çünkü Edebiyat Fakültesi'nin Türkoloji Bölümü'ne kaydını yaptırmak istiyor.
3. Türkiye'nin nüfusu 50 milyon, yüzölçümü 780.000 kilometrekare.
4. Türkiye'nin başkenti Ankara.
5. Türkiye'yi kuzeyde Karadeniz, kuzeydoğuda İstanbul Boğazı, Marmara Denizi ve Çanakkale Boğazı, batıda Ege Denizi, güneyde Akdeniz çevreliyor.
6. Türkiye'nin coğrafi bölgeleri: Karadeniz Bölgesi, Marmara Bölgesi, Ege Bölgesi, Akdeniz Bölgesi, İç Anadolu Bölgesi, Doğu Anadolu Bölgesi, Güneydoğu Anadolu Bölgesi.
7. ?

12 A

S 1

Was wird Mehmet im Sommer machen?
Er wird in die Türkei fahren.
Wirst duch auch im Sommer in die Türkei fahren?
Nein, ich werde nicht in die Türkei fahren. Ich habe keine Ferien (keinen Urlaub). Ich werde hier bleiben und arbeiten. Und du?

Ich werde einen Monat arbeiten, dann werde ich in Urlaub fahren.
Wo wirst du deinen Urlaub verbringen?
Ich weiß noch nicht. Ich werde (es mir) überlegen.

S 2

Die Studenten werden bis Sommer Türkisch lernen. Im Sommer werden sie in die Türkei fahren. Zwei Wochen werden sie in Istanbul bleiben, dann werden sie mit dem Bus nach Izmir fahren. Sie werden Ephesus und Hierapolis sehen. Vielleicht werden sie auch nach Bodrum fahren. Im September werden sie nach Deutschland zurückfliegen. Mit türkischen Freunden in Deutschland werden sie dann immer Türkisch sprechen.

S 3

a) Wirst du morgen abend bei mir vorbeischauen?
Nein, ich werde morgen bis fünf Uhr Unterricht haben, ich werde sehr müde sein.

b) Ich werde ein Türkischbuch brauchen.
Warum? Was wirst du mit einem Türkischbuch machen?
Bald werde ich Türkisch lernen.

c) Gibt es zu Hause was zum Essen?
Ja, es gibt zu Hause etwas zum Essen und zum Trinken.
Hast du etwas zum Schreiben?
Nimm, hier (sind) ein Kuli und ein Füller.

T/D

Mehmet Karataş ist ein Arbeiter aus Kars. Seit 14 Jahren lebt er in Deutschland. Jedes Jahr verbringt er seinen Urlaub in Kars, aber dieses Jahr wird er zuerst einige Wochen in Istanbul bleiben, dann nach Kars fahren. Mehmet hat für die Verwandten in Kars Geschenke gekauft, seinen Koffer gepackt und hat sich auf den Weg gemacht. Er fuhr mit seinem Auto in die Türkei und wartete in Kapıkule an der Grenze und beim Zoll sieben Stunden.

Zollbeamter: Zeigen Sie Ihren Paß.
Mehmet: Ja bitte, hier ist mein Paß.
Zollbeamter: Haben Sie etwas zum Verzollen?
Mehmet: Nein, mein Herr.
Zollbeamter: Öffnen Sie diesen Koffer.
Mehmet: Jawohl.
Zollbeamter: Wieviele Videocassetten haben Sie?
Mehmet: Drei, mein Herr.
Zollbeamter: Haben Sie auch andere technische Geräte?
Mehmet: Nein, mein Herr.
Zollbeamter: Was sind das da?
Mehmet: Das sind kleine Geschenkartikel für die Verwandten.
Zollbeamter: Füllen Sie diese Zollerklärung aus und passieren Sie.
Mehmet: Alles klar, mein Herr, danke.

D 1

Mehmet Karataş in Istanbul: „Wie komme ich zum Galata-Turm?"

Mehmet wohnt in einem Hotel in Sultanahmet. Heute morgen möchte er zum Galata-Turm gehen. Er fragt unterwegs einen Mann:

Mehmet: Wie komme ich zum Galata-Turm? Zeigen Sie (es) mir bitte auf dem Stadtplan. Ist es weit von hier?
Passant: Ja, ziemlich weit. Sie werden bis Karaköy mit dem Bus fahren.

Mehmet: Gibt es in der Nähe eine Bushaltestelle?

Passant: Ja, die Bushaltestelle ist gegenüber, auf der rechten Seite (rechts gegenüber). Sie werden in die Linie 21 einsteigen, nach der Galata-Brücke werden Sie in Karaköy einsteigen.

Mehmet: Werde ich umsteigen?

Passant: Der Galata-Turm ist nah am Karaköy-Platz. Sie werden am Karaköy-Platz aussteigen, ungefähr 100 Meter geradeaus gehen und bei der Kreuzung links einbiegen. (Von) dort werden Sie in die U-Bahn einsteigen. Aber am besten fahren Sie mit dem Dolmuş oder mit dem Taxi. Ich rufe Ihnen ein Taxi. Hej, Taxi, sind Sie frei?

Mehmet: Einen Moment, Freund, ich möchte kein Taxi. Ich werde mit dem Bus fahren.

D 2

Mehmet im Autobus

(die Personen: Mehmet, Fahrgast, Fahrer)

Mehmet: Ein Fahrschein hin und zurück, bitte.

Fahrer: Wir verkaufen keine Fahrscheine, den Fahrschein kaufen Sie draußen bei großen Schaltern.

Mehmet: O weh, was soll ich jetzt machen? Ich habe keinen Fahrschein.

Fahrgast: Ich habe einen Fahrschein übrig, ich gebe (ihn) Ihnen.

Mehmet: Vielen Dank.

Fahrer: Ja, meine Damen und Herren, bitte gehen wir nach vorne. Nächster Halt Eminönü, wird jemand aussteigen?

Mehmet: Entschuldigung, ist hier frei?

Fahrgast: (Hier ist) frei, sehen Sie (denn) nicht?

Mehmet: (Der Bus) fährt über Karaköy, nicht wahr? Wieviele Haltestellen gibt es bis Karaköy?

Fahrgast: Nur eine Haltestelle. Sind Sie Tourist?
Mehmet: Ich bin hier fremd, ich komme aus Deutschland.
Fahrgast: Leben Sie in Deutschland? Sehr schön.
Mehmet: Entschuldigung, gibt es in der Nähe einen Ort, wo man essen kann?
Fahrgast: Am Karaköy-Platz gibt es viele Imbißstuben, dort gibt es Toast, belegte Brötchen, Ayran, alles. Wir sind in Karaköy (angekommen.) Ich steige auch hier aus. Wo möchten Sie hin?
Mehmet: Zum Galata-Turm. Gibt es noch andere Orte in Istanbul zum Besichtigen?
Fahrgast: In Istanbul gibt es viele Orte zu besichtigen, zum Beispiel (den) Topkapı-Palast, das Archäologische Museum, (den) Gülhane-Park, das Museum für Gemälde und Skulpturen ...

D 3

Mehmet Karataş begegnet in Istanbul Nuri, einem alten Freund von ihm.

N.: Mensch, lieber Mehmet, was machst du denn hier so?
M.: Ich verbringe diesen Sommer meinen Urlaub in Istanbul. Istanbul ist eine sehr schöne und sehr große Stadt. Nur ihr Verkehr ist sehr durcheinander.
N.: Wie geht's dir, gibt's was Neues?
M.: Frag lieber nicht, ich sitze in der Tinte. Mein Auto ist kaputt.
N.: Was ist an deinem Auto kaputt?
M.: Ich habe einen kleinen Unfall gemacht (gehabt). Ich stieß mit einem Lastwagen zusammen. Der Kotflügel und die Stoßstange gingen kaputt, die Scheinwerfer sind zerbrochen.
N.: Gute Besserung, lieber Mehmet. Warst du schuldig?
M.: Nein, der Lastwagenfahrer war schuldig. Wir sind zur Polizeiwache gegangen. Die Polizisten haben auch meinen Führerschein weggenommen, deshalb fahre ich (nun) immer mit dem Bus herum.

N.: Hast du keine Versicherung?

M.: Doch, schon, aber in Deutschland.

N.: Mach dir nichts draus, mach dir keine Sorgen. Komm, gehen wir ins Hacıbaba-Restaurant und essen (dort) ein gutes Essen.

D 4

Mehmet und Nuri gehen ins Restaurant
(die Personen: Mehmet, Nuri, der Kellner)

M.: Ich habe großen Hunger.

N.: Ich habe auch großen Hunger und Durst. Mensch, wo ist denn der Kellner?

M.: Herr Ober!

O.: Ja, bitte?

N.: Wo ist die Speisekarte?

O.: Das ist sie.

M.: Was würden Sie heute empfehlen?

O.: Der Fisch ist heute sehr frisch.

M.: Aber ich mag keinen Fisch. Gibt es keinen Döner Kebap?

O.: Döner Kebap ist heute leider alle. Aber wir haben sehr gute gemischte Grillplatte, Adana Kebap, İskender Kebap und Urfa Kebap.

N.: Was gibt es an Suppen?

O.: Gemüsesuppe, Linsensuppe, Tarhana-Suppe ...

M.: Was gibt es an kalten Gerichten?

O.: Auberginenbraten, Imambayıldı, Bohnengericht, Hirtensalat ...

N.: Was wirst du essen, lieber Mehmet?

M.: Zuerst esse ich mal eine Tarhana-Suppe und dann möchte ich eine Portion Adana Kebap und einen gemischen Salat. Und du, lieber Nuri?

N.: Ich werde sowohl Imambayıldı als auch gemischte Grillplatte essen.

O.: Jawohl. Was soll ich an Getränken bringen?
M.: Rakı natürlich. Bringen Sie eine kleine Flasche Raki und zwei Gläser.
O.: Jawohl. Möchten Sie Nachtisch?
N.: Bringen Sie mir Baklava.
M.: Ich möchte keinen Nachtisch, ich werde Kaffee trinken. Soll mittelsüß sein.
O.: Jawohl.

...

M.: Hast du Feuer, Nuri?
N.: Ich rauche nicht mehr. Zigaretten bekommen mir nicht.
M.: Herr Ober, bringen Sie mir auch Streichhölzer, bitte.
O.: Hier bitte, Streichhölzer, eine kleine Flasche Raki, Adana Kebap und gemischte Grillplatte und auch einen Hirtensalat.
N.: Danke. Guten Appetit, Mehmet.
M.: Dir auch, lieber Nuri und prost!

...

N.: Herr Ober, wir möchten zahlen, die Rechnung bitte.
O.: Hier ist die Rechnung. Alles macht 3255 Lira.
N.: Hier bitte, 3500 Lira, stimmt so.
O.: Vielen Dank. Kommen Sie wieder.

Rätsel

Übersetzung: Die Dame ist drinnen, ihr Haar ist draußen.
Lösung: Mais

Karikaturen

1. Wir werden die alten Fehler nicht wiederholen.
   Wir werden neue Fehler machen.
2. Wer wird den ‚Imam fiel in Ohnmacht' essen?

Lied

Komm zu uns, misch dich unter uns,
sowohl in den Tanz als auch ins Wort,
Lieder singend oy oy,
Laßt uns tanzen, loy loy

12 B

Ü 1

1. Yarın rakı içeceğiz.
2. Nuri yarın karışık ızgara yiyecek.
3. Çocuklar yarın televizyon seyredecek(ler).
4. Yarın İstanbul'daki akrabaları ziyaret edeceksin.
5. Mehmet yarın Sultanahmet'te bir otelde kalacak.
6. Yarın Sinan'ın partisinde dans edeceksiniz.
7. Yarın Sieglinde Yabancı Diller Yüksek Okulu'nda Türkçe öğrenecek.
8. Yarın Ahmet Uludağ'da kayak kayacak.

Ü 2

1. Dün ütü yaptın, bugün saz çalıyorsun, yarın akrabaları ziyaret edeceksin.
2. Dün üniversiteye gittik, bugün gazete okuyoruz, yarın top oynayacağız.
3. Necla dün mektup yazdı, bugün postaneye gidiyor, yarın eve telefon edecek.
4. Mehmet dün kaza yaptı, bugün karakola gidiyor, yarın ehliyetini kaybedecek.

Ü 3

1. Ne zaman rakı içeceksiniz? Içtim (içtik) bile / Çoktan içtim (içtik).
2. Çocuklar ne zaman top oynayacaklar? Oynadılar bile / Çoktan oynadılar.
3. Peter ne zaman Türkçe öğrenecek? Öğrendi bile / Çoktan öğrendi.
4. Mehmet ne zaman İstanbul'a gidecek? Gitti bile / Çoktan gitti.
5. Ünal na zaman saz çalacak? Çaldı bile / Çoktan çaldı.

Ü 4

1. Televizyon seyrettiniz mi? Hayır ama, şimdi seyredeceğiz (seyredeceğim.)
2. İsmail saz çaldı mı? Hayır ama, şimdi çalacak.
3. Nurhan mektubu yazdı mı? Hayır ama, şimdi yazacak.
4. Baba gazete okudu mu? Hayır ama, şimdi okuyacak.
5. Selma ütü yaptı mı? Hayır ama, şimdi yapacak.
6. Monika Türk kahvesi pişirdi mi? Hayır ama, şimdi pişirecek.
7. Mehmet Arkeoloji Müzesi'ni gezdi mi? Hayır ama, şimdi gezecek.
8. Ruth Sinan için hediye aldı mı? Hayır ama, şimdi alacak.

Ü 5

1. Norbert gelecek yıl Türkçe öğrenecek mi? Evet, öğrenecek / Hayır, öğrenmeyecek.
2. Yarın sinemaya gidecek miyiz? Evet, gideceğiz / Hayır, gitmeyeceğiz.
3. Mehmet iznini İstanbul'da geçirecek mi? Evet, geçirecek / Hayır, geçirmeyecek.
4. Cumartesi günü Uludağ'a çıkacak mısınız? Evet çıkacağız (çıkacağım) / Hayır, çıkmayacağız (çıkmayacağım).

5. Mehmet yarın Topkapı Sarayı'nı gezecek mi? Evet, gezecek / Hayır, gezmeyecek.
6. Öğrenciler yarın Gülhane Parkı'na gidecek mi? Evet, gidecekler / Hayır, gitmeyecekler.
7. İstanbul'da teyzeni ziyaret edecek misin? Evet, ziyaret edeceğim / Hayır, ziyaret etmeyeceğim.
8. Nuri Bey yarın akşam döner kebap yiyecek mi? Evet, yiyecek / Hayır, yemiyecek.

Ü 6

1. Mehmet bu akşam çok yorgun olacak.
2. Yarın yeni bir ehliyeti olacak.
3. Yeni bir arabamız (otomobilimiz) olacak.
4. Türkçe öğreniyorsunuz, size Türkçe kitabı lazım olacak (sizin Türkçe kitabına ihtiyacınız olacak).

Ü 7

1. Burada giyecek bir şey var mı?
2. Burada yazacak bir şey var mı?
3. Burada yazacak bir şey var mı?
4. Burada okuyacak bir şey var mı?
5. Bu akşam (televizyonda) seyredecek bir şey var mı?
6. Burada çalacak bir şey var mı?

Ü 8

a) 1. Peter hem sarayları hem (de) müzeleri gezecek.
   2. Nuri hem saz(ı) hem (de) gitar(ı) çalacak.
   3. Hem kitabı hem (de) dergiyi okuyacağım.
   4. Michael hem bira(yı) hem (de) rakı(yı) içecek.
   5. Selma hem pastayı hem (de) çöreği yiyecek.

b) 1. Peter ne sarayları ne (de) müzeleri gezecek. (gezmeyecek)
2. Nuri ne saz(ı) ne (de) gitar(ı) çalacak. (çalmayacak)
3. Ne kitabı ne (de) dergiyi okuyacağım. (okumayacağım)
4. Michael ne bira(yı) ne (de) rakı(yı) içecek. (içmeyecek)
5. Selma ne pastayı ne (de) çöreği yiyecek. (yemiyecek)

c) 1. Peter ya sarayları ya (da) müzeleri gezecek.
2. Nuri ya saz(ı) ya (da) gitarı çalacak.
3. Ya kitabı ya (da) gazeteyi okuyacağım.
4. Michael ya bira(yı) ya (da) rakı(yı) içecek.
5. Selma ya pastayı ya (da) çöreği yiyecek.

Ü 9

1. Mehmet Karataş Karslı bir işçi.
2. Mehmet'in gümrüğe tabi eşyası yok.
3. Mehmet'in bavulunda üç tane video kasetinden başka teknik eşya yok.
4. Mehmet İstanbul'da Sultanahmet'te bir otelde kalıyor.
5. Mehmet Galata Kulesi'ne 21 numaralı otobüsle gidecek.
6. Karaköy meydanında çok büfeler var. Oralarda tost, sandviç, ayran, her şey var.
7. İstanbul'da gezecek çok yer var. Örneğin Topkapı Sarayı, Gülhane Parkı, Arkeoloji Müzesi, Resim ve Heykel Müzesi ...
8. Mehmet'in başı dertte, çünkü bir kaza yaptı, arabası bozuldu.
9. Mehmet tarhana çorbası içiyor, bir porsiyon Adana kebabı ve karışık salata yiyor. Nuri hem imambayıldı hem karışık ızgara yiyor.
10. ?

13 A

T 1

Das Leben von Vural und Feray

Feray steht jeden Morgen um sieben Uhr auf, geht sofort in die Küche und macht das Frühstück. Vural steht gegen halb acht auf. Vural und Feray frühstücken zusammen, dann fahren sie mit dem Auto zur Arbeit. Beide arbeiten in einem Büro am Taksim als Architekt, sie haben noch keine Kinder. Sie sind seit zwei Jahren verheiratet.
Mittags essen sie in einer Imbißstube am Taksim oder in der Kantine des Büros das Mittagessen. Am Nachmittag arbeiten sie bis fünf Uhr, dann kommen sie nach Hause. Sie essen zu Abend und schauen fern. Manchmal hören sie klassische Musik oder besuchen Freunde. Im allgemeinen gehen sie früh schlafen.
Aber heute werden sie nicht früh schlafen gehen, denn heute abend kommt Besuch: Sieglinde und Markus. Deshalb geht heute Feray etwas früher von der Arbeit (nach Hause) und kauft unterwegs für die Gäste ein. Um den Gästen (etwas) anzubieten, kauft sie verschiedene Lebensmittel und Getränke. Am Abend gegen sieben Uhr läuten die Gäste an der Tür. Feray und Vural unterhalten sich mit den Gästen sehr gut.

D 1

Ein Besuch

(die Personen: Vural, Feray, Sieglinde, Markus)

a) F.: Oh, herzlich willkommen.
S.: Danke, Frau Feray, Herr Vural. Ich stelle vor: Mein Verlobter Markus.
M.: Hat mich gefreut.
V.: Hat uns auch gefreut. Sprechen Sie Türkisch?

M.: Ja, ich kann etwas Türkisch. Aber natürlich nicht so gut wie Sieglinde.
F.: Bitte, setzen Sie sich. Was trinken Sie?
S.: Machen Sie sich keine Umstände, Frau Feray.
F.: Aber ich bitte (Sie), das ist doch keine Mühe!
S.: Dann bitte ich um einen Kaffee. Ich schwärme für den türkischen Kaffee.
F.: Wie möchten Sie den Kaffee? Süß, mittelsüß?
S.: Ohne alles, bitte.

b) V.: Trinken Sie Raki, Herr Markus?
M.: Ich trinke keinen Raki, aber heute abend trinke ich ein Gläschen Ihnen zuliebe.
V.: Klar, trinken wir zusammen. Um fröhlich zu werden, trinke ich jeden Abend Raki. Was möchten Sie zum Raki? Pistazien, Mandeln, Schafskäse, Honigmelone?
M.: Ich ziehe Honigmelone mit Schafskäse vor.
F: Nehmen Sie Zigaretten, Frau Sieglinde.
S.: Ich rauche nicht, aber Ihnen zuliebe rauche ich jetzt eine Samsun.
M.: Würden Sie uns bitte eine türkische Platte oder Cassette spielen? Ich mag die türkische Musik sehr.
F.: Gerne. Was für eine Musik ziehen Sie vor? Volksmusik oder Kunstmusik?
M.: Volksmusik, bitte.

c) S.: Ihre Wohnung ist sehr hübsch. Die Möbel und Kelims passen sehr gut zusammen.
V.: Danke. Sie machen ein Kompliment.
F.: Wir sind hier vor kurzem eingezogen. (Unsere) diese Wohnung ist gemütlicher und komfortabler als unsere alte Wohnung. Wir wohnen oben (in einer oberen Etage), aber es gibt (ja) einen Aufzug. Die unteren Etagen sind im allgemeinen dunkel, aber hier ist es hell, und es gibt einen Ausblick über das Meer. Schauen Sie aus diesem Fenster, Sie sehen den Bosporus.

M.: Ja, wirklich sehr schön. Wieviele Zimmer haben Sie?
V.: Unsere Wohnung hat vier Zimmer. Das da ist das Arbeitszimmer, das hier ist das Wohnzimmer, dort ist das Schlafzimmer, das dort ist das Kinderzimmer, aber wir haben noch keine Kinder. Feray arbeitet auch, sie ist keine Hausfrau. Vorläufig möchten wir keine Kinder.
S.: Ja, ich verstehe.

d) F.: Nehmen Sie noch ein (Stück) Gebäck, Frau Sieglinde?
S.: (Gesundheit für Ihre Hand,) der Kaffee und das Gebäck sind sehr schön, aber für mich ist es genug.
V.: Was machen Sie in Ihrer Freizeit, Herr Markus?
M.: Ich treibe Sport. Ich liebe Sport sehr. Oft bade ich im Meer, ich schwimme viel, ich fische, ich fahre Wasserski. Ich treibe Sport, um jung zu bleiben. Ich mache auch Fotos. Ich habe einen neuen Fotoapparat gekauft. Was machen Sie in Ihrer Freizeit?
F.: Am Wochenende besuchen wir meistens unsere Freunde, sehr oft sehen wir fern, oder wir gehen ins Kino. Und manchmal hören wir klassische Musik.
V.: Und manchmal reisen wir.
S.: Auch wir möchten bald eine Türkeireise machen. Morgen werden Markus und ich zum Fremdenverkehrsbüro gehen und Informationen bekommen.

D 2

Im Fremdenverkehrsbüro
(die Personen: die Angestellte, Sieglinde, Markus)

A.: Ja bitte?
S.: Wir möchten eine Türkeireise machen. Haben Sie eine Straßenkarte?
A.: Selbstverständlich. Hier bitte. Wann werden Sie reisen?
M.: Im Sommer.
A: Wohin (zu welchen Orten) werden Sie fahren?

S.: Wir werden die Ägäische- und Mittelmeer-Regionen besichtigen.

A.: Im Sommer sind die Ägäische- und die Mittelmeer-Regionen sehr heiß. Die Reise mit dem Auto ist schwer.

S.: Was würden Sie empfehlen?

A.: Reisen Sie mit dem Schiff oder mit TCDD.

M.: Was heißt TCDD?

A.: Das heißt Staatliche Eisenbahn der Türkischen Republik. Im Sommer gibt es von Istanbul nach Bandırma (eine) regelmäßige Schiffverbindung. Sie fahren von Bandırma nach Izmir, und Sie fahren mit dem Zug oder mit dem Bus weiter. Die Busreise ist in der Türkei sehr gemütlich.

S.: Wahrscheinlich haben Sie recht. So ist es sicherlich besser. Also gut, welche Orte würden Sie außer Izmir zum Besichtigen empfehlen?

A.: Jeden Sommer kommen nach Bodrum Hunderte von Touristen. Dort ist das Leben sehr rege. Es gibt Diskotheken und verschiedene andere Vergnügungen. Dort gibt es auch viele Touristenläden, zum Beispiel finden Sie (dort) mit türkischen Motiven verzierte Nationaltrachten und Kupfersachen. Alanya, Marmaris und Fethiye sind ruhiger, aber in diesen Gegenden ist die Natur sehr schön. Das Tote Meer und die Tannenwälder sind wunderbar. In den Ägäischen- und Mittelmeer-Regionen finden sie nicht nur schöne, sondern auch historische Städte. Es gibt viele Sehenswürdigkeiten.

M.: Wir bedanken uns für diese Informationen.

A.: Bitte sehr, gern geschehen.

T 2

Der Kessel des Nachbarn

Eines Tages leiht sich Nasreddin Hoca einen Kessel bei seinem Nachbarn. Nach einigen Tagen bringt er den Kessel zurück und gibt dem Nachbarn mit dem Kessel zusammen auch zwei

Kochtöpfe. Der Nachbar staunt und fragt: „Warum gibst du mir diese Kochtöpfe, Herr Hoca?" Der Hoca antwortet: „Dein Kessel hat geboren, Nachbar. Diese Kochtöpfe sind die Kinder des Kessels."

Natürlich freut sich der Nachbar sehr und nimmt mit dem Kessel auch die Kochtöpfe. Nach einiger Zeit leiht sich der Hoca wieder den Kessel bei seinem Nachbarn und bringt (ihn) nicht zurück. Nach einigen Tagen kommt der Nachbar zum Hoca und will seinen Kessel (zurück). Der Hoca sagt zu ihm „Dein Kessel ist gestorben."

Der Nachbar staunt und schreit: „Wie stirbt (kann) ein Kessel (sterben)?" Der Hoca lacht und sagt folgendes:

„Der Kessel hat geboren, das hast du geglaubt. Jetzt ist der Kessel gestorben, warum glaubst das nicht?"

Rätsel

Übersetzung: Es ist eine kleine Schachtel,
die ganze Welt ist ihre Heimat.
Lösung: Radio.

Gedicht

Ich möchte ein Land

Ich möchte ein Land,
der Himmel soll blau, der Zweig grün, das Feld gelb sein;
es soll das Land der Vögel, der Blumen sein.
...

Karikatur

„Was machst du, Hoca?"

„Was soll ich machen, Nachbar? Dein Kessel gebiert ständig. Mein Haus füllte sich mit kleinen Kesseln. Ich gebe deinem Kessel die Antibabypille."

13 B

Ü 1

1. Boş zamanınızda ne yaparsınız? Sinemaya gideriz (giderim).
2. Martin boş zamanında ne yapar? Seyahat eder.
3. Erol boş zamanında ne yapar? Bisiklete biner.
4. Boş zamanında ne yaparsın? Kitap okurum.
5. Gençler boş zamanlarında ne yapar? Müzik dinlerler.
6. Boş zamanınızda ne yaparsınız? Operaya gideriz (giderim).
7. Nuri boş zamanında ne yapar? Ata biner.
8. Öğrenciler boş zamanlarında ne yapar? Türkçe öğrenirler.

Ü 2

1. Ufuk gitar çalar mı? Hayır, çalmaz.
2. Rakı sever misin? Hayır, sevmen.
3. Çocuklar bisiklete biner mi? Hayır, binmezler.
4. Yarın bana uğrar mısınız? Hayır, uğramayız (uğramam).
5. Necla araba kullanır mı? Hayır, kullanmaz.
6. Türkçe gazete okur musun? Hayır, okumam.
7. Dietmar saz çalar mı? Hayır, çalmaz.
8. Türk yemeği sever misiniz? Hayır, sevmeyiz (sevmem).
9. Sevim örgü örer mi? Hayır, örmez.
10. İrmgard dikiş diker mi? Hayır, dikmez.
11. Öğrenciler Türkçe bilir mi? Hayır, bilmezler.
12. Karin Türk kahvesi pişirir mi? Hayır, pişirmez.

Ü 3

a) 1. … ziyaret ederiz.
   2. … alır.

3. ... yapar.
4. ... içer (pişirir).
5. ... oynarsınız.
6. ... çalar.
7. ... okur.
8. ... yersin.

b) 1. ... ziyaret etmeyiz.
2. ... almaz.
3. ... yapmaz.
4. ... içmez (pişirmez).
5. ... oynamazsınız.
6. ... çalmaz.
7. ... okumaz.
8. ... yemezsin.

Ü 4

1. (kullanmam), (içiyorum, içeyim)
2. (gider), (kalıyor)
3. (uğrar)
4. (gidiyorum), (uğrarım)
5. (alışveriş eder)
6. (gitmem), (tercih ederim)
7. (dinler), (televizyon seyrediyor)
8. (gider(ler))

Ü 5

1. Lütfen kapıyı kapar mısınız?
2. Lütfen bana bira getirir misin?
3. Lütfen çocuklara (çocuklar için) Türkçe kitabı alır mısınız?
4. Lütfen bakkaldan rakı alır mısın?
5. Lütfen bize karayolları haritası verir misiniz?

Ü 6

1. ... evde, ... evdedir.
2. ... üniversitededir,
3. ... vardır.
4. ... hasta, ... iyidir.
5. ... yasaktır.
6. ... okulda.
7. ... beş.
8. ... evdedir, ...
9. ... bürodadır.
10. ... avukat.

Ü 7

1. ... soğuktur.
2. ... sıcaktır.
3. ... kirlidir.
4. ... güzeldir.
5. ... yağmurludur.

Ü 8

1. Peter neden Türkçe kelimeler ezberliyor? Türkçe gazete okumak için.
2. Neden acele ediyorsunuz? Geç kalmamak için.
3. Mehmet neden Kars'a gidiyor? Akrabaları ziyaret etmek için.
4. Markus neden spor yapıyor? Genç kalmak için.
5. Vural neden rakı içiyor? Neşelenmek için.
6. Feray neden yiyecek ve içecek alıyor? Misafirlere ikram etmek için.
7. Arzu neden rejim yapıyor? Zayıflamak için.
8. Sieglinde neden her gün Türkçe kursuna devam ediyor? Türkçesini ilerletmek için.

9. Mehmet neden para biriktiriyor? Kars'ta ev almak için.
10. Neden Yılmaz da para biriktiriyor? Harcamak için.

Ü 9

1. Kışın Istanbul'un havası yalnız soğuk değil, aynı zamanda yağmurlu olur.
2. İlkbaharda Akdeniz Bölgesi yalnız ılık değil, aynı zamanda güzel olur.
3. Yazın Ege Bölgesi yalnız sıcak değil, aynı zamanda kalabalık olur.
4. İstanbul'un eğlence yerleri yalnız kalabalık değil, aynı zamanda pahalı olur.

Ü 10

1. Çocuklar dün ne içti? Üçer tane limonata içtiler.
2. Öğrenciler dün ne yazdı? İkişer tane dilekçe yazdılar.
3. Dün ne içtiniz? Dörder tane ayran içtik.
4. Dün ne yediniz? Birer tane döner kebap yedik.
5. Sieglinde ile Markus dün ne yediler? Beşer tane çörek yediler.

14 A

S 1

Kannst du morgen abend zu mir kommen?
Ja, ich kann (kommen), ich habe Zeit.

Kannst du nächste Woche bei mir vorbeischauen?
Leider kann ich nicht (vorbeischauen), ich habe überhaupt keine Zeit.

Kann Hakan morgen für mich ein Türkisch-Wörterbuch kaufen?
Wahrscheinlich kann er (es) nicht (kaufen), er hat morgen viel zu tun.

S 2

a) Darf ich das Fenster zumachen?
Natürlich dürfen Sie (es zumachen).

Darf man hier rauchen?
Können Sie nicht lesen? Schauen Sie, was dort steht:
Rauchen verboten!

b) Darf man hier parken?
Nein, hier ist Parken verboten.

c) Möchtest du eine Zigarette?
Nein, danke, ich darf nicht rauchen, mein Arzt erlaubt es nicht.

d) Dürfen wir hier zelten?
Nein. Hier ist Zelten verboten und gefährlich.
Wo dürfen wir Camping machen?
Sie dürfen in Marmaris Camping machen.

S 3

Kannst du schwimmen?
Ja, ich kann. Und du?

Kannst du Auto fahren?
Nein, ich habe keinen Führerschein.
Kann Herta türkische Gerichte kochen?
Natürlich kann sie. Ihr Mann ist (ein) Türke.

S 4

Konntest du gestern den Brief schreiben?
Nein, ich konnte nicht (schreiben), Besuch ist gekommen.
Kann Markus Türkisch sprechen?
Er kann noch nicht sehr gut sprechen, aber er besucht einen Kurs. Er wird bald sehr gut Türkisch sprechen können.

T/D 1

Sieglinde und Markus besichtigen die Ägäische Region. Nun möchten sie die Mittelmeer-Region besichtigen. Heute abend sind sie mit dem Bus nach Marmaris gekommen. Marmaris ist eine nette Ferien-Kleinstadt im Südwesten von Anatolien. Sieglinde und Markus suchen in Marmaris ein Hotel oder eine Pension am Meer.

Im Hotel
(die Personen: der Mann an der Rezeption, Sieglinde, Markus)

R.: Ja bitte?
M.: Haben Sie Zimmer frei?
R.: Haben Sie Zimmer reserviert?
S.: Nein, wir haben kein Zimmer reserviert.
R.: Für wieviele Personen und wieviele Nächte soll es sein?
M.: Für zwei Personen und für zwei Nächte.

R.: Es sind Einzelzimmer frei, aber wahrsacheinlich keine Zweibettzimmer. Aber einen Moment, ich glaube, ich kann Ihnen helfen. Ein Zweibettzimmer (von uns) ist gerade freigeworden, nur für zwei Nächte können Sie dort bleiben.
S.: Toll! Ist es mit Dusche oder mit Bad?
R.: Leider nur mit Dusche.
M.: Das macht nichts.
R.: Füllen Sie bitte dieses Anmeldeformular aus. Hier ist Ihr Schlüssel.
S.: Um wieviel Uhr ist das Frühstück?
R.: Das Frühstück ist von sieben bis halb zehn, aber das Restaurant unseres Hotels ist ständig offen. Dort können Sie jederzeit (jede Stunde) essen.
M.: Können Sie uns morgen früh um sieben Uhr wecken?
R.: Selbstverständlich. Wo ist Ihr Gepäck.
S.: Wir haben nicht viel Gepäck, nur zwei Reisekoffer.
R.: Brauchen Sie einen Gepäckträger?
M.: Nein, ich kann die Koffer alleine tragen.
... Am nächsten Morgen
M.: Ich möchte mich über etwas beschweren.
R.: Ja bitte?
M.: In unserem Zimmer fehlen ein Handtuch und ein(mal) Bettzeug. Können Sie uns ein Handtuch, ein Kopfkissen, Bettlaken und eine dünne Bettdecke schicken?
R.: Selbstverständlich, zu Befehl.

T/D 2

Sieglinde und Markus lernen am Badestrand des Hotels in Marmaris ein junges türkische Paar, Faruk und Nesrin, kennen.

Am Badestrand
(die Personen: Nesrin, Faruk, Markus, Sieglinde)

F.: Herr Markus, Sie interessieren sich also für Sport.
M.: Ja, besonders liebe ich Wasserski.

F.: Können Sie auch Bergsteigen?
S.: Natürlich. Markus ist Münchner, er kennt die Alpen wie seine Hosentasche.
N.: Können Sie auch Wasserski fahren? Wasserski ist schwer.
S.: Ich interessiere mich nicht so sehr für Sport, Frau Nesrin.
N.: Was sind Ihre Hobbys?
S.: Reisen und Literatur.
N.: Auch ich interessiere mich sehr für Literatur.
F.: Nesrin kann auch sehr gut kochen. Können Sie türkische Gerichte kochen, Frau Sieglinde?
S.: Ich kann ein bißchen, aber ich lerne (noch dazu).
F.: Was ist Ihr Beruf, Herr Markus, was machen Sie beruflich?
M.: Eigentlich bin ich Ingenieur, aber zur Zeit bin ich arbeitslos. Ich suche eine Arbeit bei deutschen Firmen in Istanbul.
F.: Dann sind wir also Kollegen. Ich bin auch Ingenieur. Meine Frau hingegen ist Lehrerin.

Karikatur

Mensch, Hüsnü, du konntest also letzten Endes eine Arbeit finden, was.
(Das Schild an der Wand: Briefmarkenablecker.)

14 B

Ü 1

a) 1. Gürkan tavla oynayabilir mi? Evet, oynayabilir / Hayır, oynayamaz.
2. Servet dikiş dikebilir mi? Evet, dikebilir / Hayır, dikemez.

3. Ruth örgü örebilir mi? Evet, örebilir / Hayır, öremez.
4. Dietmar araba tamir edebilir mi? Evet, edebilir / Hayır, edemez.
5. Piyano çalabilir misin? Evet, çalabilirim / Hayır, çalamam.
6. Araba kullanabilir misiniz? Evet, kullanabiliriz (kullanabilirim) / Hayır, kullanamayız (kullanamam).
7. Öğrenciler ata binebilir mi? Evet, binebilirler / Hayır, binemezler.
8. Filiz iyi dans edebilir mi? Evet, edebilir / Hayır edemez.

b) 1. Gürkan tavla oynamasını biliyor mu? Evet, biliyor / Hayır, bilmiyor.
2. Servet dikiş dikmesini biliyor mu? Evet, biliyor / Hayır, bilmiyor.
3. Ruth örgü örmesini biliyor mu? Evet, biliyor / Hayır, bilmiyor.
4. Dietmar araba tamir etmesini biliyor mu? Evet, biliyor / Hayır, bilmiyor.
5. Piyano çalmasını biliyor musun? Evet, biliyorum / Hayır, bilmiyorum.
6. Araba kullanmasını biliyor musunuz? Evet, biliyoruz (biliyorum) / Hayır, bilmiyoruz (bilmiyorum).
7. Öğrenciler ata binmesini biliyor mu? Evet, biliyorlar / Hayır, bilmiyorlar.
8. Filiz iyi dans etmesini biliyor mu? Evet, biliyor / Hayır bilmiyor.

Ü 2

1. Bir terzi dikiş dikebilir ama, radyo tamir edemez.
2. Bir elektrikçi radyo tamir edebilir ama, ekmek yapamaz.
3. Bir fırıncı ekmek yapabilir ama, kitap yazamaz.
4. Bir yazar kitap yazabilir ama, balık tutamaz.
5. Bir balıkçı balık tutabilir ama, şarkı söyleyemez.

6. Bir şarkıcı şarkı söyleyebilir ama, saç kesemez.
7. Bir berber saç kesebilir ama, diş çekemez.
8. Bir dişçi diş çekebilir ama, pasta yapamaz.
9. Bir pastacı pasta yapabilir ama, resim yapamaz.
10. Bir ressam resim yapabilir ama ...

Ü 3

1. Erol şarkı söyleyemez ama, iyi dans edebilir.
2. Nesrin araba kullanabilir mi? (araba kullanmasını biliyor mu?)
3. Sizi yarın ziyaret edebilir miyim?
4. Dün mektubu postaya götürebildin mi?
5. Markus yakında Türkçe gazeteler okuyabilecek.

Ü 4

1. Yüzme biliyor musun(uz)?
2. Araba kullanmasını biliyor musun(uz)?
3. Spor yapabiliyor musun(uz)?
4. Burada sigara içmek serbest mi?
5. Ekmek yapmasını biliyor musunuz?
6. Pencereyi açabilir miyim?
7. Burada park yapmak serbest mi?
8. Saç kesmesini biliyor musun(uz)?

Ü 5

a) 1. Dün kitabı okuyabildiniz mi? Hayır, okuyamadık (okuyamadım). Ancak yarın okuyabileceğiz (okuyabileceğim).
2. Nesrin dün Türk yemeği pişirebildi mi? Hayır, pişiremedi. Ancak yarın pişirebilecek.
3. Markus dün su kayağı yapabildi mi? Hayır, yapamadı. Ancak yarın yapabilecek.

4. Sieglinde dün Türkçe çalışabildi mi? Hayır, çalışamadı. Ancak yarın çalışabilecek.
5. Dün piyano çalabildin mi? Hayır, çalamadım. Ancak yarın çalabileceğim.
6. Faruk dün satranç oynayabildi mi? Hayır, oynayamadı. Ancak yarın oynayabilecek.
7. Öğrenciler dün tenis oynayabildi mi? Hayır, oynayamadılar. Ancak yarın oynayabilecekler.

b) 1. Hans Türkçe öğrenbildi mi? Evet, nihayet öğrenebildi.
2. Ayla yemek pişirdi mi? Evet, nihayet pişirebildi.
3. Deniz mektubu yazdı mı? Evet, nihayet yazabildi.
4. Tamer kahvaltı etti mi? Evet, nihayet edebildi.
5. Rakı içtiniz mi? Evet, nihayet içebildik (içebildim).

c) 1. Az yemek yiyin, yoksa kilo veremezsiniz.
2. Türkçe öğren, yoksa Türkiye'de iş bulamazsın.
3. Erken yat, yoksa erken kalkamazsın.
4. Türkçe gazete okuyun, yoksa Türkçe öğrenemezsiniz.

Ü 6

1. otuz beş liralık posta pulu
2. iki haftalık bir seyahat
3. iki kişilik bir oda
4. yirmi öğrencilik bir kurs
5. üç günlük bir ziyaret
6. 15.000 Mark'lık bir araba (otomobil)
7. üç haftalık bir tatil (izin)
8. dört gecelik bir oda

Ü 7

çocukluk: Kindheit
şarkıcı: Sänger
şarkıcılık: Sängerberuf

gençlik: Jugend
kapıcı: Pförtner
kapıcılık: Pförtnerberuf

gazeteci: Zeitungsverkäufer, Journalist
gazetecilik: Journalismus, Publizistik
gözlük: Brille
gözlükçü: Optiker
gözlükçülük: Optikerberuf
gözcü: Aufpasser
gözcülük: Aufpasserberuf
annelik: Mutterschaft
sigaralık: Zigarettenetui
sigaracı: Zigarettenhersteller oder -verkäufer

yolcu: Reisende
yolculuk: Reise
yolluk: Reiseproviant
sözlük: Wörterbuch
sözlükçü: Wörterbuchautor, -hersteller, oder -verkäufer
sözcü: Wortführer
sözcülük: Beruf eines Wortführers
ağaçlık: Baumhain
oduncu: Holzfäller, oder -verkäufer
odunculuk: Beruf eines Holzfällers
odunluk: Holzschuppen.

Ü 8

a. Dişçisiniz. / Dişçilik yapıyorsunuz.
b. Nuri pastacı. / Pastacılık yapıyor.
c. Elektrikçiyiz. / Elektrikçilik yapıyoruz.
d. İbrahim kapıcı. / Kapıcılık yapıyor.
e. Doğan gazeteci. / Gazetecilik yapıyor.
f. Ayakkabıcıyız. / Ayakkabıcılık yapıyoruz.
g. Fırıncısınız. / Fırıncılık yapıyorsunuz.

Ü 9

1. Marmaris Anadolu'nun güneybatısında şirin bir tatil kassabası.
2. Evet, Sieglinde ile Markus otelde oda bulabiliyorlar.
3. Hayır, Sieglinde ile Markus'un fazla bagajı yok.
4. Markus şikâyette bulunmak istiyor, çünkü odada bir havlu ve bir yatak takımı eksik.
5. Nesrin edebiyatla ilgileniyor.
6. ?
7. Sieglinde biraz Türk yemekleri pişirmesini biliyor ama, öğreniyor.
8. ?

15 A

S 1

a) Was machst du heute abend?

Heute abend muß ich lernen. Morgen habe ich Türkischprüfung. Und was machst du heute abend?

Ich muß früh zu Bett gehen. Morgen früh fährt mein Zug um halb sieben ab. Ich muß den Zug erreichen, sonst komme ich zu spät zur Arbeit, und mein Chef wird böse.

b) Muß Nesrin abnehmen?
Nein, Nesrin muß nicht abnehmen. Nesrin ist nicht dick, sie braucht nicht abzunehmen.

c) Gestern gab's zu Hause gar nichts zum Essen. Ich mußte einkaufen. Was hast du gestern gemacht?

Ich war gestern sehr krank. Ich mußte den ganzen Tag (im Bett) liegen.

d) Bald werde ich Türkisch lernen müssen.

Warum werden Sie Türkisch lernen müssen?

Weil ich in der Schule türkische Schüler haben werde.

S 2

a) Ich habe viele Schulden, aber gar kein Geld. Ich weiß nicht, wie ich meine Schulden zurückzahlen werde.

Du mußt deine Schulden zurückzahlen.

Ja, aber wie?

b) Du darfst nicht rauchen.

Ja, du hast recht. Ich huste sehr viel. Ich darf nicht mehr rauchen.

S 3

a) Ich möchte in der Türkei eine Arbeitserlaubnis bekommen.
Um in der Türkei eine Arbeitserlaubnis zu bekommen, mußt du in der Türkei eine Arbeit haben.
Wir möchten auf der Burgaz-Insel eine Wohnung mieten.
Um auf der Burgaz-Insel zu wohnen, müßt ihr viel Geld haben.

b) Warum kommt Mehmet seit Tagen nicht in die Fabrik?
Ich weiß nicht. Er muß wohl krank sein.
Warum kommt Akın heute nicht zur Versammlung?
Ich weiß nicht, er muß wohl müde sein.

T 1

Das neue Leben in Istanbul

Sieglinde fängt im Wintersemester an, an der Universität Istanbul Turkologie zu studieren. Und Markus versucht, in Istanbul eine Arbeit zu finden und besser Türkisch zu sprechen. Sieglinde und Markus leben gerne in der Türkei und planen, vorläufig noch einige Jahre in der Türkei zu bleiben. Markus treibt weiterhin Sport, Sieglinde liest weiterhin türkische Bücher. Türkische Sprache und Literatur ist am Anfang ziemlich schwer, aber Sieglinde hat keine Angst davor, Turkologie zu studieren.

T 2

Wir müssen das Schiff erreichen

Am Sonntag möchten Feray, Vural und ihre Freunde ein Picknick machen. Zuerst ist das Wetter schön, die Sonne scheint, die Vögel singen. Feray, Vural und ihre Freunde beschließen, auf die Prinzeninseln zu fahren. Sie packen in ihre Picknickkörbe Brot, Schafskäse, Tomaten, Gurken, gekochte Eier, Honig- und Wassermelonen ein. Natürlich nehmen sie auch ihr Badezeug mit. In Sirkeci steigen sie in das Schiff ein, auf der Burgaz-Insel steigen sie aus. Mit der Kutsche fahren sie nach Kalpazankaya und singen unterwegs (Lieder). In Kalpazankaya ziehen sie ihre Badeanzüge an und sonnen sich. Aber plötzlich bewölkt sich der Himmel, und ein starker Wind beginnt zu wehen. Feray sagt: „O weh, das Wetter schlägt um." Feray, Vural und ihre Freunde ziehen sich sofort an und räumen ihre Sachen auf. In diesem Augenblick beginnt es zu regnen. Vural sagt: „In zehn Minuten gibt es (fährt) ein Schiff. Um in die Stadt zurückzufahren, müssen wir das Schiff erreichen. Wir dürfen das Schiff nicht verpassen!" Sie können keine Kutsche finden und beginnen, in Richtung auf den Anlegeplatz zu laufen. Es gießt in Strömen. Außer Atem kommen sie zum Anlegeplatz, aber der Hafenangestellte sagt: „Das Schiff ist vor einer Minute abgefahren.“ Dann gehen Feray, Vural und ihre Freunde in ein Fischercafé am Strand zum Teetrinken, und zitternd warten sie auf das nächste Schiff.

T 3

Wetterbericht

Hier ist TRT, die türkische Rundfunk- und Fernsehanstalt. Verehrte Hörer, nun geben wir für das Marmara-Gebiet den morgigen Wetterbericht: Morgen früh wird das Wetter sonnig mit 20 Grad sein, aber gegen Mittag wird ein Wind aus Nordwesten zu wehen beginnen. Am Nachmittag wird das Wetter bewölkt sein, und die Temperatur wird allmählich sinken, und die Nacht wird im Marmara-Gebiet im allgemeinen regnerisch sein. In Bursa, Balıkesir und Bozcaada wird es regnen, in Istanbul und Izmit wird die Nacht trocken, aber windig sein.

T 4

Trotz des schlechten Wetters

Während des Picknicks begann es zu regnen. Wegen des schlechten Wetters konnten Feray, Vural und ihre Freunde kein Picknick machen. Sie wollten in die Stadt zurückfahren, aber sie verpaßten das Schiff. Deshalb mußten sie in einem Café auf der Insel auf das nächste Schiff warten. Statt Tomaten und Gurken aßen sie im Café Kuchen und frische Sesamkringel. Trotz des schlechten Wetters verbrachten sie eine schöne Zeit.

T 5

Das Wort des Esels

Eines Tages kommt ein Nachbar zum Hoca und möchte sich dessen Esel ausleihen. Der Hoca möchte seinen Esel nicht dem

Nachbarn leihen und lügt: „Ich habe meinen Esel zum Wochenmarkt geschickt." Gerade in diesem Augenblick beginnt der Esel im Stall zu schreien. Darauf sagt der Nachbar zum Hoca folgendes:
„Schande über dich, Herr Hoca, schämst du dich nicht, trotz deines grauen Bartes zu lügen?"
Und der Hoca antwortet so:
„Eigentlich Schande über dich, mein Nachbar. Trotz meines grauen Bartes glaubst du nicht mir, sondern dem Wort des Esels."

Gedichte

1. Schönes Wetter

Solches schönes Wetter hat mich verdorben,
bei einem solchen Wetter trat ich zurück
von meinem Amt bei der Verwaltung der Frommen Stiftungen.
An den Tabak gewöhnte ich mich bei solchem Wetter,
bei solchem Wetter verliebte ich mich;
nach Hause Brot und Salz zu bringen,
vergaß ich bei solchem Wetter;
meine Gedichte-Schreiben-Krankheit
hatte immer bei solchem Wetter einen Rückfall;
mich hat solches schönes Wetter verdorben.

2. Wie Kerem

Die Luft ist schwer wie Blei
Schrei
        schrei
                schrei
                        ich schreie.

Rennt,
        zum Blei schmelzen
                                rufe ich.
...

Karikaturen

1. Der Dollar steigt, Preiserhöhungen sind auf der Lauer.
(In der Sprechblase:) Hör auf, die verfaulten auszulesen, Naciye. Es ist keine Zeit. Jeden Augenblick kann die Preiserhöhung kommen.

2. Und das Wetter ist etwas seltsam geworden.
(In der Sprechblase:) Hiii? Wie siehst du denn aus, Schatz?

15 B

Ü 1

a) 1. Yarın doktora gitmen gerek.
2. Gülşen'in hafta sonu için alışveriş etmesi gerek.
3. Öğrencilerin Türkçe kelimeler öğrenmesi gerek.
4. Sieglinde'nin Feray'a hediye götürmesi gerek.
5. Zayıflamanız gerek.
6. Şefin bürosuna gitmem gerek.
7. Nesrin'e telefon etmemiz gerek.
8. Nevzat'ın yarın Türkiye'ye gitmesi gerek.

b) 1. Yarın doktora gitmeye mecbursun / Yarın doktora gitmek zorundasın.
2. Gülşen hafta sonu için alışveriş etmeye mecbur / Gülşen hafta sonu için alışveriş etmek zorunda.
3. Öğrenciler Türkçe kelimeler öğrenmeye mecbur / Öğrenciler Türkçe kelimeler öğrenmek zorunda.
4. Sieglinde Feray'a hediye götürmeye mecbur / Sieglinde Feray'a hediye götürmek zorunda.
5. Zayıflamaya mecbursunuz. / Zayıflamak zorundasınız.

6. Şefin bürosuna gitmeye mecburum / Şefin bürosuna gitmek zorundayım
7. Nesrin'e telefon etmeye mecburuz. / Nesrin'e telefon etmek zorundayız.
8. Nevzat yarın Türkiye'ye gitmeye mecbur / Nevzat yarın Türkiye'ye gitmek zorunda.

Ü 2

a. Yarın sabah erken kalkman gerek mi?
Hayır, erken kalkmam gerek değil.
erken kalkmama gerek yok.
erken kalkmaya mecbur değilim.
erken kalkmak zorunda değilim.
erken kalkmaya ihtiyacım yok.

b. Yarın büroya gitmemiz gerek mi?
Hayır, büroya gitmeniz gerek değil.
büroya gitmenize gerek yok.
büroyo gitmeye mecbur değilsiniz.
büroya gitmek zorunda değilsiniz.
bürüyo gitmeye ihtiyacınız yok.

c. Bugün alışveriş etmeniz gerek mi?
Hayır, bugün alışveriş etmem(iz) gerek değil.
bugün alışveriş etmem(iz)e gerek yok.
bugün alışveriş etmeye mecbur değilim (değiliz).
bugün alışveriş etmek zorunda değilim (değiliz).
bugün alışveriş etmeye ihtiyacım(ız) yok.

d. Hülya'nın kilo vermesi gerek mi?
Hayır, Hülya'nın kilo vermesi gerek değil.
Hülya'nın kilo vermesine gerek yok.
Hülya kilo vermeye mecbur değil.
Hülya kilo vermek zorunda değil.
Hülya'nın kilo vermeye ihtiyacı yok.

Ü 3

a. Peter'in pasaportunu bulması gerekti. / Peter'in pasaportunu bulması gerekecek.
b. Her sabah erken kalkmaya mecburduk. / Her sabah erken kalkmaya mecbur olacağız.
c. Vapura yetişmemiz gerekti. / Vapura yetişmemiz gerekecek.
d. Markus Türkiye'de oturma izni almak zorundaydı. / Markus Türkiye'de oturma izni almak zorunda olacak.
e. Mehmet'in Kars'taki akrabalarını ziyaret etmesi gerekti. / Mehmet'in Kars'taki akrabalarını ziyaret etmesi gerekecek.
f. Sınavlar için ders çalışmaya mecburdum. / Sınavlar için ders çalışmaya mecbur olacağım.

Ü 4

1. Şimdi televizyon seyredelim. / Hayır, önce Türkçe çalışmalısınız.
2. Çocuklar şimdi top oynasın. / Hair, önce kitap okumalılar.
3. Ben şimdi sinemaya gideyim. / Hayır, önce hasta arkadaşı ziyaret etmelisin.
4. Biz şimdi yeni araba alalım. / Hayır, önce borçlarınızı ödemelisiniz.
5. Ben şimdi lahmacun yiyeyim. / Hayır, artık rejim yapmalısın.

Ü 5

1. Çok içki içmemeniz lazım / Evet, çok içki içmemeliyim.
2. Geç yatmamanız lazım / Evet, geç yatmamalıyız.
3. Çocuklara kızmaman lazım / Evet, çocuklara kızmamalıyım.
4. Fazla kilo almamanız lazım / Evet, fazla kilo almamalıyım.
5. Vapuru kaçırmaman lazım / Evet, vapuru kaçırmamalıyım.

Ü 6

1. Türkiye'de çalışmak için Markus'un çalışma izni olmalı.
2. Türkiye'de oturmak için Sieglinde'nin oturma izni olmalı.
3. Vapurla Adalar'a gitmek için vapur biletimiz olmalı.
4. Adalar'da ev tutmak için çok paranız olmalı.
5. Türkiye'ye gitmek için Peter'in pasaportu olmalı.

Ü 7 (z. B.)

1. Hülya'nın zayıflamak için perhiz yapması gerek.
2. Özcan'ın iyileşmek için iyice dinlenmesi gerek.
3. (Senin) ıslanmamak için şemsiye alman gerek.
4. Sieglinde'nin Türkoloji okumak için iyi Türkçe bilmesi gerek.
5. (Benim) trene yetişmek için erken kalkmam gerek.
6. Öğrencilerin izne gitmek için para biriktirmesi gerek.
7. Gül'ün vapuru kaçırmamak için hızlı koşması gerek.

Ü 8

1. ... devam ediyor.
2. ... başlıyor.
3. ... düşünüyor.

Ü 9

1. Ruth Türkler'le sohbet etmeyi seviyor.
2. Faruk yeni bir iş bulmaya çalışıyor.
3. Peter Türkçe öğrenmeye devam ediyor.
4. Mehmet Almanya'da çalışmaktan bıktı.
5. Mehmet Türkiye'ye dönmeyi düşünüyor.
6. Sieglinde Istanbul'da oturmayı tercih ediyor.
7. Doktor Nevzat'a içki içmeyi yasak ediyor.
8. Salih hasta olmaktan korkmuyor.

Ü 10

İstanbul:

güneşli, yirmi derece ama, öğleden
sonra bulutlu ve biraz yağmurlu

Ankara:

kuru ama, soğuk, dokuz derece

İzmir:

önce biraz yağmurlu, sonra güneşli
ve sıcak, yirmi üç derece

Balıkesir:

önce bulutlu, öğleden sonra şiddetli
rüzgârlı, on beş derece

Erzurum:

karlı, eksi bir derece

Antalya:

güneşli, sıcak ve kuru, yirmi beş derece

Ü 11

1. yerine / 2. sırasında / 3. -dan dolayı (ötürü)
4. -ya rağmen (karşın) / 5. yüzünden (-ten dolayı)
6. sırasında / 7. yerine

Ü 12

1. buna rağmen
2. bu yüzden (bundan dolayı)
3. bunun yerine

4. buna rağmen
5. bu yüzden (bundan dolayı)
6. bu yüzden (bundan dolayı)

Ü 13

1. Mehmet'in her sabah erken kalkması gerek (M. her sabah erken kalkmaya mecbur / M. her sabah erken kalkmak zorunda).
2. Şimdi Nesrin'e telefon etmeme gerek var mı? (telefon etmem gerek mi / telefon etmeye mecbur muyum / telefon etmek zorunda mıyım / telefon etmeye ihtiyacım var mı)?
3. Ona telefon etmeye ihtiyacın yok, yarın zaten bize uğrayacak.
4. Mehmet'in sınırda yedi saat beklemesi gerekti (Mehmet sınırda yedi saat beklemeye mecburdu / Mehmet sınırda yedi saat beklemek zorundaydı).
5. Markus'un daha iyi Türkçe konuşması gerekecek (Markus daha iyi Türkçe konuşmaya mecbur olacak / Markus daha iyi Türkçe konuşmak zorunda olacak).
6. Şimdi yatıyorum. / Hayır, önce sınav için ders çalışman gerek.
7. Türkiye'de çalışmak için Markus'un çalışma izni olmalı.
8. Ünal bugün üniversiteye gelmedi. Her halde hasta olmalı.
9. Nesrin sinemaya gitmeyi seviyor, Faruk tiyatroya gitmeyi tercih ediyor.
10. Faruk gelecek hafta Adana'da çalışmaya başlıyor.

Wörterverzeichnis

diğer günler	**14**, W1
dikiş	**13**, W1
dikiş dikmek	**13**, W1
dikmek	**13**, W1
dikkat	**14**, W1
dikkat etmek	**11**, W1
dil	**4**, W1; **11**, W3a
dil kursu	**11**, W1
dil kursu diplomasi	**11**, W1
dilbilgisi	**11**, W1
dilekçe	**10**, W1; **11**, W1
dilemek	**13**, W4
dinlemek	**4**, W1
dinlenmek	**15**, W1
dinleyici	**15**, W1
diploma	**10**, W1
dirsek	**11**, W3a
diskotek	**13**, W1
diş	**11**, W1
diş fırçası	**11**, W1
dişçi	**14**, W1
dişeti	**11**, W3a
diyar	**13**, W1
diz	**11**, W1
diz kapağı	**11**, W3a
dizi film	**13**, W1
doğa	**13**, W1
doğmak	**10**, W1; **15**, W3
doğru	**5**, W1; **8**, W1; **12**, W1; **15**, W1
doğrudan doğruya	**12**, W1
doğu	**11**, W1
Doğu Anadolu	**11**, W1
doğum günü	**11**, W1
doğum günün(üz) kutlu olsun	**9**, W4b
doğum kontrol hapı	**13**, W1
doğurmak	**13**, W1
doktor	**2**, W1
dokunmak	**12**, W1
dolap	**1**, W1
dolar	**15**, W1
dolayı	**15**, W1
dolayısıyla	**15**, W1
doldurmak	**6**, W1
dolmak	**13**, W1
dolmakalem	**12**, W1
dolmuş	**12**, W1
dolu	**5**, W1; **15**, W3
domates	**3**, W1
don	**15**, W3
dondurma	**4**, W1
donmak	**15**, W3
dosdoğru	**12**, W1
dost	**11**, W1
döner kebap	**7**, W1
dönmek	**6**, W1
dört yol ağzı	**12**, W3a
döviz	**6**, W3b
dövmek	**13**, W1
dudak	**9**, W1
durak	**8**, W1
durmadan	**13**, W1
durmak	**8**, W1
duş	**8**, W1
duş almak	**8**, W1
duş yapmak	**8**, W1
duvar saati	**8**, W3b
duymak	**11**, W1
düğme	**14**, W1
dükkân	**7**, W2
dümdüz	**12**, W1
dün	**8**, W1
dünkü	**8**, W1
dünya	**10**, W1
düşmek	**11**, W1; **15**, W1
düşünmek	**9**, W1; **12**, W1; **15**, W1
düşünür	**13**, W1
düz	**12**, W1
-e hali	**6**, W2
eczane	**11**, W1
edat	**1**, W2

edebiyat	**11,** W1
Edebiyat Fakültesi	**11,** W1
eder	**8,** W1
efendi	**7,** W1
efendim	**2,** W1
efendim?	**2,** W1; **3,** W4
Efes	**12,** W1
eflatun	**9,** W1
Ege	**11,** W1
Ege Bölgesi	**11,** W1
Ege Denizi	**11,** W1
eğlence	**6,** W1
eğlence yeri	**13,** W1
ehliyet	**12,** W1
ek masraflar	**9,** W1
ekfiil	**1,** W2
ekim	**8,** W1, W4d
ekmek	**4,** W1
ekmek yapmak	**14,** W1
ekseriyetle	**6,** W1
eksi	**13,** W1
eksik	**11,** W1
eksik olma(yın)	**6,** W4b
ekspres	**8,** W1
ekspres (mektup)	**6,** W3a
el	**9,** W1
el freni	**12,** W3b
elbette	**7,** W1
elbise	**7,** W1
eldiven	**7,** W3
elektrik	**7,** W1
elektrikçi	**14,** W1
eline sağlık, elinize sağlık	**9,** W4c
elini çabuk tut	**9,** W4c
eller yukarı	**12,** W1
ellerinden öperim	**13,** W4
ellerinizden öper	**13,** W4
elma	**5,** W1
emanet	**8,** W1
emir kipi	**6,** W2
emlak	**9,** W1

en	**7,** W1
en aşağı	**7,** W1
en çok	**7,** W1
en erken	**7,** W1
en fazla	**7,** W1
en geç	**7,** W1
en iyisi	**11,** W1
en sonunda	**14,** W1
enişte	**9,** W1
ense	**11,** W3a
entari	**9,** W1
enteresan	**10,** W1
erik	**10,** W1
erimek	**15,** W3
eritmek	**15,** W1
erkek	**2,** W1
erkek arkadaş	**10,** W1
erkek çocuk	**2,** W1
erkek kardeş	**9,** W1
erken	**8,** W1
ertesi	**8,** W1
eski	**5,** W1
esmek	**15,** W1
esnasında	**15,** W1
estağfurullah	**3,** W3
eş	**9,** W3b
eşek	**14,** W1
eşeklik	**14,** W1
eşit	**13,** W1
eşittir	**13,** W1
eşya	**12,** W1
et	**5,** W1
etki	**15,** W1
etek(lik)	**7,** W1
etmek	**4,** W1
ev	**3,** W1
ev kadını	**11,** W1
ev sahibi	**9,** W1
evet	**1,** W1
evkaf	**15,** W1
evlenmek	**11,** W1
evli	**2,** W1

sana **6**, W1
sana ne **6**, W4a
sanat **13**, W1
sanat galerisi **12**, W3a
sanat müziği **13**, W1
sancı **11**, W3b
sandalye **1**, W1
sandviç **12**, W1
saniye **8**, W3b
sanmak **11**, W1
santim(etre) **5**, W3a
sapmak **12**, W1
saray **10**, W1
sargı **11**, W3b
sarhoş **11**, W1
sarhoş olmak **11**, W1
sarı **7**, W1
satıcı **7**, W1
satılık **9**, W1
satın almak **5**, W1
satmak **7**, W1
satranç **13**, W1
saygı **10**, W1
saygılarımla **10**, W1
sayı **3**, W2
sayı sıfatı **3**, W2
sayın **2**, W1; **10**, W1
saymak **11**, W1
saz **4**, W1
sebebiyle **15**, W1
sebep **15**, W1
sebze **5**, W3b
sebze çorbası **12**, W1
sefer **13**, W1
sekreter **5**, W1
sekreterlik **14**, W1
selam **2**, W1
selam söylemek **10**, W1
selamünaleyküm **1**, W4
semt **9**, W1
sen **2**, W1
sen bilirsin **13**, W4
sene **8**, W1
seni **7**, W1
senin **9**, W1
sepet **5**, W1
serbest **14**, W1
... serbest mi? **14**, W1
sergi **12**, W3a
serin **15**, W3
ses (ünlü) uyumu **1**, W2
sesbilgisi **1**, W2
seve seve **6**, W1
sevgi **10**, W1
sevgiler **10**, W1
sevgili **10**, W1
sevinmek **13**, W1
sevmek **5**, W1; **15**, W1
seyahat **13**, W1
seyahat etmek **13**, W1
seyretmek **4**, W1
sıcak **5**, W1
sıcaklık **15**, W1
sıhhat **7**, W4; **9**, W4c
sıhhatinize **9**, W4c
sıhhatler olsun **7**, W4
sık sık **13**, W1
sıkıcı **11**, W1
sınav **13**, W1
sınıf **3**, W1
sınır **11**, W1
sınır şehri **11**, W1
sıra bende (bizde) **3**, W4
sıra kimde **3**, W4
sıra sayılar **10**, W2
sırayla **6**, W1
sırasında **15**, W1
sigara **1**, W1
sigara içmek **4**, W1
sigarayı bırakmak **11**, W1
sigorta **12**, W1
silgi **3**, W1
simit **15**, W1
sinema **3**, W1

vay	**10,** W 1
vazgeçmek	**15,** W 1
vazife	**13,** W 1
vazifemiz	**13,** W 1
ve	**1,** W 1
veda	**9,** W 1
vermek	**6,** W 1
vesikalık fotoğraf	**11,** W 1
veya	**7,** W 1
veyahut	**7,** W 1
vezne	**6,** W 3b
video kaseti	**12,** W 1
villa	**9,** W 1
vites	**12,** W 3b
vurgu	**1,** W 2
vurgulama	**1,** W 2
vücut	**11,** W 3a
ya	**1,** W 1
ya sen (siz)?	**1,** W 1
ya ... ya (da)	**12,** W 1
yabancı	**11,** W 1; **12,** W 1
Yabancı Diller Yüksek Okulu	**11,** W 1
yağ	**5,** W 3b
yağış	**15,** W 3
yağışlı	**15,** W 1
yağışsız	**15,** W 3
yağmak	**15,** W 1
yağmur	**15,** W 1
yağmur serpiştiriyor	**15,** W 3
yağmur yağacağa benziyor	**15,** W 1
yağmur yağıyor	**15,** W 3
yağmurlu	**15,** W 1
yağmurluk	**7,** W 3
yahut	**7,** W 1
yakın	**5,** W 1; **12,**C.4.b.
yakında	**9,** W 1
yakında görüşmek üzere	**10,** W 1
yakışıklı	**7,** W 1

yakışmak	**7,** W 1
yakmak	**7,** W 1; **14,** W 1
yalamak	**14,** W 1
yalan	**15,** W 1
yalan söylemek	**15,** W 1
yalancı	**13,** W 1
yalın hali (durumu)	**9,** W 2
yalnız	**7,** W 1; **14,** W 1
yalnız başına	**14,** W 1
yalnız değil ... aynı zamanda	**13,** W 1
yan cümle	**1,** W 2
yanak	**11,** W 3a
yandaki	**6,** W 1
yanıt	**6,** W 1
yanıtlamak	**8,** W 1
yanlış	**5,** W 1
yanlışın(ız) var	**9,** W 4b
yanlışlıkla	**6,** W 1
yanmak	**13,** W 1
yapma	**6,** W 4b
yapmak	**4,** W 1
yardım	**6,** W 1
yardım etmek	**6,** W 1
yardımcı fiil	**1,** W 2
yarım	**5,** W 1; **6,** W 1
yarım kilo	**5,** W 1
yarın	**3,** W 1
yarın görüşmek üzere	**1,** W 1
yarın sabah	**11,** W 1
yarınki	**15,** W 1
yarıyıl	**8,** W 1
yasak	**13,** W 1; **15,** W 1
yasak etmek	**15,** W 1
yastık	**14,** W 1
yaş	**13,** W 1
yaşam	**13,** W 1
yaşantı	**13,** W 1
yaşamak	**11,** W 1
yaşlı	**5,** W 1
yatak	**13,** W 1
yatak odası	**13,** W 1

Grundriß der Arabischen Philologie

Herausgegeben von Wolfdietrich Fischer und Helmut Gätje

Band I: Sprachwissenschaft

Herausgegeben von Wolfdietrich Fischer

1982. 4°. XIV, 326 Seiten, Leinen DM 118,– (3-88226-144-7)

Der »Grundriß der Arabischen Philologie« versucht die Grundlinien dieses Fachgebietes auf gedrängtem Raum dem heutigen Kenntnisstand gemäß vorzuführen. Dem Spezialisten auf dem einen oder anderen Gebiet werden die einschlägigen Kapitel wenig Neues sagen; da aber kaum mehr ein einzelner alle Zweige seines Fachs in gleichem Maße übersieht, wird der eine oder andere Abschnitt auch ihm Einblicke in ferner liegende Bereiche bieten, die er sich nur mit Mühe und großem Zeitaufwand erarbeiten könnte. Der »Grundriß« will aber dem Fachgelehrten auch die Gelegenheit bieten, einmal von seinem spezifischen Blickpunkt zurückzutreten, um das Ganze seines Fachgebiets zu betrachten. Der »Grundriß« wendet sich nicht zuletzt an die Studierenden, denen er einen Überblick über die wesentlichen Grundtatsachen des Faches vermitteln will. Vor allem war es diese Zielsetzung, die Beschränkung auf das Wesentliche und eine möglichst knappe Darstellung erzwang. Das Werk will die Grundzüge der arabischen Philologie aufzeigen, ohne dabei ins einzelne zu gehen. Hierfür muß auf die Spezialliteratur verwiesen werden, die in den jedem Kapitel beigegebenen Bibliographien genannt wird.

Der vorliegende Band I umfaßt die Geschichte und Struktur der arabischen Sprache, die Geschichte der arabischen Schrift sowie die Arten der in ihr fixierten Dokumente: Inschriften, Münzen, Papyri und Handschriften. Auch die in anderen Schriftarten geschriebenen arabischen Texte und der Typendruck in arabischen Lettern werden kurz behandelt. Dabei wird hier unter »Arabisch« der oft auch »Nordarabisch« genannte Zweig der semitischen Sprachfamilie verstanden, der erstmalig in den frühnordarabischen Inschriften und Graffiti aus vorchristlicher Zeit in Erscheinung tritt und dessen jüngste Glieder die neuarabischen Dialekte der Gegenwart darstellen. Einige der angesprochenen Themen wie die nordarabischen Elemente in den nabatäischen, palmyrenischen, altsüdarabischen und vorislamischen Inschriften (Abschnitte 2.1 und 2.2), arabischen Inschriften und Münzen als Textgattung (Abschnitte 6 und 7) oder das Handschriftenwesen (Abschnitt 9) sind bisher noch nicht in eigenen Abhandlungen oder Untersuchungen behandelt worden. Sie stellen also nicht nur den Kenntnisstand referierend dar, sondern bieten eigene Forschungsergebnisse an dieser Stelle zum ersten Mal. Ähnliches gilt auch für den hier zum ersten Mal unternommenen Versuch, die arabische Sprachgeschichte als Ganzes darzustellen.

Band II: Literatur

Herausgegeben von Helmut Gätje

1986, ca. 500 Seiten, Leinen ca. DM 220,– (3-88226-145-5)

DR. LUDWIG REICHERT VERLAG · TAUERNSTRASSE 11 · 6200 WIESBADEN